Die Geschichte vom Salz

Jean-François Bergier

Die Geschichte vom Salz

Mit einem Anhang von Albert Hahling,
Konservator des Schweizer Salzmuseums in Aigle

Campus Verlag
Frankfurt/New York

Die französischsprachige Originalausgabe
»Une histoire du sel« erschien 1982 im Office du Livre, Fribourg (Schweiz).

Copyright © by Office du Livre,
Fribourg (Schweiz)

Aus dem Französischen von Jochen Grube

CIP-Titelaufnahme der Deutschen Bibliothek

Bergier, Jean-François:
Die Geschichte vom Salz / Jean-François Bergier. Mit e. Anh.
von Albert Hahling. [Aus d. Franz. von Jochen Grube]. –
Frankfurt/Main ; New York : Campus Verlag, 1989
Einheitssacht.: Une histoire du sel <dt.>
ISBN 3–593–34089–5

HD 2805

Inhalt

1. Teil
**Das Salz in Geschichte
und Gegenwart**

2. Teil
**Herstellung und
Verwendung**

5

3. Teil
Handel und Wandel

Anhang
Vom Salzbauern
zum Ingenieur

Cum grano salis

Dies ist also eine Geschichte des Salzes!

Der Gedanke, daß das Salz eine Geschichte habe, mag manchen Leser überraschen. Doch nimmt das Salz, das die Natur uns so verschwenderisch darbietet, keinen unbedeutenden Platz im Abenteuer der Menschheit ein. Sicher bestreitet niemand, daß Salz im täglichen Bedarf des Menschen lebensnotwendig sei. Auch die Vielfalt seiner Anwendung kennen wir. Die Möglichkeiten seiner Verwendung haben sich vor allem im Verlauf der Moderne noch vervielfacht. Dabei ist das Verlangen nach Salz so alt wie die Menschheit selbst.

Bis zur ersten Hälfte des 19. Jahrhunderts – es ist also gar nicht so lange her – war Salz ein kostbares Mineral; zumindest waren die bekannten Salzvorkommen unter den Ländern schlecht verteilt. Die Salzgewinnung bedeutete harte Arbeit, der Handel mit Salz war mühsam und umständlich. Das Salz ging als Tauschobjekt von Hand zu Hand. Herrscher und Staaten bemächtigten sich der Salzbergwerke und des Salzhandels. Bald wurde Salz ein Instrument der Politik, eine Steuerquelle, die von allen, die Salz benötigten, als ungerecht und belastend empfunden wurde.

All dies formt die Geschichte des Salzes, die der Leser dieses Buches mitverfolgen kann. Es ist eine Geschichte, die sich über Jahrhunderte, über Völker und Erdteile erstreckt.

Die Geschichte des Salzes ist auch Alltagsgeschichte, die uns in die Tiefe der Bergwerke, in die Salzsümpfe führt; wir folgen den Salzschiffen über die Meere, den Salzkarawanen durch die Wüsten, Gebirge und Hochebenen, wir folgen dem Lauf der Ströme in Europa, Asien oder im Fernen Osten.

Diese Geschichte führt uns aber auch in die Küchen, in die Basare oder Läden der Händler, zum Salzfaß der Bauern oder Metzger, in die Ratsversammlungen der Fürsten und Stadtregierungen, gewiß nicht zuletzt in die Amtslokale der Steuereinnehmer. Ja, das Salz führt uns sogar in die Kirchen, in die Laboratorien der Apotheker, zu den Alchemisten, zum Hexensabbat ...

Die Geschichte des Salzes ist, anders betrachtet, auch die Geschichte des Hungers und der Gier nach Salz – bei den Unterdrückten wie bei den Mächtigen. Sie gibt Einblick in die Hintergründe und Motive der großen Politik, in die wechselhaften Beziehungen von Herrschern und Beherrschten. Sie enthüllt die leidenschaftlichen Kämpfe in der Gesellschaft und unter den Völkern. Die Historiker haben schon immer diese Bedeutung des Salzes für die Geschichte und Politik der Völker erkannt.

Dieses Buch verdankt sein Wissen und seine Kenntnisse den Untersuchungen einer langen Reihe von Forschern, die – anstelle gelehrter Fußnoten – in einer ausführlichen Bibliographie zusammengefaßt sind.

An dieser Stelle möchte ich vor allem jenen Autoren danken, in deren Schuld ich stehe, den bedeutenden Erforschern der Geschichte des Salzes, die auch meine Freunde sind. So Michel Mollat du Jourdin, dem Anreger mancher Spezialforschungen, Jacques Le Goff und Pierre Jeannin, die durch ihr berühmt gewordenes *Questionaire* der Forschung entscheidende Wege gewiesen haben.

Das wichtige Werk von Robert P. Multhauf, *Neptune's Gift. A History of Common Salt* (1978), ergänzt das vorliegende Werk insofern, als der ame-

9

rikanische Forscher vor allem der Entwicklung der Technologie der Salzgewinnung nachgegangen ist.

Dank sei schließlich an Didier Coigny vom Office du Livre gerichtet, der das Projekt gefördert und mit Begeisterung und Hingabe begleitet hat. Auch einigen Kollegen sei gedankt, so Frau Aurora Iles (Bukarest), die mir teilweise unveröffentlichte Angaben über die Salzgewinnung in Rumänien überlassen hat, den Herren Giorgio Semenza, Rudolf Trümpy und Luigi M. Venanzi, Professoren an der ETH Zürich, die jene Stellen meines Buches kritisch durchgesehen haben, deren Stoff mir an sich fremd war, wie der der Biologie, der Geologie und der Chemie.

Mein Buch gibt auch Zeugnis einer fruchtbaren Zusammenarbeit mit dem leider inzwischen geschlossenen Musee suisse du sel in Aigle und seinem Konservator Albert Hahling. Wer wäre kompetenter als er, sogar den Uninteressiertesten für die Geschichte des Salzes zu begeistern! Ihm sei herzlich gedankt für alles, was er mich kennenlernen, verstehen und schätzen ließ – den Wein von Aigle miteingeschlossen, der den vom Salz verursachten Durst ausgezeichnet löschen kann ...

Abenteuer des Salzes! Tag um Tag habe ich es auch mit Francesca geteilt. Seither ist es nicht mehr mein, sondern unser gemeinsames Buch.

Erster Teil
Das Salz in Geschichte und Gegenwart

1. Kapitel
Salz früher –
Salz heute

Auf Gold kann man verzichten,
nicht aber auf das Salz.

Cassiodor, Variae, 24 (537–538 n. Chr)

Der Mensch braucht Salz

Seit der Jungsteinzeit benutzt der Mensch Salz, um seine Speisen zu würzen und zu konservieren. Darüber hinaus erhielt es ihn am Leben, denn Salz ist für unseren Organismus unentbehrlich. Wenn wir nicht regelmäßig – in welcher Weise auch immer – Salz zu uns nehmen, erkranken wir an Anämie, die schließlich zum Tode führen kann.

Diese Tatsache ist erst vor knapp 150 Jahren nachgewiesen worden. Unsere Vorfahren jedoch ahnten das bereits, obwohl sie die chemische Beschaffenheit von Salz noch nicht kannten. In ihren Augen frischte es das Blut auf – ein Vorgang, den sie als Prinzip der Erneuerung von Leben und Kraft deuteten. »Ihr seid das Salz des Lebens«, sagte Jesus zu seinen Jüngern (Matth. 5,13); und als der Venezianer Ca da Mosto von 1455 bis 1456 die westafrikanische Küste erforschte, berichtete er über den Salzbedarf der Eingeborenen: »Zu bestimmten Zeiten des Jahres herrscht dort große Hitze, die das Blut zersetzt und faulen läßt, so daß sie ohne Salz sterben würden.«

Salz ist also notwendig, aber nur in geringer Dosis. Im Übermaß genossen ist es für den Körper ebenso gefährlich wie der Mangel, denn Salz bindet das Wasser und verursacht dadurch Funktionsstörungen der Nieren. Wir neigen heute eher dazu, es übermäßig zu verwenden. Eine Senatskommission in den USA schätzte 1977 den durchschnittlichen Salzverbrauch eines Amerikaners pro Tag auf 10–20 Gramm; Schweizer, Franzosen, Deutsche und Italiener verbrauchen etwa ebensoviel, obwohl 5 bis 6 Gramm Salz täglich genügen. Diese Feststel-

lungen – von einer sensationsfreudigen Presse noch aufgebauscht – lösten in den USA eine wahre Psychose aus, weshalb Salz dort heute als Feind der öffentlichen Gesundheit verteufelt wird. Demgegenüber gibt es Völker wie die Singhalesen und Eskimos, deren Küche kein Salz kennt, weil sie viel Fleisch essen und dabei genügend Salz zu sich nehmen. Andere Völker indes ernähren sich hauptsächlich vegetarisch und leiden dadurch an Salzmangel. Auf dem indischen Subkontinent beispielsweise steigt die Sterblichkeitsziffer zu Zeiten einer Epidemie oder Hungersnot auch aus diesem Grund steil an. Und für verschiedene ethnische Gruppen Äquatorialafrikas lassen sich die dort beobachteten Fälle von körperlichem Verfall ebenfalls mit einem Mangel an Salz erklären. Man hat sogar den Kannibalismus früherer Zeiten als instinktiven Versuch erklärt, diesen Mangel zu kompensieren. Übrigens haben alle Bewohner heißer Regionen einen höheren Salzbedarf, was sich schon in den Ländern Südeuropas zeigt.

Auch Tiere brauchen Salz – besonders diejenigen, die wir verzehren. Dem Menschen genügen täglich wenige Gramm. Ein Kalb hingegen braucht etwa 25 g, ein Pferd 50 g und eine Kuh 90 g Salz pro Tag. Dieser kurze Hinweis auf die Bedeutung des Salzes in der Viehzucht eröffnet zugleich den Ausblick auf die Geschichte dieses Minerals, denn in den Gegenden mit ausgeprägter Viehzucht waren abbaufähige Salzlager selten. Deshalb befanden sich diese Gebiete (z. B. die Alpenländer) stets in Abhängigkeit von salzfördernden Regionen.

Die Verwendung von Salz beschränkt sich nicht allein auf die Ernährung. In den entwickelten Ge-

1. Das Salzfaß im Wappen von Hall in Tirol.

sellschaften unserer Zeit fließt der größte Teil der Salzproduktion in die chemische Industrie oder wird von den Straßenmeistereien verbraucht, die das Salz im Winter großzügig auf den Fahrbahnen verstreuen.

Woher kommt das Salz?

Unser Bedarf an einem so gewöhnlichen Produkt wie dem Salz ist also beträchtlich, aber glücklicherweise sind die potentiellen Salzvorräte schier unermeßlich. Die Ozeane enthalten so viel Salz, daß, könnte man es kristallisieren und gleichmäßig über die Oberfläche unseres Planeten verteilen, daraus eine Schicht von 36 cm Dicke entstehen würde. Außerdem hinterließen die Urmeere des Paläozoikums und Mesozoikums auf und unter der Erdoberfläche riesige Lagerstätten aus mehr oder weni-

ger reinem Salz. Deshalb wird es den Menschen niemals an Salz mangeln, zumal die seit dem Altertum unveränderten Verfahren der Salzgewinnung aus dem Meer später um die Salzförderung im Untertagebau erweitert wurden. Diese erlaubt eine reiche Produktion: Das Steinsalz (Mineralsalz und Salzlake) liefert heute etwa 70% des Weltverbrauchs. Genauer läßt sich die Quote nicht bestimmen, weil einige salzproduzierende Länder in ihren Statistiken keine klaren Angaben zur Herkunft ihrer Salzsorten machen.

Das Salz verursacht also in der gegenwärtigen Wirtschaft kaum Probleme. Beinahe alle Länder produzieren genügend davon, um ihren eigenen Verbrauch ohne Schwierigkeiten und zu vernünftigen Kosten zu decken. Die Salzgewinnung erfordert wenige Arbeitskräfte, und Berufe wie Salzsieder, Meersalinenarbeiter oder Salzbergmann sind heute recht selten geworden. Salinen erregen kaum Aufmerksamkeit, da sie ihre Umwelt nicht verschmutzen. Die wichtigsten Abnehmer ihrer Produkte sind Fabriken, die Natron, Chlor und Kunstdünger herstellen und sich in ihrer Nähe niedergelassen haben, um Transportkosten zu sparen. Da Salz überall auf der Welt verbraucht und auch beinahe überall produziert wird, ist es ein Wirtschaftsgut, das nicht mehr viel »reist«. Die wenigen noch bestehenden Ausnahmen (Skandinavien, Japan) erscheinen wie Überbleibsel aus der Vergangenheit.

In Schweden und Finnland herrschte stets Salzmangel, denn die nordischen Meere haben einen geringen Salzgehalt, und so sind die Bedingungen der natürlichen Salzverdampfung dort alles andere als günstig. Noch in der zweiten Hälfte des 19. Jahrhunderts kamen Segelschiffe aus Finnland nach Westeuropa, um Holz gegen Salz einzutauschen; heutzutage beziehen die Skandinavier die 80–90 000 Tonnen Salz, die sie jährlich benötigen, aus dem Mittelmeer, hauptsächlich von den Balearen.

Auch Japan kann den Salzbedarf seiner chemischen und fischverarbeitenden Industrie sowie seiner Bevölkerung nicht aus eigener Produktion decken. Früher bezog es Salz aus China und der Mandschurei; heute dagegen muß es das Salz aus weit entfernten Ländern importieren – vor kurzem noch aus Tunesien, in jüngster Zeit aus Mexiko und Australien. Japan verbraucht allein schon fast die Hälfte aller weltweiten Salzexporte. Seit einigen Jahren haben sich nun auch die USA unter die Importeure eingereiht.

2. Arbeit in einer Meerwassersaline bei Long Hai, südöstlich von Saigon (1973). Die Arbeiterinnen tragen das Salz in Körben.

Ebenso unentbehrlich wie gewöhnlich, bewegt das heute billige »weiße Gold« keine großen Warenströme mehr, so daß z. B. ein armes Land wie Ägypten keinen Abnehmer für sein Salz findet. Salz spielt in der internationalen Wirtschaft nur noch eine unbedeutende Rolle; es versetzt weder Fachleute noch Politiker oder gar Regierungen in Unruhe.

Aber das war nicht immer so. Der internationale Markt für Salz beruhigte sich paradoxerweise erst seit dem 19. Jahrhundert, als der Salzverbrauch durch die neuen Verwendungszwecke der Industrie anwuchs. Zuvor war Salz die Antriebskraft lebhafter Handelsbeziehungen. Es diente als Spekulationsobjekt seiner Erzeuger und erregte die Ängste der Verbraucher, die sich selten der ausreichenden Versorgung über lange Zeit hinweg sicher sein konnten. Salz rechtfertigte politische Maßnahmen und Handelsstrategien; die einen ließ es reich und die anderen arm werden. Kurz: Das Salz spielte für Dutzende von Generationen dieselbe bedeutsame Rolle wie das Rohöl für uns.

Beide Rohstoffe sind die Basis zahlreicher Produkte und Verfahren, und beider Vorkommen ist auf der Welt ungleich verteilt. Zwischen produzierenden und verbrauchenden Ländern bestanden die gleichen Spannungen, die gleichermaßen dazu verlockten, politischen und fiskalischen Druck auszuüben. Es gab die gleichen Spekulationen und die gleichen, häufig künstlich herbeigeführten Knappheiten.

Der Vergleich zwischen Salz und Rohöl stammt übrigens von Henri Hauser im Hinblick auf die Zeit um 1930, als das Rohöl noch nicht die heutige politische und wirtschaftliche Bedeutung erlangt hatte. Ich jedoch sehe zwischen beiden Produkten genau jenen Unterschied, der die Industriegesellschaft von den vorangehenden Jahrhunderten trennt: Das Rohöl ist eine Energiequelle, der in unserer Zeit die größte ökonomische Besorgnis gilt; das Salz hingegen war wesentlicher Bestandteil der Nahrung für eine Welt, in der es hauptsächlich darum ging, den Hunger zu stillen.

Die heutige Geschichte ist über das Salz hinweggegangen. Sie hat davon nur einen Nachgeschmack

15

zurückbehalten – einen Nachgeschmack, der mehr oder weniger im kollektiven Unterbewußtsein verborgen ist. Einige Bräuche haben jene Zeiten überdauert, in denen das Salz der Gegenstand von Leidenschaften und Mythen war. Die katholische Liturgie der Taufe oder die hier und da noch praktizierte Segnung des Salzes für Haus und Vieh sowie manche Redensarten und abergläubischen Vorstellungen erinnern uns an die symbolischen und magischen Funktionen, die das Salz über Jahrhunderte hinweg eingenommen hatte. Die Pökelkammer erschreckt heute kein Kind mehr, weil es diesen düsteren und ekelerregenden Raum, ohne den früher keine bäuerliche Küche auskam, nicht mehr gibt – im Märchen aber lebt er weiter. Und was beweist die einstige Bedeutung dieses Minerals besser als die vielen auf Salzförderung hinweisenden Ortsbezeichnungen wie Salzburg, Salsomaggiore, Ssol (eine Stadt in der UdSSR), Saltville (USA), die gleichnamigen Städte Hall in der Bundesrepublik Deutschland und Österreich, Halle in der DDR, der Fluß Halys in der Türkei, dessen Name sich vom griechischen Wort ἅλς (Salz) ableitet, oder all die Orte in England, deren Bezeichnung auf -wich endet? Wenn wir unser »Salär« (Gehalt) bekommen, wissen wir dann noch, woran schon Plinius die Römer im ersten nachchristlichen Jahrhundert erinnern mußte, daß der Sold dem Krieger zu Anfang als Salzration übergeben wurde und sich das lateinische Wort *salarium* aus jenem weit zurückliegenden Brauch herleitet? Und auch die Steuerverwaltungen erwiesen noch bis in unsere Zeit dem Salz ihre Reverenz. So wurde die bereits erwähnte *Gabelle*, die französische Salzsteuer, erst 1945 endgültig abgeschafft; und die Schweizer Kantone wahrten lange Zeit ihr Monopol auf den Verkauf von Salz, indem sie durch das Kantonswappen besonders gekennzeichnete »Salzverkaufsstellen« einrichteten.

So ist die Epoche des Salzes zwar vorüber, aber in Umrissen dennoch gegenwärtig.

Ein abgekartetes Spiel

Die Geschichte des Salzes ist die Geschichte einer ständigen Herausforderung. Seit die Menschen Salz kennen, war ihnen keine Anstrengung zu viel, um an das begehrte Gewürz zu gelangen. Davon zeugt schon die sog. Hallstattkultur. Die Siedlung, der diese frühgeschichtliche Zivilisation ihren Namen verdankt, lag in einem unwirtlichen Gebiet der österreichischen Alpen – zugleich aber in der Nähe eines Salzbergwerks. Die archäologischen Funde deuten darauf hin, daß Hallstatt zu Beginn des ersten vorchristlichen Jahrtausends einen bedeutenden Salzhandel unterhielt. Wohin man auch schaut – in Zentralasien wie in Schwarzafrika, in China wie in Lateinamerika: Die Bemühungen um das Salz haben in den unterschiedlichsten Kulturen zu sehr ähnlichen Strukturen geführt.

Vom 12. bis zum 18. Jahrhundert erlebte Europa die Herausforderungen des Salzmarktes mit besonderer Intensität, denn hier erwies sich die Geographie der verfügbaren Ressourcen und des Verbrauchs als überaus wandelbar, und hier entwickelten sich hochkomplexe politische Systeme. In Schwarzafrika war das Salz wahrscheinlich noch

3. Lieferaufträge zweier Krämer (mit staatlich lizenziertem Salzverkauf) an den Salzspeicher von Yverdon im Schweizer Kanton Waadt, erteilt 1888.
Schweizer Salzmuseum, Aigle.

4. Verkauf von Schweinen, dargestellt auf einem Kalenderblatt des Monats Dezember (11. Jahrhundert?). Die Schweine wurden meist zu Beginn des Winters geschlachtet und ihr Fleisch gepökelt. Es war über Jahrhunderte hinweg für die meisten ländlichen Gegenden eine wichtige Nahrungsquelle.
Vatikanbibliothek Ms. Reg. lat. 1263, Blatt 73, Rückseite.

5. Käseherstellung in Gruyères, einer Kleinstadt im Westschweizer Kanton Fribourg. Fragment einer Glasmalerei aus dem ausgehenden 15. Jahrhundert.
Fribourg, Museum für Kunst und Geschichte.

EB ercu k̄. s̄ quintin mar̄.

Luna decēb xv. xvii. egypt̄

Quinta Nōb acus uix tercia mansit in urna.

Scor pius hiberni̅ p̄ceps iub̄. ip̄e nou̅ ēe.

Nou̅ ha bet dies xxx Luna. xxx
epāc. vii. c̄cur xi.

nox hōr̄. xiiii. dies hōr̄a. x.

δ ζ c k d nou̅t. festi urcas omniu̅ scor̄

f Lē iii Nō Sci Eustachii cu̅ socii̅ suis̄ uembolismus

CCCV

17

begehrter als in Europa, aber aufgrund eines nur gering entfalteten politischen Lebens gab es keine Handelsstrategien, Verkaufsmonopole oder gar die regelrechte Besteuerung von Salz. Außerhalb Europas kannte nur China das staatliche Monopol auf den Salzverkauf und die Salzsteuer. Es besaß allerdings auch genügend natürliche Salzvorräte, um den eigenen Bedarf dauerhaft decken zu können. Die Geschichte dieses Minerals ist daher die Geschichte der Beziehungen zwischen salzreichen und salzarmen Ländern. Die Küstenregionen waren damals (im Gegensatz zu heute) privilegiert, sofern sie folgende Voraussetzungen erfüllten:

- ein auskömmlicher Salzgehalt der Küstengewässer;
- hinreichend flache Ufer, um sog. Salzgärten anlegen zu können;
- eine intensive und regelmäßige Sonneneinstrahlung sowie genügend Wind, um ohne teure Brennstoffe, aber auch ohne störende Regenfälle das Salzwasser verdunsten zu lassen.

Diese Bedingungen fanden sich an vielen Küstenstrichen des Mittel- und des Schwarzen Meeres; am Atlantik zwischen der Bretagne im Norden und dem Golf von Guinea im Süden (wenn auch die afrikanischen Küsten wenig zugänglich waren); am Chinesischen Meer; an einigen Küstenabschnitten des Indischen Ozeans sowie punktuell entlang der Küsten Zentral- und Südamerikas.

Allerdings offerierte das Meer im allgemeinen lediglich Salz minderer Qualität. Die Salzlager im Landesinneren erbrachten besseres Salz. Nur wenige produzierten jedoch über den örtlichen Bedarf hinaus. Auch gab es entgegen weitverbreiteten Vorstellungen nur wenige Salzbergwerke, wo sich reines Salz in festen Blöcken brechen ließ wie in Wieliczka bei Krakau (vgl. Abb. 36, S. 54). Meistens handelte es sich um Quellen mit salzhaltigem Wasser oder hochkonzentrierter Sole, die man zunächst kochen mußte, was viel Brennmaterial erforderte. Als bedeutendste Gegenden der binnenländischen Salzförderung und gleichzeitig einzige küstenferne Salzexporteure Europas sind die Freigrafschaft von Burgund, Lothringen, die österreichischen Alpen, die Lüneburger Heide sowie die polnischen und rumänischen Karpaten bekannt. Außerhalb Europas wurde namentlich in der südlichen Sahara, in Äthiopien und Katanga genügend Salz gewonnen, um es auch noch exportieren zu können. China

6. Salzsieden im China des 17. Jahrhunderts. Zeichnung von Sun Ying-Hsing (1637), nach: T'ien-Kung K'ai-Wu, *Chinese Technology in the XVII*[th] *Century*.

versorgte nicht nur sich selbst mit Salz, sondern auch hin und wieder das Morgenland.

Salz wurde zwar überall, aber nicht in gleicher Menge verbraucht. Das hing von der unterschiedlichen Ernährungsweise, der Bevölkerungsdichte und, mehr noch, den Verbrauchsgewohnheiten ab. Wie bereits gesagt, ist Salz für die Viehzucht und war es bis zum 19. Jahrhundert auch als Konservierungsmittel von Bedeutung. Fisch, Fleisch, Butter und Käse ließen sich nur in gesalzenem Zustand aufbewahren oder über weite Entfernungen transportieren. Deshalb war Salz in Ländern mit ausgeprägter Viehzucht wie z. B. den Alpenländern, Ungarn, Dänemark, England sowie in Ländern mit bedeutender Fischerei wie z. B. Skandinavien und Holland besonders begehrt.

Diese Länder unterließen auch keine Anstrengung, um das lebensnotwendige Mineral selbst zu gewinnen. Dabei schreckten sie weder die Dürftigkeit der technischen Mittel noch die hohen Kosten an Arbeitslöhnen und Brennstoffen, um Salzwasser in großen Kesseln oder Pfannen zu verdampfen. Auch versuchten sie, Salz – wie einst in der Normandie und noch in jüngster Zeit in Afrika – aus Pflanzenasche zu gewinnen. Wo der Salzmangel chronisch war, erwies er sich als Hemmschuh der wirtschaftlichen Entwicklung. Die rührigsten der davon betroffenen Länder drängte es deshalb dazu, sich das Salz dort zu besorgen, wo es im Überfluß vorhanden war.

So entstand der Handel mit Salz, und er entwickelte sich zweifellos sehr früh, bereits in urgeschichtlichen Zeiten, wie das Beispiel Hallstatt beweist. Seit sich die Menschen der Ackerbaugesellschaft nämlich von den kohlehydrathaltigen Früchten ihrer Felder und nicht mehr überwiegend vom Fleisch ihrer Jagdbeute ernährten, verspürten sie das Bedürfnis nach Salz. Ein vorgeschichtlicher Salzhandel über mehr oder weniger weite Entfernungen erscheint deshalb sehr wahrscheinlich, wenn er auch von der Archäologen kaum bestätigt wird, da natürlich das Salz nicht dieselben Spuren hinterlassen hat wie der Handel mit Gegenständen aus Keramik oder Metall. Jedoch bezeugen schon die frühesten Texte den Handel mit dem kostbaren Gewürz. Herodot erwähnt in seiner Geschichte Afrikas die mit Salz beladenen Karawanen, welche die Sahara durchquerten und noch viele Jahrhunderte später auch Montesquieu in Erstaunen versetzten.

Besonders die Länder West-, Nord- und Mitteleuropas begannen aufgrund ihrer Versorgungslage einen ausgedehnten Salzhandel zu Wasser und zu Lande – in ganz anderer Größenordnung als die Völker Afrikas oder die Bewohner der Anden, die an die Pazifikküste hinabstiegen, um sich mit Salz zu versorgen. Was den europäischen Handel anbelangt, so war der Salztransport auf hoher See für sich allein genommen unrentabel, denn der Erlös deckte die Kosten für die Ausrüstung eines Schiffes nicht. Deshalb war Salz ein sog. Mitnahmegut. Und auf dem Landweg fielen derart hohe Transportkosten an, daß für das Salz in den Verbraucherländern ein

Vielfaches seiner Herstellungskosten verlangt werden mußte. Darüber hinaus eignete sich Salz auch für den Tauschhandel. In Afrika wog man es beispielsweise mit Gold, manchmal sogar im Verhältnis 1 : 1 auf. Nordeuropa lieferte im Austausch für Salz Waren wie Holz, Wachs, Pelze, seit dem 15. Jahrhundert auch Weizen aus Polen und dem Baltikum. Die Alpenländer bezahlten es mit Fleisch, Häuten, Käse und Metallbarren. Stets aber verminderten sich die Gewinnspannen für Salzhändler und -lieferanten, während der Einzelhandelspreis ihrer Ware stieg.

Denn im Spiel um das Salz wurde laufend mit gezinkten Karten gespielt. Angebot und Nachfrage gerieten durch die Spekulation ständig ins Ungleichgewicht. In China, Europa und in geringerem Maße auch in Afrika bereicherten sich Könige, Fürsten oder Staaten durch die Bildung von Monopolen, durch die Erhebung von Steuern bei der Gewinnung, dem Transport und schließlich dem Verkauf von Salz oder auch durch das *sel du devoir*, den Zwangsverkauf in Frankreich. Insgesamt betrachtet gab es vor der Industrialisierung im 19. Jahrhundert kein Produkt, das durch die Willkür der Macht mehr politisiert oder manipuliert worden wäre als das Salz.

Diese Umstände verleihen der Geschichte des Salzes eine Dimension, welche die Alltäglichkeit des Produkts bei weitem übersteigt. Die Spannung zwischen den Produzenten- und Verbraucherstaaten wurde noch durch die Gier von Geschäftsleuten und Herrschern angeheizt, die das unter den »natürlichen« Gesetzen des Handels ohnehin schon schwierig aufrecht zu erhaltende Tauschsystem der Ware Salz noch zusätzlich erschwerten. J. C. Hoquet (1979, S. 217) meint dazu: »Freiheit und Sklaverei stehen in der Geschichte des Salzes einander gegenüber.« Wer schürte die Gewinnsucht der Salzhändler und wem hatte man die spitzfindigen Tricks zu verdanken, mit denen sich die Zulieferer gegeneinander auszuspielen versuchten und die aus der Furcht vor dem Mangel an Salz geboren wurden? Es war stets der einfache Salzkonsument! Deshalb, und weil sie einem Markt entrinnen wollten, wo beinahe jeder jeden betrog, bemühten sich die meisten Länder um die Unabhängigkeit von Salzimporten und unterließen nichts, um ihr Salz selbst herzustellen.

2. Kapitel
Naturgeschichte
des Salzes

... denn nichts ist nützlicher als Salz und Sonne.

Isidor von Sevilla, Etymologies († 636 n.Chr.)

Wer dieses Buch liest, darf keine umfassende Analyse der chemisch-physikalischen Eigenschaften von Salz erwarten. Ich will auch nicht die geologischen Phänomene ausführlich darlegen, die das Vorkommen dieses Minerals in der Natur erklären; schließlich interessiert hier auch keine exakte Aufzählung der Funktionen, die Salz im tierischen oder menschlichen Organismus auslöst. Dennoch müssen wir diese Aspekte wenigstens streifen, denn trotz ihrer Zugehörigkeit zu den Naturwissenschaften waren sie für die Rolle des Salzes in der Humangeschichte von einiger Bedeutung. Darüber hinaus wollen wir auch die allein auf unmittelbarer Erfahrung beruhenden Vorstellungen würdigen, die frühere Gesellschaften mit dem Salz verbanden. Erst die wissenschaftlichen Erkenntnisse eines Sir Humphrey Davy, Louis-Joseph Gay-Lussac oder Justus von Liebig zu Beginn des letzten Jahrhunderts entschleierten die Naturgeschichte des Salzes gründlich – zur selben Zeit, als sich die Bedeutung, die es im Laufe der Menschheitsgeschichte eingenommen hatte, zu verlieren begann. Früher blieben die Grenzen zwischen seinen tatsächlichen chemisch-physikalischen Eigenschaften und seinen magisch-symbolischen Attributen fließend. Diesen Merkmalen, z.B. der heilenden Kraft, die man dem Salz zuschrieb, lagen alltägliche Beobachtungen der Menschen zugrunde; oder aber sie griffen auf uralte Erfahrungen zurück, die ihnen vor der wissenschaftlich anspruchsvolleren Generation eines Charles Darwin die einzigen Erklärungen lieferten.

Was ist Salz?

In der Natur kommen verschiedene Formen von Salz vor: Sulfate, Nitrate, Phosphate und Chlorate usw. Sie bestehen aus chemischen Verbindungen mit unterschiedlichen Eigenschaften und folglich verschiedenen Anwendungsformen – letzten Endes aber bestehen alle aus positiv und negativ geladenen Ionen. In den kristallinen Formen des Salzes sind diese Ionen regelmäßig angeordnet; in der flüssigen Lösung sind sie entweder getrennt oder liegen einfach nebeneinander.

Keine einzige Form des Salzes ist so weit verbreitet wie das Kochsalz oder *Natriumchlorid* (NaCl), das wir täglich zu uns nehmen; 78% aller im Meerwasser gelösten Salzarten bestehen daraus. Es ist, wie schon sein Name verrät, eine natürliche Chlorverbindung. In den Weltmeeren findet sie sich durchschnittlich zu 35‰, d.h. jeder Liter Meerwasser enthält 35 g Salz. Bei einer geschätzten Menge von 7,25 Mio. Kubikkilometern Meerwasser bedeutet dies, daß der entsprechende Salzgehalt etwa dem halben Volumen des nordamerikanischen Kontinents entspricht. Viele große Binnenseen enthalten ebenfalls Salzwasser, das, wie z.B. bei den Salzseen in den Rocky Mountains ersichtlich, nach der Austrocknung als Salzkruste auf dem Seeboden zurückbleibt.

Die größten Salzmengen indes lagern in der Erdrinde. Es handelt sich um Steinsalz, dessen französische Bezeichnung *sel gemme* auf das lateinische Wort *gemma* (Edelstein) zurückgeht, was seinen kaum schätzbaren Wert für die Menschen früherer Zeiten unterstreicht. In der Sprache der Geologen

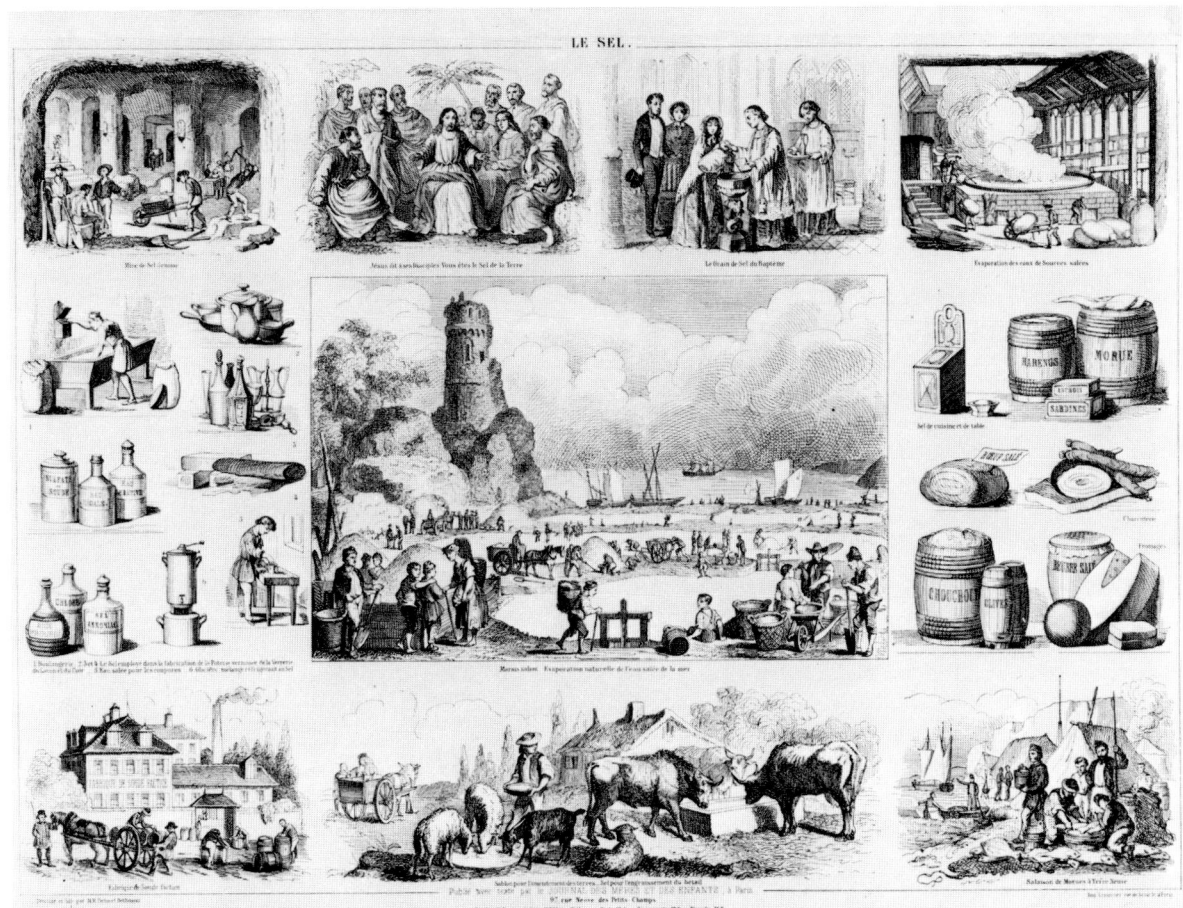

7. Die Geschichte und die Ökonomie des Salzes. Aus einem Bilderbuch für Kinder. Paris, Mitte des 19. Jahrhunderts.
Schweizer Salzmuseum, Aigle.

heißt es *Halit*. Man schätzt die Vorkommen an Steinsalz allein in Deutschland auf etwas mehr als 100 000 Kubikkilometer.

Wie bereits erwähnt, wird in Europa Salz verbraucht, seit die primitiven Völker der ausgehenden Jungsteinzeit seßhaft wurden und sich überwiegend vegetarisch ernährten. Ihren Vorgängern war Salz offenbar so wenig bekannt, daß ihre Sprache keinen Begriff dafür bildete. Auch in weiten Teilen des vor- und frühgeschichtlichen Asiens finden wir keinen einzigen Hinweis darauf, ebenso gibt es im Sanskrit kein Wort für Salz. Anders in den indogermanischen Sprachen: Hier kommen zwei verwandte Formen vor, die derselben Wurzel entstammen. Die am häufigsten verwendete Form ist die des lateinischen *sal, salis*, von dem sich das französische *sel*, das

italienische *sale* und das spanische *sal* ableiten. Dieselbe Wortwurzel findet sich im deutschen *Salz*, im englischen, dänischen und norwegischen *salt* sowie in dem altslawischen *soli* und dem russischen *соло* – selbst noch im ungarischen *so* und im finnischen *suola*, obwohl beide Sprachen nicht der indogermanischen Sprachenfamilie angehören; aber diese zwei Begriffe sind entlehnt und adaptiert worden. Im Tokharischen, einer bis ins 7. Jahrhundert n. Chr. in Turkestan gesprochenen Sprache, kam das Wort *salyi* vor; im Isländischen und Irischen spricht man von *sal*.

Die zweite Form desselben Wortstamms ist ein Ergebnis aus der Lautverschiebung des Buchstabens *s* im Worteingang zu einem gehauchten *h*, z. B. im griechischen Wort ἅλς, ἁλός: Maskulin verwendet, bedeutet es *Salz*, feminin *das Meer*. Diese Form erscheint auch in einigen keltischen Dialekten Westeuropas – *halen* im Walisischen und Gälischen; *haloin* sagt man in Cornwall, *holen* oder *c'houalen* im Bretonischen –, wurde dort vermutlich aber erst

21

im fünften nachchristlichen Jahrhundert eingeführt. Sehr viel früher läßt sich diese zweite Form im Orient nachweisen, z. B. in dem iranischen *al* und dem armenischen *alt*. Unter dem Einfluß der griechischen Kultur wurde sie von den Thrakern und Dakern der donaunahen Länder adoptiert. Dies zeigt sich nicht allein in Galizien (abgeleitet von dem ukrainischen Wort *Halicz*), wo wir die Salzbergwerke von Bochnia und Wieliczka finden, sondern auch in ihrem Eindringen in die Ortsnamen der donauaufwärts liegenden deutschsprachigen Länder, wo die Stadtbezeichnung *Hall* mit allen Komposita häufig vorkommt. Die Professorenschaft der Universität Halle a. d. Saale beliebte ihre Stadt als »Salzathen« zu bezeichnen.

Da wir uns nun schon auf dem Gebiet der Etymologie bewegen, sollten wir noch die weiterreichende Hypothese einiger Sprachwissenschaftler erwähnen. Ihnen zufolge könnte der französische Name der Alemannen *Allamans* (woraus sich *Allemagne* für Deutschland ableitet) und der Elsässer *Alsaciens* ebenso die Wortwurzel *sal* enthalten und »die Leute aus den Salzsümpfen« oder »die Leute, die Salz gewinnen« bezeichnen. Dieser Vorschlag wurde auch auf die *Allobroger*, die Ureinwohner von Savoyen, die *Salasser* im Aostatal und in der Tarentaise (ein Tal der französischen Westalpen) ausgedehnt.

So verwendeten unsere Vorfahren seit Jahrtausenden einen gemeinsamen Wortstamm für »Salz«, wobei sie, was die natürliche Beschaffenheit dieser Substanz anbelangt, groben Fehlverständnissen unterlagen. Nicht etwa, daß die Wissenschaft früherer Zeiten es ignoriert hätte. Salz war ein derart kostbares Gut, daß es in jeder Kosmogonie seinen Platz hatte. Bis hin zum Neuplatonismus des 17. Jahrhunderts wurde seine göttliche Abstammung nicht bezweifelt. Im Mittelalter galt es zusammen mit Quecksilber und Schwefel als gleichberechtigtes Hauptelement neben den vier Elementen der Antike: Erde, Wasser, Luft und Feuer. Diese Theorie systematisierte Paracelsus in der Renaissance. Der »Traktat über die Chemie« *(Traicté de la Chymie)* von Nicolaus Lefèvre, der 1660 erschien und für einige Zeit von großem Einfluß war, zählte bloß fünf Elemente auf: Wasser, Schwefel, Quecksilber, Erde und Salz. Gerade letzteres galt als besonders aktives Element der Materie. Das gewöhnliche Salz, so Lefèvre, stammte von einem anderen Salz ab, von einem »zentralen Salz, dem Grundprinzip aller

8. Stempel und Unterschrift eines Berner Notars mit Namen »Salzmann« zu Beginn des 16. Jahrhunderts. Das Salz prägte nicht allein die Toponymie, sondern auch die Anthroponymie. Staatsarchiv des Kantons Bern.

Dinge, in das der universelle Geist schlüpft, der seinerseits alle anderen Prinzipien enthält«.

Man unterschied damals kaum zwischen dem Kochsalz und anderen salzähnlichen Substanzen, z. B. dem *Natrium* bzw. der Potasse (niederdt.: *Potasche*), die man aus Pflanzenasche gewinnt, oder dem Soda (arab.: *soda*), das früher in den ägyptischen Salzseen gesammelt wurde. Salz, Potasche und Soda (Ätznatron und kohlensaures Natron) – seit dem 15. Jahrhundert in Europa unter dem Gattungsnamen *Natron* bekannt – wurden häufig miteinander verwechselt. Man hielt sie ausschließlich für Alkaliarten (arab.: *al-quâly* = Soda), und erst die Chemiker Georg Ernst Stahl, Henry Louis Duhamel du Monceau, Andreas Sigismund Marggraf und Guillaume François Rouelle unterschieden im 18. Jahrhundert zwischen den Eigenschaften dieser

Substanzen. Marggraf bezeichnete Salz als »mineralisches Alkali« und Potasche als »pflanzliches Alkali«. Rouelle aber gelang 1774 ein entscheidender Schritt bei der Definition der Klasse der Salze: Sie bestünden »aus der Verbindung irgendeiner Säure, eines Minerals oder pflanzlichen Stoffs mit einem beständigen oder flüchtigen Alkali, einer metallischen Substanz oder Öl«. Der berühmte Lavoisier, ein Schüler Rouelles, ging jedoch fehl, indem er Sauerstoff als das Verbindungsprinzip zwischen den beiden Bestandteilen von Salz, dem Metalloxid und der Säure, ansah. 1810 führte endlich H. Davy den Nachweis, daß Kochsalz ausschließlich aus einer Verbindung von Chlor und Natrium besteht und daß das 1774 von dem Schweden Karl Wilhelm Scheele entdeckte Chlor ein elementarer Stoff ist, weshalb Salz mit Sauerstoff nichts zu tun hat. Justus von Liebig zerstreute schließlich 1839 die letzten Zweifel über die Entdeckung Davys.

Die begrifflichen Verwirrungen einer lange Zeit unzulänglichen Wissenschaft wirken sich bis heute in der chemischen Nomenklatur aus. Während die französische und englische Terminologie Kochsalz nahezu gleichlautend als *Sodiumchlorid* bezeichnen, spricht das Deutsche von *Natriumchlorid*, mit dem chemischen Symbol NaCl. Hinzu kommt, daß gewisse Substanzen, die die Chemiker sauber zu trennen gelernt haben, einige gemeinsame Eigenschaften aufweisen. So besitzen das seit etwa 100 Jahren mit dem Solvay-Verfahren künstlich erzeugte Soda und Natriumhydroxid als gemeinsames Element *Natrium* – und entsprechen deshalb auch einander in ihren alkalischen Eigenschaften. Das Element Chlor erscheint dagegen nur im Salz. Chlor und Natriumhydroxid entstehen, wenn elektrischer Strom durch stark salzgesättigte Sole geleitet wird.

Zähflüssige Salzmaische aus Meerwasser oder die Sole einer Salzquelle enthalten mehrere Salzarten in gelöster Form. Um daraus reines Speisesalz zu sieden, bedarf es heute wie früher einer genau kontrollierten Verdampfung. Weil sich das Salz in Wasser sehr leicht auflöst – die Lösbarkeit pro Liter Wasser beträgt 360 g bei 20° C, 391 g bei 100° C –, schlägt es sich nur bei starker Konzentration nieder. Meerwasser muß man demzufolge auf etwa 10% des ursprünglichen Volumens verdunsten. In diesem Stadium ist der Gips, den die Sole auch enthält, zum größten Teil bereits ausgeschieden, während Magnesium- und Kalisalze noch im Wasser gelöst sind. Um 1 m³ reines Salz zu erhalten, müssen 85 m³ Meerwasser verdampft werden.

In festem Zustand zeigt reines Salz kubische Kristalle in vollendeter Form. Das leuchtend weiße und leichte Adriasalz aus der Gegend von Capodistria, Piran oder Pago galt als das feinste im gesamten Mittelmeerraum. In Venedig wog ein Maß dieses *minuto buono* 70 Pfund; ein Maß der etwas grobkörnigeren Qualität aus Zypern, Ibiza, Trapani oder Barletta wog dagegen wenigstens 100 Pfund. Allerdings drückte sich die Güteklasse der einzelnen Salzarten nicht in ihrer Korngröße oder relativen Korndichte aus: Das *sal grosso* erfreute sich dank seiner Grobkörnigkeit beim Verbraucher großer Beliebtheit.

Salz hat ein Molekulargewicht von 58,443; es schmilzt bei einer Temperatur von 801° C und verdampft bei 1461° C. Seine chemische Dichte beträgt 2,16. In reinem Zustand ist es vollkommen weiß. Dennoch existierten früher je nach Herkunftsort farbige Salzsorten. Grau schimmerndes Salz stammte von der Atlantikküste und enthielt alle Arten von Verunreinigungen. Schwarzes, sehr schmutziges *(fangoso)* Salz kam von den Ionischen Inseln in den Handel. Man kannte auch das rote, ebenfalls wenig geschätzte Produkt der Salzgärten in Pola (Istrien), das die Farbe des Salinenbodens angenommen hatte und von den im stehenden Salzwasser üppig wuchernden Algen und Bakterien zusätzlich verunreinigt wurde. Im trocken-dürren Nordwesten Chinas sammelte man in den ausgetrockneten Seebecken und Flußbetten Salz, das sogar mehrfarbig war – je nach dem Grad der Beimengung von Magnesiumsulfaten, Kalk, Natrium oder Potasche.

Salz setzt den Gefrierpunkt des Wassers herab; man streut es deshalb auf vereiste und verschneite Straßen. Je kälter es wird, desto höher muß die Konzentration sein – bis hin zum Höchstwert von −21° C, bei dem dann das mögliche Konzentrationsmaximum erreicht wird. Allerdings wären dann bei einer nur 1 mm dünnen Eisschicht 300 g/m² aufzubringen! Die umweltschädlichen Folgen der dafür erforderlichen Salzmengen lassen sich unschwer vorstellen. Deshalb streut man Salz gemeinhin nur bei Temperaturen bis zu −10° C. In der Schweiz und in Österreich ist allerdings ein Gemisch aus Kochsalz und Chlorkalk verwendet worden, das Straßen auch noch bei tieferen Temperaturen von Schnee und Eis befreit. Erst in den letzten Jahren hat man aus Gründen des Umweltschutzes davon Abstand genommen.

Wie bereits erwähnt, enthält ein Liter Meerwas-

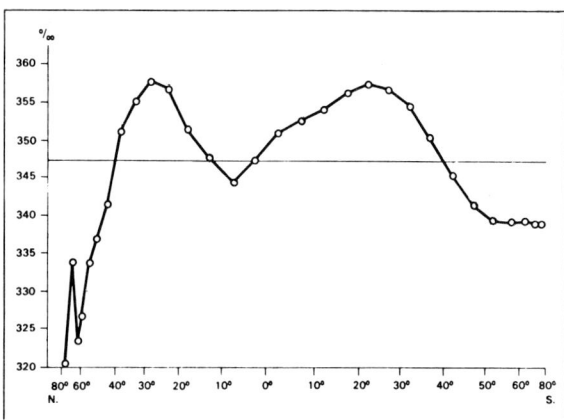

Der mittlere Salzgehalt in den oberen Wasserschichten der Weltmeere entsprechend der geographischen Breite. Aus: *Encyclopedia Universalis*, Artikel »Océans et mers«.

Tabelle 1: Der Salzgehalt der Weltmeere

Ozeane: Durchschnittlich 34,7‰. Der Salzgehalt variiert mit der geographischen Breite. In den Polarregionen ist er schwächer und liegt nur noch bei 30–33‰. Auf der nördlichen Halbkugel ist diese Differenz etwas deutlicher ausgeprägt als auf der südlichen. Auch am Äquator wurde ein schwächerer Salzgehalt gemessen (wohl als Folge der starken Niederschläge); im Golf von Panama (Pazifik) fällt er auf 28‰.

Westliches Mittelmeer: 36,25‰ (Einfluß der atlantischen Wassermassen).

Östliches Mittelmeer: An der Oberfläche 36,95‰, in der Tiefe 38,40‰.

Adria: Im nördlichen Teil 18‰ (aufgrund der Flußmündungen); in der Mitte 28‰; und im südlichen Teil 35‰.

Ägäis und Schwarzes Meer: Etwa 18‰.

Kaspisches Meer: Zwischen 10 und 20‰; der Salzgehalt nimmt von Norden nach Süden sowie am Grund der Buchten zu.

Rotes Meer: 42–44‰.

Totes Meer: 79‰ Kochsalz, dazu 146‰ Magnesiumchlorid und 3‰ andere Salzverbindungen.

Ostsee: 10‰ im Oberflächenwasser; fast nichts am Grund des Finnischen und des Bottnischen Meerbusens. Im Sommer wirken Austauschströmungen zwischen Nord- und Ostsee auf den Salzgehalt der Meerengen ein: An der Nordspitze Dänemarks fällt er auf 20‰, in der Kieler Bucht steigt er auf 25‰.

ser etwa 35 g Salz. Dieser Durchschnittswert variiert in den einzelnen Meeren jedoch beträchtlich. Je höher der Salzgehalt ist, desto leichter schwimmt man und desto bitterer schmeckt es auch, wenn man unfreiwillig Wasser schluckt. Diese Unterschiede hängen von verschiedenen Faktoren ab: dem Klima, der Nähe zu den polaren Eismassen, den Einmündungen großer Süßwasserströme ins Meer und weiteren Komponenten, die bisher allerdings noch wenig erforscht sind. Die nebenstehende Tabelle vermittelt einen Eindruck vom Salzgehalt der großen Weltmeere.

Das Salz in der Erdgeschichte

Wie Salz entstanden ist, bleibt bis heute ein Rätsel; niemand vermochte die riesige Menge an natürlichen Chlorverbindungen im Meerwasser zu erklären. Mit Sicherheit aber ist auszuschließen, daß sie aus der Erdkruste stammen, d. h. durch Sickerwasser ausgewaschen wurden. Magma, die früher flüssige Form der Erdrinde, enthält nämlich kaum Salz. So kann die heutige Wissenschaft zur Klärung dieser Frage kaum mehr beitragen, als es die Sagen früherer Zeiten vermochten, die das Meersalz als Geschenk irgendeiner Gottheit an die Menschen ausgaben.

Dennoch bemühten sich viele Gelehrte immer wieder um eine rationale Erklärung. Aristoteles glaubte ganz unbefangen an eine in der Erde verstreute Substanz, die durch Bäche und Flüsse ausgespült werde – eine Ansicht, der auch verschiedene Naturforscher und Kosmologen in der Renaissance wie Bernardino, Telesius, Francesco Patrizi und Tommaso Campanella folgten. René Descartes behauptete, daß »alles Wasser in der Erde mit Salz getränkt« sei und sich so der Salzgehalt des Meerwassers erkläre. Aus Süßwasserquellen hingegen sprudelte ihm zufolge Wasser, das vom Boden gefiltert worden sei, »der aus festen und starren Salzteilchen besteht«. Noch im 18. Jahrhundert vertraten beinahe alle Gelehrten die Hypothese vom erdge-

9. Skizze der afro-amerikanischen Kontinentalscholle im Trias kurz vor ihrer Trennung, die der Entstehung des Atlantik vorausging. Damals entstanden die Salzlager im Osten der USA und im Westen der Sahara.
Aus: H. Bertrand/M. Westphal, *Bulletin de la Société géologique de France*, Heft 3, 1977.

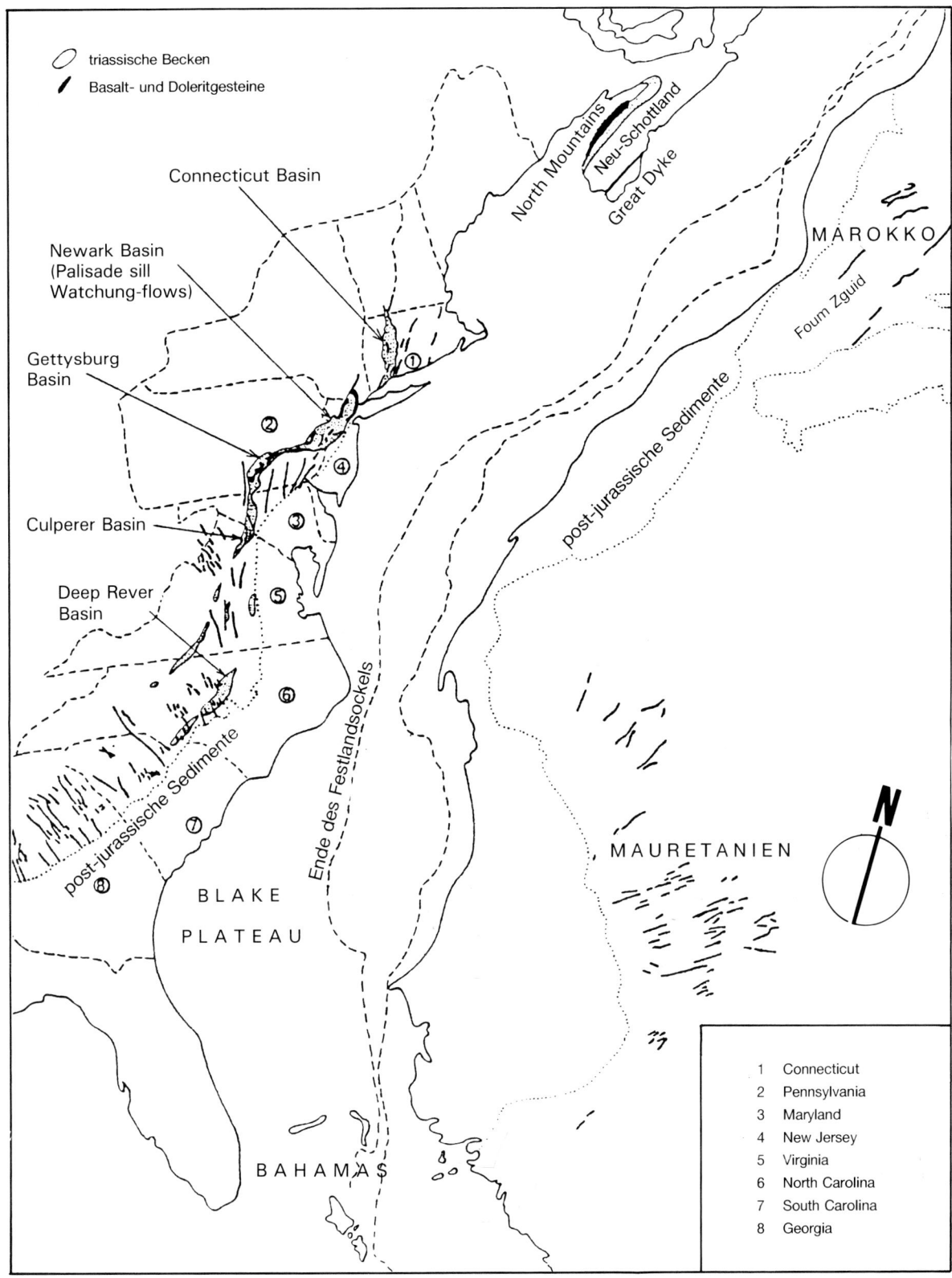

triassische Becken

Basalt- und Doleritgesteine

North Mountains

Neu-Schottland

Great Dyke

MAROKKO

Foum Zguid

Connecticut Basin

Newark Basin
(Palisade sill
Watchung-flows)

Gettysburg
Basin

Culperer Basin

Deep Rever
Basin

post-jurassische Sedimente

post-jurassische Sedimente

Ende des Festlandsockels

MAURETANIEN

BLAKE

PLATEAU

BAHAMAS

N

1	Connecticut
2	Pennsylvania
3	Maryland
4	New Jersey
5	Virginia
6	North Carolina
7	South Carolina
8	Georgia

25

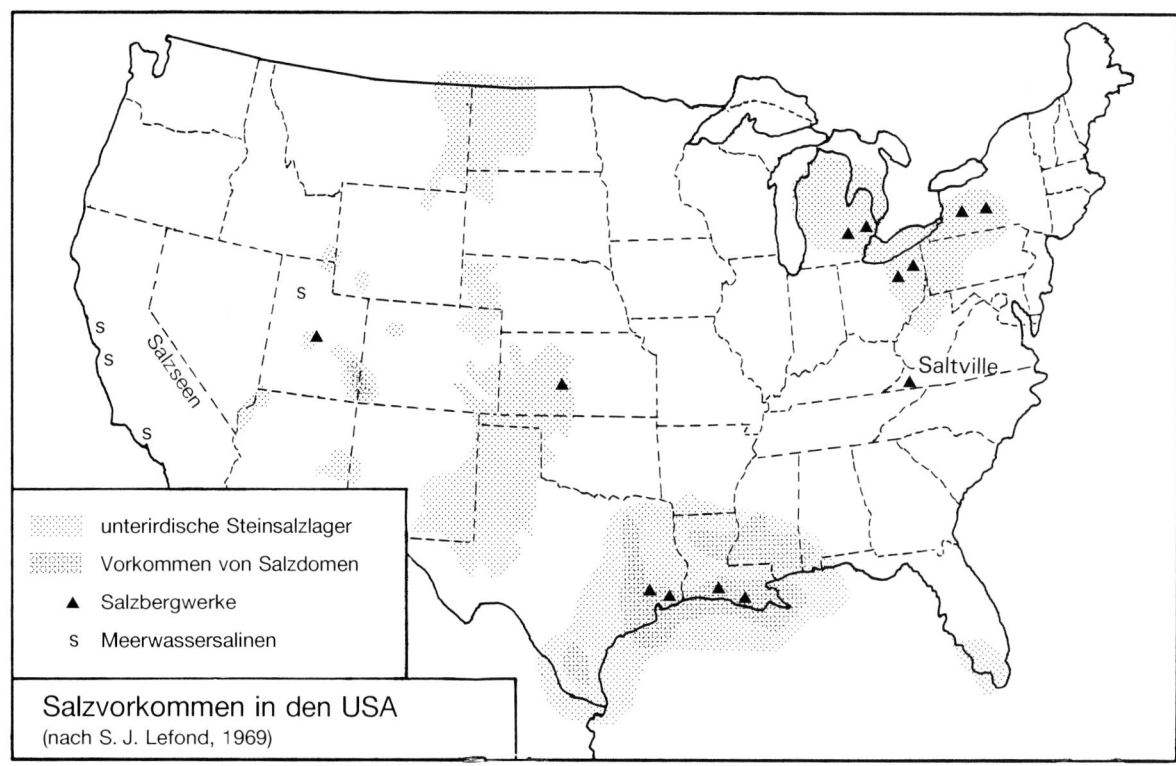

unterirdische Steinsalzlager

Vorkommen von Salzdomen

▲ Salzbergwerke

s Meerwassersalinen

Salzvorkommen in den USA
(nach S. J. Lefond, 1969)

Saltville

Salzseen

bundenen Ursprung des Salzes. Im Jahre 1757 schrieb der russische Naturforscher Mikhaïl Lomonossow, daß Meersalz als Ursprung aller Salzlager aus einer Verbindung von Alkaliarten, d. h. aus Vulkanasche und den Säureresten vergorener Organismen bestehe. Diese recht einfache Erklärung wurde erst aufgegeben, als die Chemie in der Nachfolge Lavoisiers und die Geologie zu Anfang des 19. Jahrhunderts neue Ergebnisse vorlegten, die allerdings die Salzhaltigkeit des Meerwassers auch nicht überzeugend zu erklären vermochten.

Interessanterweise vertraten im Mittelalter einige Kosmologen eine Interpretation für die Entstehung des Salzes, die von der heutigen Auffassung gar nicht weit abweicht. Sie glaubten nicht an den Ursprung des Salzes im Boden, sondern verlegten ihn von Anfang an auf den Meeresgrund: »Wenn es zutrifft«, konstatierte Alexander Neckham 1217, »daß Wasser von Natur aus kalt und ohne Geschmack ist, dann ist es die Sonne, die seine Erwärmung und seinen salzigen Geschmack bewirkt.« Diese Ansicht versuchte im 13. Jahrhundert ein französischer Kosmograph namens Gossouin in seinem *Imago Mundi* (»Bild der Welt«) zu präzisieren:

Das Salz werde nicht aus der Erde gewaschen und durch das Süßwasser ins Meer transportiert, sondern steige mit Hilfe der Sonnenenergie aus den Tiefen des Meeres, wie er schrieb, »aus großen unterseeischen Gebirgen und Tälern voll bitterer Salze« an die Meeresoberfläche. Da der gesamte Wasserkreislauf nach Gossouin ohnehin im Meer beginnt und dort auch wieder endet, erklärt er das Süßwasser als »Salzwasser, das durch die süße Erde sickert und dadurch von seiner Salzlast befreit wird«.

Die Entstehung von Salzlagerstätten im kontinentalen Untergrund ist nach wie vor Gegenstand wissenschaftlicher Kontroversen, an denen wir uns nicht weiter beteiligen werden. Fest steht, daß diese Salzspeicher – teils massiv, teils in Flözen von 5 bis 10 cm – zusammen mit eingelagerten Anhydrit- und Tonlagern *(salt horses)* leicht eine Mächtigkeit von 4000 bis 6000 Metern erreichen können. Die am häufigsten vertretene These besagt, daß dort das

10. Salzberg von Slănic-Prahova in Rumänien.

Wasser früherer Meere verdunstet sei: Eine Ebene wurde nach ihrem Absinken überflutet und das Wasser infolge einer plötzlichen Trennung vom offenen Meer gleichsam in diesem epikontinentalen Becken »gefangen«, wo es infolge der Verdunstung austrocknete. Man stellt sich auch vor, daß ganze Meere (wie das heutige Tote Meer) aufgrund tektonischer Verschiebungen vom Ozean getrennt wurden und ihr Salz in einem sehr heißen Klima ablagerten. Gleichfalls denkbar erscheint eine Verknüpfung und Wiederholung dieser Vorgänge, wobei sich jedes Mal Salz am Beckenboden absetzte und die Schicht kontinuierlich wuchs. Mit dem Salz sanken aber auch andere organische Stoffe auf den Boden, z. B. Wasserpflanzen oder andere pflanzliche Abfälle. Deshalb finden sich auch häufig Rohölvorkommen in der Nähe von Salzlagern (z. B. in Texas und Rumänien).

Diese Naturereignisse begleiteten die gesamte Erdgeschichte seit dem Oberkambrium bis zu den erdgeschichtlich jüngsten Phasen, in denen sich die Salzseen bildeten, an deren Rändern man heute das Salz unter freiem Himmel sammelt, oder auch die sog. *sebkhas* in Nordafrika – Salzlager, die in den Warmzeiten der Erde (Perm, Trias und Jura) entstanden sind und sich dicht unter der Erdoberfläche finden, wo sie von Bächen oder Flüssen ausgespült werden.

Zwar kommen in allen bevölkerten Gegenden der Erde Salzlager vor, aber deren Umfang und Ausbreitung variieren beträchtlich. Die USA verfügen wahrscheinlich über die größten Salzreserven der Welt (vgl. Karte S. 26). Kanada und Mexiko nennen kaum weniger Salz ihr eigen, und auch Südamerika hat bemerkenswerte Salzlager, die bisher aber kaum abgebaut werden. In Asien kann die UdSSR auf ausgedehnte Vorkommen rechnen. In Indien baut man Salz nicht ab, sondern bezieht es seit uralten Zeiten aus salzhaltigen Quellen. Auch in China wird Salz weniger aus unterirdischen Flözen gewonnen, sondern mehr aus salzhaltigen Seen und Quellen – was aber derart ergiebig ist, daß das Land nunmehr der zweitgrößte Salzproduzent hinter den USA ist. Afrika birgt zweifellos ebenfalls bedeutende Salzvorkommen. Sie stammen aus dem Trias, als Afrika und Nordamerika noch eine zusammenhängende Landmasse bildeten (vgl. Karte S. 25). Die Salzausbeutung hat in Afrika zwar schon eine lange Tradition; sie kann heute allerdings nur geringe Erfolge aufweisen, weil sich die entsprechende Technik seit der Antike nicht geändert hat.

In Europa kommt dem von England bis Sachsen reichenden Zechsteinlager aus der Zeit des Perm die größte Bedeutung zu. Das Salz, das heute im Karpatenbogen (Galizien, Transsilvanien, Walachei) geschürft wird, entstand im Tertiär; es ist deshalb eine jüngere Ablagerung. Im Trias vor etwa 200 Mio. Jahren bildete sich das Salzlager, das heute in Lothringen, Burgund, Savoyen, Baden-Württemberg, der Schweiz und den bayerisch-österreichischen Alpen abgebaut wird. Wegen der Verfaltung der Alpen in der Kreide und im Tertiär kommt es z. T. noch in 1000 m Höhe vor.

Salz ist leichter als die Gesteinsmassen, in die es eingebettet ist, und es ist gegen deren Druck empfindlich. Dieser Druck preßte Salzlager, die sich normalerweise in der Tiefe befanden, an die Erdoberfläche, wo sie als sog. Salzbuckel oder Salzdome erscheinen. Sie erreichen eine Breite von 6 km und ragen bis zu 10 km tief in die Erde. Ihre »Steiggeschwindigkeit« wird auf 1–2 mm jährlich geschätzt. Sie kommen in Texas, im Iran, in Nordafrika, Katalonien (Cardona) und im rumänischen Slănic vor. Häufig stößt man in der Nähe dieser Dome auf Erdöl.

11. Spitzhacke eines französischen Geologen (18. Jahrhundert). Stahlspitze und Messingstiel (65 × 20 cm). Schweizer Salzmuseum, Aigle.

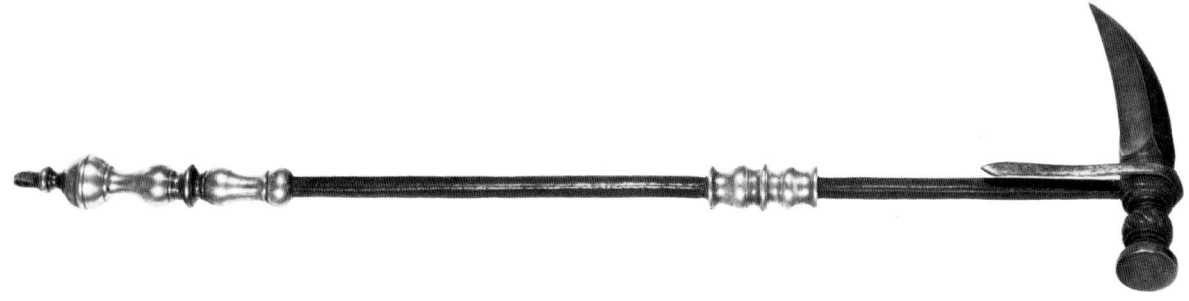

12. Das Salzbergwerk von Riburg/Möhlin im Kanton Aargau. Die Fördertürme stammen aus dem 19. Jahrhundert und sind teilweise heute noch in Betrieb.

Salz und Biologie

Nicht nur unsere europäischen Vorfahren hatten die Lebensnotwendigkeit von Salz erkannt. Auch verschiedene Völker in Schwarzafrika, für die dieses Gut selten war, ahnten, wie sehr sie darauf angewiesen waren. Erinnern wir uns an das Beispiel von Ca da Mosto, der die schützende Wirkung von Salz bei großer Hitze beschrieb. Wenig später notierte der aus Mähren stammende Valentin Fernandez in seiner *Beschreibung der afrikanischen Küste von Ceuta bis zum Senegal* (1506/07) eine ähnliche Beobachtung: »Die Häuptlinge tauschen mehr Gold für Salz als gegen jede andere Ware. Sie brauchen es für ihr Vieh und sich selbst und behaupten, daß ohne Salz weder sie selbst noch ihr Vieh überleben und gedeihen könnten.« Er fügte hinzu, daß Salz bei diesen Schwarzen auch als Heilmittel gegen verschiedene Krankheiten galt. Sogar moderne Anthropologen bestätigen den besonderen Salzbedarf afrikanischer Völker, des Klimas und der starken Transpiration wegen.

Salz findet sich in den Organismen aller Lebewesen, und zwar in größeren Mengen als jedes andere Mineral. Bei Pflanzen ist die Konzentration normalerweise schwächer als bei Tieren. In den meisten Pflanzen läßt sich Kalisalz nachweisen, weshalb die Menschen schon sehr früh Pflanzenasche als Würzmittel verwendeten. Wir schließen dies aus frühgeschichtlichen Funden und den Nahrungsgewohnheiten heute noch lebender sog. »primitiver« Völker auf den Hochebenen von Neu-Guinea. Salzpflanzen, sog. Halophyten, enthalten besonders viel Natrium. Zu ihnen zählen vor allem Meeralgen – was wohl niemanden erstaunt –, Herbazeen mit dicken Blättern und Sprossen, Salzkraut, dessen Asche kohlesaures Natron liefert, und Gräser, die auf den salzreichen Böden bzw. den Überflutungszonen der Meeresküsten wachsen. Jedermann kennt diese würzigen »Salzwiesen« des Deichvorlandes, auf dem die Schafe weiden. Die Asche dieser Pflanzen diente den Küstenbewohnern des Atlantik, der Nord- und Ostsee früher oft als Gewürz, weil das dortige Klima den Betrieb von Salzgärten nicht erlaubte. In der Bretagne, der Normandie und in England fanden Archäologen zahlreiche kleine Tonbehälter, die wahrscheinlich zur Aufbewahrung dieser salzhaltigen Asche dienten. Salzpflanzen sollten uns aber nicht darüber hinwegtäuschen, daß Pflanzen Salz im allgemeinen nicht lieben und eine zu starke Konzentration verhängnisvolle Folgen für sie hat.

Viel mehr als Pflanzen brauchen Tiere und Menschen Salz. Man kennt Insekten, in deren Körper bis zu 3‰ Salz konzentriert sind, und weiß z. B. seit William Brownriggs *Art of Making Salt* von 1748, daß die ehemals schwache körperliche Konstitution und hohe Sterblichkeit der Lappen darauf zurückzuführen war, daß sie Salz nicht kannten. Um ihre Speisen zu würzen, benutzten sie gemahlenes, mehr oder weniger verkohltes Kiefernholz. Afrikanische Völker wie die Massai in Kenia stillen ihr Verlangen nach Salz, indem sie z. T. noch heute das Blut oder den Urin ihrer Kühe trinken (vgl. Abb. 40, S. 62).

Sie beweisen damit den gleichen Instinkt wie die Eingeborenen des Senegal, die Ca da Mosto im 15. Jahrhundert befragt hatte. Blut transportiert das Salz im Körper, und der Urin scheidet es wieder aus. Kochsalz erhält zusammen mit anderen, wenn auch in unendlich geringerer Dosis vorhandenen Salzen den konstanten osmotischen Druck im Körper und spielt in einigen Zellfunktionen eine wichtige Rolle. Salz schwimmt im Blutstrom mit und wird dabei im Organismus verteilt. Verschiedene Biologen vertraten gar die Ansicht, daß Salz das »Milieu des Meeres« im Organismus fortsetze, aus dem sich einst alles Leben entwickelt hatte – eine heute sehr zweifelhafte Hypothese.

29

Dennoch ist das Salz kein wesentlicher Bestandteil des Organismus; es bleibt dort nur kurze Zeit, weil Nieren und Schweißdrüsen es stets wieder ausscheiden. Deshalb muß es ja auch durch ständige Einnahme wieder ersetzt werden. Andererseits kontrollieren Hormone die Konstanz der Salzmenge im Blut. Ist der Salzgehalt zu hoch, sorgen sie für die Ausscheidung aus dem Körper, womit allerdings zugleich ein erheblicher Verlust an Wasser verbunden ist. Der Instinkt – sofern er denn bei uns Menschen noch zu seinem Recht kommt – paßt sich diesem feinen Mechanismus an. Er läßt denjenigen, der mit seiner Nahrung zuviel Salz aufgenommen hat, Durst verspüren und animiert ihn so zum Trinken, d. h. zur Verdünnung und späteren Aussonderung des übermäßigen Salzgenusses. Der ständige Mißbrauch von Salz steigert die Wassermenge im Körper und damit das Gewicht und kann schließlich zu schwerwiegenden Folgen für die Nierenfunktion führen. Umgekehrt meidet derjenige, der täglich weniger als 2 g Salz zu sich nimmt, alles Trinkbare. Dadurch verliert er mit der Zeit an Gewicht, trocknet aus und droht schließlich zu sterben.

Ein vernünftiger Salzkonsum kann sich, physiologisch gesehen, nur zwischen engen Grenzen bewegen. Beim Menschen liegt die Bandbreite je nach Individuum und klimatischem Umfeld zwischen mindestens 4 – 6 g und höchstens 15–20 g Salz täglich. Dem entspricht ein Jahresverbrauch von etwa 1,8 – 6,4 kg. Unsere Industriegesellschaft, die sich Salz in jeder gewünschten Menge und zu jeder Zeit besorgen kann, liegt nahe an der oberen Verbrauchsgrenze, wenn man die »versteckten« Quantitäten in vielen Nahrungsmitteln und Fertiggerichten mitberücksichtigt. In diesem Punkt bestehen heute die früheren gesellschaftlichen Gegensätze nicht mehr, als die Angehörigen ärmerer Schichten ihren Salzverbrauch auf ein Minimum beschränken oder sich unter schwierigen Bedingungen Ersatzstoffe beschaffen mußten, während die Wohlhabenden geradezu im Salz schwelgten. Schon lange vor unseren modernen Diätspezialisten empfahl der Ägypter Mohammed Ben Achmed al Washshā seinen Zeitgenossen, die am Ende des 10. Jahrhunderts in Saus und Braus lebten, nicht zu salzreich zu essen.

Der physiologisch vertretbare und der im Haushalt tatsächlich benötigte Salzverbrauch stimmen auch aus einem anderen Grund kaum überein. Die Hausfrauen würden sich sehr irren, wenn sie die Salzmengen beim Einkauf am soeben genannten

13. Figur aus Salzteig. Silvia Maurer (Winterthur, Schweiz). Der Teig besteht aus Salz, Weizenmehl und Wasser. Wenn die Figur geformt ist, wird sie im Ofen gebacken. Diese originelle Kunst geht nicht aus einer mehr oder minder folkloristischen Tradition hervor, obwohl einige Beispiele aus dem letzten Jahrhundert bekannt sind. Sie will Brot und Salz symbolisch vermählen, die beide immer schon als Zeichen des Segens vor dem Hungertod bewahren helfen sollten. Sie erinnert somit an Werte, die im heutigen Massenkonsum keine Beachtung mehr finden. Diesem Ziel ist auch unser Buch gewidmet.

Bedarf orientieren würden. Schließlich ist bekannt, daß ein beträchtlicher Teil des Gewürzes niemals in den Magen gelangt, sondern schon nach dem Kochen mit dem weggeschütteten Wasser oder mit den Speiseabfällen verschwindet.

In Rom schätzten einst Plinius d. Ä. und Lucius J. Columella die täglich in der Küche verbrauchte Salzmenge auf etwa 25 g pro Person, was deutlich unter unserem Tagesverbrauch liegt. Wenn wir in den USA jede Art von Salzverschwendung in der Küche und bei kochfertigen Produkten einbeziehen, konsumiert der amerikanische Durchschnittsbürger heute täglich etwa 135 g Salz.

Der Salzverbrauch von Tieren liegt wesentlich höher, und das ausgeprägte Verlangen von Haus- wie Wildtieren nach Salz ist bekannt. Fehlt es ihnen daran, suchen sie es mit allen Kräften. Der Volksmund schreibt ihrem Instinkt häufig das Auffinden einer Salzquelle oder eines Salzlagers zu. Die Stadt Lüneburg beispielsweise ehrt noch heute das Schwein, das irgendwann im 9. Jahrhundert die Aufmerksamkeit der Bürger auf jene

Quelle zog, der sie jahrhundertelangen Wohlstand verdankten. Auch das Salzlager von Bex in der Nähe von Aigle (Schweiz) wurde angeblich von Ziegen entdeckt, die man zum Weiden in die Berge getrieben hatte.

Wir kennen nun die physiologisch-chemischen Eigenschaften von Salz. Allein schon sie rechtfertigen die – sachliche wie symbolische – Bedeutung, die diesem Mineral für die Menschen seit der Jungsteinzeit zukam. Doch haben sie nie das Salz einfach nur zu sich genommen, sondern es höchst vielfältig genutzt, wie wir in einem anderen Kapitel noch sehen werden. Gerade in der heutigen »Salzwirtschaft« beansprucht der Verbrauch für Speisezwecke – so notwendig er auch bleibt und so übermäßig er zu werden droht – nur einen sehr bescheidenen Rang.

3. Kapitel
Das Salz in der
heutigen Wirtschaft

Die häufige Verwendung von Salz ist bei uns nur ein Zeichen von Luxus.

Jonathan Swift, Gullivers Reisen (1726)

Salz ist eine Wohltat, die man nicht mehr missen will.

Alexander Neckham (1157–1217)

Salzgewinnung und -handel erregen heute kein Aufsehen mehr: Weil die meisten Länder ihre eigenen Vorkommen abbauen, ist das Salz heute, im Gegensatz zu früher, nicht mehr der Motor internationaler Handelsbeziehungen oder politischer Maßnahmen; auch sein Transport bereitet seit dem Ausbau des Straßen- und Schienennetzes keine Probleme mehr. Die Versorgung mit diesem Mineral ist daher effektiver denn je: Rasch gewachsene und vielfältige Bedürfnisse können zu niedrigen und stabilen Preisen befriedigt werden.

Diese Leistung verdient unsere Aufmerksamkeit, denn zum einen bleiben wir ja weiterhin abhängig von diesem Produkt, zum anderen läßt sich anhand der heutigen Bedingungen die Rolle, die das Salz in der Geschichte gespielt hat, besser verstehen. Diese Bedingungen haben sich vor etwa 150 Jahren herauszubilden begonnen. Drei Gesichtspunkte sind dabei vor allem bemerkenswert: Die früher vorherrschende Methode, Salz aus Meerwasser zu »destillieren«, nimmt heute mit knapp 30% der Gesamtmenge nur noch den zweiten Rang ein. Der internationale Salzhandel ist nahezu bedeutungslos geworden. Der Anteil der Salzproduktion, der auf den Ernährungssektor entfällt, betrug im Jahre 1975 weltweit gerade noch 9%, während die chemische Industrie 61% des geförderten Salzes verbrauchte.

Die Förderländer

Die gesamte Weltförderung von Salz wurde 1978 auf 189 Mio. Tonnen und 1979 auf 191 Tonnen geschätzt. Diese Zahlen sagen an sich nicht viel aus, und ihr Vergleich mit dem Verbrauch anderer wichtiger Produkte im gleichen Jahr ist ebenfalls nicht sonderlich aussagekräftig: 1978 wurden z. B. weltweit 6650 Mio. Tonnen Stahl, 2920 Mio. Tonnen Erdöl oder 1455 Mio. Tonnen Getreide verbraucht. Ihre Aussagekraft steigt jedoch, wenn wir die Entwicklung der Salzförderung rückblickend betrachten und dabei feststellen, daß sie seit 1965 um mehr als 50% gesteigert wurde: 1965 erreichte sie 120 Mio. Tonnen; 1970 schon 160 Mio. Tonnen und 1975 schließlich 178 Mio. Tonnen. Die relative Stagnation im vorletzten Jahrzehnt entspricht dem gebremsten Wachstum der chemischen Industrie.

Die USA stehen ziemlich einsam an der Spitze dieser Produktion (1965: 34,7 Mio. Tonnen; 1978: 42,9 Mio. Tonnen); aber besonders sie unterlagen dieser Stagnation. Ihr Anteil an der Weltproduktion sank von 29% auf 23%. Einige nördliche Bundesstaaten verzeichneten in dem strengen Winter 1977/78 allerdings einen gewissen Salzmangel, weil zugefrorene Flüsse oder Kanäle die Anlieferung erschwerten. Der nächst wichtige Salzproduzent nach den USA ist China, das seine Förderleistung zwischen 1965 (14,3 Mio. Tonnen) und 1978 (33 Mio. Tonnen) mehr als verdoppelte. Dann kommen – in dieser Reihenfolge – die UdSSR, Westdeutschland, Großbritannien, Frankreich, Kanada und Italien (vgl. die nebenstehende Tabelle 2). In all diesen Ländern orientiert sich die Produktion am Eigenbedarf, weil Salz nur in geringen Mengen exportiert wird. Die Nachfrage ergibt sich aus der Größe der Bevölkerung und dem Grad der industriellen Entwicklung; außerdem wird sie von klimatischen

Tabelle 2: Die Salzproduktion der wichtigsten Förderländer im 20. Jahrhundert (in Mio. t)

	1920	1948	1953	1960	1965	1973	1978
USA	6,300	14,881	18,859 (ca. 38%)	23,114 (ca. 29%)	34,687 (29%)	43,940 (25,77%)	42,869 (22,68%)
China	–	–	3,569 (ca. 7%)	11,040 (ca. 11,90%)	14,300 (ca. 11,90%)	22,000 (12,90%)	33,000 (17,46%)
UdSSR	0,548	–	5,700 (ca. 11%)	6,700 (ca. 8,5%)	10,472 (8,75%)	13,450 (7,88%)	17,300 (8,6%)
Bundesrepublik Deutschland	2,933	–	2,874 (ca. 6%)	3,969 (ca. 5%)	6,883 (5,75%)	11,245 (6,59%)	13,800 (7,30%)
Deutsche Demokratische Republik		–	–	–	–	2,286 (1,34%)	–
Großbritannien	2,190	3,849	4,122 (ca. 8%)	5,861 (ca. 7,3%)	7,716 (6,40%)	9,390 (5,50%)	8,900 (4,71%)
Indien	1,200	2,301	3,215 (ca. 6%)	3,436 (ca. 4,3%)	5,202 (4,33%)	7,566 (4,43%)	2,000 (1,06%)
Frankreich	1,250	2,644	2,636 (ca. 5%)	3,926 (ca. 5%)	4,904 (4,10%)	7,023 (4,11%)	7,200 (3,81%)
Kanada	–	0,672	0,866 (ca. 2%)	2,909 (ca. 3,6%)	4,584 (3,83%)	5,565 (3,26%)	6,600 (3,4%)
Italien	–	1,611	1,617 (ca. 3%)	1,962 (ca. 2,5%)	3,515 (2,90%)	5,370 (3,14%)	4,600 (2,43%)
Mexiko	–	–	–	–	–	4,806 (2,81%)	5,637 (2,98%)
Australien und Neuseeland	–	–	–	–	–	4,217 (2,47%)	5,475 (2,90%)
Polen	0,216	–	1,192 (ca. 2,5%)	1,946 (ca. 2,5%)	2,532 (2,10%)	3,393 (1,99%)	4,400 (2,33%)
Niederlande	–	0,249	0,457 (ca. 1%)	0,986 (ca. 1,2%)	1,882 (1,60%)	3,355 (1,96%)	3,951 (2,09%)
Rumänien	–	0,352	0,527 (ca. 1%)	0,840 (ca. 1%)	–	2,500 (1,46%)	4,739 (2,51%)
Spanien	0,490	0,990	1,470 (ca. 3%)	1,391 (ca. 1,7%)	2,047 (1,66%)	2,421 (1,42%)	3,520 (1977)
Brasilien	–	–	–	–	–	2,044 (1,19%)	2,727 (1,44%)
Japan	0,620	0,293	0,455 (ca. 1%)	1,170 (ca. 1,5%)	0,935 (0,80%)	1,119 (0,70%)	1,164 (1977)
Schweiz	0,067	0,122	0,110 (ca. 0,2%)	0,149 (ca. 0,18%)	0,230 (0,20%)	0,299 (0,17%)	0,391 (0,21%)
Weltproduktion insgesamt	?	ca. 35 Mio. t	ca. 50–55 Mio. t	ca. 80 Mio. t	120 Mio. t	170,483 Mio. t	189 Mio. t

Anm.: Verschiedene Quellen, häufig unvollständig oder ungenau (Schätzungen).
Die Angaben über die Weltproduktion insgesamt – und daher auch die Prozentanteile der einzelnen Länder – sind nur als Richtwerte zu verstehen.

Schwankungen beeinflußt. Im Jahr 1975 verbrauchte die USA beispielsweise 17% ihrer Salzförderung für die Beseitigung von Eis und Schnee auf ihren Straßen.

Einige Länder hingegen mußten jüngst mit Schwierigkeiten bei der Salzgewinnung kämpfen. So fiel sie in Polen von 6 Mio. Tonnen (1976) auf 4,4 Mio. Tonnen in den Jahren 1977 und 1978. Vor allem in Indien sank die Produktion 1978 um ein Viertel dessen, was man dort noch fünf Jahre zuvor erzeugt hatte. In der Tabelle 2 erscheint der afrikanische Kontinent trotz seiner erheblichen natürlichen Salzvorräte gar nicht, denn seine Förderung beträgt gerade 2,6 Mio. Tonnen (1979), die zudem zu mehr als 25% in Ägypten getätigt wird.

Die Unabhängigkeit der Verbraucher

Wenn die politischen Auseinandersetzungen um das Salz heutzutage an Heftigkeit verloren haben, so deshalb, weil die meisten der früher importabhängigen Staaten mittlerweile kein Salz mehr einführen müssen. Zunächst reine Zufallsfunde, später dann zielgerichtete geologische Prospektionstechniken haben ergeben, daß Salz so gut wie überall vorhanden ist. Und ständig verbesserte Fördertechniken ließen die Salzgewinnung rentabler werden.

14. Georg von Reichenbach (1771–1826), Ingenieur. Ihm sind nicht nur wegweisende Forschungen in der Mechanik, sondern auch der Bau der Soleleitungen von Bad Reichenhall nach Rosenheim (1810) und von Berchtesgaden nach Bad Reichenhall (1817) zu verdanken. Er war zu Beginn des 19. Jahrhunderts einer der hartnäckigsten Verfechter technologischer Innovationen im Salzbergbau sowie der allgemeinen Importunabhängigkeit.

15. »Kristallsaal« im Salzbergwerk von Bouillet bei Bex (Kanton Waadt, Schweiz) entstanden im Jahre 1812 zu Beginn der Sprengstoffära im Bergbau. Länge: 210 m, max. Breite: 24 m, mittlere Höhe 2,8 Meter.

CARL CHRISTIAN GLENCK, BERG-UND HOFRAT VON SCHWÄBISCH-HALL ENTDECKER DES SALZLAGERS IN SCHWEIZERHALLE UND GRÜNDER DER SALINE SCHWEIZERHALLE 1837
1779 - 1845

16.   Carl-Christian Glenck (1779–1845), ein deutscher Ingenieur, der die Schweizer Salzlager am Oberrhein entdeckte und 1837 die Förderanlage »Schweizerhalle« gründete.

Diese Fortschritte brauchten jedoch Zeit. Die ersten Versuche, das verborgene Salz mit geologisch-technischen Mitteln aufzuspüren, kennen wir aus dem 16. Jahrhundert. Etwa zweihundert Jahre später wurden diese Maßnahmen aufgrund neuer wissenschaftlicher Kenntnisse erheblich erfolgreicher und führten um 1850 zur Importunabhängigkeit der wichtigsten salzverbrauchenden Nationen. Seither setzte sich dieser technologische Aufschwung fort. Er bescherte der Salzindustrie eine wachsende Nachfrage für ihre Erzeugnisse, die sie mit stets günstigeren Angeboten zu beantworten wußte. Seit dem Zweiten Weltkrieg wurden Salzvorkommen von beträchtlichem Umfang in China, den USA, der UdSSR (Kasachstan, Usbekistan) und dem kanadischen Ontario (mit nunmehr allein 85 % der gesamten nationalen Förderung) neu entdeckt. Die moderne Technologie ermöglicht eine umso rentablere Erzeugung, weil sie auch Vorkommen von außergewöhnlicher Reinheit auszubeuten erlaubt. Die Reinheitsuntergrenze wird in den USA mit 95 % angesetzt, in den wichtigsten Salzlagern im Nordosten des Landes beträgt sie sogar 97 %.

Die Schweiz ist nur ein kleines Land und verfügte einst über keinerlei bekannte Salzvorkommen. Dennoch gab es hier wegen der Viehzucht, der Konservierung von Fleisch und Käse sowie später dann wegen der Lebensmittel- und der chemischen Industrie immer schon einen namhaften Bedarf. Bis 1836, als im eigenen Land Salzvorkommen festgestellt wurden, war die Schweiz ein Musterbeispiel jener Länder, die sich um den kontinuierlichen Nachschub an Salz sorgen mußten. Schon im 15. Jahrhundert hatten Basel und Bern ergebnislos nach Salz geforscht. Zwar entdeckte man dann im Jahre 1554 in der Gegend von Aigle salzhaltiges Gestein, aber das Vorkommen erwies sich als bescheiden. Außerdem erlaubten technische Probleme und der hohe Brennstoffverbrauch beim Salzsieden bis zum 18. Jahrhundert nur die Salzerzeugung für den lokalen Verbrauch.

Zu Beginn des 19. Jahrhunderts änderte sich das Bild, denn nun wurden systematische Bodenuntersuchungen unternommen. Verschiedene Bohrungen, die ohne geologische Erkundung des Bodens erfolgten, verschlangen beachtliche Summen, bis es endlich 1835/36 dem deutschen Ingenieur Carl Christian Friedrich Glenck gelang, bei Rothaus/Schweizerhalle in einer Tiefe von 135 m Salz zu finden. Dieselbe Lagerstätte entlang des Rheins zwischen Basel und Zurzach wurde in den folgenden

17.   Salzabfüllmaschine, das sog. »Karussel«. Vereinigte Schweizerische Rheinsalinen.

18. Die »Schweizerhalle« in ihrer Anfangszeit.
Stahlstich aus dem Jahre 1845.

Jahren an verschiedenen Punkten angebohrt. Die Konzession zur Salzförderung erhielten Kaiseraugst im Jahre 1843, Rheinfelden ein Jahr später und Riburg/Möhlin im Kanton Aargau (vgl. Abb. 12, S. 29) im Jahre 1848. Damit war die Deckung des jährlichen Salzbedarfs aus eigener Förderung gesichert. Als Folge dieser neu gewonnenen Autarkie sank der Salzpreis in der zweiten Hälfte des 19. Jahrhunderts deutlich: Im Kanton Fribourg beispielsweise – wo man noch bis in die 30er Jahre aus der Freigrafschaft Burgund, Lothringen und dem Königreich Württemberg jährlich etwa 20 000 Zentner Salz bezogen hatte – brauchten Endverbraucher wie Käsehersteller nur noch 35 % des ursprünglichen Preises zu zahlen.

Die rheinischen Salinen wurden 1909 zu einer einzigen Gesellschaft zusammengeschlossen, an der alle Kantone als Aktionäre beteiligt waren – außer dem Kanton Waadt, der sich ausschließlich aus dem Salzbergwerk Bex versorgte. Diese Förderstätte kam überdies für den Bedarf eines unmittelbar benachbarten, wenn auch auf wallisischem Territorium gelegenen Chemieunternehmens auf (das inzwischen zur Ciba-Geigy-Gruppe gehört). Die besonderen Verträge, die zwischen dem Tessin und Italien sowie Genf und Frankreich über die Versorgung mit Meersalz abgeschlossen worden waren, wurden 1910 bzw. 1918 aufgelöst, nachdem es keine großen Preisunterschiede mehr gab.

Obwohl der Salztransport über weite Entfernungen heute problemlos ist, gestattet er doch kaum irgendwelche Kostenvorteile. Alle Unterschiede in den Förderkosten (in den USA schwanken sie je Tonne zwischen 3,75 Dollar in Texas und 11,65 Dollar in Michigan) werden von den Transportkosten geschluckt. Deshalb führen gerade noch vier Länder in der Welt Salz in nennenswertem Umfang ein, und das auch nur, weil ihnen nichts anderes übrig bleibt: Nach Japan gehen allein 44 % des gesamten Salzexports der Welt, Schweden und Finnland versorgen sich in Ibiza und Formentera, und Belgien kauft das benötigte Salz bei seinen Nachbarn. Nur am Rande sei angemerkt, daß die USA seit den 60er Jahren auch zur Gruppe der Salzimporteure zählen: Der größte Salzförderer kann seinen eigenen Bedarf nicht mehr decken! Die Einfuhren vor allem aus Kanada, Mexiko, den Bahamas, zum geringeren Teil auch aus China, Tunesien, Irland, Venezuela und Rumänien betrugen 1968 3,5 Mio. und 1978 5 Mio. Tonnen.

Die Technologie der Salzförderung im Wandel der Zeiten

Prinzipiell haben sich die Formen der Salzgewinnung heute gegenüber der vorindustriellen Zeit nicht sonderlich geändert. Gewiß, die Modernisierung hat auch diesen Industriezweig inzwischen erfaßt: ein rationelles Management der Meeressalinen und zunehmend verfeinerte mechanische, chemische und elektrothermische Verfahren in den Salzbergwerken. Aber sie ist doch noch nicht in alle Länder vorgedrungen, sondern vor allem dort, wo der Salzabbau auf keine lange Tradition zurückblicken kann und wo zugleich der Bedarf der Industrie besonders ausgeprägt ist. Nehmen wir z. B. die USA. Die Indianer hatten sich einst einiger Salzquellen bedient und die ersten englischen Siedler an der amerikanischen Ostküste (1607 in Jamestown) einige Meeressalinen erbaut. Trotzdem bezogen sie den weitaus größten Teil des notwendigen Salzes aus dem Mutterland. Das änderte sich erst nach der Unabhängigkeitserklärung im Jahre 1776, als sich zunächst in der damals noch französischen Kolonie Louisiana eine selbständige amerikanische Salzindustrie zu entwickeln begann. Deren Standorte zogen sich dann weniger die Küste entlang (z. B. Cape Cod, Mass.), sondern basierten eher auf den Lagern im Binnenland. Seit 1797 wurde zunächst in Virginia (Kanawha, heute: Charlestown) und gegen 1820 in Onondaga, dem heutigen Saltville, dann aber auch in den Bundesstaaten Ohio, Michigan (1859), New York (1887) und Kansas (1891) Salz gefördert. Diese Industrie stürzte sich – unbelastet von den Hypotheken der traditionellen Salzgewinnung – auf alle damals für die Ausbeutung von Meerwassersalinen, Salzbergwerken oder Solequellen bekannten modernen Techniken. 1972 erreichten die Salinen am Golf von Mexiko mit beinahe 6 Mio. Tonnen 13%, die Salzbergwerke mit 15 Mio. Tonnen 32% und die Solequellen mit 24,6 Mio. Tonnen 52% der amerikanischen Salzförderung.

Meerwassersalinen (Salzgärten) liefern heute 20–30% der weltweiten Salzproduktion, obwohl sie im Grunde noch nach einem jahrhundertealten Verfahren arbeiten: Salzhaltige Lauge fließt aus einem höheren Becken langsam in ein nur wenig darunter liegendes und tröpfelt von dort in das nächsttiefere Becken etc. In jedem Becken entsteht unter der wasserverdampfenden Sonneneinstrahlung ein wachsendes Salzkonzentrat, das schließlich als kristallines Kochsalz (Natriumchlorid) auf den Beckenboden absinkt, während die nicht verwendungsfähigen Salze weiter im Wasser schwimmen. Die Modernisierung richtet sich zunächst auf die Fließgeschwindigkeit des Meerwassers, das nun gepumpt wird, anstatt zu rieseln. Außerdem wird der Salzgehalt in bestimmten Abständen genau kontrolliert, und schließlich gibt es mittlerweile moderne Maschinen, die in den weitläufigen Becken 100–250 Tonnen Salz je Stunde einsammeln können (vgl. Abb. 22, S. 39). Das Restwasser wird entweder ins Meer hinausgepumpt oder noch einmal verwendet, um andere Salzarten auszuwaschen. Meerwassersalinen stellen die billigste Art der Salzgewinnung dar, obwohl es auch hier gewisser Investitionen und einer geschickt angelegten Folge von Wasserbecken bedarf. Auf diese Weise gewinnt z. B. die Compagnie des Salins du Midi et des Salines de l'Est Salz in Südfrankreich, ebenso vergleichbare Unternehmen industriellen Zuschnitts in den USA. Am häufigsten wird jedoch in Frankreich das Salz in ländlichen Kleinbetrieben gewonnen – z. T. als Ne-

19. Salzgefäß aus Silber von Jeremiah Dummer (1645–1718). Amerikanische Silberarbeit.
Museum of Fine Arts, Boston.

benerwerb von Bauern. Diese Salinen, zumeist an
der Atlantikküste, umfassen ca. 2 ha Grundfläche
und liefern natürlich nur wenig Salz. Insgesamt
übersteigt die Jahresproduktion dieser bäuerlichen
Salinen kaum 20 000 Tonnen, was etwa 1% der
gesamten französischen Salzproduktion entspricht.

In einigen Ländern mit geringerer Sonneneinstrahlung wird Meerwasser unter Einsatz der heute
verfügbaren Energieträger künstlich verdampft –
eine Methode, mit der z. B. in den USA gegenwärtig
9% der Salzproduktion getätigt werden.

Bei den Salzbergwerken stellt sich die Situation
grundsätzlich anders dar, weil noch zu viele Salz-
stöcke von zu kleinen Unternehmen ausgebeutet
werden. In Lothringen z. B. gibt es immer noch
einige Salzbergwerke mit halbbäuerlichem Charakter. Generell zeichnet sich dieser Industriezweig vor
allem dort durch Traditionalismen aus, wo schon
seit ewigen Zeiten Salz gewonnen wird. Moderne
Methoden stoßen dort leicht auf Mißtrauen. Demgegenüber ist zwar auch das Bergwerk von Bex im
Schweizer Kanton Waadt bis auf den heutigen Tag
handwerklich geprägt. Dennoch haben behutsam
eingeführte Neuerungen den Abbau dieser »ärm-

21. »Salzernte« mit dem Rechen auf der Halbinsel von Guérande
(Bretagne). Ein seit Jahrtausenden kaum verändertes Verfahren.

22. »Salzernte« in Salin-de-Giraud (Camargue). Moderne Technologie (1977) mit einer Kapazität von etwa 1600 t pro Stunde.

23. Steinsalzstollen im Bergwerk von Saint-Nicolas-de-Port (Département Meurthe-et-Moselle in Lothringen). Das Förderband transportiert die Salzbrocken zur Schmelze.

sten Lagerstätte der Welt« – so M. Fournier, der stellvertretende Direktor – deutlich von kaum 10 000 Tonnen im Jahre 1960 über 22 000 Tonnen im Jahre 1970 bis auf 44 500 Tonnen im Jahre 1979 gesteigert. Das geförderte Salz wird größtenteils an ein chemisches Unternehmen der Ciba-Geigy-Gruppe verkauft.

Hier wie in allen anderen rationell arbeitenden Salzbergwerken wird Kochsalz in riesigen unterirdischen Hallen geschürft (vgl. Abb. 15, 23, S. 34 bzw. 40). Dies erlaubt den bequemen und gründlichen Abbau der Salzflöze ebenso wie den voll mechanisierten Abtransport der Salzbrocken. Längst sind technisch perfekte Maschinen zum Brechen der Salzmassen in Betrieb genommen worden. Die technische Ausrüstung eines Salzbergwerks ist übrigens kaum der Korrosion ausgesetzt, weil hier nur eine geringe Luftfeuchtigkeit herrscht. So war ein Bagger, der 1935 in einem Salzbergwerk nahe Detroit installiert wurde, dort noch 1975 voll funktionsfähig im Einsatz. Nicht zuletzt wegen der langen

Lebensdauer des Maschinenparks sind die Kosten für den Abbau von Kochsalz so außergewöhnlich gering: In den USA beliefen sie sich 1975 auf 0,80 bis 1,60 Dollar je Tonne.

Die dritte und in den industrialisierten Ländern gegenwärtig am häufigsten angewendete Form der Salzgewinnung (mit 62% der Weltförderung im Jahre 1979) basiert auf einem verblüffend einfachen Prinzip. Man leitet unter hohem Druck Wasser durch Rohre in eigens gebohrten Schächten in salzhaltiges Gestein, wo es stark mit Salz angereichert wird, und pumpt es schließlich wieder an die Erdoberfläche zurück. Diese Salzlake wird so lange erhitzt, bis das Wasser verdampft ist und das reine Salz auf dem Kesselboden zurückbleibt. Dieses Verfahren weist also zwei deutlich voneinander getrennte Arbeitsgänge auf, deren erster die Herauslösung des Salzes ohne aufwendige Arbeiten unter Tage erlaubt; der Aufwand an Maschinen und anderen Betriebsmitteln ist gering. Der zweite Arbeitsschritt hingegen konfrontierte zunächst mit jahrhundertelang bekannten ökologischen Schwierigkeiten – die Salzsiederei verschlingt nämlich außergewöhnlich viel Brennstoff. Früher standen dafür nur Torf und Holz zur Verfügung, oder – wie im England des 16. Jahrhunderts – Kohle. Heute hingegen greift man auf kostengünstigere Energiequellen zurück, z. B. Elektrizität und Erdöl. Außerdem gewährleistet die seit Anfang des 17. Jahrhunderts zwar bekannte, aber erst 200 Jahre später voll entwickelte Technik des Salzsiedens durch geschlossene Rohrsysteme eine bessere Rentabilität. Hier zirkuliert Wasserdampf in Leitungen, die in der Salzlake liegen.

Die Überflutung der Schächte erfuhr 1955 eine technische Revolution, als es gelang, salzführendes Gestein unter Wasserdruck zu zertrümmern. Man bohrt zunächst – bis vor nicht allzulanger Zeit im Abstand von 30 bis 50, nunmehr von mehreren hundert Metern – eine Reihe tiefer Stollen und verlegt dort die Rohre. Anschließend wird Süßwasser unter starkem Druck hineingepumpt. Am Fuß der Stollen bilden sich daraufhin horizontal verlaufende Risse und Sprünge, welche die einzelnen Bohrlöcher miteinander verbinden. So kann das salzhaltige Gestein gründlich ausgewaschen werden. Mit dieser Technik lassen sich nicht nur 40% des Salzes in der Sole abbauen – im Unterschied zu den 5%, die mit anderen Verfahren möglich sind –, sondern auch die Gestehungskosten um die Hälfte und die Unterhaltskosten sogar um 95% senken (S. J. Lefond 1975).

Jeder Schacht ist natürlich nur einmal ausbeutbar. Alte Schächte lassen sich jedoch auch nach der Aufgabe der Salzförderung noch gewinnbringend nutzen. In Wieliczka (Krakau) oder in Bex stehen sie Touristen offen. Im sowjetischen Teil Armeniens wird eine verlassene Salzmine als Klinik benutzt, weil sich die unterirdischen Sulfate und Mikroorganismen als wirksames Heilmittel gegen allergische Erkrankungen erwiesen haben. Darüber hinaus sind solche verlassenen Gruben in Frankreich und besonders in den USA als sichere Lagerstätten für Kohlenwasserstoffe vorgesehen. So beschloß der amerikanische Kongreß 1975 die Lagerung einer nationalen Erdölreserve von 500 Mio. *barrels* in den nicht mehr bewirtschafteten Salzstöcken von Texas und Louisiana. Angesichts der prekären Situation im Nahen Osten wird dieses Projekt seit Sommer 1980 beschleunigt vorangetrieben.

Es besteht heute kaum ein anderer Industriezweig, der größere Kontraste aufweist als die Salzgewinnung. Auf der einen Seite finden wir in Salin-de-Giraud (11 000 ha) und Aigues-Mortes (7000 ha) Anlagen, die aufgrund eines modernen Maschinenparks Salz von höchster Reinheit (98%) liefern.

24. Bohrturm der Vereinigten Schweizerischen Rheinsalinen. Wenn die Bohrung niedergebracht ist, werden in den Bohrschacht zwei konzentrische Rohre eingeführt. Durch das äußere Rohr (Durchmesser 30 cm) wird Wasser unter Druck in das Salzlager geleitet. Das Steinsalz löst sich auf, die dickflüssige Salzlake wird durch das innere Rohr nach oben gepumpt und dann in die Tanks der Salzfabrik geleitet.

Ihnen stehen im gleichen Land die vielen kümmerlichen Meerwassersalinen am Atlantik gegenüber, die von Bauern in schlichter Handarbeit bewirtschaftet werden und nur 85–90% reines Salz abwerfen, weil sich mit einem altmodischen Rechen die Tonerde eben nicht sauber vom Salz trennen läßt (vgl. Abb. 21, S. 39). Die riesigen und mit höchstem technischen Standard ausgerüsteten Salzbergwerke von New York oder Michigan kontrastieren mit der seit dem Mittelalter unveränderten dörflichen Salzwirtschaft im Norden Malis. Die Plackerei des Salinenarbeiters in Taiwan unterscheidet sich in nichts von der seines französischen Kollegen in der Vendée oder Charente; nur ist in Taiwan wegen der tropischen Regengüsse und Wirbelstürme nur alle vier bis fünf Jahre an eine Salzernte zu denken, in Frankreich dagegen kann jedes Jahr Salz »geerntet« werden. In Eritrea oder im Iran gar wird das Salz am

adiutor eorum + protector eorum est.
Domus aaron sperauit in domino:
adiutor eorum + protector eorum est.
Qui timent dominum sperauerunt

Rande großer Seen noch wie vor 1000 Jahren in großen Blöcken gebrochen und auf dem Eselsrükken abtransportiert. Allerdings macht sich dort ein schüchterner industrieller Fortschritt bemerkbar: Seit 1972 wird das Salz des Maharlusees (100 000 Tonnen jährlich) im persischen Bergland an eine nahegelegene chemische Fabrik verkauft. Vor dem Sturz des Schahs war die grundlegende Modernisierung der gesamten iranischen Salzförderung fest eingeplant.

Salz im Haushalt, in der Fabrik und auf den Straßen

Salz wurde einst fast ausschließlich zu Nahrungszwecken gebraucht, und in unterentwickelten Gebieten ist das auch heute noch so. Aber mit dem Ausmaß der Industrialisierung nahmen auch die Möglichkeiten seiner Verwendung zu.

Zunächst bleibt festzuhalten, daß der Verbrauch von Salz in der Küche oder bei Tisch, entsprechend der Bevölkerungszunahme seit dem 18. Jahrhundert, um mehr als das Drei- bis Vierfache gestiegen ist. Zieht man jedoch das Zeitalter der Rennaissance oder Aufklärung zum Vergleich heran, wo der Nahrungsanteil am Gesamtverbrauch 20–30% betrug, so ist dieser Anteil deutlich gefallen. In Frankreich beispielsweise liegt er nur noch bei 10–15%, in den USA kaum bei 3% – wozu weitere 3–6% für die Viehhaltung kommen.

Bis Anfang des 19. Jahrhunderts verschlang die Konservierung von Fisch, Fleisch und Milchprodukten weit mehr als die Hälfte des gesamten Salzverbrauchs. Seit etwa 130 Jahren aber haben die stets weiter entwickelten Tiefkühl- und Trocknungstechniken oder die Vakuumverpackung von Lebensmitteln das Salz auf diesem Gebiet zunehmend überflüssig gemacht. Auch die Hochseefischerei benötigt es kaum noch (45 000 t pro Jahr sind es in den USA – noch nicht einmal 0,1% des Gesamt-

verbrauchs). Die einstigen Hauptnahrungsmittel Pökelfleisch und gesalzener Fisch sind heute nur noch eine gastronomische Spezialität. Allein die Herstellung von Käse bildet eine Ausnahme, denn sie erfordert noch immer Salz, wenn auch mit 2% aller Zutaten in bescheidenem Rahmen. Immerhin nehmen die Amerikaner jährlich mit ihrem Käse 80 000 t Salz zu sich.

Gewissermaßen im Ausgleich für den gesunkenen Bedarf bei der Nahrung tauchte die chemische Industrie als neuer Hauptabnehmer auf. Sie benötigt Salz für die Herstellung einiger Grundstoffe, deren industrielle Weiterverarbeitungsmöglichkeiten rapide zugenommen haben: So z. B. Chlor, Soda (Natriumkarbonat), Natronlauge (Natriumhydroxid) und Kali, das in Verbindung mit Salpeter ein elementarer Bestandteil von Schießpulver ist. Soda oder Natron wird für die Herstellung von Glas bzw. Seife benötigt. Da die pflanzliche Basis dieser Substanzen die notwendige Erzeugung großer Mengen nicht erlaubt, mußte zunächst der französische Chemiker Nicolas Le Blanc 1791 die erste künstliche Synthese der Salzalkaloide erfinden.

Nach 1860 wurde Kalisalz in deutschen Bergwerken entdeckt. Zur gleichen Zeit (1861) entwickelte der belgische Chemiker Ernest Solvay das Verfahren, das noch heute seinen Namen trägt. Von nun an war die industrielle Herstellung von Soda – einer Verbindung aus Salz, Ammoniak und Kalk – zu viel geringeren Preisen und in viel größeren Mengen möglich. Die Gebrüder Solvay setzten diese Erfindung im großtechnischen Maßstab ein und legten damit den Grundstein zu einer der wichtigsten Firmengruppen innerhalb der chemischen Industrie Europas. Mit Hilfe der Elektrolyse (durch Salzlake geleiteter elektrischer Strom) lassen sich große Mengen von alkalischen Salzen, Kali, Soda, Chlor und kohlesaurem Natron herstellen.

Seit dem Aufschwung der chemischen, namentlich der elektrochemischen Industrie ab etwa 1900 sind Salz oder seine Verbindungen zu Bestandteilen von nach und nach etwa 14 000 Produkten geworden. An der Spitze stehen die chemischen Düngemittel, deren Entwicklung in den vergangenen 100 Jahren unschätzbare Auswirkungen auf die Ernährung der Weltbevölkerung hatte. Auch ehemals handwerkliche Erzeugnisse wie Seife, Reinigungsmittel, Gerbereiprodukte, Wäschebleichmittel, Glaswaren und Gegenstände aus Metall, die ohne Salz nicht auskommen, sind mittlerweile zu wichtigen Waren der industriellen Großproduktion geworden. Es ist

25. Reinigung von Schweinedärmen. Salz ist nicht nur zum Aufkochen der Wurstmasse notwendig, sondern auch zum Reinigen der Därme (der Wurstpelle).
Bodleian Library, Ms. Douce 5, Blatt 7, Vorderseite.

26. Köche bei der Arbeit.
The Luttrell Psalter (Ostengland 1340).
British Museum, Ms. Add. 42130, Blatt 207, Vorderseite.

nahezu unmöglich, alle die Anwendungsformen aufzuzählen, in denen Salz eine Rolle spielt. Erwähnen wir gleichsam exemplarisch, daß Kochsalz, Ammoniak, Soda, Natriumhypochlorid (auch als »Bleichwasser« bekannt) in Verbindung mit Propergol »Ariane«, die europäische Trägerrakete, beschleunigen.

Ein weiterer bedeutender »Kunde« von Salz ist die Nahrungsmittelindustrie. Ihr atemberaubender Aufschwung seit einem Jahrhundert ist bekannt. Wer aber weiß auf Anhieb, daß Salz nicht allein als Zutat unzähliger Speisen, sondern auch bei der Kühlung von Eiscreme Verwendung findet?

Seit den 40er Jahren ist ein dritter Großabnehmer auf der Bildfläche erschienen: die Straßendienste, die Salz brauchen, um die Straßen im Winter schnee- und eisfrei zu halten, wobei sie sich (wie übrigens auch die Hersteller von Frostschutzmitteln für Autos und Maschinen) den Umstand zunutze machen, daß Salz den Gefrierpunkt des Wassers senkt. Somit ist die öffentliche Verwaltung – in Ausübung des staatlichen Salzmonopols früher der wichtigste, häufig sogar alleinige *Ver*käufer von Salz – heute einer der größten *Auf*käufer. Im Jahre 1972 wurden 9,2 Mio. t Salz auf die amerikanischen Straßen gestreut. In der Schweiz variieren die Mengen je nach Schneefall zwischen 50 000 und 100 000 t. Normalerweise sind es etwa 75 000 t, d. h. etwa 12% des nationalen Verbrauchs.

Wie verteilen sich die Salzmengen unter diesen Großabnehmern? Eine Antwort versuchen die folgenden Tabellen 3 und 4 in bezug auf Frankreich und, etwas detaillierter, für die USA zu geben. Die Aussagen beider Tabellen sind für einen genauen Vergleich zwar nicht genügend homogen, aber in beiden Fällen lesen wir die Dominanz der chemischen Industrie im Verbrauch von Salz heraus. Sie benötigt allein drei Fünftel; ein Fünftel entfällt auf die Straßenmeistereien, und das restliche Fünftel teilt sich die Nahrungsmittelindustrie mit der Landwirtschaft und einigen anderen Industriezweigen.

27. Salzbehälter aus Keramik mit chinesischen Motiven. Braunschweig, ca. 1700 (9,5 × 7,5 × 5,5 cm).
Schweizer Salzmuseum, Aigle.

28. Salzbehälter aus Keramik. Italienische Arbeiten. Links: aus Faenza, frühes 17. Jahrhundert (13 × 13 × 8 cm). Rechts: aus Deruta, um 1700 (12 × 7,5 × 7 cm).
Schweizer Salzmuseum, Aigle.

Tabelle 3: Verwendungszwecke von Salz in Frankreich, 1970

	Meersalz (Südfrankreich)	festes Kochsalz	in Wasser gelöstes Kochsalz
Chemische Industrie	64%		56%
Wasserenthärtung, verschiedene Industriezweige	10%	18%	15%
Ernährung	10%	–	25%
Enteisung	4%	43%	–
Landwirtschaft, Viehzucht	3%	15%	2%
Fisch- und Fleischkonservierung	3%	–	–
Ausfuhr	6%	24%	2%

Das Salz und die Umwelt

Wir wollen dieses Kapitel mit einigen Worten über die Umweltgefährdungen abschließen, die vom Salz ausgehen. Unsere Konsumgesellschaft ist für dieses Problem viel zu empfindlich geworden, als daß es in diesem Zusammenhang übergangen werden könnte.

Salz belastet die Umwelt in zweifacher Weise. Zunächst wirkt sich Streusalz sehr schädlich auf die angrenzende Vegetation aus. Viel gefährlicher aber ist das Schnee- und Salzgemisch im Winter, das in unser Grundwasser gelangen kann. Dieses Übel ist derzeit nicht zu beseitigen. Deshalb bremsen insbesondere die Schweizer Kommunalverwaltungen schon einige Winter lang den Verbrauch von Streusalz. Die ca. 75 000 Tonnen Salz, die auf die Straßen der Schweiz gestreut werden, entsprechen etwa der Menge an Natriumchlorid, die bereits durch Erosionseffekte und Niederschläge im Boden stecken.

Die zweite Art der Umweltbelastung gibt Anlaß

Tabelle 4: Verwendungszwecke von Salz in den USA, 1972

	Mio. t	in %
Chemische Industrie	*27,580*	*57,37*
Chlor	20,726	43,10
Kali	5,791	12,07
Seifen und Reinigungsmittel	37	0,05
Andere	1,036	2,15
Nahrungsmittel-Industrie	*1,073*	*2,22*
Fisch	45	0,09
Käse und Butter	80	0,17
Konserven	228	0,47
Mehl- und Backwaren	200	0,42
andere Verwendungsarten, z. B. Eiscreme	520	1,07
andere Industriezweige (Textilien, Gerb- und Bleicherzeugnisse, Metallwaren, Glas- und Papiererzeugnisse)	*1,586*	*3,30*
Landwirtschaft, Viehzucht	*2,463*	*5,12*
Haushalt	*1,258*	*2,61*
Wasserenthärtung	*698*	*1,44*
Enteisung der Straßen und andere öffentliche Verwendungsarten	*11,352*	*23,64*
Verschiedenes	*2,069*	*4,30*

zu schwerwiegenden ökologischen, ökonomischen und politischen Bedenken: Gewisse Rückstände oder Reste, die in der salzverarbeitenden Industrie entstehen, sind nicht mehr zu beseitigen. Produziert man z. B. mit dem Solvay-Verfahren Soda, entsteht als Nebenprodukt Kalziumchlorid, das im Verhältnis 900 kg je Tonne Soda anfällt. Diesem Chlorid ist nur ein beschränkter Gebrauchswert eigen, und die sodaerzeugenden Unternehmen ersticken schier daran. Außerdem ist es überaus wasserlöslich und kann somit leicht in das Grundwasser sickern. Deshalb erscheint der Verzicht auf das Solvay-Verfahren langfristig notwendig – eine Entwicklung, die sich in den USA heute schon abzeichnet. Auch die nahezu ebenso umfangreiche Produktion von Kali bietet Anlaß zu ökologischer Sorge. So setzen z. B. die elsässischen Kaliminen jährlich mehr als 1 Mio. Tonnen Salz frei. Mit ihm weiß niemand etwas anzufangen, denn es ist unrein und seine Reinigung unrentabel. Außerdem würde dieses Salz in Konkurrenz zu so mächtigen Unternehmen wie der Compagnie des Salins du Midi et des Salines de l'Est, der BASF, der Solvay-Gruppe und einigen anderen treten, die sich auf die Förderung und Verarbeitung von Salz spezialisiert haben. Deshalb schüttete man bislang die Salzbrühe kurzerhand in den Rhein – sehr zum Nachteil der stromabwärts wohnenden Bevölkerung in der Bundesrepublik und in Holland; dort sah man sich zum Bau kostspieliger Filter- und Salzabscheideanlagen gezwungen. 1976 verpflichtete die internationale Vereinbarung von Bonn die Societé des Mines de potasse d'Alsace, die Menge der in den Rhein geleiteten Salzmaische zu reduzieren, die zu diesem Zeitpunkt immerhin 130 kg/sec, das sind jährlich 6 Mio. Tonnen, betrug. Etwa 20 kg/sec sollten 1800 m tief in den Boden gepumpt werden – eine Menge, die nun ihrerseits die Trinkwasserreserve der elsässischen Bevölkerung bedrohen würde. Deshalb zögerte die französische Regierung mit der Ratifizierung der Konvention und beschloß, zunächst eine Saline mit einer jährlichen Auffangkapazität von 300 000 – 500 000 Tonnen zu bauen und dort ab Herbst 1982 ein Teil der Salzmaische (6 kg/sec) aufzubereiten. Zum Zeitpunkt der Niederschrift dieses Buches (1981) war indessen noch keine endgültige Entscheidung gefallen.

So bietet der Abbau von Steinsalz und seinen Verbindungen durchaus Probleme. Sie erschweren auch die Spekulation über die Zukunft der Salzwirtschaft. Wahrscheinlich wird die Produktion von Soda im Laufe der Zeit sinken, weil es durch Trona (Urao), eine Verbindung aus Natriumhydrogenkarbonat und Natriumkarbonat, ersetzt werden kann, die sich am Rande ausgetrockneter Salzseen in Wüstengebieten findet. Man versucht auch weiterhin, den Verbrauch von Streusalz zu verringern. Eine gewisse Bedeutung hingegen wird künftig die Herstellung von Chlor erlangen, denn schon jetzt deckt die Produktion kaum die Nachfrage. Wegen der derzeitigen und in Zukunft erst recht zu erwartenden Verwendungsvielfalt von Kochsalz im industriellen Rahmen ist aber die Vermutung erlaubt, daß die Salzproduktion weltweit künftig eher steigt als fällt.

4. Kapitel
Die Epochen des Salzes

Die göttliche Vorsehung verfügte über den Besitz dergestalt, daß sie die lebensnotwendigen Dinge nicht an einem einzigen Ort konzentriert hat. Sie verteilte ihre Gaben, damit die Menschen untereinander Handel treiben.

Jacques Savary des Bruslons, Le Parfait Négociant, Paris 1675

Bevor wir uns den Aspekten Produktion, Verbrauch, Handel, Monopole und Steuern zuwenden, welche die Geschichte des Salzes beherrschten, erscheint eine chronologische Skizze angebracht. Mit ihr wollen wir die Etappen und die historischen Bruchzonen in seiner mehr als dreitausendjährigen Vergangenheit aufzeigen, um so Orientierungspunkte zu finden, die der leichteren Lektüre der folgenden Kapitel dienen.

Das Salz im Altertum

Die erste dieser Etappen ist das Altertum, d. h. jene Epoche von der Jungsteinzeit bis zur Völkerwanderung. Zu Beginn dieses Zeitraums erwachte der Salzbedarf des Menschen, und an ihrem Ende erschütterte die Völkerwanderung alle Handelsverbindungen im Mittelmeerraum.

Die Geschichte des Salzes beginnt etwa im 5. oder 4. Jahrtausend v. Chr. mit der Entstehung der Reiche von Sumer, Babylon und Ägypten sowie der organisierten Staatswesen im Industal. In China kommt es im 3., bei den Hethitern und hebräischen Völkern um das Tote Meer im 2. Jahrtausend v. Chr. zu vergleichbaren Entwicklungen. In den Küstenregionen des Mittelmeers, in Europa und Schwarzafrika sowie bei den Völkern im vorkolumbianischen Amerika setzt die Bildung von Staaten etwas später ein.

Die Anfänge der hohen Zeit des Salzes sind uns jedoch verborgen. Wir wissen um viele Orte entlang der Meeresküsten oder Salzseen, wo mit primitiven Methoden Kochsalz gewonnen wurde. Wir verfügen auch über Hinweise auf die Existenzformen des – damals bereits behördlich kontrollierten – regionalen Salzhandels. Schließlich ist uns bekannt, daß Salz nicht nur als kostbares Gewürz, sondern auch als Konservierungsmittel betrachtet wurde. Archäologische Funde beweisen die hohe Wertschätzung europäischer Völker für ein Lebensmittel, das sie nur in geringem Umfang besaßen. Die Grabungen von Hallstatt lassen keinen Zweifel zu, daß dort im Jahre 1000 v. Chr. nach Salz geschürft wurde, und zeigen auch deutlich das Bemühen einer wenig entwickelten Kultur um das begehrte Mineral. Auch andere Salzlager, von denen viele heute noch betrieben werden, bewirkten die Niederlassung von Menschen.

Die Völker der Antike verfügten offenbar in ihrer Umgebung alle über mehr oder weniger ergiebige Salzdepots. Das trifft auf Hallstatt und die europäischen Populationen der La Tène-Zeit ebenso zu wie auf die Ureinwohner von Mali und China sowie die Azteken, Mayas und Inkas. Die Menschen in den Städten und Königreichen am Mittelmeer und im Vorderen Orient badeten buchstäblich im Salz(wasser) und erfreuten sich außerdem noch eines günstigen Klimas. Hüten wir uns allerdings vor der Illusion, daß nur das Salz die Prachtentfaltung dieser Zivilisationen zu garantieren vermocht hätte! Es trug zweifellos viel zu ihrem Aufschwung bei, war aber beileibe nicht seine Voraussetzung. Zunächst bedurfte es der klaren Arbeitsteilung zwischen dem bäuerlichen Umland, das für den allgemeinen Lebensunterhalt aufkam, und der Stadt, wo die Verteilung dieser Lebensmittel unter der Aufsicht der

Machthaber, dem Schutz der Armee und dem Segen der Götter stattfand. Salz war Bestandteil dieser Ressourcen, ließ sich also nur in einer arbeitsteiligen Gesellschaft und häufig nur um den Preis einer Steuer produzieren, transportieren und ordnungsgemäß verteilen.

Die Antike ist für die Geschichte des Salzes in vielerlei Hinsicht bedeutsam. Damals wurden die grundlegenden Fördertechniken erfunden. Damals entwickelten sich die unterschiedlichen Verwendungsweisen, die Bedarfsformen und die mit ihm zusammenhängenden, lang andauernden Gepflogenheiten. Damals enstanden die mythischen Gebräuche rings um das Salz: Wie bei Brot und Wein glaubte man auch hier an das Vorhandensein einer Gottheit. In jener Epoche entstanden die Wahrnehmungen, die im kollektiven Unterbewußtsein der Völker und in manchen ihrer Sagen noch lange haften blieben, und schließlich datieren aus diesem Zeitraum die Ursprünge eines Salzmarktes und vor allem der staatlichen Kontrolle über alle Abschnitte im wirtschaftlichen Kreislauf zwischen Salzhersteller und Salzkonsument.

Unsere Vorfahren schätzten also »das vornehmste aller Nahrungsmittel« (Plutarch) uneingeschränkt. Da jede Völkerschaft über ihre eigenen Salzressourcen verfügte, brauchte sich deswegen niemand mit seinem Nachbarn zu streiten. Kurz: In der Antike war Salz noch kein strategisches Gut; es herrschte noch kein Mangel daran, so wie er im Mittelalter und in der frühen Neuzeit regelmäßig über Europa hereinbrach.

Das Salz der Landesherren, Klöster und Bauern

Die zahlreichen Germaneneinfälle seit dem 4. Jahrhundert erschütterten das Römische Reich, seine Institutionen, seine Lebensweisen und seine Handelswege. Die Eroberer gründeten in Europa und Nordafrika zwar neue, aber keineswegs stabile Reiche. Besonders in Gallien und Germanien aber gestalteten sie die dort ansässige Bevölkerung um und fügten den schon bestehenden Siedlungen weitere hinzu – inmitten der riesigen Waldgebiete, die damals den größten Teil des Kontinents bedeckten. Salzhaltige Quellen trugen ihren Teil zur Neuordnung der Bevölkerung in diesem Raum bei, wie uns

29. Siegelabdruck des Wappens von Hallein (1275) bei Salzburg. Es zeigt einen Salzträger zwischen zwei Backtrögen aus Holz, in denen Salzbrot gebacken wurde. Die Inschrift lautet »SIGILLUM CIVIVM DE SALINA« (Siegel der Bürger von Salina) und wird durch die symbolische Darstellung der Stadt als einer gedeckten Brücke auf sieben Pfeilern vervollständigt. Den Siegeluntergrund bilden Perlenschnüre.
Kelten-Museum, Hallein.

die Namen von Orten und Flüssen überzeugend beweisen.

Etwa zur gleichen Zeit breitete sich das Christentum aus – im Einklang mit einer neuen Siedlungsgeographie, die neue Mächte und ein zusätzlicher Nahrungsmittelbedarf bewirkten. Die »Barbaren« wurden seßhaft, ließen sich taufen und verschmolzen mit der zahlreicheren einheimischen Bevölkerung. Nördlich der Alpen änderte sich die Ernährungsweise der Völker rasch; das Salz erlebte dort nach den Worten von P. Jeannin und J. Le Goff »einen bemerkenswerten Aufschwung«. Allerdings änderten sich die Methoden des Salzabbaus und -transports

30. Schweinemast unter einer Eiche. Die Bedeutung des eingepökelten Fleisches für die Landbevölkerung braucht nicht mehr eigens erwähnt zu werden.
Miniatur. Bibliothèque nationale, Paris, griechische Handschrift, Blatt 74.

31. Angler. Ob nun frisch, gesalzen oder getrocknet: Fisch zählte zu den ständigen Nahrungsmitteln des Menschen.
Miniatur aus dem 12. Jahrhundert. Biblioteca Medicea Laurenziana, Florenz, Handschrift Acquisti e Doni, Blatt 181.

im Vergleich zum römischen Vorbild kaum. Die neuen Herren wandelten hier wie in so vielen anderen Bereichen auf den Spuren der Römer. So versuchten sie ebenfalls, den Salzverkehr zu kontrollieren, und schufen erste, noch kümmerliche Aufsichtsinstanzen. Im Jahr 715 erließ der lombardische König Liutprand beispielsweise ein Edikt, das Salzhändler wie auch -kunden mit einer Steuer belegte.

Diese Situation änderte sich in der ersten Hälfte des 9. Jahrhunderts gründlich. Karl d. G. und seine Nachfolger erwiesen sich als Meister einer Wirtschaftsordnung, die auf der weitestgehenden Autarkie der großen Lehensgüter beruhte. Angesichts der – damals – unermeßlichen Größe ihres Reiches und der schleppenden Nachrichtenübermittlung erwies sich die Wirksamkeit eines jeden Kontrollsystems oder der Ausbau einer nationalen (sprich: kaiserlichen) Wirtschaft als illusorisch. Was nun das Salz anbelangt, so verzichteten sie vollständig auf jede Handelskontrolle und überließen die Versorgung der Bevölkerung gänzlich ihren weltlichen oder geistlichen Lehensleuten. Künftig gehörten alle Salzgärten, Salzquellen oder Salzbergwerke den weltlichen Feudalherren bzw. Klöstern, auf deren Territorien sie sich befanden, und waren dort als ertragreiche Einnahmequelle hochwillkommen. So waren es also Lehensherren und Äbte, die das Salz von ihren Leibeigenen in Fronarbeit fördern ließen. Die Besitzungen der großen Klöster waren im allgemeinen weit verstreut; der Klosterprobst mußte also das Salz dorthin transportieren lassen, wo die Mönche es brauchten. Beispielsweise besaß das französische Kloster Saint-Pierre de Novalaise an der Straße zum Mt. Cenis eine Salzquelle bei Ravenna, und das Kloster des Saint-Maurice d'Agaune im Wallis verfügte aufgrund einer Schenkung über einen der begehrten Salzbrunnen in Burgund. Die Salzüberschüsse kamen entweder den klosterabhängigen Hintersassen zugute oder wurden an weniger begünstigte Nachbarn verkauft. Es zeigt sich also deutlich, daß die Klöster von Anfang an am mittelalterlichen Salzhandel teilnahmen – zu Wasser wikkelten sie ihn mit Hilfe der damals sogenannten »Flotten der Abteien« ab.

Noch einige weitere Beispiele. Die Salzgärten von Hyères östlich von Toulon unterstanden seit dem 10. Jahrhundert beinahe vollständig der Abtei des Saint-Victor in Marseille. Das Kloster des Hl. Kolumban in Bobbio, einem Ort im Appennin, unterhielt seit dem Ende des 7. Jahrhunderts einen Teil der Salzsiedereien von Comacchio (im Podelta) und

Cervia. Darüber hinaus bewirtschaftete es in der Umgebung von Bobbio vier Salzquellen, die zwischen 4000 und 18 000 Liter Salzwasser pro Jahr lieferten. Damit nicht genug, erhob dasselbe Kloster Naturalzölle auf das nach Pavia, Mailand und Piemont poaufwärts transportierte Salz von Comacchio. Weit nördlich von diesem Schauplatz liegt zwischen Jütland und Schweden die dänische Insel Læsø, die im Mittelalter die bedeutendste Salzschmelze Skandinaviens war und dem Kapitel von Viborg unterstand. Die Bürger der Stadt zahlten dem Konvent eine im Jahre 1060 urkundlich erwähnte Rente in Form von Salz. Auch in Oberägypten scheint der Salzhandel teilweise in geistlichen Händen gelegen zu haben, denn das koptische Kloster des Hl. Simeon in der Nähe von Assuan wikkelte vergleichbare Geschäfte ab.

Die Privilegien aus dem Salz kamen nur wenigen zugute. Nicht alle gekrönten Häupter besaßen eigene Salzquellen und die einfachen Leute noch viel weniger. Bauern gar konnten sich den Luxus, Salz zu kaufen, kaum leisten. So mußten große Teile der Bevölkerung auf Ersatzmittel wie Pflanzenasche zurückgreifen oder sich unter enormem Arbeitsaufwand einige Handvoll Salz ergattern. Die Ernährungsweise des Hochmittelalters war, soviel ist sicher, jenseits der Küstenstriche nicht nur ungenügend; es fehlte auch schlicht am notwendigen Salz.

M. R. Bloch stellte 1976 eine kühne Hypothese auf, indem er die verschiedenen Etappen in der Geschichte des Salzes mit den Schwankungen des Meeresspiegels erklärte. Wie man festgestellt hat, hob oder senkte sich der Meeresspiegel im Abstand von etwa 1000 Jahren um einen bis zwei Meter. Das ist zwar nicht allzuviel und vollzog sich zudem über lange Zeiträume. Es genügt gleichwohl, um eine flache Uferlinie um einige hundert Meter zu versetzen und die Bevölkerung der Küstenebenen in Mitleidenschaft zu ziehen. Zweifellos ermöglichte das Absinken des Meeresspiegels den Rö-

32. Antikes Mosaik als Plan der Stadt Madeba am Toten Meer. Das Schiff am linken Bildrand transportiert Salz.

33. Karte des Genfer Sees, gezeichnet 1581 von dem Stadtamtmann Jean de Villard aus Genf. Eine der ältesten kartographischen Darstellungen des Genfer Sees; bemerkenswert genau. Salztransporte aus Frankreich in die Schweiz oder die Alpen führten bis zum 19. Jahrhundert stets über diesen See.
Universitätsbibliothek, Genf.

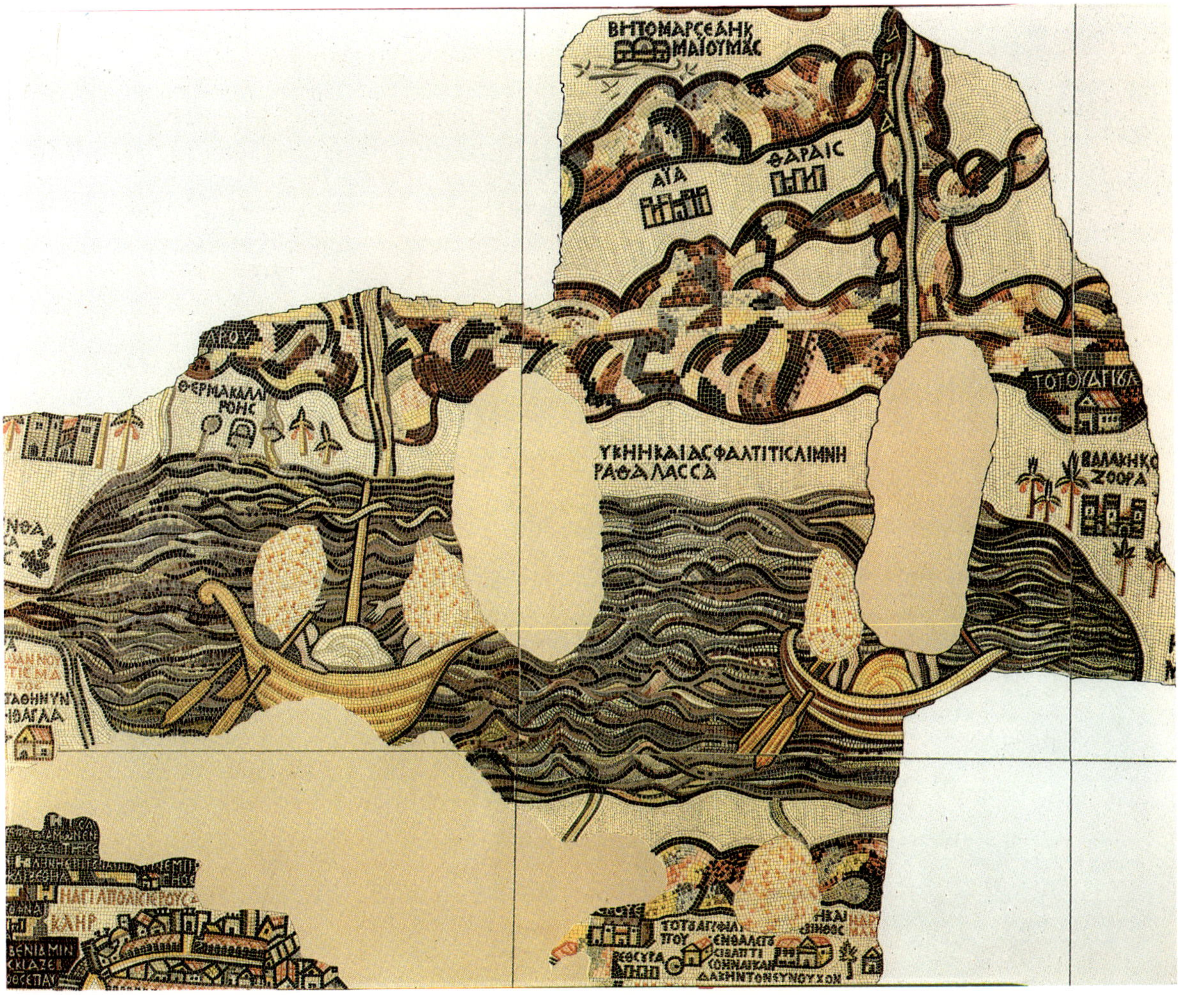

ΒΙΤΟΜΑΡΣΕΔΗΚ
ΜΔΙΟΥΜΔC

ΑΙΑ   ΘΑΡΔΙC

ΤΟΤΟΥΔΓΙΔ

ΘΕΡΜΑΚΑΛΛΙ
ΡΟΗC

ΥΚΗΗΚΑΙΔCΦΑΛΤΙΤΙCΛΙΜΝΗ
ΡΑΘΑΛΑCCΑ

ΒΑΛΑΚΗΚΟ
ΖΟΟΡΑ

ΔΑΝΝΟΥ
ΤΙCΜΑ
ΤΑΘΗΝΥΝ
ΘΑΓΑC

ΜΙΝ
ΚΑΖΕΘΛ
ΗΑΓΙΑΠΟΔΙCΙΕΡΟΥC
ΚΑΗΡ

ΒΕΝΙΑΜΙΝ
CΚΙΔΖΕ
ΘΕΘΕΠΑΥ

ΤΟΤΟΥΔΓΙΔ
ΤΠΟΥ   ΕΝΘΑΛΕΙC
ΘΕΘCΥΤΔ   CΙΒΑΠΤΙ
CΟΗΜΑCΗΔ
ΔΑΒΗΤΟΝΕΥΝΟΥΧΟΝ

ΚΑΙ
CΙΝΘΟC

51

mern im 1. Jahrtausend die Anlage der großen Salzgärten von Ostia. Es ist auch erwiesen, daß sich kurz nach der Zeitenwende die Salzversorgung Italiens durch das Ansteigen des Meeresspiegels schwierig gestaltete, weil dadurch diese Anlagen überschwemmt wurden und Rom während der Kaiserzeit Salz aus Nordafrika und dem Toten Meer importieren mußte – ein Handel, der übrigens die Städte Hebron, Jerusalem und Nablus in Judäa für kurze Zeit reich werden ließ. Und schließlich beweist eine Legende, daß Europa im Frühmittelalter Salz und Pökelprodukte aus dem Orient bezog: Venezianische Kaufleute überlisteten im Jahr 826 angeblich den Zoll von Alexandria, indem sie die Gebeine des Hl. Markus, des Schutzpatrons ihrer Stadt, als Ladung gepökelten Schweinefleischs deklarierten, die anstandslos ausgeführt werden durfte.

Im gesamten ersten nachchristlichen Jahrtausend war Salz Mangelware, und die Geophysik kann das z. T. erklären. Andererseits macht es keinen Sinn, den – in Europa übrigens sehr relativen – Bevölkerungsrückgang mit diesem Mangel zu erklären oder gar die Völkerwanderung als Folge allgemeinen Salzhungers auszugeben. Die großen Invasionen germanischer Völker und die daraus resultierende Erschütterung des Römischen Reiches haben viele Gründe; das Salz spielt darin nur eine untergeordnete Rolle.

Im 7. Jahrhundert sank der Meeresspiegel wieder und erleichterte dadurch erneut die Gewinnung von Meersalz. Aber nicht der Rückzug des Wassers allein verursachte den deutlich feststellbaren Aufschwung in der europäischen (und auch chinesischen) Salzproduktion seit etwa 1000 n. Chr. Er resultierte vielmehr aus neuen Bedürfnissen und der demographisch-ökonomischen Entwicklung dieser Epoche, und speziell in Europa läßt sich an ihm das Wiederaufblühen des Fernhandels ablesen: das Interesse von Adel und Städten, mit dem Salz größtmögliche Gewinne zu erzielen. Gegen 1300 n. Chr. stieg der Meeresspiegel auf das heutige Niveau an, und trotzdem verzeichneten alle Salzgärten am Mittelmeer, Atlantik und an den Küsten des chinesischen Meeres weiterhin eine ungeahnte und lang andauernde Prosperität.

Wenn also irgendwelche Naturphänome während des letzten Jahrtausends auf die Salzproduktion eingewirkt haben, dann am ehesten die klimatische Schwankungen.

34. Salzverkauf in einem Krämerladen. Das Salz erscheint in Form von Körnern, die der Künstler enorm vergrößert hat. Miniatur aus einer Handschrift italienischen Ursprungs gegen Ende des 14. Jahrhunderts.
Bibliothèque nationale, Paris, Lateinische Handschrift, Blatt 1673.

Das Salz des Adels, der Städte und Kaufleute

Mit dem 12. Jahrhundert ging die »landesherrliche« Etappe der Geschichte des Salzes vorbei – das Salz trat in seine »politische Phase« (M. Mollat) ein. Es war eine sehr bewegte Epoche: die hohe Zeit der launischen Diva Salz, die Hersteller, Händler und Verbraucher gleichermaßen narrte.

Im Zuge der Klosterreform von Cluny und der Machtkonsolidierung des Adels im 12. Jahrhundert gelangten viele geistliche Lehen in weltliche Hände. Gleichzeitig arrondierten die Fürsten ihre Macht und ihre Privilegien. Die obersten Lehensherren rissen eine ganze Reihe von Regalien auf Kosten ihrer Vasallen an sich; auch das Geschäft mit dem

35. Stadtwappen von Tuzla in Bosnien (Jugoslawien). Die Salzpfanne in der Wappenmitte verweist auf die frühere Salzgewinnung in der Nähe der Stadt.

Venedig in den Salinen von Chioggia, Siena in Grosseto und Rom in Ostia, oder kontrollierten den Vertrieb von Salz. Diese Politik nahm, wenn zunächst auch nur zögernd, nördlich der Alpen ebenfalls Gestalt an.

Diese Politisierung von Salz ist das Ergebnis eines rasch wachsenden Gesamtverbrauchs. Von 1000–1300 n. Chr. verdoppelte sich die Bevölkerung Europas; der Viehbestand vervielfachte sich noch rascher. Die Ernährung bestand vor allem in den Städten zunehmend aus Lebensmitteln, für deren Konservierung Salz notwendig war – mit durchaus positiven Auswirkungen auf die Viehzucht und den Heringsfang in der Nordsee. Daß Salz einer der bedeutendsten Faktoren dieses ausgedehnten Wachstumsschubs im Hoch- und Spätmittelalter war, steht daher außer Frage. Die Nachfrage nahm zu, verlagerte sich nach Mittel- und Nordeuropa sowie auf die salzarmen Länder. In der zweiten Hälfte des 13. Jahrhunderts etablierten sich sowohl ein internationaler Markt für Salz und Salzprodukte als auch zunächst ein stilles Einverständnis der verschiedenen Staaten, diesen Markt zu kontrollieren. Aber dieser Zustand dauerte nicht lange. Bald schon trat eine konfliktreiche Situation ein, die bis zum Zeitalter der Revolutionen währen sollte.

Einerseits wurde das Salz zum unverzichtbaren Instrument für Politik und Fiskus. Der Staat kontrollierte Förderung und Vertrieb, um die Salzsteuer erheben zu können. Bei jedem Grenzübergang wurden Steuern fällig: an den Grenzen zwischen Ländern, zwischen Provinzen, an den Stadttoren. Die Steuerlast wog insgesamt schwerer als Herstellungs- und Vertriebskosten zusammen. Andererseits war der Staat aber nicht imstande, die Versorgung mit Speisesalz zufriedenstellend zu gewährleisten. Deshalb verpachtete er den Handel, bisweilen auch die Förderung, an Privatunternehmer, ohne ihnen allerdings die Freiheit zur Führung ihrer Geschäfte nach eigenem Gutdünken zu gewähren. Die Folge war eine zu geringe Rentabilität für Hersteller und Händler. Um sie zu steigern, verblieben ihnen nur zwei Möglichkeiten: Entweder sie täuschten die Steuerverwaltung durch falsche Mengenangaben und schmuggelten mit den nicht deklarierten Beständen, oder sie sicherten sich weitreichende Privilegien, die ihnen mengenmäßig lohnende Märkte eröffneten. Zur zweiten Lösung kam es im 15. Jahrhundert nur vereinzelt, aber seit dem Ende des 16. Jahrhunderts geradezu systematisch.

Salz zählte dazu. Die Versuchung, politischen und finanziellen Nutzen daraus zu ziehen, war übermächtig: Die Ära der Salzmonopole und Salzsteuern begann. Den Reigen eröffneten die Grafen der Provence. In ihrem Gebiet lag eine Reihe von Salinen, und das provençalische Salz fand in den Tälern der Westalpen, der Grafschaft Savoyen und am Genfer See einen ausgedehnten Markt. 1259 führte Karl von Anjou das Salzmonopol und die Salzsteuer in der Provence endgültig ein. Im 14. Jahrhundert fand er besonders bei den französischen Königen eifrige Nachahmer, die dieses System raffiniert weiterentwickelten.

An diesem Kreislauf hatten natürlich auch die Städte ihren Anteil, wo sich die wirtschaftliche Blüte im 12. und 13. Jahrhundert besonders bemerkbar machte. Die Städte, die eine Salzquelle besaßen, verhielten sich ebenso wie die großen Feudalherren: Sie exportierten ihre Überschüsse und besteuerten den Salzverbrauch ihrer Bürger und besonders ihrer Untertanen in den umliegenden Ländereien. Italienische Städte legten ein Salzsteuersystem fest, das zu einem »der wichtigsten Bestandteile des städtischen Finanzsystems« (Le Goff) wurde. Sie verschafften sich auch das Monopol auf die Salzherstellung, z. B.

36. Das Innere des Salzbergwerks von Wieliczka im Jahre 1718. Stich von J. E. Nilson nach einer Zeichnung des Bergbauingenieurs J. G. Borlach. *Oben links:* Die oberirdischen Anlagen sowie das erste Stockwerk der Stollen und Strecken. *Oben in der Mitte:* Der Schacht, durch den mehrere Bergleute an einem Seil auf- und absteigen. Das Seil ziehen Pferde (rechte Bildseite) über eine bewegliche Winde nach oben. *Oben rechts:* Menschen und Pferde arbeiten an Winden oder erklimmen eine Rampe, die ans Tageslicht führt. *Unten links:* Das Salz wird aus dem Gestein gelöst und sofort in Fässer verpackt.

Schon seit dem 13. Jahrhundert war ganz Europa ein riesiger Salzmarkt geworden – ein Markt, der sich auch auf die außereuropäischen Randgebiete auswirkte. Venezianische Kaufleute importierten Salz aus Zypern und Nordafrika (Djerba, Ra's al-Makhbaz, Tripolis, Alexandria). Über Venedig und Mailand gelangte es in die Alpen, denn im Herbst 1299 hatten sich diese Kaufleute vertraglich verpflichtet, die seit 1291 vereinten Schweizer Urkantone und das Wallis regelmäßig mit dem begehrten Salz zu versorgen. Auf eine eher indirekte Art war Europa im ausgehenden Mittelalter sogar mit dem Salzhandel zwischen der Sahara und Schwarzafrika verbunden. Dort tauschten arabische Händler Salz gegen Gold und bezahlten damit Erzeugnisse der europäischen Industrie. Im 16. Jahrhundert führte

man auch Salz von Europa nach Amerika aus. Allerdings erreichte dieser Handel kein nennenswertes Ausmaß, denn der Ertrag stand in keinem Verhältnis zu den exorbitanten Ausrüstungskosten solcher Schiffsladungen.

Mit der »politischen« Phase in der Geschichte des Salzes begann auch der scharfe Wettbewerb zwischen den salzproduzierenden Ländern in Europa, und damit zugleich der allmähliche Verlust der Hegemonie der Mittelmeersalinen. Zwar hielten diese Salzgärten an den Küsten ihre intensive Produktion aufrecht, die weiterhin in den großen Handelshäfen Venedig und Genua gelöscht wurde. Auch blieben Ragusa und Ancona in der Adria, Marseille und Valencia im westlichen Mittelmeer im großen und ganzen große Verteilerzentren. Dennoch schrumpfte ihre Bedeutung in dem Maße, in dem sich der Salzbedarf in Nord- und Mitteleuropa entwickelte und man dort die Sümpfe am Atlantik sowie die Bergwerke und Brunnen im Inneren des Kontinents erschloß und zur Salzgewinnung heranzog.

Etwa um die Mitte des 14. Jahrhunderts traten englische Kaufleute mit dem *Baiensalz* in das große

Spiel um das Salz ein. Diese Sorte stammte aus der Bucht *(baie)* von Bourgneuf südlich der Loiremündung, aber sie galt bald als Inbegriff für alle Erzeugnisse atlantischer Salinen, z. B. in Brouage am Golf von Biscaya, in Lissabon, Setubal und Cadiz. Dabei hatte die Salzsiederei im englischen Mutterland durchaus Tradition. Eine Zeitlang exportierte sie ihre Erzeugnisse sogar in die Niederlande, die Normandie, nach Norwegen oder nach Deutschland. Allerdings hatte sie unter der Konkurrenz der im 13. Jahrhundert aufkommenden Tuchindustrie zu leiden, die ihr Arbeitskräfte entzog bzw. hohe Löhne für die verbleibenden Salinenarbeiter aufbürdete. Dadurch wurde der enorme Arbeitsaufwand, den die Salzerzeugung durch Wasserverdampfung erforderte, bald zu teuer – mit der Folge, daß viele Salzsiedereien aufgaben und um 1350 in England wie auch bei seinen früheren Kunden auf dem Festland Salzmangel herrschte. Zwanzig Jahre später öffnete der Vertrag von Stralsund (1370) der internationalen Schiffahrt den Weg zwischen Nord- und Ostsee durch den Öresund. Auf diesem Weg gelangte nun das Baiensalz in die Länder Nordeuropas, was zusätzlich dadurch erleichtert wurde, daß Bourgneuf der neutrale Status der Bretagne im damals tobenden Hundertjährigen Krieg zugute kam.

Dieses Salz benötigten besonders die englische, holländische und skandinavische Fischindustrie. Hansekoggen und mit ihnen die Handelsschiffe aus England, Schweden und Holland segelten einmal jährlich nach Bourgneuf oder noch weiter südlich, um Salz zu laden. Diese Fahrten waren nicht ungefährlich, so wurde im Jahre 1449 eine Hanseflotte aus 110 Schiffen unterschiedlicher Größe mit insgesamt 1800 Tonnen Salz an Bord von englischen Piraten gekapert. Rund 100 Jahre später (1556) fiel eine holländische Flotte mit 52 Schiffen und 9000 Tonnen Salz in schwedische Hände. Diese Menge genügte, um den schwedischen Salzbedarf für ein Jahr zu decken.

Nun unterlagen Förderung und Handel während dieser gesamten Periode sehr großen und kurzfristigen Schwankungen. So sind die – zudem nur spärlich dokumentierten – Angaben gewiß nicht sehr aussagekräftig. Im Vergleich zu den Umschlagsmengen im Getreidehandel oder den Warenwerten im Gewürz-, Tuch- und Metallhandel erreichten die Salzhändler aber keine beeindruckenden Ergebnisse. Venedig bildete darin kaum eine Ausnahme; seine Salzeinfuhren beliefen sich vom 14. bis zum 16. Jahrhundert jährlich auf 5000–7000 Tonnen,

das waren 30–50% des Gesamtimports: ein Anteil, der in etwa dem in Nordeuropa entspricht. Zwar stieg der Umsatz von Generation zu Generation und besonders deutlich zu Beginn des 16. Jahrhunderts, als in den Sandbänken Neufundlands die Jagd auf Kabeljau begann und gleichzeitig der Verzehr von Pökelfleisch in Europa neue Höhen erreichte. Dennoch hielt sich der Salzhandel im Vergleich zu anderen Handelssparten in bescheidenen Grenzen. Als unabdingbare, aber wenig profitable Ware spielte Salz für Kauffahrer und Reeder vorzugsweise die Rolle der Beiladung.

Salz ist also nicht wegen der umgeschlagenen Mengen als wichtiges Gut in der Wirtschaft und im täglichen Leben des Mittelalters und des Absolutismus zu werten, sondern wegen seiner besonders vielfältigen Verwendungsfähigkeit. Diese Eigenschaft machte es zu einer wirtschaftlich wie politisch so empfindlichen Ware. Und zu einer brisanten Ware: Einige wenige Tonnen Salz, die im Verlauf des 16. Jahrhunderts jährlich zusätzlich nach Schweden eingeführt wurden, vermochten nach der Einschätzung von Klaus Hildebrand (1954) dort eine spektakuläre Entwicklung in der Fischindustrie auszulösen und damit einen Gegenwert zu schaffen, der weit über dem Wert der Salzeinfuhren lag.

Diese Beobachtung am Beispiel Schwedens läßt sich auch für die Schweiz verifizieren. Die Boden- und Klimaverhältnisse der Alpen- und Voralpentäler begünstigten die Rinderzucht, weshalb dort dieses einträgliche Geschäft seit dem 12. Jahrhundert betrieben wurde. Die Städte des Mittellands zwischen Rhone und Rhein, der Lombardei und Süddeutschlands boten einen hinreichenden Markt, um Fleisch, Käse und Häute feilbieten zu können. Zur Zeit des Absolutismus wurden auch die Hochseeflotten großenteils mit Käse und Pökelfleisch aus den Schweizer Alpen verpflegt. Diese Handelsverbindungen hingen nun unmittelbar vom regelmäßigen und ausreichenden Nachschub an Salz ab. Das ist der Grund, weshalb sich die Schweiz bis hin zur Französischen Revolution durch eine größere Nachfrage auszeichnete als jedes andere Land. Sie war umgeben von Lieferländern – Frankreich, Burgund, Lothringen, Tirol, Bayern, Genua und Venedig – und geriet deshalb niemals ernsthaft in Gefahr, auf Salz verzichten zu müssen. Dennoch lebten die Schweizer ständig in dieser Befürchtung und machten sich gerade dadurch für ihre Lieferanten erpreßbar. Andererseits versuchten sie, die gegenseitige Konkurrenz auszunutzen. Und so spielten diese viel-

fältigen Handelsbeziehungen in der wirtschaftlichen Entwicklung der vorindustriellen Schweiz eine ausschlaggebende Rolle.

Das Salz der Staaten und Nationen

In der Renaissance entstanden Territorialstaaten als Vorstufe der modernen Nationalstaaten. Von nun an spielte sich zwischen diesen Reichen die europäische Salzpolitik ab. Dabei handelte es sich, wie soeben am Fall der Schweiz gezeigt, um das Spiel konkurrierender Mächte – ein ausschließlich europäisches Spiel! Denn die anderen Salzmärkte von Bedeutung – in China, den arabischen Ländern, in Schwarzafrika, im spanisch besetzten Teil Amerikas oder selbst im Zarenreich – erlebten diese Konkurrenz nicht, zumindest nicht in derselben Heftigkeit.

Die europäische Konkurrenz drehte sich um vier Großräume: das Mittelmeer, die atlantische Küste von Cadix bis zur Bretagne, Nordeuropa mit dem Zentrum im Ostseeraum sowie Mittel- und Osteuropa bis zur Donaumündung.

Im Mittelmeerraum beherrschte Venedig den Salzhandel bis zum 16. Jahrhundert. Auf ihm gründeten Wohlstand und Macht der Stadt, die allerdings die Konkurrenz von Genua nie vollständig unterbinden konnte. Ebenfalls am Mittelmeer lagen die Salinen von Peccais, nahe Aigues-Mortes, die dem französischen König gehörten und deren Überschüsse in die Grafschaft Savoyen und die Westschweiz exportiert wurden. Die Krone betrieb dieses Geschäft rücksichtslos und hatte die Grafen der Provence, ihre weniger mächtigen Konkurrenten, im 15. Jahrhundert ruiniert. Auch andere Salzhersteller und Zwischenhändler wie das Königreich von Aragon oder die Städte Ragusa und Ancona nahmen jede Gelegenheit wahr, sich ihre Marktanteile zu sichern.

Die Fördergebiete an der Atlantikküste hingegen waren wenig an der Salzversorgung des Binnenlandes interessiert. Zwar wurde das Salz von Bourgneuf teilweise auch in Rouen, Paris und Orléans

38. Kesselschmiede der Saline in Lüneburg, 1660. Niedersächsische Landesbibliothek, Hannover.

verkauft sowie das Salz von Brouage in den Provinzen Zentralfrankreichs. Der größere Teil wurde jedoch wie z. B. das Salz von Cadiz und Setubal nach Nordeuropa verschifft oder gleich auf die Schiffe der Hochseefischerei verladen. Um die nordeuropäischen Salzmärkte (England, Holland, Schweden) herrschte nämlich eine erbitterte Konkurrenz zwischen Bretonen, Franzosen und Iberern. Bretonische und französische Produzenten sahen sich in der besseren Position, obwohl ihr Salz als wenig rein galt. Es war ein Krieg der Qualitäten und ein Krieg der Preise – richtiger Krieg, in den die Korsaren aller Atlantiknationen verwickelt waren.

Die Ostsee mit ihren angrenzenden Staaten war lange Zeit die Domäne der Hanse, und Lübeck bekleidete darin eine bevorzugte Position. Sie erlaubte der Stadt den Vertrieb des qualitativ hochwertigen Lüneburger Salzes an jeden beliebigen Ort des Ostseeraumes, z. B. nach Danzig, Riga, Reval, Stockholm, Bergen und in das südschwedische Schonen, das bedeutendste Heringsfanggebiet Skandinaviens. Nach dem Vertrag von Stralsund (1370) aber tauchten bald holländische und englische Schiffe in der Ostsee auf, um dort ihr zwar minderwertigeres, aber deutlich billigeres *Baiensalz* anzubieten. Sie hatten Erfolg und verdrängten mit ihrem schlechten Salz das viel reinere aus Lüneburg, so wie schlechtes Geld gutes Geld vertreibt.

Mitteleuropa bezog sein Salz aus einigen großen Bergwerken in Burgund, Lothringen, Sachsen, Polen, Transsilvanien, der Walachei und den östlichen Alpen. Im Salzhandel dieses Raumes herrschte eine

37. Das Schloß von Brig in der Schweiz, erbaut von Kaspar-Jodok Stockalper in der Mitte des 17. Jahrhunderts.

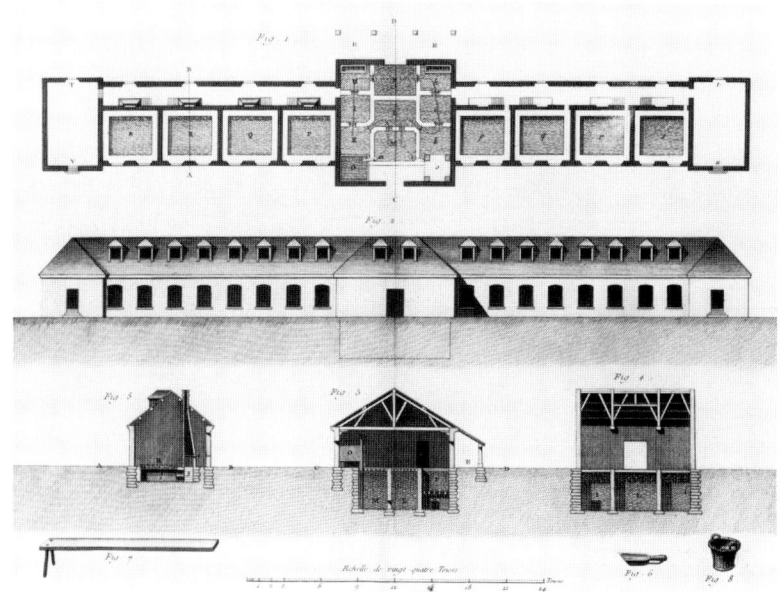

39. Salzraffinerie in Ostende. Stahlstich aus der *Encyclopédie* von Diderot und d'Alembert (1765). Das verschmutzte Importsalz von der Atlantikküste wurde dort gereinigt und aufbereitet, bevor man es zur Fischkonservierung verwendete oder in die nördlichen Länder weiterexportierte.

scharfe, wenn auch höchst subtile Konkurrenz. Da die mitteleuropäische Salzausbeute bis zum 16. Jahrhundert den Bedarf nicht deckte, brach dieser Kampf um Marktanteile und Absatzgebiete erst im 17. und 18. Jahrhundert offen aus – vor allem zwischen Österreich, Bayern und dem Fürstbistum Salzburg. Oft waren es die ebenso anspruchsvollen wie unersättlichen Kunden, manchmal auch die weiter westlich gelegenen Lieferanten Frankreich, Burgund und Lothringen, die diese Konkurrenzkämpfe schlichteten.

Diese vier Räume waren nicht klar voneinander geschieden. Im Gegenteil. Wie aus der Wende im baltischen Salzhandel ersichtlich, verliefen die mitteleuropäischen Handelsgrenzen fließend. Wollte man die Hauptströme des Salzhandels in Europa nachzeichnen, erhielte man eine den ganzen Kontinent überspannende Schärpe, von den Pyrenäen bis zu den Karpaten. Sie zerschnitte Frankreich und zöge sich dann über die Alpennordseite bis in den Donauraum – genau in der Mitte läge die kleine Schweiz, um deren Markt so erbittert gekämpft wurde.

Die Konkurrenz im Salzhandel resultierte vor allem aus den wirtschaftlichen und politischen Interessen der einzelnen Staaten. Aber nicht nur: Sie war auch eine Folge wechselnder Konjunkturen. Zu Schwankungen in der Salzförderung kam es durch schlechte Salzernten, Schlagwetter in den Bergwerken, Überschwemmungen, Brände oder kriegsbedingte Störungen. Davon waren nie alle Förderländer gleichermaßen betroffen – und das Malheur des einen kam den anderen zugute.

Auf mittlere und längere Sicht versprachen Salzbergwerke mehr Lieferungsstabilität und entsprachen damit besser den Interessen der Verbraucher. Die Abnehmer von Meersalz dagegen waren Pannen bei der Herstellung und damit auch Salznöten viel eher ausgesetzt – so z. B. noch in den späteren Jahren 1575, 1628–1630, 1653, 1666/67 und 1710–1715. (Leider stehen uns nur ungenügende Quellen über die vermutlich häufigen Engpässe in der Salzversorgung während des Mittelalters zur Verfügung.)

Diese Mangelperioden wirkten sich vor allem im nördlichen Europa aus. Sie veranlaßten in Holland und England die ersten Versuche, eine Fördertechnologie zu entwickeln, die in Zukunft größere Versorgungssicherheit verhieß. Diese Bemühungen trugen im 17. Jahrhundert erste Früchte; etwa 100 Jahre später war es beiden Ländern gelungen, sich aus eigener Kraft mit Salz zu versorgen. Auf dem Kontinent verfolgte man dasselbe Ziel, aber mit anderen Methoden. Man forschte nach unterirdischen Salzlagern und verfeinerte die Fördertechnik im Untertagebau.

Die letzte Etappe in der Geschichte des Salzes hatte begonnen: die technologische Etappe. Von nun an begann allmählich die politische Bedeutung des Salzes zu verblassen, und in der ersten Hälfte des 19. Jahrhunderts ging sie zur Neige.

Zweiter Teil
Herstellung und Verwendung

5. Kapitel
Die archaischen
Verfahren

Hic fit Sal

Angabe der Salzförderstätten auf einer Karte Englands um das Jahr 1335

Heute wie zur Jungsteinzeit wird Salz entweder unterirdisch oder aus dem Meer gewonnen. Das geschieht im wesentlichen durch zwei im Lauf der Zeit ständig verbesserte Verfahren. Entweder beutet man Salzlager bergmännisch aus und zermahlt die geförderten Salzbrocken zu feinen Körnern, oder man verdampft die in solchen Lagerstätten vorhandene Salzlake. Das Ergebnis ist sehr feinkörniges Salz. Oder aber man läßt Meerwasser unter Sonneneinstrahlung in einem genau kontrollierten Prozeß verdunsten und erhält am Ende ebenfalls Speisesalz, wenn auch meist nur in mäßiger Qualität.

Beide Verfahren blieben auf einige wenige Gebiete beschränkt, die die entsprechenden Förderungsvoraussetzungen boten – natürliche wie soziale.

Bevor wir uns jedoch diesen beiden Hauptverfahren zuwenden, sollten wir noch kurz auf einige andere Methoden der Salzgewinnung aus früheren Zeiten eingehen. Sie verdienen unsere Aufmerksamkeit nicht so sehr wegen ihres Ertragreichtums oder ihrer historischen Bedeutung; sie sind vielmehr beredte Zeugen der Phantasie und der Mühsal, die wenig entwickelte Gesellschaften ohne natürliche Salzvorkommen aufbringen mußten, um wenigstens etwas Salz zu produzieren. Diese mühseligen Kleintechniken bestätigen gleichzeitig, welchen unschätzbaren Wert das für uns so »gewöhnliche« Salz darstellte. Mit ihnen gelang es diesen Völkern zwar zu überleben; eine wirtschaftliche Blüte entfalteten sie jedoch nicht.

Salz aus Pflanzen

Als sehr unergiebig erwiesen sich die verschiedenen Verfahren, Salz aus lebenden Organismen zu gewinnen. Es gibt afrikanische Völker, die vor noch gar nicht so langer Zeit Blut und Urin ihrer Haustiere in großen Schalen auffingen und tranken. Wesentlich verbreiteter war es, Salzpflanzen zu verbrennen und die Asche einzusammeln. Letzteres wurde noch zu Beginn des 20. Jahrhunderts von Anthropologen im Amazonasbecken, in Neu-Guinea und in einigen afrikanischen Gebieten beobachtet. Der englische Reisende William Borman notierte bereits im Jahre 1705, daß die ärmsten Angehörigen eines Stammes in Ghana »gezwungen sind, auf Salzpflanzen zurückzugreifen, weil es ihnen ihre Mittel nicht gestatten, sich mit reinem Salz zu versorgen«.

Auch die jungsteinzeitlichen Völker Europas griffen vermutlich zu dieser Lösung, und es ist durchaus möglich, daß sich ebenfalls einige bäuerliche Lebensgemeinschaften im Mittelalter, als der Salzhandel noch in seinen Anfängen steckte, dieser Methode bedienten. Sicher nachgewiesen ist die Verwendung von Salzpflanzen auf der Inselgruppe der Färöer. Dort pflegten Fischer Algen zu trocknen und danach zu verbrennen, um der Asche Salz abzugewinnen, denn das Klima und der spärlich vorhandene Brennstoff erlaubten ihnen weder die Verdunstung noch die Verdampfung des Meerwassers. Diese Methode brachte miserable Erträge: 24 kg getrocknete Algen ergaben etwa 8 kg Asche und nur 1 kg halbwegs brauchbares Salz.

Da war Torfasche schon ergiebiger, und Torf wurde während des Mittelalters in fast allen nördli-

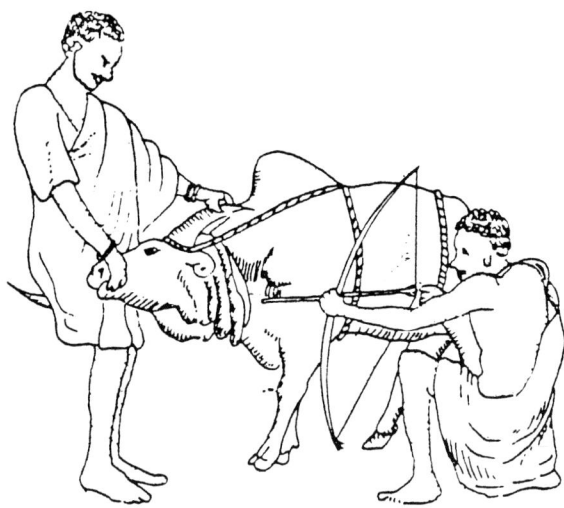

40. Die Massai in Kenia zapfen ihren Rindern Blut ab, um sich mit einem Minimum an Salz zu versorgen. Zeichnung nach einer Photographie in: C. D. Forde, *Habitat, Economy and Society*, London 1934.

chen Ländern – in Skandinavien, Friesland, Schottland und England – verbrannt. Die wirtschaftlich schon weiter entwickelten Holländer tränkten Torf zunächst in Meerwasser, um die Salzausbeute zu erhöhen. Die Asche wurde abermals mit Meerwasser versetzt, dann aber nicht erhitzt, sondern gefiltert, um das Natriumchlorid herauszudestillieren, das später der kochenden Brühe hinzugefügt wurde, um sie einzudicken. Am Ende dieser langwierigen Prozedur erhielten sie sehr reines und feinkörniges »Torfsalz«. Die Fischer im 13., 14. und 15. Jahrhundert schätzten es sehr, weil es dem Hering eine besondere Würze verlieh. Dennoch hatte dieses Verfahren einen Haken – es war kostspielig und bot Anlaß zu vielerlei Betrügereien: So kam ganz gewöhnliches Salz als »Torfsalz« in den Handel. Außerdem gefährdete der Torfabbau die Polder, die damals gerade angelegt wurden. Schon im 13. Jahrhundert unterlag deshalb die Herstellung von Torfsalz strengen Vorschriften. Gegen Ende des 15. Jahrhunderts wurde sie unrentabel und kam deshalb rasch außer Gebrauch. Karl V. verbot sie kurz nach seiner Krönung schließlich ganz.

Solequellen

Die anderen archaischen Techniken der Salzgewinnung stellen im Prinzip primitive oder abgewandelte Formen der beiden Hauptverfahren dar.

Von früh an bediente man sich einfach der Quellen salzhaltigen Wassers, ehe man die Idee, geschweige denn die Mittel hatte, dort im Boden nach Salz zu graben, wo diese Solequellen sprudelten. Die Menschen der Umgebung nutzten dieses Salzwasser entweder zum Kochen ihrer Nahrungsmittel oder verdampften es, um sich einen bescheidenen Salzvorrat anzulegen. Diese Quellen kamen in Europa und Asien recht häufig vor. In der Geschichte früherer Völker spielten sie insofern eine wichtige Rolle, als sie kleinere oder größere Gruppen anzogen, die sich in ihrer Nähe niederließen; das bezeugen viele Ortsnamen wie *Salin, Muire* (afrz. *muir* = »salzhaltiges Wasser«) oder *Halle* in allen Zusammensetzungen. Für die Völker im Landesinneren bedeuteten diese Quellen lange Zeit die einzige Möglichkeit, an Salz zu gelangen. So verwundert es nicht, daß sie eifersüchtig bewacht und nicht selten hart umkämpft wurden. Beinahe immer waren sie einer Gottheit gewidmet, deren Wirken man in ihnen erblickte. Der römische Historiker Strabo behauptete, daß die Salzquellen im Industal zur Zeit Alexanders d. Gr. ganz Indien mit Salz versorgt hätten; in der chinesischen Provinz Szechuan zählte man während der Han-Dynastie angeblich 90 000 Salzquellen. In Afrika, so berichteten mehrere Reisende im 18. Jahrhundert, deckten die Quellen von Daboya im nördlichen Ghana den Bedarf der gesamten Region einschließlich eines Teils von Togo.

Im Mittelalter wurden Solequellen und Salzbrunnen intensiv genutzt. Erinnern wir uns z. B. an jene Quellen von Bobbio, aus denen die Mönche von St. Kolumban ansehnliche Salzmengen bezogen. Nicht weit entfernt davon sprudelten die Salzbrunnen von Salsomaggiore, die den Bedarf der Stadt Parma und ihres Umlandes deckten. Noch im 16. Jahrhundert förderten die Untertanen des Herzogs von Modena aus verschiedenen Brunnen mühsam Sole. Der *moje* (Salzbrunnen) von Volterra hatten sich zunächst die Etrusker und danach die Römer schon bedient; für die Toskana blieben sie auch im Mittelalter und in der frühen Neuzeit unverzichtbar. Im großen und ganzen aber lohnte sich die intensive Bewirtschaftung dieser Quellen kaum, weder nördlich noch südlich der Alpen. Der Salzgehalt war meistens gering; die Verdampfung dauerte lange und war mit großem Aufwand verbunden. Kurz: Die Erzeugung von Kochsalz aus Sole erwies sich zunehmend als ebenso altertümliche wie unzureichende Methode. Sie verschwand, sobald die Mittel zur Verfügung standen, unterirdische Steinsalz- oder Solelager aus-

41. Chinesische Arbeiter führen ein Bambusrohr in das Bohrloch einer Solequelle ein. Nach T'ien Kung K'ai-Wu in: Sung Ying-Hsing, *Chinese technology in the 17th century*, 1966.

zubeuten, und sich ein lohnender Markt zu entwickeln begann.

Geographen und Kartographen aus früherer Zeit unterstrichen die Bedeutung, die einst dem Salz in all seinen Belangen zukam, auf ihre Weise. Schon in der klassischen Antike hielten sie mit geradezu peinlicher Genauigkeit fest, wo man es »erntete«, welche Methoden dabei zur Anwendung kamen und welche Qualität es besaß. Auch Schriftsteller aus dem Frühmittelalter wie Cassiodor und Isidor von Sevilla rühmten die Vorzüge dieses Gewürzes. Und selbst der arabische Gelehrte Ibrahim ben Ya'qūb erwähnte in seiner Beschreibung Europas zur Zeit der Slawen und Franken die Salzquellen von Soest (Nordrhein-Westfalen) – die einzigen im weiten Umkreis, wie er in seinem 900 n. Chr. verfaßten Buch notierte. Schon in den ältesten Landkarten wird auf Salzvorkommen verwiesen. »*Hic fit sal*« (»Hier wird Salz gewonnen«) liest man in einer um 1335 gezeichneten Karte Englands als Zusatz zum Eintrag von Droitwich. Vom 16. bis zum 18. Jahrhundert lokalisierten viele deutsche und Schweizer Karten minutiös alle *Sauer Brunnen*, Solequellen und Salzbergwerke.

Die Bezeichnung vieler Quellen oder Wasserläufe läßt sich mit dem Wort »Salz« in Verbindung bringen: Saale, Salzach, Seille, Salonne, Seudre oder die Allan, ein kleiner Fluß im Elsaß. Dennoch führten sie niemals Salzwasser. Tatsächlich salzhaltige Gewässer kommen nur in Wüstengegenden vor, z. B. in der Sahara. Semitische Völker in der Antike sammelten dieses »Flußsalz«, ein natürlich verunreinigtes Salz, das »die Zunge anschwellen ließ«. Das bessere Salz stammte aus Solequellen in Mesopotamien, Persien oder der kleinasiatischen Landschaft Phrygien. Die Assyrer und Sumerer opferten es ihren Göttern, bei den Hebräern war es dem Tempel in Jersualem vorbehalten.

Salzseen

Als arabische Geographen zwischen dem 9. und 11. Jahrhundert die Siedlungsgebiete der Turkstämme in Zentralasien – genauer: im Gebiet des Pamir zwischen Kasachstan und Sinkiang – beschrieben, bewunderten sie die Fruchtbarkeit auf

南風結熟

池鹽

引水入畦

42. Chinesischer Salzgarten im 17. Jahrhundert. Das Salzwasser aus einem See wird in die Trockenbecken geleitet; ein Arbeiter bricht die Salzkruste mit einem Pflug auf. Am oberen Bildrand fegen zwei weitere Salzarbeiter das Salz mit dem Besen zusammen. Nach T'ien Kung K'ai-Wu in: Sun Ying-Hsing (ebd.).

dem »Dach der Welt«. Besonders aber hoben sie hervor, daß die dortigen Seen Salz im Überfluß enthielten.

Beinahe auf der anderen Seite der Erdkugel finden wir die Salzseen im Westen der USA, die einst für einige Indianerstämme von Bedeutung gewesen sein mögen. Als sich die weißen Siedler im 19. Jahrhundert niederließen, verfügten sie bereits über Salzressourcen von besserer Qualität. In Mexiko hingegen machten sich nicht nur die Azteken und die spanischen Eroberer die Salzseen zunutze – auch heute gewinnt man dort noch Salz. Sofern diese Seen nicht ausgetrocknet sind und sich von daher die »Ernte« mit dem Rechen nicht anbietet, wird das Salz mit Verfahren gewonnen, die an die der Meeressalinen

erinnern. Der Salzgehalt der mexikanischen Gewässer ist außerordentlich hoch: Im See von San Blas in der Provinz Chihuana liegt er zwischen 230 und 300‰. Über ähnlich hohe Werte verfügt nur das Tote Meer, das man durchaus als großen Salzsee bezeichnen kann. Immerhin liegt hier der Salzgehalt insgesamt bei 264‰, der an reinem Kochsalz jedoch nur bei 79‰. Im römischen Kaiserreich griff man bei unzureichender mittelmeerischer Förderung gerne auf das Salz dieses Binnenmeers zurück.

Zu den sehr altertümlichen Techniken der Salzgewinnung zählt auch die Methode der Auslaugung von Erde und Sand. Sie wurde, wie ein Text Ausonius' belegt, an der Atlantikküste schon lange vor dem Bau der ersten, ebenfalls noch primitiven Meerwassersalinen angewendet; in den afrikanischen Staaten Niger und Tschad bedient man sich ihrer heute noch (vgl. Abb. 43). Bei diesem Verfahren wird Wasser in Mulden geschöpft, die man zuvor in salzhaltige Erde gegraben hat. Das Wasser nimmt das Salz auf und wird bei einem bestimmten Sättigungsgrad in andere Mulden umgegossen, wo es unter der Sonnenhitze innerhalb von zwei Tagen verdunstet. Das Ergebnis dieser umständlichen Prozedur sind Salzplatten von 20–25 kg Gewicht. Um 1960 entstanden auf diese Weise etwa 125 t Salz jährlich. Während des Mittelalters praktizierte man in Europa dasselbe Verfahren an allen Küsten von der Normandie bis nach Skandinavien, die sich für die Installation großer Salzgärten nicht eigneten. Zeitweise erreichte es sogar eine gewisse wirtschaftliche Bedeutung. Auf der dänischen Insel Laesø und in Jütland hielt es sich noch bis zum 19. Jahrhundert.

Allerdings ist die Arbeit eines ganzen Sommers vonnöten, um an den Stränden »salzglänzenden Sand« zu sammeln, ihn in Süßwasser aufzulösen, den Sud durch einen »Filter« aus Reisig oder Stroh sickern zu lassen und unter Hitzeeinwirkung das Salz herauszudestillieren.

43. »Salzgarten« von Fachi, nahe der Stadt Bilma (Niger), wo man früher Salz durch Auslaugen des Sandes erzeugte (Lixiviation). Heute ist der Betrieb eingestellt.

44. Förderung in einem Salzsee bei Kikorongo (Uganda).

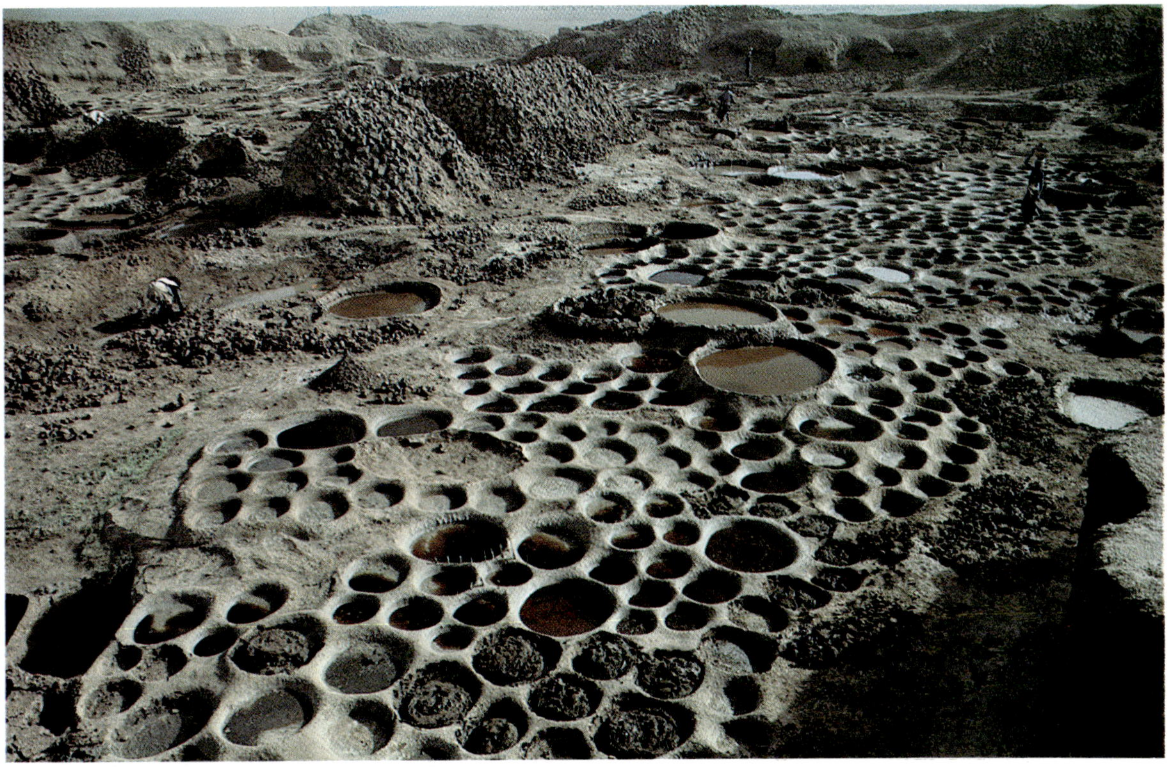

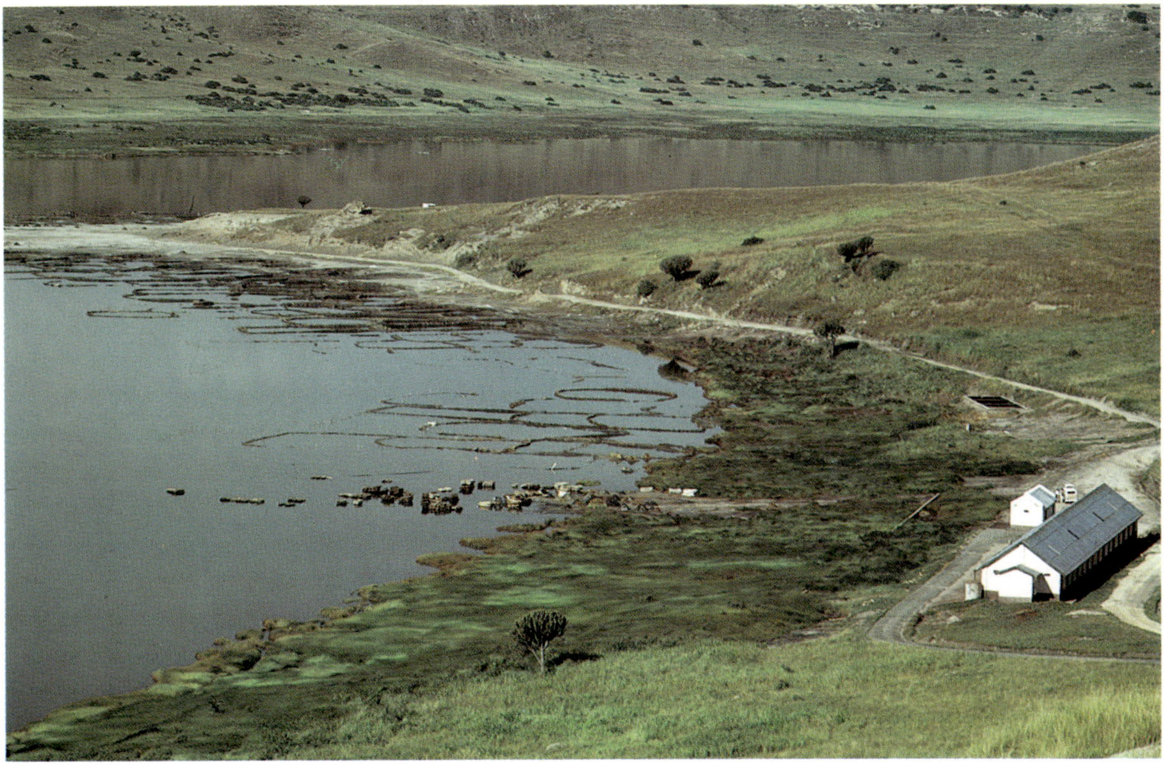

45. Salzsieden in der Normandie. Die Salzmaische wird schon vor dem Sieden einer ersten Verdunstung im Freien unterzogen. Stahlstich in der *Encyclopédie* von Diderot und d'Alembert (1765).

Die »Quart-Bouillons«

In der Steuerverwaltung des französischen Königsreichs war die westliche Normandie als das Land der »Quart-Bouillons« bekannt. Man handelte dort mit Salz, das durch Sieden von Meerwasser gewonnen wurde. Diese Methode, ebenfalls uralt, wurde erst vor ca. 200 Jahren aufgegeben. Man bediente sich ihrer an allen Küsten, die zu weit im Norden lagen, um die Wasserverdunstung durch regelmäßige Sonneneinstrahlung zu garantieren. Es lieferte Salz von ausgezeichneter Qualität, das sich für den Gebrauch in der Küche und für die Konservierung von Käse besser eignete als das atlantische Salinensalz.

Das hohe Alter und die weite Verbreitung dieses Verfahrens erweisen sich an den *briquetages*, den Ziegelmauerresten, die in manchen Orten von Archäologen ausgegraben worden sind. Es handelt sich um kleine Mauern rings um offene Feuerstellen, auf denen die Salzbrühe in Tonvasen gekocht wurde. Da diese Vasen häufig zerbrachen, sind die Fundstellen mit Tonscherben übersät. Bereits antike Autoren aus dem Mittelmeerraum wunderten sich

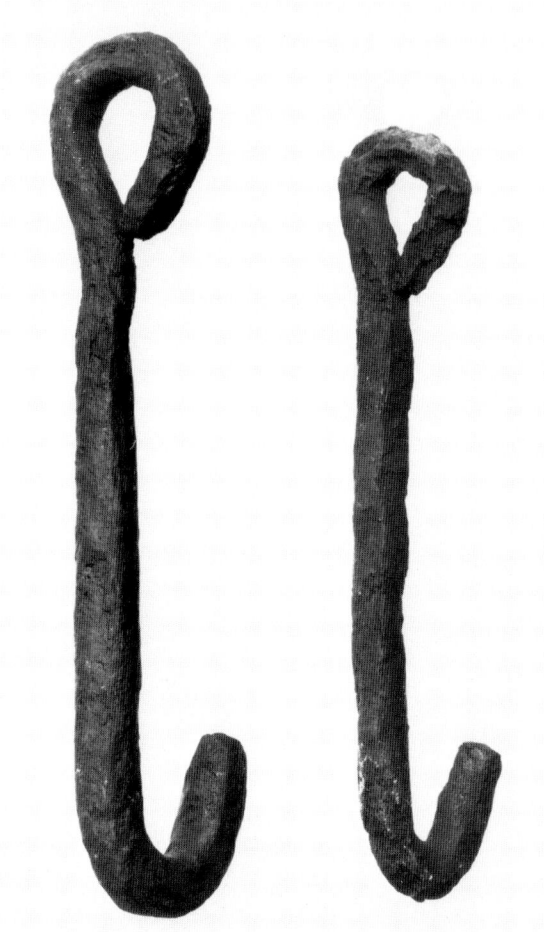

46. Zwei Eisenhaken, Fundstücke von der dänischen Insel Laesø (Kattegat). Sie bezeugen eine bedeutende Salzgewinnung vom Mittelalter bis zum 16. Jahrhundert. An ihnen hingen die mit Meerwasser gefüllten Dampfkessel.
Nationalmuseum Kopenhagen.

über diese Technik der Salzgewinnung. »Die Gallier und Germanen kochen Salzwasser auf großen Holzfeuern«, beobachtete Plinius d. Ä., der damit auf die Erhitzung von Meerwasser wie auf das Aufbrühen von Sole aus den Quellen im Landesinneren anspielte.

Diese Technik der Salzgewinnung war nicht allein auf Europa beschränkt. Man kann sie auch für die Küsten Afrikas belegen, wo die hohe Luftfeuchtigkeit die natürliche Verdunstung des Meerwassers verhindert. In China war dieses Verfahren schließlich so weit verbreitet und wurde bis ins 20. Jahrhundert so häufig angewendet, daß es die Umstellung der chinesischen Salzgewinnung auf moderne Methoden seit etwa 1900 lange Zeit behinderte. Wie auch in Holland wurde die Salzmaische in China mit der Asche des an der Küste wachsenden Schilfrohrs versetzt, das gleichzeitig als Brennstoff diente.

Auch England produzierte mit dieser Methode im Mittelalter ein Großteil des Salzes. Das *Domesday Book* (1086), das kurz nach der normannischen Eroberung mit dem Ziel abgefaßt wurde, alle natürlichen Reserven des Königreichs zu verzeichnen, führte nicht weniger als 1195 *salinae* auf, zumeist an der Ostküste in Lincolnshire und Norfolk. Auf die Dauer aber wurde diese Art der Salzgewinnung wegen der vielen Arbeitskräfte für die Engländer zu teuer; seit etwa 1350 nahmen sie mit dem preiswerteren *Baiensalz* der französischen Küste vorlieb. Die Holländer verfeinerten diese Technik, indem sie – wie bereits erwähnt – die Salzmaische mit salzwassergetränkter Torfasche anreicherten. Die Skandinavier hielten noch länger am Verfahren des Meerwassersiedens fest. Auf der Insel Laesø, in Hardanger und Bergen (Norwegen) wurde damit soviel Salz erzeugt, daß man im 13. Jahrhundert, obwohl

selbst Importeur von Lüneburger Salz, das eigene Erzeugnis bis auf den schwedischen Markt von Söderköping exportieren konnte. Das norwegische *brenna salt* wurde sowohl in den alten *sagas* als auch in Ortsnamen beschworen. Noch im 16. Jahrhundert ermunterte König Gustav Wasa seine schwedischen Landsleute zu dieser Art der Salzgewinnung. Er hoffte damit auf die Verringerung der Importabhängigkeit seines Landes. Seine Erwartung erwies sich ob des hohen Verbrauchs an Brennmaterial und Arbeitskräften aber bald als trügerisch, so daß diese Methode, abgesehen von rein lokalen Ausnahmen, zu Beginn der Neuzeit wieder aufgegeben wurde.

In England aber erlebte sie eine Renaissance, denn seit dem 16. Jahrhundert strebte die Regierung des Königreichs wirtschaftliche Autonomie an. Dieses Ziel wurde im 17. und 18. Jahrhundert verstärkt verfolgt, indem zunächst die heimische Kohle als Brennmaterial eingesetzt und schließlich die Salzförderung von der Küste weg in die Nähe der Kohlebergwerke verlegt wurde. So also bildet eine der altertümlichsten Fördermethoden den Ausgangspunkt der modernen Salinentechnologie.

47. Salzsieden in Norwegen. Vignette zu Beginn des (dem Salz gewidmeten) 43. Kap. der *Historia de gentibus septentrionalibus* von Olaus Magnus, erschienen 1555 in Rom.
Antikvarisk-Topografisca Arkivet, Stockholm.

Die bedeutendsten europäischen Salzförderstätten und die
großen Salzhandelsrouten vom Mittelalter bis zum 16. Jahrhundert

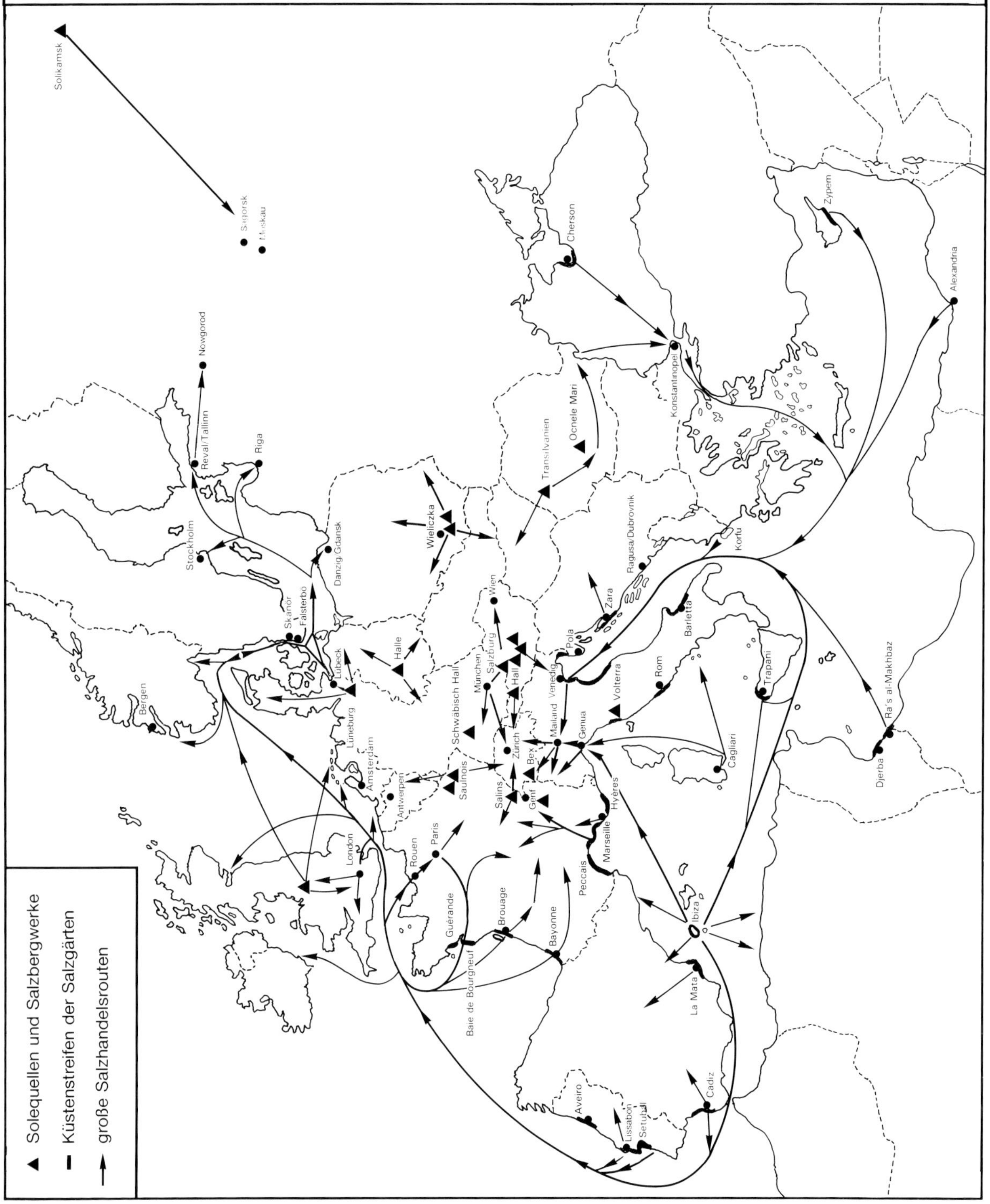

Legende:

▲ Solequellen und Salzbergwerke

▮ Küstenstreifen der Salzgärten

→ große Salzhandelsrouten

Solikamsk
Nowgorod
Reval/Tallinn
Riga
Stockholm
Danzig/Gdansk
Skanör
Falsterbo
Lübeck
Halle
Bergen
Lüneburg
Amsterdam
Antwerpen
London
Rouen
Paris
Guérande
Brouage
Baie de Bourgneuf
Bayonne
Peccais
Marseille
Hyères
Salins
Salins
Saulnois
Genf
Bex
Zürich
Basel
Schwäbisch Hall
Hall
München
Salzburg
Wien
Wieliczka
Transsilvanien
Ochele Mari
Cherson
Konstantinopel
Zypern
Alexandria
Ra's al-Makhbaz
Djerba
Trapani
Cagliari
Ibiza
La Mata
Cadiz
Setúbal
Lissabon
Aveiro
Ragusa/Dubrovnik
Korfu
Zara
Pola
Venedig
Mailand
Genua
Volterra
Rom
Barletta
Solikamsk
Moskau

68

Seine Salzbrunnen sind das achte Weltwunder.

Vers zu Ehren von Salins in der Freigrafschaft von Burgund (zit. n. J. M. Augustin 1981)

Glanz und Elend des Steinsalzes

Etwa 70% des heute in der Welt verbrauchten Salzes stammen aus unterirdischen Vorkommen. Dieses Steinsalz weist einen höheren Reinheitsgrad auf, entspricht unseren Bedürfnissen besser und läßt sich mit Hilfe der modernen Bergbautechnik kostengünstiger abbauen und raffinieren als Meersalz. Dabei handelt es sich jedoch um einen Wechsel jüngeren Datums. Der Abbau von Steinsalz war zuvor weniger rentabel; er erforderte aufwendige Installationen, enorme Brennstoffreserven und viele Arbeitskräfte. Mit anderen Worten: Er verlangte beträchtliche Kapitalinvestitionen oder, wenn nicht vorhanden, einen besonders hohen Preis an menschlicher Arbeitskraft. Es war die wissenschaftliche und technische Entwicklung des 19. Jahrhunderts, vor allem die der Eisenbahn, die den Salzhandel zugunsten der kontinentalen Herkunftsorte entschied.

So unterlag die Steinsalzförderung unter Tage im Laufe der Zeiten allen möglichen Wechselfällen. Sie konnte sich im allgemeinen der Konkurrenz der Meersalzanlagen kaum erwehren. Steinsalz als das zwar reinere, aber auch teurere Produkt setzte sich gegen das Meersalz nur dann durch, wenn es günstige Transportbedingungen und eine übermäßige Nachfrage erlaubten. Trotz seiner französischen Bezeichnung *(sel gemme)*, die an kostbare Edelsteine erinnert, lagerte Steinsalz hauptsächlich in den Ländern, die durch Klima und andere äußere Umstände benachteiligt waren. Selbst Historiker trugen diesem Rangunterschied Rechnung. Sie schenkten ihre Aufmerksamkeit lieber dem sonnenüberfluteten

48. Methoden der Salzgewinnung in der chinesischen Provinz Szechuan gegen Ende der Han-Dynastie. Ganz links die Darstellung eines unterirdischen Stollens, aus dem die Sole mit Kübeln hochbefördert und dann in ein Rückhaltebecken geschüttet wurde. Von dort aus floß sie durch eine Bambusleitung in die überdachten Salzpfannen (rechter Bildrand). Steindruck von Chiung-lai, reproduziert nach: J. Needham, *Science and Civilisation in China*, Bd. IV, Cambridge 1965.

Meersalz als dem unter so großen Mühen und mit so hohen Kosten aus der Erde oder durch das Feuer gewonnenen Steinsalz.

Die ersten unterirdischen Salzvorkommen sind gegen Ende der Bronzezeit in Sachsen (Halle) gefunden worden. Einige Jahrhunderte später, etwa um 1000 v. Chr., entwickelte sich Hallstatt in den Alpen zu solcher Bedeutung, daß die Archäologen eine ganze Epoche der europäischen Frühgeschichte danach benannten. Für die gleiche Zeit wurde inzwischen eine ähnlich bedeutende Salzför-

49. Zerstörung von Sodom. Das Weib Loths nach ihrer Verwandlung in eine Salzsäule. Holzstich aus der *Schedel'schen Weltchronik* von A. Koberger, Nürnberg 1493. Schweizer Salzmuseum, Aigle.

50. Salzbrunnen in China. Bemalte Buchrolle aus dem 18. Jahrhundert. Die Sole wird durch Bambusrohre an die Oberfläche befördert. Nach J. Needham, *Science and Civilisation*, Bd. IV, Cambridge 1965.

derung in der chinesischen Provinz Szechuan nachgewiesen. Andere frühgeschichtliche Fundstätten in den Anden, in Arizona, Afrika, Armenien oder Italien entziehen sich noch einer verläßlichen Datierung. Die Ausbeutung der Lager geschah indes überall, wie etliche Funde beweisen, nach ähnlichen Methoden und mit vergleichbaren Werkzeugen, d. h. mit Hacken an Holzstielen und Bronze-, Eisen- oder Hirschgeweihspitzen sowie mit Äxten, um das Salz abzuschlagen oder Stollen in den salzführenden Fels vorzutreiben. In Hallstatt fand man darüber hinaus Rucksäcke, Schuhe und Handschuhe aus Leder. Bergleute in Dürrnberg, einem Ort oberhalb Halleins in Österreich, bargen mindestens in drei Fällen – 1573, 1616 und 1734 – die unversehrten Körper ihrer etwa 2000 Jahre alten »Kameraden«, die Opfer irgendeines Unglücks geworden waren, und bereiteten ihnen ein christliches Begräbnis.

Naturforscher zur Zeit der Antike und später arabische Geographen hielten fest, daß der Salzbergbau von der Sahara bis zu den Hochebenen Zentralasiens verbreitet war. In Sodom beispielsweise befand sich das bedeutendste Steinsalzlager der Hebräer – was Wunder, daß Loths Weib ausgerechnet zur Salzsäule erstarrte! Strabo erwähnt die Salzminen in seiner Heimat Kappadokien (Vorderasien) ebenso wie die Salzbergwerke in der spanischen Sierra Nevada, deren Salz bereits im 5. Jahrhundert v. Chr. nach Griechenland exportiert wurde.

Die ersten Versuche der Steinsalzförderung begannen über Tage – bald aber mußte man sich in den Berg wühlen, um dem Verlauf der Salzflöze zu folgen. So führten die Stollen von Hallstatt bis zu einer Tiefe von 360 m schräg in den Berg hinein. Die damaligen Bergleute schlugen die Salzbrocken mit ihren Äxten los und schleppten sie in Rucksäcken nach oben. Dementsprechend beschäftigten diese ersten Bergwerke sicherlich viele Menschen; auf jeden Fall aber banden sie größere Bevölkerungsgruppen an die Umgegend. Je weiter die Stollen vorangetrieben wurden, desto geringer fiel aber wegen der damit verbundenen technischen Schwierigkeiten die Ausbeute aus. Das Ausbohren der Schächte mit Hacken, die Abstützung und Belüftung der Stollen stellten die Bergleute vor entmutigende, unüberwindliche Probleme. Außerdem wurden die Gänge oft genug von unterirdischen Quellen überschwemmt, so daß sie, einer nach dem anderen, schließlich aufgegeben werden mußten.

Diese Quellen und unterirdischen Wasserläufe legten aber auch vermutlich den Gedanken an eine generelle Änderung der Salzfördertechnik nahe: Anstatt Steinsalz in festen Brocken aus dem Berg zu brechen, konnte man es ja auch durch das Sieden dieser mehr oder weniger konzentrierten Sole gewinnen. Bei Bedarf ließen sich auch die bereits vorhandenen Schächte ohne großen Aufwand unter Wasser setzen. Wir kennen aber weder den Zeitraum noch die Umstände, unter denen diese neue Methode erstmals ausprobiert wurde. Wir haben allerdings zu der Vermutung Anlaß, daß sie während der La-Tène-Epoche sowohl in Europa als auch in China gleichzeitig aufkam, d. h. in den letzten Jahrhunderten vor der Zeitenwende.

Aber selbst unter diesen verbesserten Bedingungen blieb die Ausbeutung von Steinsalz und Sole ein schwieriges und kostspieliges Unterfangen und wurde daher in Gebieten Europas, die dem Einfluß Roms unterlagen, früher oder später zugunsten der Meerwassersalinen aufgegeben. Fast alle in der Antike bekannten Bergwerke gerieten ab der Zeitenwende in Vergessenheit – um so nachdrücklicher durch den Fall des Römischen Reiches und die Unterbrechung der Handelsverbindungen im Frühmittelalter. Die Anlagen verfielen, das bergbauliche Wissen war verlorengegangen, und die Nachfrage nach Steinsalz hatte sich verringert. Während der feudalistischen Epoche begnügten sich die Völker mit dem Ertrag der Salzquellen, die sich bequem und ohne großen Investitionsaufwand ausbeuten ließen.

Die Wiederbelebung des Salzbergbaus

Im 12. und 13. Jahrhundert – selten früher – tauchten die einstigen Salzbergwerke wieder aus der Vergessenheit auf. Die längst verschütteten Schächte wurden wieder geöffnet, zudem neue angelegt und bewirtschaftet. Der Bedarf an Salz war mittlerweile derart gestiegen, daß er alle Kosten rechtfertigte, die die Wiederaufnahme dieser Förderung verursachte. Der Fernhandel mit Fleisch, Käse und Fisch florierte, und man benötigte reines Salz, das sich zum einen zur Konservierung dieser Produkte eignete und zum anderen möglichst in der Nähe der Viehzuchtregionen produziert wurde.

Nehmen wir also hier den Faden der Geschichte der bedeutendsten Salzbergwerke auf. Wir können uns wohlgemerkt nur den wichtigsten Förderstätten widmen, denn es gab in jener Zeit unendlich viele von ihnen. Gleichzeitig werden wir feststellen, daß sich die Expansion der Salzförderung im Inneren Europas in zwei Etappen vollzog: im 12. und 13. Jahrhundert durch den Beginn der regelmäßigen Förderung sowie zwischen dem 16. und 18. Jahrhundert durch die Einführung neuer Techniken der Salzgewinnung. Letztere entsprang weniger der Notwendigkeit, die Anzahl der bewirtschafteten Salzvorkommen zu steigern, als vielmehr dem Wunsch der Salzverbraucherländer nach größerer Unabhängigkeit von den salzproduzierenden Ländern.

Aus diesen Überlegungen entstanden die folgenden *curricula vitae* wichtiger Salzbergwerke bzw. ganzer Bergwerksgruppen. Die einzelnen Rubriken sind soweit wie möglich standardisiert, um Vergleiche zwischen den einzelnen Gruben anstellen zu können. Die Parallelität ihrer »Lebensläufe«, aber auch einige bemerkenswerte Unterschiede treten dadurch besser hervor als in der bloßen Aneinanderreihung von Einzeldarstellungen.

HALLE A. D. SAALE

Lage:
Im obersächsischen Saaletal. Zahlreiche Gruben, die meisten von ihnen nur für den regionalen Bedarf (z. B. Langensalza und Stassfurt; letztere erlangte nur im 19. Jahrhundert eine gewisse Bedeutung). In den Fernhandel kam früher nur das Salz aus Halle.

Vorkommen und Qualität:
Einige Dutzend Solequellen rund um Halle. Der Salzgehalt liegt mit ca. 255‰ nahe am Sättigungsgrad.

Ausbeutung in Frühgeschichte und Antike:
Ab Ende der Bronzezeit (Ende des 2. Jahrtausends v. Chr.); wahrscheinlich die ältesten Quellen Europas. An 126 Fundstätten sind *briquetages* (Ziegelmauern um Siedefeuerstellen) gefunden worden. Kaum Zeugnisse für die Salzgewinnung kurz nach der Zeitenwende.

Erste urkundliche Erwähnung:
Gründung von Halle durch Karl d. Gr. (806 n. Chr.). Erste Erwähnung der Salzquellen im Jahr 956 n. Chr.

Beginn der regelmäßigen Förderung:
Im 13. Jahrhundert.

Besitz- und Betriebsverhältnisse:
Eigentümer zunächst verschiedene Klöster und Kirchen; ab dem 12. Jahrhundert sächsische Adelige und Bürger der Stadt Halle (die auch selber an der Förderung beteiligt waren). Die zahlreichen »Salzbarone« schlossen sich in der *Pfännerschaft* zusammen. Daraus ging später eine starke städtische Patrizierschaft (die sog. *Halloren*) hervor.

Absatzgebiet:
Hauptsächlich Sachsen, Thüringen, Preußen und Schlesien.

Förderbilanz:
Zu Beginn des 16. Jahrhunderts mutmaßlich 9500 t jährlich (gemäß alten und wenig verläßlichen Schätzungen). Im 18. Jahrhundert kaum mehr als 3000–4000 t pro Jahr.

Langfristige Entwicklung:
Wachstumsphase vom 13. bis zum 16. Jahrhundert, Niedergang durch den Dreißigjährigen Krieg (1618–1648) und die Konkurrenz anderer Salzsorten.

LÜNEBURG

Lage:
Eine Quelle ein paar hundert Meter von der Stadt entfernt (Kalkberg); ein zweiter Brunnen 1388 im Stadtgebiet.

Vorkommen und Qualität:
Depot in einem Horst von Kalktuffelsen, von einer dünnen Sandschicht bedeckt, von unterirdischen Gewässern durchspült. Sole- und Salzmaischelager in einer Tiefe von 16–36 m. Salzgehalt zwischen 240 und 260‰ (beinahe das Zehnfache des Meerwassers). Schnelle Verdampfung bei relativ geringen Unkosten. Reinigung unnötig: hoher Reinheitsgrad, vollständig weißes Salz.

51. »Hallorengläser« aus Halle (1716). Diese Trinkgefäße wurden eigens für die »Halloren«, die Meister der »Vereinigung der Salzsieder« in Halle, hergestellt. Dieser oligarchische und geschlossene Verband bewahrte für lange Zeit seine Bräuche und seine Fachsprache. Aus: Brigitte Klesse/Axel von Saldern, *500 Jahre Glaskunst*, Zürich 1978.

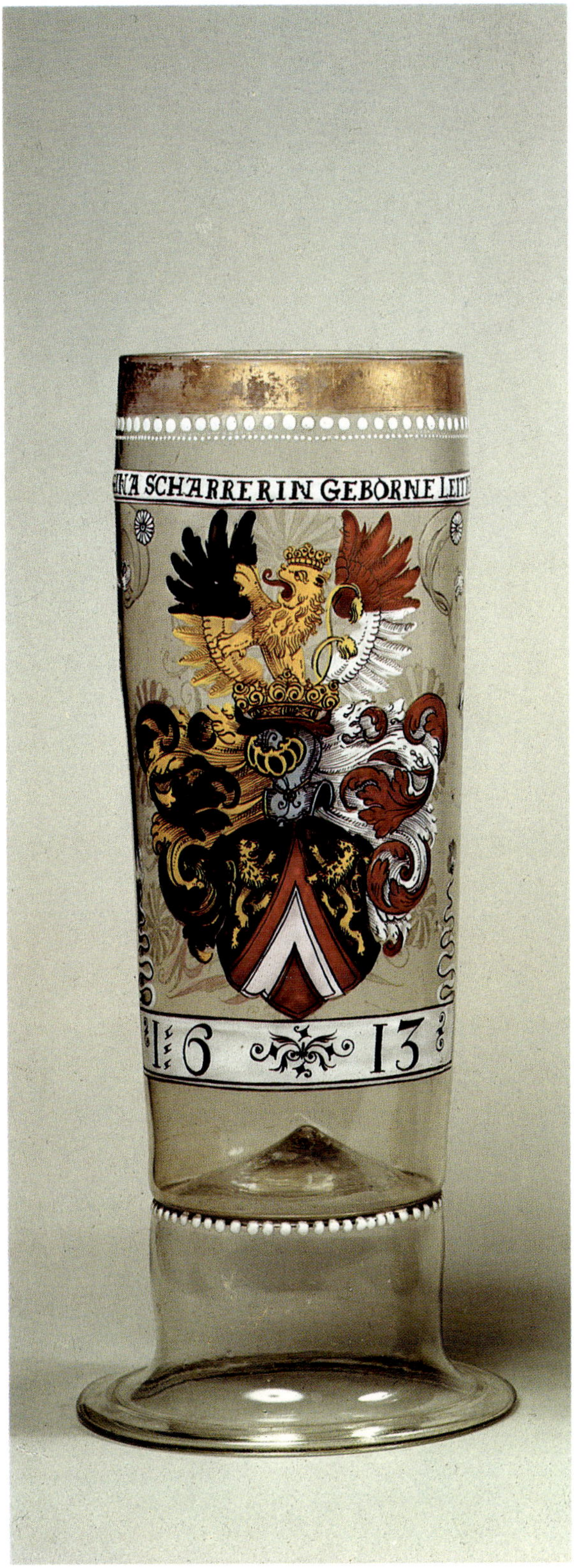
SCHARRERIN GEBORNE
16 13

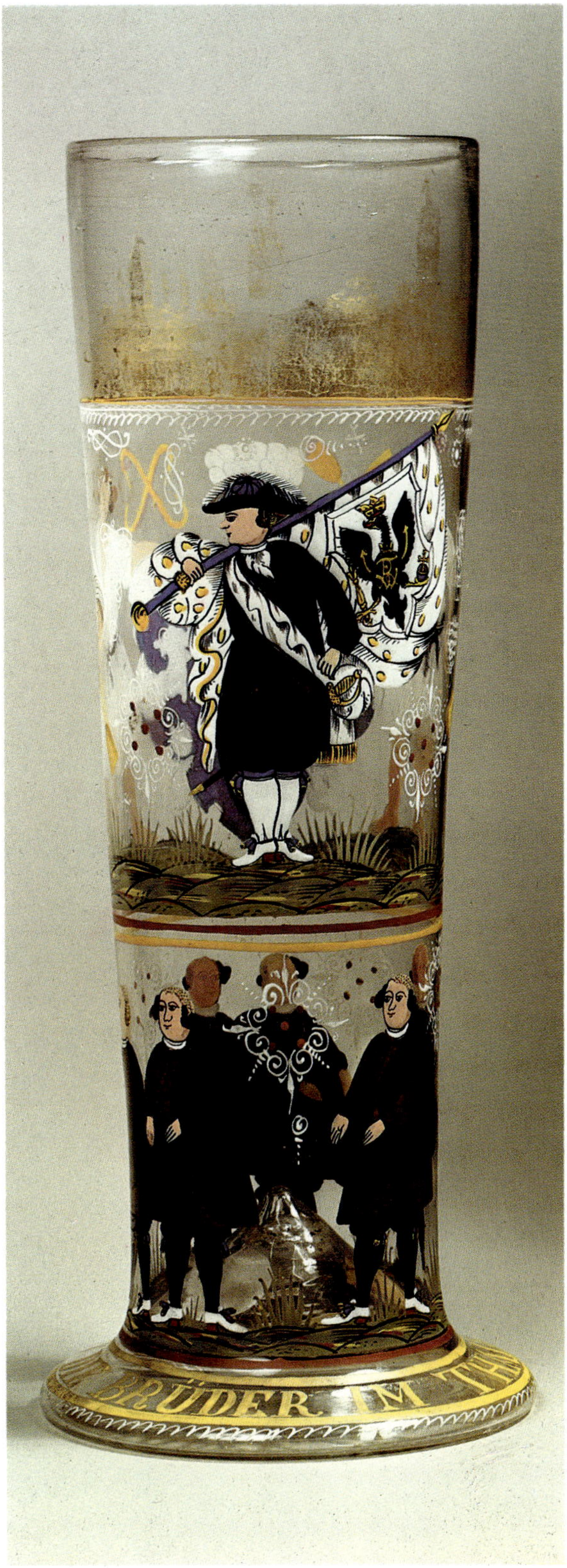
BRÜDER IM

Lüneburg
1654
S.Michael
S.Nicolaus
S.Iohann

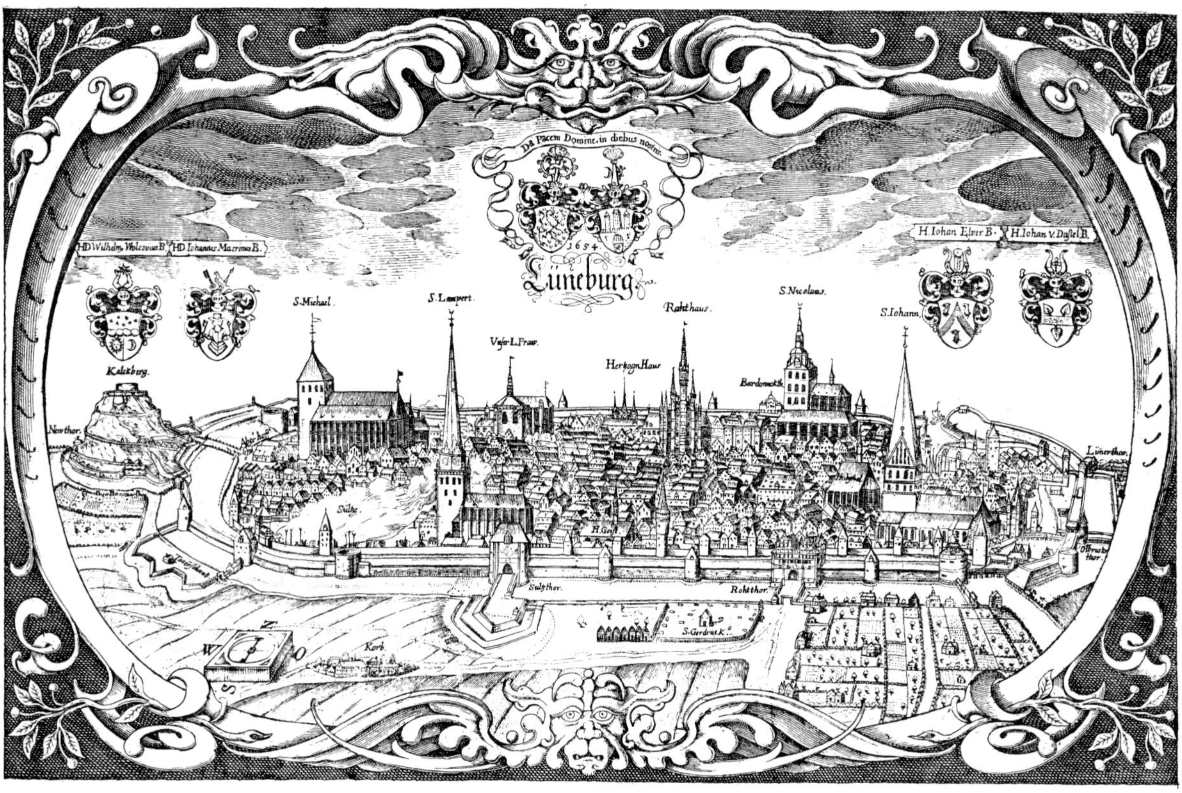

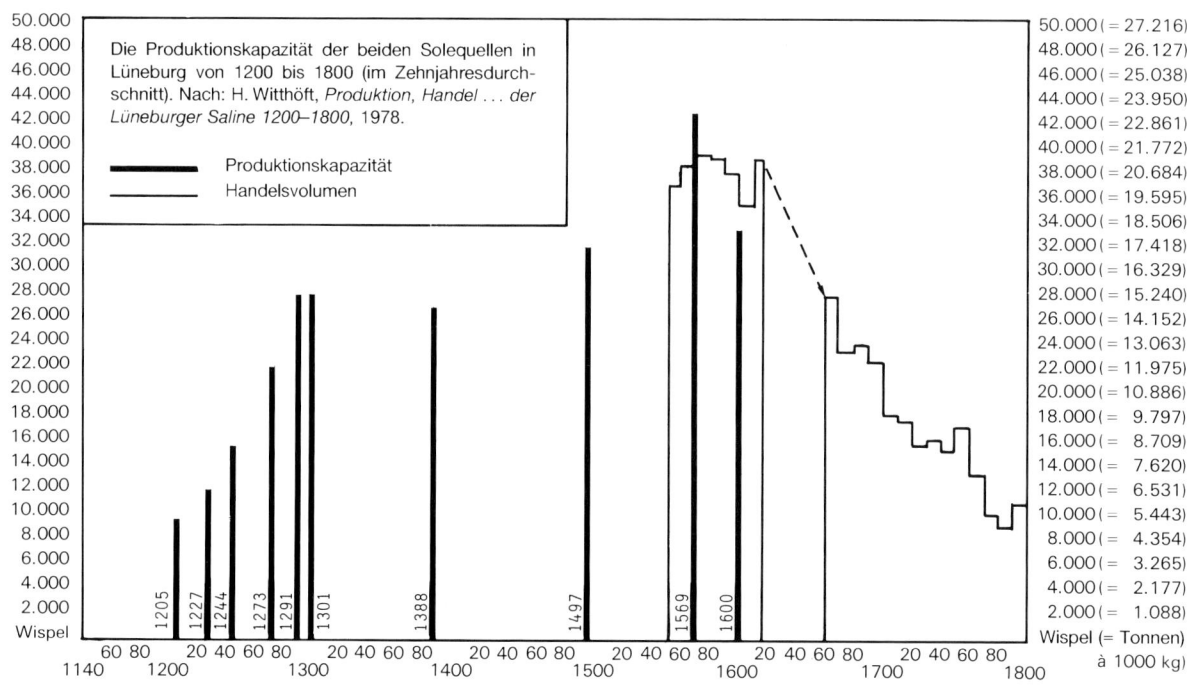

Die Produktionskapazität der beiden Solequellen in Lüneburg von 1200 bis 1800 (im Zehnjahresdurchschnitt). Nach: H. Witthöft, *Produktion, Handel ... der Lüneburger Saline 1200–1800*, 1978.
Produktionskapazität
Handelsvolumen
50.000
48.000
46.000
44.000
42.000
40.000
38.000
36.000
34.000
32.000
30.000
28.000
26.000
24.000
22.000
20.000
18.000
16.000
14.000
12.000
10.000
8.000
6.000
4.000
2.000
Wispel
50.000 (= 27.216)
48.000 (= 26.127)
46.000 (= 25.038)
44.000 (= 23.950)
42.000 (= 22.861)
40.000 (= 21.772)
38.000 (= 20.684)
36.000 (= 19.595)
34.000 (= 18.506)
32.000 (= 17.418)
30.000 (= 16.329)
28.000 (= 15.240)
26.000 (= 14.152)
24.000 (= 13.063)
22.000 (= 11.975)
20.000 (= 10.886)
18.000 (= 9.797)
16.000 (= 8.709)
14.000 (= 7.620)
12.000 (= 6.531)
10.000 (= 5.443)
8.000 (= 4.354)
6.000 (= 3.265)
4.000 (= 2.177)
2.000 (= 1.088)
Wispel (= Tonnen)
à 1000 kg)
1205
1227
1244
1273
1291
1301
1388
1497
1569
1600
60 80 20 40 60 80 20 40 60 80 20 40 60 80 20 40 60 80 20 40 60 80 20 40 60 80
1140 1200 1300 1400 1500 1600 1700 1800

52. Stadtansicht von Lüneburg. Ganz links, außerhalb der Stadt, der Kalkberg, der ältere der beiden Salzbrunnen; der zweite, mitsamt den Salzsiedereien *(Sulze)*, liegt zwischen den beiden Kirchen St. Michael und St. Lampert. Fast alle Häuser zwischen St. Michael und der Stadtmauer sind mit Salzsiedepfannen ausgestattet.

Ausbeutung in Frühgeschichte und Antike:
Keinerlei Hinweise.

Erste urkundliche Erwähnung:
956 (zur selben Zeit wie Halle) in einer Schenkungsurkunde Ottos I. an die Abtei St. Michael in Lüneburg. Die Quelle auf dem Kalkberg vermutlich erst kurz zuvor entdeckt.

Beginn der regelmäßigen Förderung:
Gegen Ende des 12. Jahrhunderts.

Besitz- und Betriebsverhältnisse:
Zunächst Eigentum der sächsischen Herzöge (Hoheitsrecht). Im Jahr 1228 Verzicht auf die Besitztitel zugunsten der Lehensleute und Untertanen (völlig im Gegensatz zu den sonstigen politischen Gepflogenheiten der Fürsten). Der gesamte Besitz wurde bald maßlos zerstückelt. Besitz- und Rententitel waren gegen 1300 frei verkäuflich und gerieten rasch in Umlauf. Heftige Spekulationen: 1231 kostete der Erwerb einer kleinen Salzsiedelei 120 Mark, im Jahr 1290 bereits 600 Mark. Jährlicher Gewinn etwa 10%. Die meisten Anteilseigner *(Prälaten)* stammten aus dem Adel oder dem höheren Klerus. Den Bürgern der Stadt blieb der Zutritt praktisch verwehrt. Als Ausgleich stand ihnen, gegen Zins oder Salzrente, das Recht auf Förderung

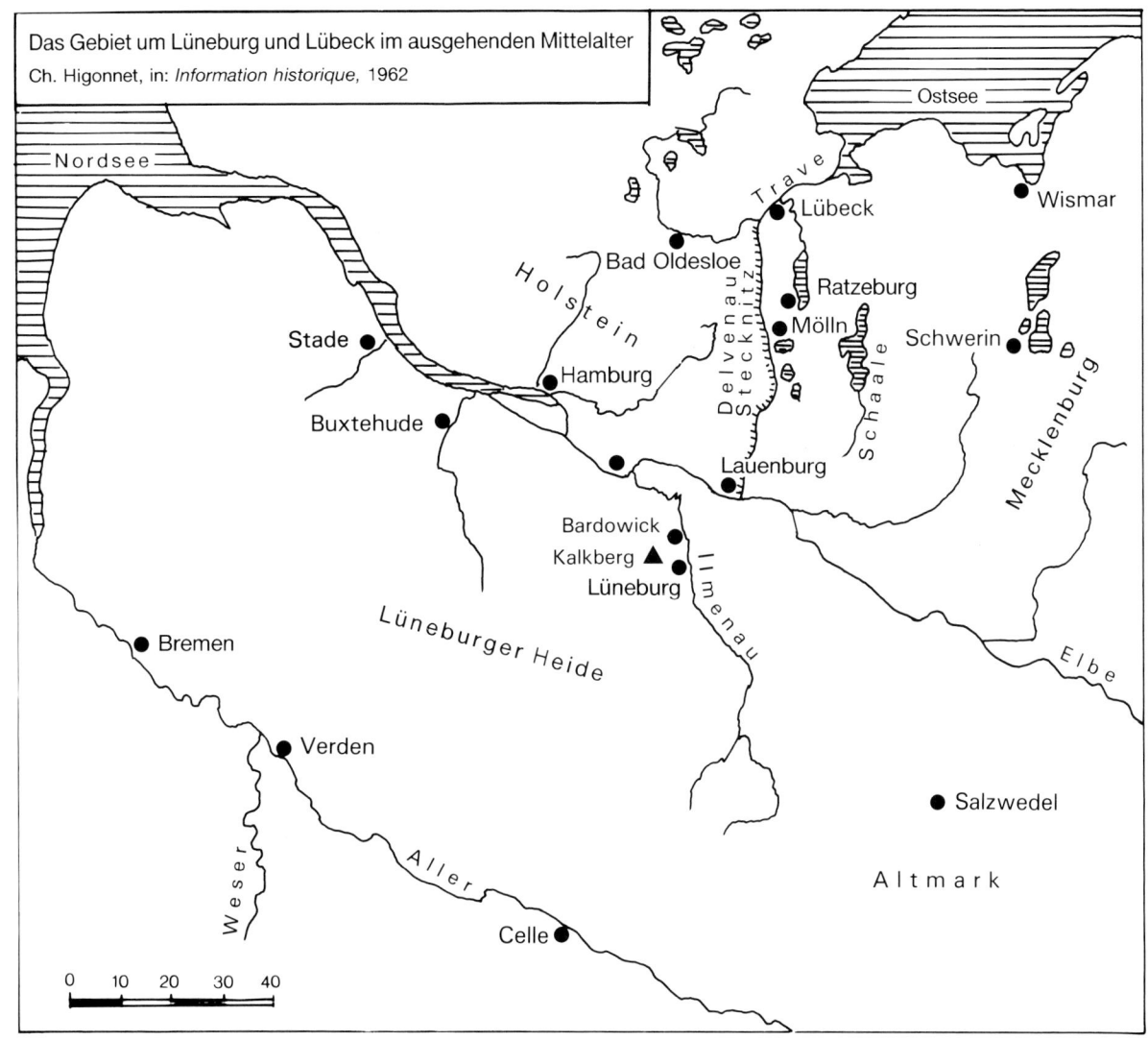

Das Gebiet um Lüneburg und Lübeck im ausgehenden Mittelalter
Ch. Higonnet, in: *Information historique*, 1962

zu. Damit sicherten sie sich ihren Anteil an den großen Gewinnen des Salzhandels. Im Gegensatz zu den *Halloren* in Halle bildeten die Lüneburger *Sulfmeister* ein Patriziat der Erzeuger und nicht der Besitzer.

Absatzgebiet:
Niedersachsen, Mecklenburg, Schleswig-Holstein und Jütland. Keine regionale Konkurrenz, seitdem im 12. Jahrhundert der sächsische Herzog die Schließung und Zerstörung der Salinen von Oldesloe und Bardowich verfügt hatte. Ferner, via Lübeck, der gesamte Ostseeraum und Skandinavien (bis ins norwegische Bergen). Daher auf dem größten Salzmarkt vertreten, der zwischen dem 13. und 16. Jahrhundert bestand. Wichtigstes Absatzgebiet war Schonen in Schweden (Heringsfischerei).

Förderbilanz:
1205: 5200 t; nach 1300: etwa 15 000 t pro Jahr; zwischen 1560 und 1630: ca. 20 000 t pro Jahr.

Langfristige Entwicklung:
Starkes Wachstum im 13., Stagnation im 14. Jahrhundert (entsprechend der allgemeinen Rezession).

54. Salzbergwerk von Wieliczka (Polen). Getriebe aus Holzrädern und -walzen, um Salzblöcke oder Salzfässer zu heben. Die Konstruktion stammt aus dem 17. Jahrhundert.

Förderung zwischen 1560 und 1630 auf dem Höhepunkt, gefolgt von einem ebenso rapiden wie unwiderruflichen Niedergang (übermächtige Konkurrenz des Baiensalzes im Ostseeraum; Auswirkungen des Dreißigjährigen Krieges). Konkurs in den Jahren 1787 und 1788.

Besonderheiten:
Aufgrund seiner hohen Qualität und der Standortvorteile im Hinblick auf den Ostseeraum war das Lüneburger Salz im Norden Europas außergewöhnlich und dauerhaft erfolgreich. Für die dortigen Abnehmerländer stellte es lange Zeit die einzige Versorgungsquelle dar. Das Baiensalz von der Atlantikküste schlug dann allmählich, vom 15. Jahrhundert an, das Lüneburger Salz aus dem Felde.

WIELICZKA UND BOCHNIA

Lage:
In der Nähe von Krakau, der Hauptstadt der polnischen Provinz Galizien.

Vorkommen und Qualität:
Zechsteinlager mit kompakten Flözen; Abbau von Steinsalz daher möglich. In Wieliczka ist dieses Verfahren seit dem 16. Jahrhundert vorherrschend, seit dem 18. Jahrhundert das einzig praktizierte. Das Salz ist nicht so rein wie in Lüneburg und muß in der Regel in den umliegenden Dörfern aufbereitet werden.

53. Salzbergwerk von Wieliczka (Polen). Gebälk im »Michalowicesaal«.

Ausbeutung in Frühgeschichte und Antike:
Nicht nachgewiesen.

Erste urkundliche Erwähnung:
Als »Salzquelle« in den »Annalen von Fulda« von 872.

Beginn der regelmäßigen Förderung:
Im 13. Jahrhundert. Erster Schacht bis auf 65 Meter Tiefe.

Besitz- und Betriebsverhältnisse:
Eigentum des Königs von Polen, nach der ersten polnischen Teilung (1772) des österreichischen Kaisers. Verpachtung der Förderung an international erfahrene Geschäftsleute: an Franzosen, Italiener, Deutsche, Juden; vor dem 17. Jahrhundert kaum an Polen. Nach 1420 leitete ein in Breslau lebender italienischer Bankier die Bergwerke, der zugleich als mitteleuropäischer Handelsbevollmächtigter des Bankhauses Medici fungierte. Beschäftigung zahlreicher Arbeiter, wie Jacques Esprinchard, ein Besucher aus Bordeaux, im Jahre 1597 bemerkte: »Wir sehen hier im Schoß der Erde mehr als 500 Bauern. Jeder von ihnen arbeitet nackt im Schein einer Lampe. Fast alle sprechen sehr gut Latein ...« Im 15. und 16. Jahrhundert profitierte die Salzförderung in Wieliczka und Bochnia vom technischen Fortschritt der mitteleuropäischen Bergbauindustrie: Pferdegetriebene Aufzüge hievten die Salzblöcke an die Erdoberfläche und Pumpanlagen

sorgten für die Entwässerung der Stollen. Dafür aber wurde Wieliczka in den Jahren 1644 und 1696 Opfer zweier mehrmonatiger Grubenbrände.

Absatzgebiet:
Die bergigen Viehzuchtgebiete Mitteleuropas: Schlesien, die Karpaten, Böhmen (seit dem 16. Jahrhundert gegen österreichische Konkurrenz), die Slowakei und die ungarische Tiefebene. Für ein kleineres Kontingent seit dem 15. Jahrhundert auch Großpolen, wo jedoch nach und nach holländische Kaufleute den Markt mit ihrem Baiensalz zu beherrschen begannen, das sie gegen Weizen, Holz und Wachs in Danzig eintauschten.

Förderbilanz:
Unsichere Schätzungen: 1499: 7340 t (4000 t davon allein in Bochnia); 1569: 5000 t; 1571: 14200 t; 1651: 37100 t; 1736: 26000 t; nach 1800: 40000 t in Wieliczka, 16000 t in Bochnia.

Langfristige Entwicklung:
Kaum bekannt, vermutlich sehr unregelmäßig. Im Mittelalter wohl nahezu Stagnation, beschleunigte Entwicklung erst in der zweiten Hälfte des 16. Jahrhunderts. Im Jahr 1597 war die Salzmine von Wieliczka »jedermann wohlbekannt« (Jacques Esprinchard). Trotz der Konkurrenz aus Holland und Österreich und trotz verschiedener Kriege blühten beide Unternehmen im 17. Jahrhundert auf und wurden auch im 18. Jahrhundert noch von König

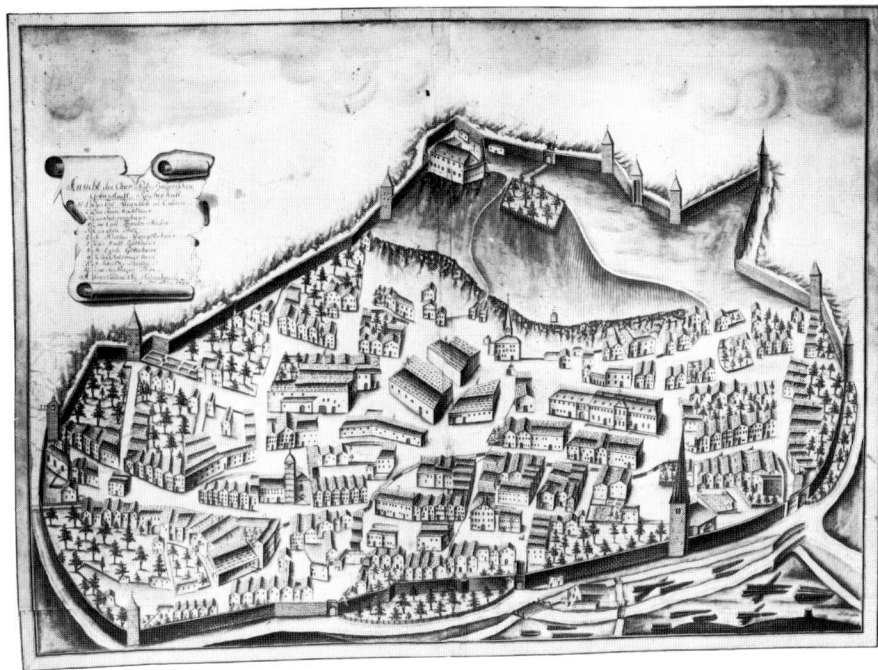

55. Ansicht von Bad Reichenhall (Bayern), 1790. Das (mit einer Turmspitze ausgestattete) Haus über der Solequelle liegt im Zentrum der Stadt; ringsum die Gebäude der Salzsiederei (mit einem kaum lesbaren *A* gekennzeichnet).
Bayerisches Zentralarchiv, München.

August II. gefördert, der nach 1720 den Bergbauin-
genieur J. G. Borlach und sächsische Bergleute ins
Land holte.

Besonderheiten:
Wieliczka und Bochnia hatten sich bereits im Zeitalter des Absolutismus einen bedeutenden Ruf als
einzigartige Lieferanten von Steinsalz erworben –
Wieliczka war darüber hinaus für seine Skulpturen
aus Salz bekannt. Ihre Lage am Rande Osteuropas
verschonte sie vor allzu lebhafter Konkurrenz –
außer, paradoxerweise, in Polen selbst. Denn etwas
weiter östlich, wenngleich auch noch in Galizien,
lagen die Salzsiedereien von Halicz. Kasimir d. Gr.
hatte sich ihrer bemächtigt, und seither gehörten sie
zum Eigentum des polnischen Könighauses. Folglich waren auch sie in den einheimischen Markt
integriert.

BAD REICHENHALL

Lage:
Der Berchtesgardener Saline benachbart, in den
bayerischen Alpen, unweit der Salzburgischen, Tiroler und österreichischen Salzgruben. Alle beruhen
auf der Ablagerung des Keupers.

Vorkommen und Qualität:
Bescheidenes Vorkommen mit hochwertigem Salz
(nach notwendiger Aufbereitung). Die Schweizer
Kundschaft zog es jeder anderen Salzsorte der Gegend vor.

Ausbeutung in Frühgeschichte und Antike:
Bereits in der La-Tène-Zeit, dann wieder in der
römischen Epoche. Die Förderung wurde bis zur
Völkerwanderung im 5. Jahrhundert aufrechterhalten, hielt sich also länger als jene in Hallstatt.

*Erste urkundliche Erwähnung und Beginn der re-
gelmäßigen Förderung:*
Im 12. Jahrhundert – vor allen anderen Salzstöcken
der Alpen. 1188 vom Erzbischof von Salzburg an
den Herzog von Bayern abgetreten.

Besitz- und Betriebsverhältnisse:
Eigentum des bayerischen Herzogs, Bewirtschaftung durch Pächter.

Absatzgebiet:
Bayern, Schwaben, Württemberg, Bern und die östlichen Schweizer Kantone. Auch einige Grafschaf-
ten in Tirol bezogen aus Gründen der Bequemlichkeit und Qualität ihr Salz lieber aus Reichenhall als
aus Hall (vgl. Kap. 11).

Förderbilanz:
Vgl. Tabelle 5 auf S. 81.

Langfristige Entwicklung:
Der Salzabbau in Bad Reichenhall blieb stets bescheiden, aber die bayerischen Herzöge vermochten dank ihrer klugen Handelspolitik stets der namentlich österreichischen Konkurrenz zu widerstehen und ein bemerkenswertes Gleichmaß der Förderung zu gewährleisten.

Im Jahre 1619 wurde, um die Wälder um Bad Reichenhall zu schonen, eine zusätzliche Saline in Traunstein angelegt, wohin dann die Reichenhaller Sole geleitet wurde – durch Holzrohre von 32,7 km Gesamtlänge (vgl. Legende zur Abb. 154, S. 194).

HALLEIN

Lage:
An der Salzach, oberhalb von Salzburg im Salzkammergut.

Vorkommen und Qualität:
Das Depot befindet sich tief im Dürrnberg – dem »Salzberg«, wie er im Volksmund genannt wird. Hallein (das »kleine Hall« im Unterschied zum »reichen Hall« in Tirol) ist eine relativ junge Stadt; ihre Stiftungsurkunde stammt aus dem Jahre 1230. Hier befinden sich die Einrichtungen, um die Salzlake weiterzuverarbeiten, die über eine Rohrleitung vom nahen Dürrnberg herantransportiert wird. In Hallein gibt es zwar Sole im Überfluß, aber das daraus gelöste Salz ist nur von mäßiger Qualität.

Ausbeutung in Frühgeschichte und Antike:
Schon in der La-Tène-Zeit; um die Zeitenwende starke Einschränkung des Abbaus, wenn auch keine völlige Einstellung. Der Salzförderung in Hallein verdankt das nahegelegene Salzburg seinen Namen, das seit 798 der Sitz eines Erzbischofs ist. Der Hl. Rupert, Gründer der Stadt, wird meist mit einer Salztonne dargestellt (vgl. Abb. 57).

Erste urkundliche Erwähnung und Beginn der regelmäßigen Förderung:
Gegen Anfang des 13. Jahrhunderts. Die Förderung wurde nach der Abtretung von Bad Reichenhall an

57.   St. Rupert, der Schutzpatron von Salzburg, mit einem Salzfaß zu seinen Füßen. Holzschnitzerei um 1480.
Pfarrkirche von Bischofshofen im Salzburger Land.

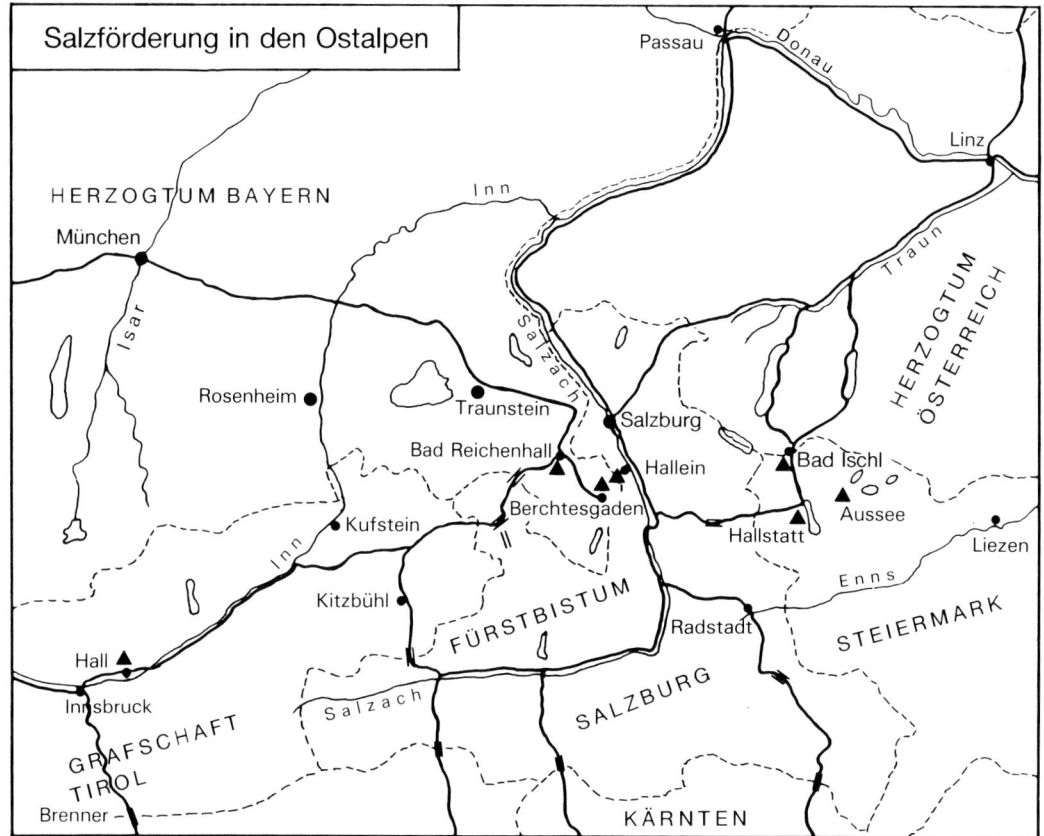

Salzförderung in den Ostalpen

Bayern und nach der Gründung der Stadt Hallein mit Nachdruck betrieben.

Besitz- und Betriebsverhältnisse:
Zunächst gemeinsames Eigentum des Fürstbischofs von Salzburg und einiger seiner weltlichen und geistlichen Lehensleute. Im 14. Jahrhundert schlossen sich die Bürger von Hallein in einer Genossenschaft zusammen und erwarben Besitzanteile an der Solequelle. Als die Erzbischöfe bemerkten, daß ihnen die Kontrolle darüber zu entgleiten drohte, kauften sie im 16. Jahrhundert nach und nach alle Besitztitel wieder zurück und blieben somit die alleinigen Besitzer. Die Bewirtschaftung des Salzvorkommens oblag Halleiner Bürgern, die dabei eine beachtliche Zahl von Arbeitskräften beschäftigten.

Absatzgebiet:
Salzkammergut, Oberösterreich und Böhmen – ein zwischen Salzhändlern aus Bayern, Tirol, Österreich und Venedig ständig umkämpfter Markt. In der zweiten Hälfte des 16. Jahrhunderts wurde das Salz aus Hallein nach und nach aus seinem wichtigsten Absatzgebiet Böhmen verdrängt. Im Jahre

1600 schloß der bayerische Herzog Maximilian I. mit dem Erzbischof von Salzburg einen Vertrag, demzufolge er die gesamte Halleiner Salzproduktion übernahm. Seit dieser Zeit wird Salz aus Hallein hauptsächlich in Süddeutschland vertrieben (vgl. Kap. 11).

Förderbilanz:
1498: 25 790 t; für das 16. und 18. Jahrhundert vgl. die nebenstehende Tabelle 5.

Langfristige Entwicklung:
Der Salzreichtum der Lagerstätte, ihre bequemen Abbaumöglichkeiten und die zähe Arbeit der Bergbewohner unter schwierigen äußeren Bedingungen ermöglichten seit dem 13. Jahrhundert einen außergewöhnlich reichen Ertrag. Um 1300 lag er sogar höher als in Bad Reichenhall. Die Kapazität des Lagers übertraf eigentlich die relativ beschränkte Aufnahmefähigkeit des Marktes; Eigentümer und Salzsieder einigten sich deshalb auf eine freiwillige Produktionsbeschränkung, um den bisherigen Salzpreis zu halten. Nach dem Vertrag zwischen Maximilian I. und dem Erzbischof von Salzburg pendelte

80

sich die Fördermenge bis zum Ende des 18. Jahrhunderts bei etwa 20 000 t pro Jahr ein.

DIE ÖSTERREICHISCHEN SALINEN HALLSTATT, AUSSEE, BAD ISCHL

Lage:
Im früheren Herzogtum Österreich, einige dutzend Kilometer östlich von Hallein.

Vorkommen und Qualität:
Ähnlich wie in Hallein; Salzgehalt zwischen 220 und 240‰.

Ausbeutung in Frühgeschichte und Antike:
Hallstatt war (seit dem 1. Jahrtausend v. Chr.) das bedeutendste frühgeschichtliche Salzbergwerk Europas. In der La-Tène-Zeit aufgegeben (zugunsten der Nachbargrube Dammwiese); verfiel in römischer Zeit vollständig.

Erste urkundliche Erwähnung:
Hallstatt: Gegen Ende des 12. Jahrhunderts. Über seine Salzförderung im Mittelalter ist wenig bekannt.
 Aussee: Im Jahre 1147, als Otto III., Markgraf der Steiermark, einem Zisterzienserkloster zwei Salzpfannen schenkte.
 Bad Ischl: Mittelalterliche Förderung für den lokalen Bedarf wahrscheinlich, aber nicht dokumentiert. Erschließung zwischen 1563 und 1571.

Beginn der regelmäßigen Förderung:
14., vor allem aber 15. Jahrhundert (auf kaiserliches Betreiben).

Besitz- und Betriebsverhältnisse:
Hoheitsrechte der Herzöge von Österreich.

Absatzgebiet:
Die habsburgischen Gebiete Österreichs (vgl. Kap. 11).

Förderbilanz:
1335/36: etwa 13 350 t (Hallstatt 6115 t, Aussee 7200 t); für das 16. und 17. Jahrhundert vgl. die nebenstehende Tabelle 5.

Langfristige Entwicklung:
Diese eindrucksvolle Produktionssteigerung wäre ohne den Ausbau der Salzgruben von Bad Ischl und Ebensee (1607) sowie die Schutzpolitik der Habsburger im Zeitalter des Absolutismus nicht möglich gewesen.

HALL (TIROL)

Lage:
Am Inn, etwa 10 km unterhalb von Innsbruck. Der Salzberg ist 1600 m hoch, von dort wurde die Sole in die Salzsiedereien von Hall geleitet.

Vorkommen und Qualität:
Vorkommen mit dem in Hallein vergleichbar. Schwankender Salzgehalt um 270‰. Mittelmäßige Qualität, dem Bad Reichenhaller Salz unterlegen.

Ausbeutung in Frühgeschichte und Antike:
Keinerlei Hinweise.

Erste urkundliche Erwähnung und Beginn der regelmäßigen Förderung:
13. Jahrhundert. Der Sage nach wurde die Lagerstätte von einem Jäger entdeckt, der beim Anblick von Wild, das die Felsen ableckte, offenbar verwundert stutzte. Allerdings reicht in Österreich das Salz nirgendwo bis an die Erdoberfläche. Zögernde Entwicklung im 14. und 15. Jahrhundert, Stabilisierung etwa um 1500.

Besitz- und Betriebsverhältnisse:
Hoheitsrechte der Grafen von Tirol bis 1363, als Hall in habsburgischen Besitz überging. Verpachtung der Förderung. Zu Beginn des 16. Jahrhunderts Übernahme in eigene Regie.

Tabelle 5: *Salzerzeugung in den Ostalpen vom 16. bis zum Anfang des 17. Jahrhunderts* (Mengenangaben nach heutiger Gewichtseinheit)

	1515/1520	1550	1628
Habsburg (Hall/ Tirol; Hallstatt; Bad Ischl)	26 595 t	34 053 t	51 224 t
Fürstbistum Salzburg	22 293 t	30 796 t	22 064 t
Herzogtum Bayern	13 482 t	15 474 t	13 436 t

Quelle: E. Schremmer (1979), S. 296. Die Daten sind nur als Näherungswerte zu verstehen, weil die ausgewerteten Dokumente sich für die einzelnen Gebiete nicht immer auf ein und dasselbe Jahr beziehen.

Grafschaft Tirol einschließlich des oberen Etschtals, Ostschweiz, Veltlin, Graubünden, Teile der Westschweiz, Schwaben, Baden und Sundgau (Elsaß).

Förderbilanz:
1437: 3000 t (?); 1453: 2300 t (?); 1507–1511: durchschnittlich 9300 t; 1542–1551: durchschnittlich 12 600 t; 1562: 6300 t; 1592–1601: durchschnittlich 15 900 t; 1617: 13 000 t; 1631: 9000 t; 1642–1651: durchschnittlich 9600 t; 1692–1701: durchschnittlich 12 300 t; 1792: 16 800 t; 1814: 11 000 t.

Langfristige Entwicklung:
Diese Zahlen beweisen, daß in Hall nie sonderlich viel Salz erzeugt wurde – am meisten noch gegen Ende des 16. Jahrhunderts. Im 17. Jahrhundert erfolgte ein deutlicher Abschwung, und die Förderung blieb – ohne ausreichende Absatzgebiete – dauerhaft unter den Kapazitätsgrenzen. Das Salz aus Hall wurde von allen Seiten durch Konkurrenten bedrängt; im Süden von italienischen, im Norden und Osten von bayerischen und Salzburger Salinen.

SALINEN IN LOTHRINGEN

Lage:
Im Tal der Seille (Dép. Moselle); die wichtigsten Quellen: Dieuze, Rosières, Marsal, Château-Salins, Salonnes, Vic, Moyenvic.

Vorkommen und Qualität:
Hervortreten eines mit unterirdischen Gewässern durchsetzten Depots aus dem Keuper. Salzgehalt der Sole etwa 150‰.

Ausbeutung in Frühgeschichte und Antike:
Springquellen, aus dem schon Kelten und Galloromanen ihr Wasser bezogen. Förderung über alle Zeiten hinweg bis auf den heutigen Tag, aber stets in bescheidenem Rahmen.

Erste urkundliche Erwähnung:
Dieuze im Jahre 802 als Besitz des Klosters St. Martin in Trier; Moyenvic im Jahre 836; ab dem 11. Jahrhundert Eigentum der Chorherren von Saint-Gengoult in Toul; Vic im Jahre 1053 als Besitz des Bischofs von Metz.

Beginn der regelmäßigen Förderung:
Im 12. und 13. Jahrhundert; vor allem ab dem Ende des 16. Jahrhunderts.

Besitz- und Betriebsverhältnisse:
Zunächst Eigentum kirchlicher Institutionen oder weltlicher Herren der Region. Ab dem 13. Jahrhundert Übernahme durch die Herzöge von Lothringen: 1215 Dieuze, 1340 (das von Isabelle von Österreich begründete) Château-Salins, 1571 Moyenvic. Vic wurde 1402 aufgegeben, dann wiedereröffnet und im 16. Jahrhundert schließlich zerstört. Handwerkliche bzw. bäuerliche Fördermethoden.

Absatzgebiet:
Mosel- und Rheingebiete. Beschränkter Absatz aufgrund relativ geringer Förderung und starker Konkurrenz der Anrainer: französisches Salz im Westen, burgundisches im Süden, bayerisch-österreichisches im Osten sowie atlantisches Baiensalz via Holland im Norden.

Förderbilanz:
Bis zum Ende des 18. Jahrhunderts liegen kaum Angaben vor: Im 16. Jahrhundert nur wenige hundert Tonnen pro Jahr; zu Beginn des 17. Jahrhunderts 7–8000 t pro Jahr; 1661 allein in Moyenvic 2800 t; nach 1800 etwa 25 000 t pro Jahr im gesamten Gebiet.

Langfristige Entwicklung:
Für die Zeit bis zum 16. Jahrhundert schwer abzuschätzen. Gegen Ende dieses Jahrhunderts setzte dank der Modernisierungsbemühungen der lothringischen Herzöge ein machtvoller Aufschwung ein: Nach 1600 trugen die Salzquellen 40–45% zum Staatseinkommen bei. Der Niedergang ließ indes nicht lange auf sich warten – die Förderung ging im 17. und zu Beginn des 18. Jahrhunderts drastisch zurück.

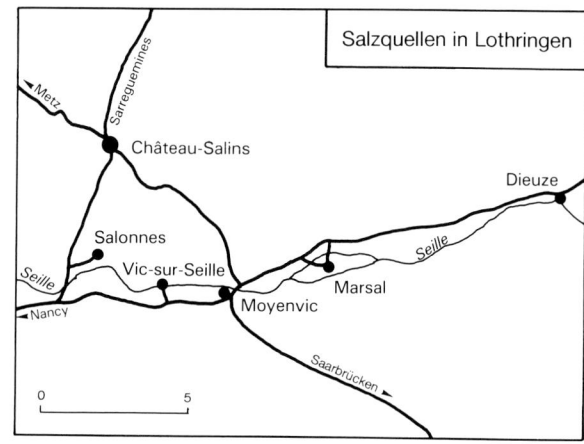

SALINS (FREIGRAFSCHAFT BURGUND)

Lage:
Mehrere Solequellen, um die herum sich die Stadt Salins sowie deren drei Salzsiedereien entwickelten. Am Fuße des ersten Juraplateaus entspringen zahlreiche salzhaltige Quellen, die im Laufe der Zeit mehr oder weniger systematisch ausgebeutet wurden: in Saulnot, Saint-Hippolyte und Soulce (Grafschaft Montbéliard), Grozon bei Poligny, Lons-le-Saunier (1317 stillgelegt). Keine dieser Quellen aber erreichte jemals den Salzreichtum und die wirtschaftliche Bedeutung von Salins.

Vorkommen und Qualität:
Auflösung eines Depots aus dem Keuper aufgrund unterirdischer Gewässer auf der Westseite des Jura. Salzgehalt in Salins: 200‰ im 15., aber nur noch 100‰ im 18. Jahrhundert. Aufbereitung überflüssig, daher geringere Förderkosten als gemeinhin üblich. Wegen seiner exzellenten Qualität hoch angesehenes Salz.

Ausbeutung in Frühgeschichte und Antike:
Unbekannt. Dennoch muß bereits die hier ansässige galloromanische Bevölkerung diese Quellen benutzt haben, denn die römische Provinz Sequanien war wegen ihres Pökelfleisches bis in die Metropole bekannt.

Erste urkundliche Erwähnung:
523, als der Burgunderkönig Sigismund der Abtei von Saint-Maurice d'Agaune (Wallis) einen Salzbrunnen in Salins schenkte, den sie bis zum 11. Jahrhundert behielt. Seit dieser Zeit häufige Erwähnung.

Beginn der regelmäßigen Förderung:
Vielleicht im 11. Jahrhundert; gewiß aber im 12. und 13. Jahrhundert.

Besitz- und Betriebsverhältnisse:
Seit dem 13. Jahrhundert arbeiteten in Salins mindestens drei Salzsiedereien:

1. *Bourg-Dessus*, auch *Grande-Saunerie* genannt. Von Graf Jean de Chalon 1237 erworben. Aufgrund verschiedener Erbfälle und Konfiskationen verfügte im 15. Jahrhundert das Haus Burgund über die Hälfte aller Quellen. Sie fielen mit dem übrigen Erbe Karls d. Kühnen an das Haus Habsburg, wo sie bis zur Annexion der Freigrafschaft durch Ludwig XIV. (1679) verblieben. Danach verfügte der französische König allein über die Grande-Saunerie. Betrieben wurde sie von zahlreichen Administratoren, denen jeweils ein genauer Verantwortungsbereich zugeteilt war. Die Sole wurde in drei bis fünf Siedeanlagen verdampft. Jede dieser Siedereien wurde von Akkordarbeitern bedient, darunter viele Frauen. Die Aufseher mußten auf die gleichmäßige Verteilung der Sole achten, »da sich die Arbeiter sonst geprügelt oder totgeschlagen hätten«, wie ein Besucher im Jahre 1512 notierte. Im Jahr 1459 besaß die Grande-Saunerie 693 Salzpfannen; jede von ihnen lieferte etwa 320 kg Salz und verbrauchte dafür 11 Raummeter Holz. Das gesamte Unternehmen verfeuerte also in jenem Jahr 11 000 t Holz!

2. *Bourg-Dessous*, eine Salzschmelze im Besitz von Adeligen, Geistlichen und Großbürgern. Man bezeichnete diese Gruppe als »*Rentiers du Puits à Muire*«. Schon im 15. Jahrhundert konstituierte sich das Unternehmen als Aktiengesellschaft.

3. Die *Chauderette de Rosières*, praktisch eine Außenstelle der Grande-Saunerie.

Absatzgebiet:
Nicht ausgedehnt, dafür aber dicht besiedelt, was für Salins einen großen Trumpf darstellte. Nach Westen lieferte die Stadt Salz in die Freigrafschaft und das von der französischen Krone abhängige Herzogtum Burgund. Solange die burgundischen Herzöge im 14. und 15. Jahrhundert noch über beide Teile Burgunds herrschten, verkauften sie exklusiv nur ihr eigenes Salz. Nachdem es Ludwig XI. in den Burgunderkriegen (1476/77) gelungen war, das Herzogtum wieder unter seine Kontrolle zu bringen, sperrte er die französischen Grenzen für das Salz der Freigrafschaft Burgund, das in habsburgische Hände gefallen war. Nach Osten lieferte Salins seine Produkte ins nahegelegene Bern, Solothurn, Fribourg und in das Waadtland; teilweise auch ins Wallis, nach Genf und nach Savoyen (vgl. Kap. 11).

Förderbilanz:
Grande-Saunerie allein: 1325: etwa 6700 t; 1329: etwa 7000 t Salz; 1458–1467: durchschnittlich 4500 t pro Jahr – alle drei Salinen: durchschnittlich 7400 t pro Jahr. Im Jahr 1459 verkauften sie Salz im Wert von 83 000 *livres tournois* (königlichen Pfund). Davon wurden 25 000 Pfund für Gehälter, Holz- und Materialbeschaffung sowie 15 000 Pfund für Renten ausgegeben – also ein Gewinn von etwa 40 000 Pfund. Der Bruttoerlös (Verkauf abzüglich der allgemeinen Kosten) von etwa 58 000 Pfund

»schlug sich im Anstieg der durchschnittlichen Jahressteuern beider Teile Burgunds zugunsten der herzoglichen Einnahmen nieder« (H. Dubois 1964). Die Bilanzen späterer Jahre sind kaum bekannt, aber einige Indizien legen den Schluß nahe, daß die Erlöse diese Höhen nicht mehr erreichten. Demzufolge hatte die Salzwirtschaft von Salins ihren Gipfel bereits im 14. Jahrhundert überschritten.

Langfristige Entwicklung:
Aussichtsreicher Beginn, dann aber Beinträchtigungen durch die Teilung der beiden Teile Burgunds, der Freigrafschaft und des Herzogtums, gegen Ende des 15. Jahrhunderts sowie durch die Kriege und Zerstörungen in der Freigrafschaft während des 17. Jahrhunderts.

Besonderheiten:
Diese drei Salzschmelzen bildeten im ausgehenden Mittelalter und während des Absolutismus (trotz relativen Niedergangs) einen der größten Fertigungskomplexe Europas. Sie erregten die Bewunderung der Besucher, die im 15. Jahrhundert die enormen Stützgewölbe in den Stollen im Hauptschacht oder, 100 Jahre später, die fortgeschrittene Mecha-

nisierung bestaunten. So schöpfte beispielsweise eine Maschine *(le grau)* die zähflüssige Salzmaische in die Siedepfannen. – Indes machten sich in Salins (wie auch in vielen anderen Salzbergwerken, mit Ausnahme jener in den Ostalpen) die Schwierigkeiten und Kosten der Holzbeschaffung schmerzhaft bemerkbar. Man setzte deshalb unterschiedliche Energieträger ein, um den Holzverbrauch zu senken – im 17. Jahrhundert sogar schon Erdöl! Der Holzmangel in der Nähe der Grande-Saunerie erzwang 1760 die Verlegung aller Installationen nach Arc-et-Senans an den Wald von Chaux. Die Salzschmelze war nun einige Meilen von Salins entfernt, von wo man die Sole mit Hilfe eines ausgeklügelten Kanalsystems heranpumpte. Im Jahr 1771 wurde der Architekt Claude-Nicolas Ledoux zum Inspektor aller Salinen in der Freigrafschaft ernannt und hatte demzufolge auch die neue Salzschmelze in Arc-et-Senans zu leiten. Er plante um sie herum die »ideale Stadt«. Sie blieb, wie man heute weiß, einer der kühnsten städtebaulichen Entwürfe (vgl. S. 233 ff.).

58. Blick auf Chaux (Arc-et-Senans). Kupferstich von Claude-Nicolas Ledoux um 1770.
Bibliothèque nationale, Paris.

ANDERE SALZSTANDORTE

Um der Vollständigkeit willen müssen wir noch einige andere Förderstätten erwähnen. Im Vergleich zu den soeben beschriebenen Salinen sind sie allerdings weniger bedeutend, manche unter ihnen sogar kaum noch bekannt.

Schwäbisch Hall am baden-württembergischen Flüßchen Kocher: Förderung für den lokalen Bedarf, vermutlich schon seit frühgeschichtlichen Zeiten; urkundliche Erwähnung jedoch erst im 12. Jahrhundert. Im 14. Jahrhundert erlebte das kleine Bergwerk sogar eine gewisse Blüte, aber seine Erzeugnisse wurden stets nur in der Region verkauft. Es gehörte dem württembergischen Herzogshaus und der städtischen Bürgerschaft.

Sulz am Neckar: Kleines Salzbergwerk, seit dem Mittelalter in Betrieb. Seit 1423 Eigentum der Herzöge von Württemberg.

Soovar im früheren Königreich Ungarn (heute Tschechoslowakei): Steinsalzmine wie in Wieliczka. Seine Entwicklung vor dem 18. Jahrhundert ist kaum bekannt.

Siebenbürgen in Rumänien: Mehrere Steinsalzminen, vor allem in den Tälern des Maros und des Szamos. Einige von ihnen wurden sogar schon von den Römern betrieben. Im Mittelalter erreichten sie für die Versorgung der Karpaten, der ungarischen Tiefebene und des unteren Donaulaufs bis hin zum Schwarzen Meer eine gewisse Bedeutung. 1777 förderte das Bergwerk von Thorda etwa 6900 t Salz.

Ocnele Mari in der Walachei: Inbetriebnahme im 14. Jahrhundert, um die Walachei von Salzimporten aus Siebenbürgen unabhängig zu machen. Bis zum 17. Jahrhundert erzeugte das Bergwerk aber nur wenig Salz.

Der Salzbergbau in der Krise

Auch wenn die vorangehenden Notizen zugegebenermaßen summarisch sind, weisen sie doch eine allgemeine Krise der bergbaulichen Salzförderung aus. Einige Förderstätten erfaßte sie bereits gegen Ende des 16., andere erst im Laufe des 17. Jahrhunderts und die meisten von ihnen erholten sich nur unter Schwierigkeiten. Läßt sich daraus ein allgemeiner Niedergang der Steinsalzförderung zur Zeit des Absolutismus folgern?

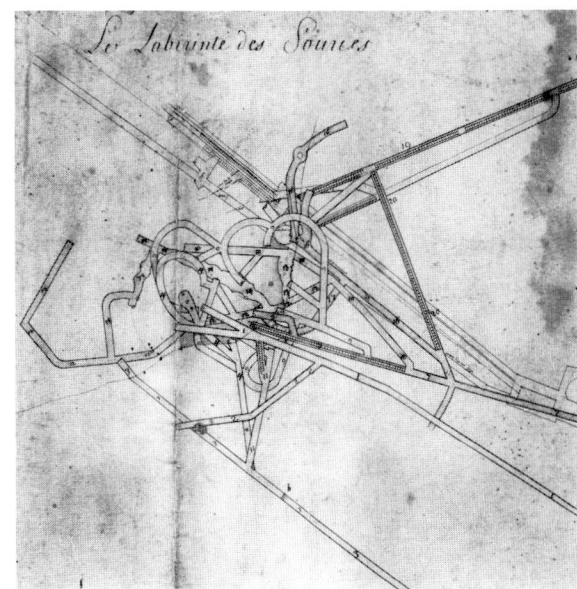

59. Die Suche nach unterirdischen Salzquellen führte im 17. und 18. Jahrhundert oft zu einem unentwirrbaren Labyrinth von Stollen, Stiegen und Treppen. Hier ein Plan des Bergwerks von Coulat bei Bex. Bleistiftzeichnung.
Archiv des Salzbergwerks von Bex.

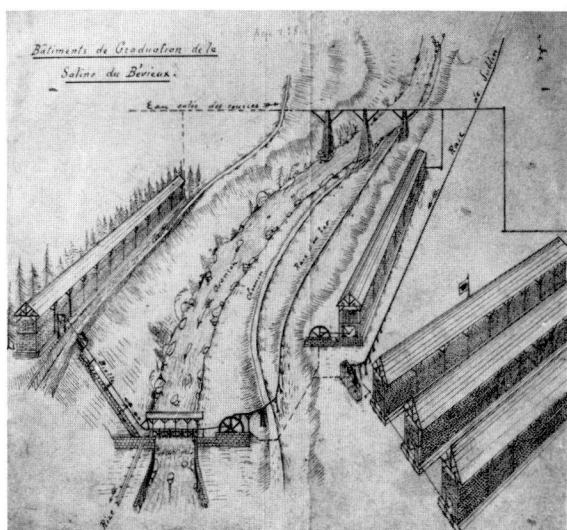

60. Plan der 1730 projektierten und teilweise gebauten Gradieranlage in Bévieux bei Bex. Die Sole wurde durch Rohre von den Quellen in die einzelnen Gradierwerke geleitet. Die drei steinernen Brückenpfeiler im Hintergrund trugen die Rohrleitung über das Flüßchen Avançon. Sie sowie einige Teile der Brücke im Vordergrund sind heute die einzigen Zeugen der früher gewaltigen Anlagen, die vor allem aus Holzbauten bestanden.
Archiv des Salzbergwerks von Bex im Schweizer Salzmuseum, Aigle.

Hüten wir uns zunächst vor jeder Simplifizierung des Problems; schließlich fanden Erzeugung und Verkauf von Kochsalz unter sehr unterschiedlichen Bedingungen statt. Auch sind die uns bekannten Fördermengen zu gering, um daraus eine Bilanz der europäischen Salzindustrie ziehen zu können. Aber es bleibt doch der Eindruck, daß die Gewinnung und Verarbeitung von Kochsalz aus unterirdischen Lagerstätten den Einschnitt reflektiert, der das Ende des 16. von der ersten Hälfte des 18. Jahrhunderts trennt: In Sachsen (Halle und Lüneburg) wurde der Salzabbau eingestellt, in Wieliczka (Polen) nur geringfügig ausgeweitet. In den Ostalpen stagnierte er – abgesehen vom Herzogtum Österreich, was sich aber auch nur durch die Gründung neuer Unternehmen und eine deutlich protektionistische Handelspolitik erklärt. In Lothringen, wahrscheinlich auch in Burgund entwickelte sich die Förderung nur zögernd. Was war geschehen?

Zur Beantwortung dieser Frage sind mehrere Umstände zu berücksichtigen. Ausschlaggebend ist, daß die gesamte Wirtschaft zu jener Zeit in Unordnung geraten war. Das 17. Jahrhundert – ein langes »Jahrhundert« der Depressionen, das streng genommen bis etwa 1740 dauerte – war eine Zeit der Kriege und der Armut, von der allein England, Holland und die Schweiz (allesamt große Salzverbraucher) weniger betroffen waren. Vor allem im Dreißigjährigen Krieg (1618–1648) wurden viele Einrichtungen der Salzförderung zerstört. Die Kriegshandlungen brachten die Produktion und die Märkte durcheinander, unterbrachen die gewohnten Kreisläufe des Salzhandels. Im gleichen Zeitraum erlahmten der demographische und der wirtschaftliche Aufschwung, die noch in der Renaissance geherrscht hatten, oder kamen ganz zum Erliegen. Der allgemeine Konsum ging im selben Maß zurück wie die empfindlich geschmälerten Einkünfte – und das betraf natürlich auch eine so gewöhnliche Ware wie das Salz, trotz aller Anstrengungen der europäischen Fürstenhäuser und Regierungen, im Interesse der eigenen Steuereinkünfte den Verkauf anzukurbeln. Auf der anderen Seite wuchsen die Produktionskosten der Salzerzeuger wegen der steigenden Löhne oder des nach wie vor immensen Brennstoffbedarfs weiter an. Brennholz mußte über immer weitere Entfernungen herbeigeschafft werden. So läßt sich beinahe für das gesamte Europa dieselbe Situation konstatieren: Der Salzverbrauch stagnierte, auf einem geschrumpften Markt tobte eine ausgedehntere und erbitterte

61. Salzbrunnen von Roche (Aigle), der im Jahre 1580 eröffnet wurde. Die Solequelle liegt zwischen den Gradierwerken, die von einer Mauer umgeben sind. Bleistiftskizze von P. Steiger um 1715. Stadtbibliothek, Bern.

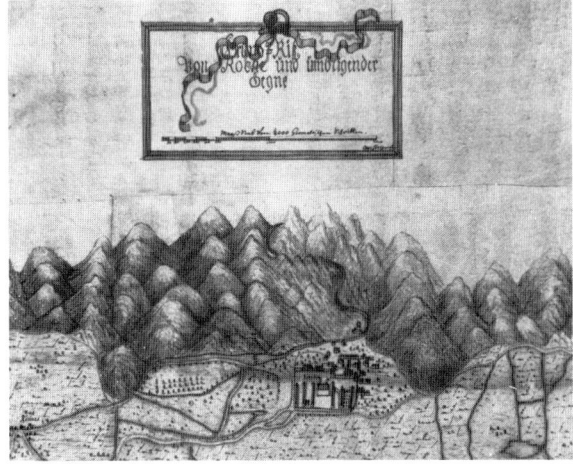

62. Holztransport in eine Saline. Bleistiftzeichnung aus dem »Salzkammergütischen Waldungsstand anno 1782«. Die Baumstämme sind mit einer Art Holzschlitten zu Tal befördert oder auch geflößt worden.
Schweizer Salzmuseum, Aigle.

Konkurrenz denn je. Aus Angst vor dem Verlust wichtiger Einnahmequellen beharrten die salzproduzierenden Länder auf ihrem Monopol und trugen untereinander harte Kämpfe um schon bestehende oder neue Märkte aus. Beinahe überall verschärften fiskalische Schikanen den allgemeinen Druck zusätzlich und riefen damit Schmuggler auf den Plan.

Zu diesen eher allgemeinen Schwierigkeiten gesellten sich für die traditionellen Salzbergwerke noch zwei ganz spezifische: erstens die häufig fehlende oder auch nur verspätete Einsicht in die Notwendigkeit technischer Neuerungen, um die Herstellungskosten zu senken; zweitens die Konkurrenz neuer Unternehmen, die, zunächst noch bescheiden, bald überall in Europa auftauchen. Beinahe ausnahmslos sind sie Ausdruck der vitalen Notwendigkeit, sich aus den Zwängen des internationalen Salzhandels zu befreien. Diese neue Generation von Unternehmen genoß solide Unterstützung, und sie entfaltete Dynamik. Sie führte in die Salzfördertechnologie jene entscheidenden Innovationen ein, die die alten Salzbergwerke vernachlässigten. Als sich die allgemeine wirtschaftliche Situation um die Mitte des 18. Jahrhunderts wieder entspannte, sahen sich die altehrwürdigen Salzunternehmen zum Teil im Hintertreffen.

Die herkömmliche Salzfördertechnik krankte an zwei grundlegenden Fehlern. Aufgrund des bisherigen intensiven Abbaus mußte man das Salz aus immer größeren Tiefen zutage fördern. Stollen oder Salzbrunnen »sanken« buchstäblich immer tiefer in die Erde, wodurch sich die Risiken von Brand und Überschwemmung der Anlagen vervielfachten, mehr Arbeitskräfte vonnöten waren und sich die Förderkosten erhöhten. Zudem gingen in einigen Solequellen, z. B. in Salins, Gehalt und Reinheit des Salzes auf unerklärliche Weise zurück, so daß man die Sole länger und mehrmals sieden mußte.

Als größte Hürde aber erwies sich der Mangel an geeignetem Brennmaterial. Für jede Tonne Salz mußte etwa die eineinhalbfache Menge an Holz aufgewendet werden! Bis zum 16. Jahrhundert hatte sich dieser kolossale Verbrauch noch mühelos befriedigen lassen, denn Ost- und Mitteleuropa waren noch stark bewaldet. Aber diese scheinbar unerschöpfliche Reserve drohte in dem Maße rasch zu versiegen, in dem auch andere Gewerbezweige mehr Holz benötigten. Die alarmierten Regierungen ergriffen »ökologische« Gegenmaßnahmen, bevor dieser Terminus überhaupt existierte, um den wachsenden Raubbau einzuschränken. Nur die österreichischen Bergwerke kannten diese Sorge nicht. Die Alpentäler verfügten weiterhin über Holz im Überfluß, und Flüsse wie Salzach und Inn boten sich als kostenlose Transportmöglichkeit geradezu an. Manchmal stammte das Holz unter den Salzpfannen von Hall in Tirol sogar aus dem Engadin.

Beinahe überall suchte man dringend nach Auswegen, um den Holzverbrauch zu senken und gleichzeitig die Salzsiederei nicht einzuschränken. Unzählige Vorschläge wurden gemacht und einige sogar erprobt. Sie sicherten der Salzerzeugung einen, wie P. Jeannin (1968) etwas ironisch bemerkt, »schönen Platz in der Geschichte der Phantasie«. England beispielsweise ersetzte das Holz unter seinen Salzschmelzen durch Kohle – eine Idee, die auf dem Kontinent nur gelegentlich aufgegriffen wurde (so nach 1780 in Lothringen). In Salins hatte man es

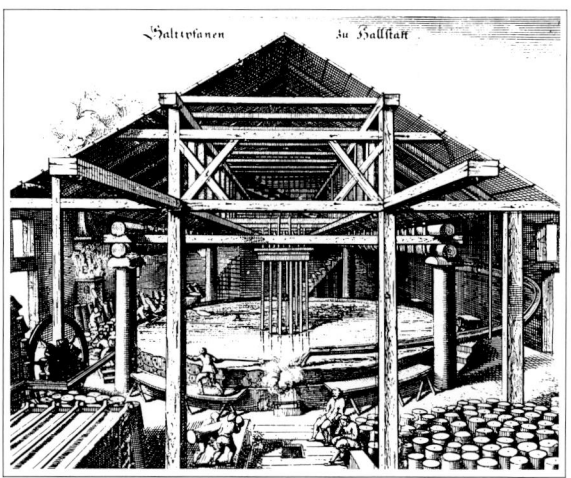

63. Innen- und Außenansicht einer Salzsiederei in Hallstadt, Österreich (1679). Auffallend sind die Holzstapel zur Verfeuerung unter den Siedepfannen.
Nationalbibliothek, Wien.

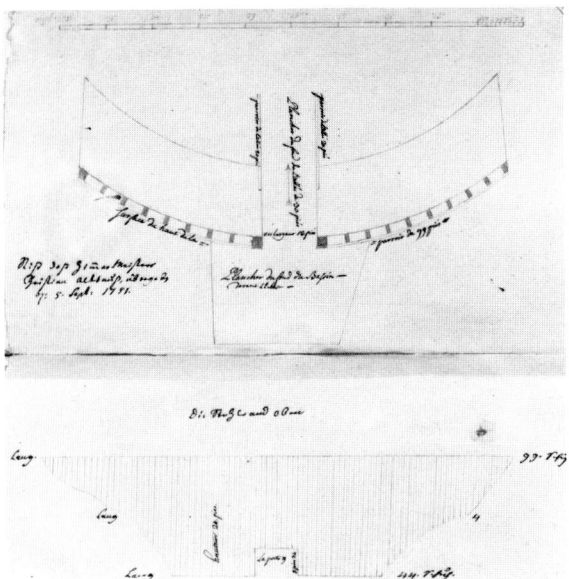

64. Bauzeichnung einer Talsperre in der Eau-Froide, entworfen am
5. September 1751 (1 Fuß = 0,293 cm).
Staatsarchiv des Kantons Bern.

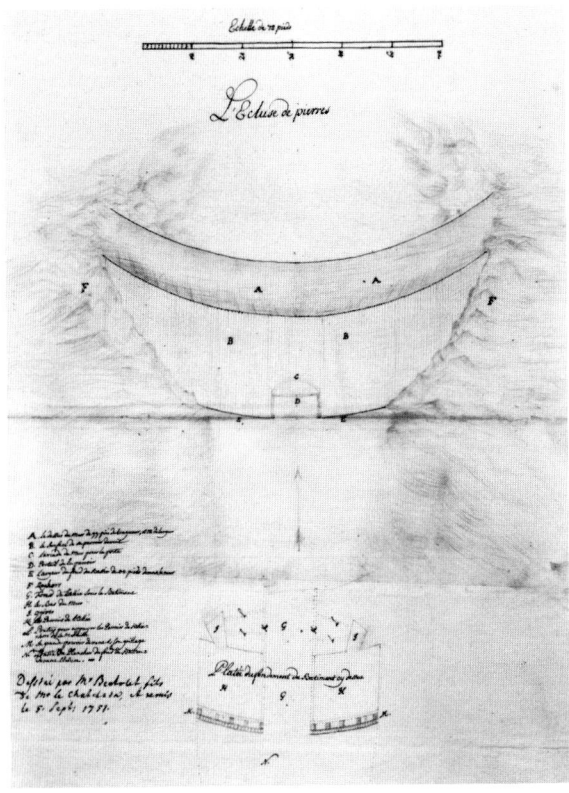

65. Perspektive derselben Talsperre.
Staatsarchiv des Kantons Bern.

bereits 1632 mit Erdöl versucht, was aber ohne Aussicht blieb, weil genügend nahegelegene Ressourcen fehlten.

Andere Erfindungen zielten auf die höhere Konzentration der Sole vor dem eigentlichen Siedeprozeß. In diesem Sinne unterbreitete der Savoyarde François Caillat 1578 dem Herzog von Lothringen einen Plan zur Vorbehandlung der Sole in einer sog. Vortrockenkammer. Es handelte sich dabei um ein Becken neben den eigentlichen Salzpfannen, das durch Heißwasserrohre erwärmt werden sollte. Das Rohrwasser seinerseits sollte von den Feuerstellen der Siedepfannen miterhitzt werden. Zur gleichen Zeit entdeckte man auch das System der Solegradierung (»Salz-ohne-Feuer-System«). Es erwies sich als überaus erfolgreich. Dabei ließ man die Salzbrühe durch große Haufen von Reisig oder Stroh tröpfeln, wobei durch die Luftzufuhr eine teilweise Verdunstung erfolgte. Dieses Verfahren tauchte zunächst vermutlich in der Lombardei, wahrscheinlicher jedoch in einer der kleinen deutschen Salinen auf, in Sulz a. N., Bad Nauheim oder Langensalza (wo es von Matthäus Meth im Jahre 1579 eingeführt wurde). Die neugegründeten Salzunternehmen folgten diesem Beispiel rasch, während die älteren Salinen lange zögerten. Erst im 18. Jahrhundert markierten die langgestreckten Gradierwerke fast im gesamten Europa die Stätten der Salzförderung. Die Zeitgenossen bezifferten die Einsparungen an Brennstoff – vielleicht von der Begeisterung ein wenig verführt – auf 70% in Schwäbisch Hall und auf 94% (!) in Moûtiers (Savoyen).

Neue Perspektiven

Neue Techniken – neue Salinen. Denn das bemerkenswerteste Phänomen seit dem 16. Jahrhundert war nicht der relative Niedergang großer und altehrwürdiger Salzschmelzen, sondern die Zunahme neuer Unternehmen, genauer: neuer Unternehmen an altbekannten Salzlagerstätten mit ehedem sporadischer Förderung für den lokalen Bedarf – so in Savoyen, Württemberg, Sachsen oder Rumänien. Diese alt-neuen Förderbetriebe mit ihren nur mäßig ertragreichen Lagern und Brunnen erreichten fast nie die Bedeutung ihrer älteren Konkurrenten. Aber gerade, weil ihnen keine natürlichen Vorteile zugutekamen, übernahmen und verbesserten sie die neuen Techniken der Gradierung und der Verwen-

66.   Das Gradierwerk des Salzstocks von Aigle mit einer Länge von 754 Fuß (ca. 220 m). Nach einem Aquarell von A. D. Pilet, 1780. Musée de l'Elysée, Lausanne.

dung von Steinkohle. Die Anzahl dieser Unternehmen und ihre Verbreitung über den ganzen Kontinent, besonders aber in den Ländern, die bis dahin kein Salz gefördert hatten, bewirkte eine rasche Veränderung des internationalen Salzhandels und letzten Endes seine Auflösung.

Dieser Prozeß vollzog sich in zwei Perioden, etwa von 1550 bis 1650 und danach zwischen 1750 und 1850.

In der ersten Periode erwies sich England als besonders erfolgreich, weil es sich wieder dem Salzsieden aus Meerwasser zuwandte und nun im industriellen Maßstab betrieb. Die früheren englischen Meerwassersalinen waren angesichts explodierender Kosten für Brennstoffe im 14. Jahrhundert aufgegeben worden. Das Land mußte in der Folge Salz in beträchtlichen Mengen importieren – anfangs des 16. Jahrhunderts etwa 24 000 t pro Jahr. Zuletzt war Frankreich der Hauptlieferant, obwohl zwischen beiden Ländern gespannte bis feindselige Beziehungen herrschten und die Einfuhren von Mal zu

67.   Salzbehälter mit Silberfüßchen. England, 18. Jahrhundert. Museum of Fine Arts, Boston.

89

Mal ungewisser wurden. Außerdem trieben die Steuerforderungen der französischen Verwaltung den Kaufpreis in die Höhe und ließ die Qualität des Atlantikküstensalzes doch sehr zu wünschen übrig. Jedenfalls bot die Situation ausreichend Gründe, um die Tudors zur Wiederbelebung der inländischen Salzsiederei und zu technischen Innovationen zu bewegen, wobei sie sich der Unterstützung deutscher Fachleute versicherten.

Um 1546 wurden die ersten Versuche unternommen, Salzwasser mit Hilfe von Kohle zu sieden. Ein halbes Jahrhundert später konnte Liverpool schon einen beträchtlichen Teil des Inlandbedarfs befriedigen sowie geringe Mengen ins Ausland exportieren. Zugleich strahlte dieses Verfahren auf das Landesinnere aus, wo nun allmählich die unterirdischen Solequellen erschlossen wurden. Die Folge war, daß die englischen und schottischen Salzsiedereien um 1700 nicht nur den Inlandbedarf zu etwa 75% deckten, sondern auch noch einige ausländische Kunden in Nordeuropa sowie die neugegründeten Kolonien in Amerika belieferten.

Bei den Salzschmelzen in Savoyen und im Waadtland handelte es sich um sehr viel unbedeutendere Unternehmen. Sie sind aber exemplarisch für die Bemühungen salzimportabhängiger Länder, eigenes Salz zu produzieren.

68. Gabelung zweier Stollen im Salzbergwerk von Coulat (Bex).

MOÛTIERS (SAVOYEN)

Lage:
Nahe der Stadt Moûtiers, am Oberlauf der Isère in den französischen Alpen (Tarantaise).

Vorkommen und Qualität:
Salzlager aus dem Keuper, im Zuge der alpinen Faltung nach oben gedrückt, von unterirdischen Wasseradern durchzogen. Geringer Salzgehalt von etwa 20‰.

Ausbeutung vor Beginn der Neuzeit:
Nutzung der Quellen ab etwa der Zeitenwende durch die Salasser, die Urbevölkerung der Tarantaise. Im Mittelalter sporadische Ausbeutung, bis 1449 ein Erdrutsch das Dorf Salins mitsamt seinen Solequellen verschüttete.

Beginn der regelmäßigen Förderung:
Von 1560 an, nach der Wiederherstellung des Herzogtums Savoyen (1559). Herzog Emmanuel-Phili-

bert versuchte, die Abhängigkeit seines Landes von den Lieferungen des französischen Königs zu verringern.

Besitz- und Betriebsverhältnisse:
Die Salzquellen gehörten den Herzögen von Savoyen, seit 1718 zugleich auch Könige von Sardinien. Die Ausbeutung war zunächst einem Konsortium Schweizer Unternehmer übertragen worden, die deutsche Arbeiter einstellten. Um 1600 kam es zu Streitigkeiten zwischen dem Herzog und seinen Pächtern. Das Unternehmen wurde danach direkt der herzoglichen Verwaltung unterstellt, die es aber vor dem langsamen Niedergang im 17. Jahrhundert nicht bewahren konnte. Von 1730 an wurden die vernachlässigten Anlagen wieder instand gesetzt und zudem ein 1000 m langes Gradierwerk gebaut. Ab 1750 erfolgten weitere Einrichtungen, und zwar

in Conflans, 20 km talabwärts von Moûtiers, wohin man die Sole durch ein Rohrsystem leitete. Dennoch fiel die Ausbeute in den Jahren nach 1770 auf die Hälfte der 1750 erreichten Menge zurück. 1774 wurde das Bergwerk erneut an eine Schweizer Gesellschaft verpachtet, die der Berner Stettler, ein früherer Direktor des Salzbergwerks von Roche (Aigle), gegründet hatte; aber ohne Erfolg.

Absatzgebiet:
Hauptsächlich Savoyen. Zwischen 1730 und 1740 einige Ausfuhren nach Bern, Fribourg (Vertrag von 1733 über die Lieferung von 450 t), Genf und ins Wallis. Eine einzige Lieferung nach Zürich.

Förderbilanz:
1573: ca.   68 t (2034 bichets)
1574: ca. 135 t (4017 bichets)
1575: ca. 192 t (5742 bichets)
1576: ca. 223 t (6661 bichets)
1577: ca. 326 t (9744 bichets)
1578: ca. 368 t (10998 bichets)
1579: ca. 270 t (8051 bichets)
1580: ca. 379 t (11301 bichets)
1581: ca. 345 t (10306 bichets)
1582: ca. 378 t (11290 bichets)
1583: ca. 253 t (7565 bichets)
1584: ca. 267 t (7978 bichets)
1585: ca. 288 t (8623 bichets)
1586: ca. 237 t (7067 bichets)
1587: ca. 129 t (3872 bichets)
1588: ca. 196 t (5863 bichets)
...
1730–40: 700 bis 1000 t
nach 1770: ca. 400 t

(1 *bichet* ≙ 15,5 l)

AIGLE UND BEX (WAADTLAND)

Lage:
Am rechten Rhoneufer, oberhalb des Genfer Sees. Am Fuße der Diablerets, eines Gebirgsmassivs; liegt an den Hängen einiger Nebentäler nahe an der Oberfläche.

Vorkommen und Qualität:
Dürftige Lagerstätte. Die erste, in Panex entdeckte Quelle ergab nur einen Salzgehalt von 10–20‰; die zweite in Fondement einen von 40‰ bei einer Fließmenge von 25 l/Min.

69.   Kelch aus vergoldetem Silber (Höhe: 161 cm) mit den Wappen der Räte von Bern und einer Darstellung der Schlacht von Nancy. Martin Zobel aus Augsburg, der Pächter der Solequellen von Aigle, schenkte ihn 1583 dem Rat der Stadt Bern. Stadtmuseum, Bern.

70. Albert von Haller, 1708–1777; Dichter, Naturforscher und von 1758–1764 Direktor der Berner Salzquellen in Roche (Aigle). Tuschezeichnung von G. D. H. Hürzeler, 18. Jahrhundert. Schweizer Salzmuseum, Aigle.

Ausbeutung vor Beginn der Neuzeit:
Offenbar keine. Im Mittelalter siedeten bestenfalls die Bauern der unmittelbaren Umgebung das leicht salzhaltige Wasser in ihren Haushaltspfannen. Der Überlieferung nach waren es Ziegen, die zuerst auf das Salzvorkommen aufmerksam machten.

Neuzeitliche Inbetriebnahme:
1554, als der Berner Patrizier Nicolas von Grafenried die erste Quelle in Panex entdeckte. »In diesem Jahr erhielt die Stadt Bern durch die Gnade Gottes ein herrliches Kleinod«, begeisterte sich – voreilig – ein Chronist. Bern hatte sich schon seit mehr als einem Jahrhundert bemüht, ein Solequelle zu finden oder zu erobern, allerdings ohne Erfolg. Die beiden hier angeführten Quellen blieben bis zum Ende des 17. Jahrhunderts die einzigen, die der Stadt zur Verfügung standen.

Besitz- und Betriebsverhältnisse:
Eigentum der Stadt Bern bis 1798. Förderung zunächst durch Grafenried und seine Familie, bald aber an Deutsche verpachtet. Martin Zobel aus Augsburg baute die Anlagen ab 1580 aus. Er konstruierte die Siederei von Roche, wohin Rohrsysteme die Sole der Quellen leiteten, und führte die Gradierung ein, wenn auch nur mit begrenztem Erfolg: Um aus der recht ungesättigten Sole ein befriedigendes Salz zu gewinnen, nahm die Gradierung etwa einen Monat in Anspruch, das traditionelle Sieden hingegen nur 100 Stunden. 1685 übernahm Bern die Salzquellen wieder in eigene Regie und erwarb einen Teil der umliegenden Wälder, um die Holzversorgung sicherzustellen. Die Produktivität blieb trotzdem schwach. Man begann damit, Stollen vorzutreiben, und hatte endlich ab 1700 direkten Zugang zum Vorkommen. Nun führte die Förderung zu besseren Ergebnissen. Ein um 1730 installiertes Pumpensystem erlaubte die Beschleunigung der Solegradierung. Betrieben wurde das Bergwerk jeweils von einem Vertreter der Berner Aristokratie mit Sitz in Roche (Direktor von 1758 bis 1764: der Dichter und Naturforscher Albert von Haller).

Absatzgebiet:
Bis zum 18. Jahrhundert kaum mehr als die Gegend um Aigle sowie die Walliser Pfarrgemeinden auf dem anderen Rhoneufer bis hin nach Sankt Moritz. Seit etwa 1725 aber zunehmend auch das gesamte Waadtland und teilweise das Berner Oberland.

Förderbilanz aller Quellen, jeweils im Jahresdurchschnitt:

1711–1720: 941,9 t
1721–1730: 1406,4 t
1731–1740: 1582,8 t
1741–1750: 1025,3 t
1751–1760: 661,3 t
1761–1770: 508,6 t
1771–1780: 473,4 t
1781–1789: 427,6 t

Die beiden benachbarten Salzzentren von Moûtiers und Aigle wurden hier exemplarisch beschrieben; man könnte mit anderen Lagerstätten beliebig fortfahren. Besonders in Deutschland entstanden zwischen dem 16. und 18. Jahrhundert zahlreiche Salzsiedereien neu oder entwickelten sich an den Standorten einst nur lokal bedeutsamer oder sporadisch genutzter Salzbrunnen. Die Welle der Neugründun-

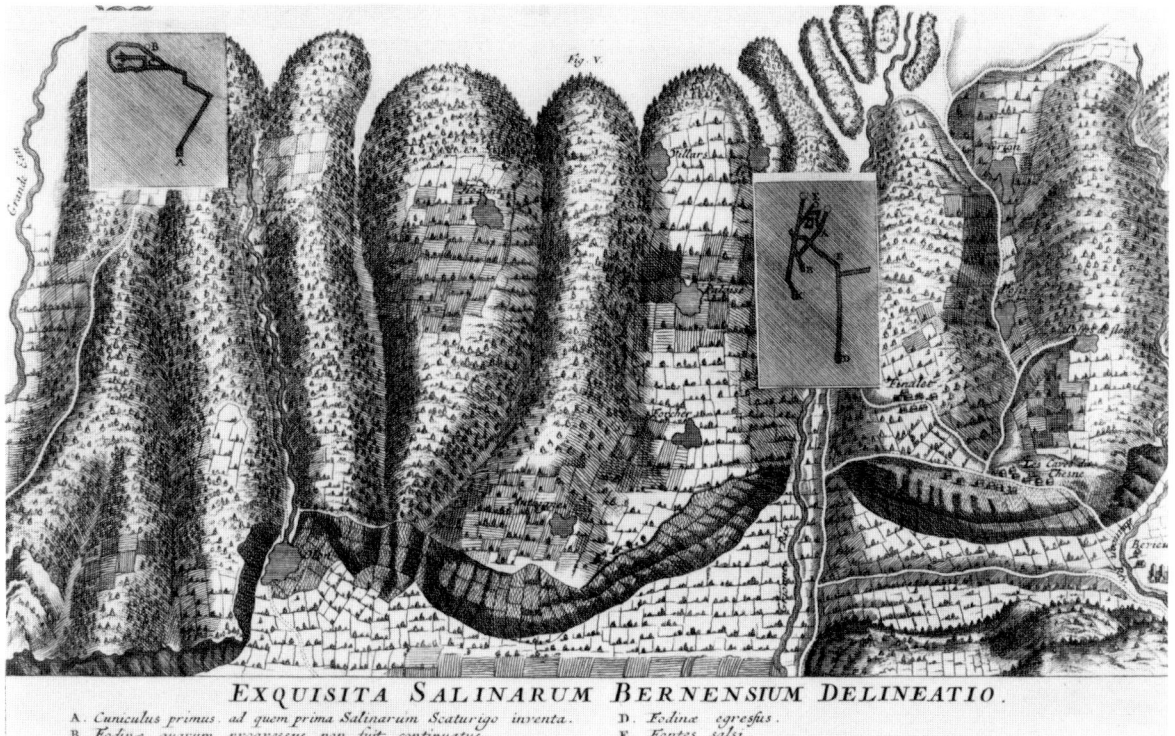

EXQUISITA SALINARUM BERNENSIUM DELINEATIO.

A. *Cuniculus primus ad quem prima Salinarum Scaturigo inventa.* D. *Fodinæ egressus.*
B. *Fodinæ quarum progressus non fuit continuatus.* E. *Fontes salsi .*
C. *Verus cuniculus et aditus ad Scaturiginem .* F. *Scala sub Aqua* GRIONNE *dicta protensa .*

In PANEY: A. *Fodinæ introitum .* B. *Fontes salsi .* C. *Scala per quam reditur ad exitum Fodinæ .*

71.   Die Berner Salzquellen von Panex und Bévieux, dargestellt in
der *Helvetiae Historia Naturalis* von J. J. Scheuchzer, 1717 (2. Auflage 1723), Zürich. Einzelne Deckblätter über dem Stich lassen den
Verlauf der unterirdischen Stollen aufscheinen.

gen schwappte bis nach Nordeuropa. Sogar im
norwegischen Valló, nahe Tønsberg, eröffnete am
Ende des 18. Jahrhunderts ein kleines Salzbergwerk, das zwei Schweizer aus Glarus, Blumer und
Tschudi, betrieben.

Der Aufschwung der osteuropäischen Salzbergwerke zur gleichen Zeit resultierte zum Teil aus
anderen Umständen. Zunächst wollten sich auch
diese Länder vom Salzimport unabhängig machen.
Entscheidend aber war die Entwicklung einer ge-
werblichen Wirtschaft, die sich auf Landwirtschaft
und Viehzucht stützte. Außerdem ließ sich das Salz
bequem auf der Donau transportieren, konnte also
vorteilhaft am Schwarzen Meer und auf dem riesigen Markt von Konstantinopel gehandelt werden.
Seit dem Mittelalter hatte sich auf diesem Weg das
Salz aus dem nördlichen Rumänien (Siebenbürgen)
an der unteren Donau ein Monopol erobert, das erst
gegen Ende des 14. Jahrhunderts vom Bergwerk

Ocnele Mari in der Walachei ein bißchen herausge-
fordert wurde. Im 17. Jahrhundert hingegen wuchs
die Salzerzeugung in der Walachei deutlich an, wobei wir allerdings über keine genauen Förderbilan-
zen verfügen. Der Salzstock bei Slănic wird seit
1689 abgebaut und erbringt bis heute die besten
Erträge aller rumänischen Bergwerke. Die Stärkung
des Gospondarentums in der Moldau und Walachei
durch die Hohe Pforte in Konstantinopel begünstigte diesen Aufschwung. Wie überall versuchten
auch diese Landesherren, größtmögliche Steuerein-
nahmen aus dem Salzhandel zu ziehen.

In Rußland wechselten die entlegenen Salzgruben
von Solikamsk aus dem Besitz der Klöster, die sie bis
dahin auch bewirtschaftet hatten, im 16. Jahrhundert in die Hände der mächtigen Händler- und
Unternehmerfamilie Stroganoff über. Ihr gelang es
durch eine Art vertikaler Konzentration im Bereich
der Salzversorgung, sowohl Produktion und Handel als auch einen Teil des salzverarbeitenden Hand-
werks wie Pökelfleischerzeuger und Bleichereien zu
kontrollieren.

Fazit: Die neuen Fördertechniken, die seit Mitte des
16. bis zum Beginn des 19. Jahrhunderts entstan-

VUE DE LA SALINE DE BÉVIEUX.
dans le Mandement de Bex, gouvernement d'Aigle, canton de Berne.
A. P. D. R.

72.   Das Gradierwerk des Salzbrunnens von Bévieux. Der Holzstapel auf der linken Bildseite wurde auf dem kleinen Fluß Avançon herbeigeflößt. Abbildung aus Beat-Fidel von Zurlauben, *Tableaux de la Suisse, ou voyage pittoresque dans les treize cantons du corps helvétique*, Paris, 1780.
Schweizer Salzmuseum, Aigle.

den, versetzten die damalige Wirtschaft Europas allmählich in die Lage, ausreichend Salz liefern zu können. Sie ermöglichten zugleich die Überlegenheit des Steinsalzes vor seinem lange Zeit dominierenden Konkurrenten, dem Meersalz.

Salz in Barren

Wir können in diesem Buch nicht die ganze Welt durchstreifen und überall nach Spuren der Salzerzeugung forschen – Afrika aber verdient die Reise.

Afrika litt stets unter Salzmangel. Die Küsten warfen nur wenig ab. Was die Salzgärten in Tunesien, Libyen und Ägypten erbrachten, entführten venezianische Kaufleute nach Europa, und an den Küstenstrichen des Südatlantiks und des Indischen Ozeans verhindert zu hohe Luftfeuchtigkeit die natürliche Salzkristallisation. Nur die Küsten Marokkos, Mauretaniens, des Senegal, Guinea Bissaos (mit den Kapverdischen Inseln) und teilweise Ghanas eigneten sich für die Anlage von Salzgärten. Über die Salzgewinnung an der ostafrikanischen Küste wissen wir nichts; vermutlich war auch sie sehr bescheiden. Auf jeden Fall konnten die geringen Mengen allenfalls den lokalen Bedarf befriedigen – für die Versorgung im Inneren des Kontinents über eine Entfernung von mehr als 100 oder 200 km hinaus genügte sie nicht. Das bei Akkra erzeugte Salz gelangte noch am weitesten ins Hinterland, nämlich bis in die Gebiete der Ashanti.

Auch mit Steinsalz war Afrika nicht gerade im Überfluß gesegnet. Den Einwohnern gelang es lediglich, einige wenige Salzlagerstätten zu finden und auszubeuten, von denen dann auch ein lebhafter Handel ausstrahlte.

Die meisten dieser Fördergebiete lagen in Westafrika. Wegen der Beschreibung durch frühe arabische Geographen und später durch europäische

Entdecker sind sie uns auch am besten bekannt. Von hier aus sind die Königreiche und Völker in der südlichen Sahara beliefert worden – der Preis für das Salz wurde buchstäblich in Gold entrichtet. Dieser Tauschhandel stand am Anfang einer einzigartigen Handelskette, die schließlich in den Häfen von Genua, Venedig oder Valencia endete.

Arabische Geographen erwähnten einen Ort Awlil, wahrscheinlich das heutige Nteret, das nicht weit von der mauretanischen Küste zwischen Nouakchott und Saint-Louis du Senegal liegt. Dort wurde das Salz im Tagebau in einzelne Barren geschnitten (vgl. Abb. 75, S. 99) und einige Stunden getrocknet,

bevor man es mit Kamelen, Ochsen oder Eseln zum Senegal transportierte, der wenigstens bis Kayes im westlichen Mali schiffbar war. Dies ist auch heute noch so. Die Jahresproduktion des Salzlagers von Nteret schwankt zwischen 3000 und 10 000 t; die einzelnen Barren wiegen 60 bis 90 kg. Weder Produktionsumfang noch Abbaumethoden haben sich in den 1000 Jahren, seit dieses Salzlager besteht, nennenswert geändert.

Idjil ist eines der größten Salzwerke Afrikas; es liegt wie Nteret in Mauretanien, aber näher dem heute umkämpften Gebiet der ehemals spanischen Sahara. Im Jahre 1960 förderte man in Idjil mehr als

95

73. Die Salzberge von Slănic Prahova (Rumänien), heute ein Kurort.

eine Mio. Tonnen Salz. Ca da Mosto hatte das Bergwerk schon im Jahre 1445 besucht und die mindestens einen Meter langen, sehr flachen und 25 bis 45 kg schweren Salzbarren beschrieben, die von der Oase Ouadanne mit Karawanen von 400 bis 500 Kamelen in das 30 Tagesmärsche (900 km) entfernte Timbuktu gebracht wurden.

Die wichtigsten Abbaustätten der Sahara befanden sich weiter im Landesinneren: zunächst in Teghaza, später dann bei Taoudeni im Norden Malis. Die erste Beschreibung Teghazas stammt von Ibn Battuta, der die »Stadt des Salzes« im Jahr 1352 besuchte. Er verwunderte sich über die aus Salzblöcken erbaute Moschee ebenso wie über die Unterkünfte der Sklaven, die man zur Arbeit in die Salzmine trieb und die diesen ungastlichen Ort als

einzige bewohnten. Mehr als irgendein anderes Depot in der Sahara regte Teghaza den Salzhandel mit den Stämmen des Nigertals an. Bei ihrer Rückkehr führten die Karawanen Barren aus purem Gold mit sich, die sie bis in die nordafrikanischen Häfen brachten. Deshalb erreichte der Ruf dieser einzigartigen Stadt mitten in der Sahara als Ort unschätzbarer Reichtümer für Schwarze, Moslems und Christen auch so rasch Europa. Selbst auf dem Atlas, den einige katalanische Künstler 1375 für Karl V. von

74. Karte Europas und der Sahara aus dem *Atlas catalan*, den Abraham Cresques 1375 für den französischen König Karl V. zeichnete. Man erkennt den »rex Melli« (König von Mali), der als europäischer Herrscher dargestellt wird.
Bibliothèque nationale, Paris.

97

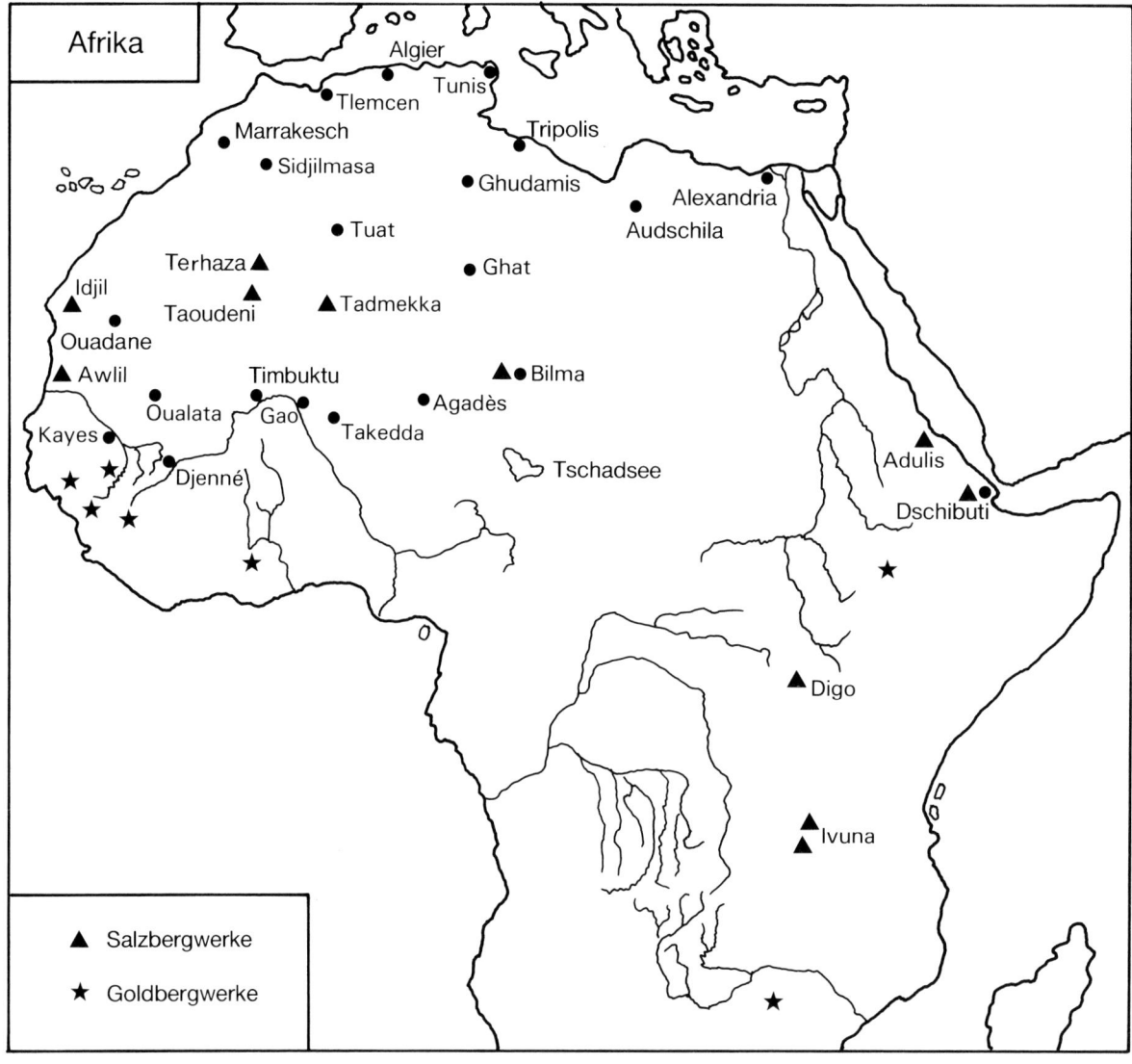

Afrika

● Algier
● Tunis
● Tlemcen
● Tripolis
● Marrakesch
● Sidjilmasa
● Ghudamis
● Alexandria
● Tuat
● Audschila
▲ Terhaza
● Ghat
● Idjil
▲ Taoudeni
▲ Tadmekka
● Ouadane
▲ Awlil
● Timbuktu
▲● Bilma
● Oualata
● Gao
● Agadès
● Kayes
● Takedda
★
● Djenné
● Tschadsee
▲ Adulis
▲● Dschibuti
★
▲ Digo
▲
▲ Ivuna
★

▲ Salzbergwerke

★ Goldbergwerke

Frankreich gestalteten, war sie vermerkt. Um Teghaza stritten sich im 16. Jahrhundert der König von Mali, dem die Stadt gehörte, und sein nördlicher Nachbar, der Sultan Mulai Ahmed d. Gr. von Marokko. Die weitgehend abgebaute Mine wurde 1556 zugunsten der von Taoudeni aufgegeben, die sich mit weniger Aufwand ausbeuten ließ, den marokkanischen Überfällen weniger ausgesetzt war und dem großen Markt von Timbuktu näher lag. Taoudeni liefert seither ununterbrochen Salz für ganz Westafrika und ist bis heute, neben Idjil, die wichtigste Förderstätte des afrikanischen Kontinents geblieben.

Über die Geschichte anderer Salzdepots in Afrika sind wir nur schlecht informiert. In Äthiopien wurde, und wird auch heute noch, das Salz einfach auf dem Grund ehemaliger Salzseen, sog. Schotts, gesammelt. In der Ebene von Taltal, im Süden Asmaras, ist die Salzexploitation zweifellos älter. Im 18. und zu Beginn des 19. Jahrhunderts (Förderung im Jahre 1830 etwa 400 t) ersetzten kleine, etwa ein Pfund schwere Salzblöcke das Münzgeld, das im afrikanischen Handel schon fast verschwunden war: eine »weiche« Währung mit rapidem Verschleiß.

75. Die Sebkha von Idjil in Mauretanien. Das Salzlager wird im Tagebau ausgebeutet und das Salz in Barren geschnitten. Ca da Mosto beschrieb diese Barren schon im Jahre 1455 genau so, wie hier photographiert.

Noch geheimnisumwitterter sind die Salzwerke Zentral- und Ostafrikas; wir können Förderungen in früherer Zeit dort nur vermuten. Funde im tansanischen Ivuna am äußersten Südufer des Rukwasees lassen auf die Existenz von Salzförderanlagen gegen Ende unseres Mittelalters (13.–15. Jahrhundert) schließen. Und aller Wahrscheinlichkeit nach haben sich von hier aus Handelsbeziehungen in einem Umkreis von etwa 200 km ergeben. Ähnliches trifft auch für den Tanganjikasee und Katanga zu. Die dortige Förderung ist zwar erst für das 18. Jahrhundert belegt, aber man weiß auch, daß die Konflikte, die ihretwegen ausgetragen wurden, zu allgemeinen Unruhen führten.

7. Kapitel
Die Sonne und
das Meer

Salz ist das Geschöpf der lautersten Eltern, der Sonne und
des Meeres.

Eine Pythagoras zugeschriebene Äußerung

»Die Sonne zieht die feinsten und leichtesten Teilchen aus dem Wasser in die Luft. Die Lauge bleibt zurück, weil sie zu dick und zu schwer ist, und diesem Umstand verdankt Salz seine Existenz.«

Mit dieser mehr oder weniger wissenschaftlichen Erklärung überwand Hippokrates die alten mythologisch-poetischen Deutungsversuche. Vor allem aber beschrieb er damit ein Phänomen, das die Küstenbewohner heißer und trockener Klimazonen aus eigener Anschauung schon längst kannten und aus dem sie ihren Nutzen zogen. Die Verdunstung des Meerwassers in natürlichen oder künstlich angelegten Becken ist das älteste Verfahren der Salzgewinnung, das auch heute noch mit derselben Geduld, mit demselben Aufwand und an denselben Küsten praktiziert wird wie früher. Und es ist ein weitgehend identisches Verfahren, abgesehen von einigen klimatischen, topographischen und von den überkommenen Gewohnheiten der Arbeiter her bedingten Nuancen. Daran hat im Grunde auch die heutige Modernisierung der Unternehmensorganisation und die Technisierung der Salzgärten nur wenig geändert, die sich seit einigen Jahrzehnten in den USA, in den alten Anlagen des Languedoc oder denen von Apulien durchsetzen. Sie erleichtern zwar die manuelle Arbeit, sie verbessern auch den Ertrag hinsichtlich Menge und Qualität, aber die grundsätzlichen Gegebenheiten bleiben davon unberührt.

Salzgärten

Einfachheit ist kein Synonym für Leichtigkeit. Selbst die Bewirtschaftung einfacher *sebkhas* oder anderer natürlicher Meerwassersalinen am Mittelmeer setzte eine erprobte Technik und beträchtliche Betriebsmittel voraus. Die natürlichen Salzgärten von Ra's al-Makhbaz, Alexandria, Cherson und San Lazzaro (Zypern) lieferten vom 13. bis zum 16. Jahrhundert einen großen Teil der Salzmengen, die venezianische Kaufleute in Italien und den Alpenregionen verkauften. Hier mußte ständig gegen drei natürliche Feinde angekämpft werden: den Wind, der Staub und Sand auf das frisch gewonnene Salz blies; Regengüsse; und auf Zypern Unwetter, die die gesamten Anlagen überschwemmten und allerlei Ablagerungen hinterließen. Wenn im Sommer die Meerwasserbecken wegen des kristallisierten Salzes wie mit Eis überzogen schienen, waren harte Arbeit und ein ganzes Arsenal an Hacken und Hämmern notwendig, um die Salzblöcke abzuschlagen und zu zerkleinern. Auch Kübel, Pumpen und Mühlen gehörten dazu, mit denen der sommerliche Trocknungsprozeß in der Lagune beschleunigt wurde. Ganz zu schweigen vom Betrieb künstlich angelegter Salinen! Sie erfordern heute wie früher den ganzen Einfallsreichtum eines Ingenieurs, um die Sauberkeit des stehenden Salzwassers, seine korrekte Zirkulation durch die aufeinanderfolgenden Becken und die bestmöglichen Bedingungen bei der Ernte, Trocknung und Lagerung zu gewährleisten.

Salzgärten werden natürlich vor allem an flachen Ufern angelegt, oft aber auch im sandigen Delta großer Ströme – z. B. in denen von Po, Tiber, Dnjepr, Nil, Sado (Setubal), Charente, Loire und Rhone. Ein Salzgarten braucht viel Sonne, muß aber vor Wind geschützt sein, der das Salz wegblasen oder verunreinigen könnte. An der Atlantikküste

76. Salzgarten von Piran, Istrien (Jugoslawien). Ausbesserung der
Böschung des *cavedino*.
Seemuseum, Piran.

sind die Becken wegen der ausgeprägten Gezeiten
etwas erhöht angelegt: Die Flut schwemmt das Salzwasser hinein, und die Ebbe führt das Restwasser
sowie das leichtere Regenwasser wieder hinaus. Aus
der Vogelperspektive oder auf einem Lageplan erscheinen diese Salzgärten wie ein mehr oder weniger
ausgedehntes Schachbrett. Es gibt Anlagen, die
nicht mehr als 2 ha Grundfläche bedecken, aber
mehrere von ihnen bilden oft ausgedehnte Areale:
So nahmen die 16 Salinen von Peccais schon im
14. Jahrhundert eine Fläche von 1000 ha ein. Den
Feldern des Schachbretts entsprechen mehrere ne-
beneinanderliegende Becken, in denen die zunehmend dickflüssige Salzlake schwimmt. Kleine Dei-
che, normalerweise aus Erde und durch Bretter oder
Pfähle abgestützt, trennen die Becken; das Wasser
fließt durch Kanäle und Flußschieber von einem ins
andere. Beinahe überall sind drei Etappen der Verdunstung notwendig, und die Beckeneinteilung
trägt dem Rechnung. Ein erstes Becken enthält
Meerwasser, das dort zu verdunsten beginnt. Im

77. Durchlaß zwischen dem Maische- und dem Trocknungsbecken.
Seemuseum, Piran.

78. Ein Unwetter über den Salzgärten von Piran hätte beinahe die »Ernte« vernichtet. Die Süßwasserschicht an der Oberfläche des Trockenbeckens wird mit einer einfachen, aber genialen Vorrichtung vorsichtig abgeschöpft.
Seemuseum, Piran.

zweiten sammelt sich die konzentrierte Salzbrühe, die von dort aus in das dritte Becken, die Salzabscheide, geleitet wird. An der französischen Atlantikküste bezeichnet man diese eigentliche Saline als *œuillet*, an der Adria als *cavedino*. Das erste Becken ist am größten, weil es hier noch um große Wassermassen geht – am kleinsten, nur wenige Quadratmeter groß, sind die vielen Trocknungsbecken. Von den Begrenzungsdämmen aus recht der Salineur das Salz zum richtigen Zeitpunkt mit einem langstieligen Holzbrettchen zusammen. Dabei darf er nicht in das Becken treten, weil jeder Fußabdruck dessen fragilen Boden beschädigen würde.

Dieser Boden besteht aus gestampfter Erde oder, wie im Mittelmeerraum üblich, aus Ton. Auch Stroh, Reisig oder ein Weidengeflecht können verwendet werden, sofern sie nur die Salzmaische vor Verunreinigungen mit Erde, Sand oder Dreck bewahren. Agricola riet auch, auf dem Grund des

Beckens eine dünne Schicht aus bereits kristallisiertem Salz zu belassen. In den bedeutendsten portugiesischen Salinen, Setubal und Alcacer do Sal, wird der Boden mit einer mehrere Millimeter starken Algenschicht abgedeckt.

In diesem dritten Becken also entsteht Salz aus einer Lauge, die nur noch ein Zehntel ihres ursprünglichen Volumens aufweist. Das fertige Salz bildet eine mehrere Zentimeter dicke Schicht. Wenn auch die letzten Laugenreste ins Meer geschüttet worden sind, wird das Salz zusammen- und auf den sog. Salztisch geschaufelt, d. h. auf eine etwas erhöhte Fläche, wo es zu trocknen beginnt. Schließlich fegt man es zu großen Pyramiden zusammen, die in Peccais heute wie im 10. Jahrhundert *camelles* heißen. Ein solcher Salzhügel (vgl. Abb. 85, S. 106) wog im 14. Jahrhundert etwa 500 t; heute besteht er aus ca. 200 000 t Salz. Zu Beginn der Neuzeit fügte man diesem komplizierten Verfahren noch einen weiteren Arbeitsgang hinzu: Das getrocknete Salz wird nun noch einmal in Süßwasser gewaschen, um es von Erd- und Sandresten sowie allen organischen Rückständen zu befreien; anschließend muß es erneut getrocknet werden.

Die Reinheit des Produkts, das auf diese Weise schließlich entstand, variierte von Küste zu Küste,

103

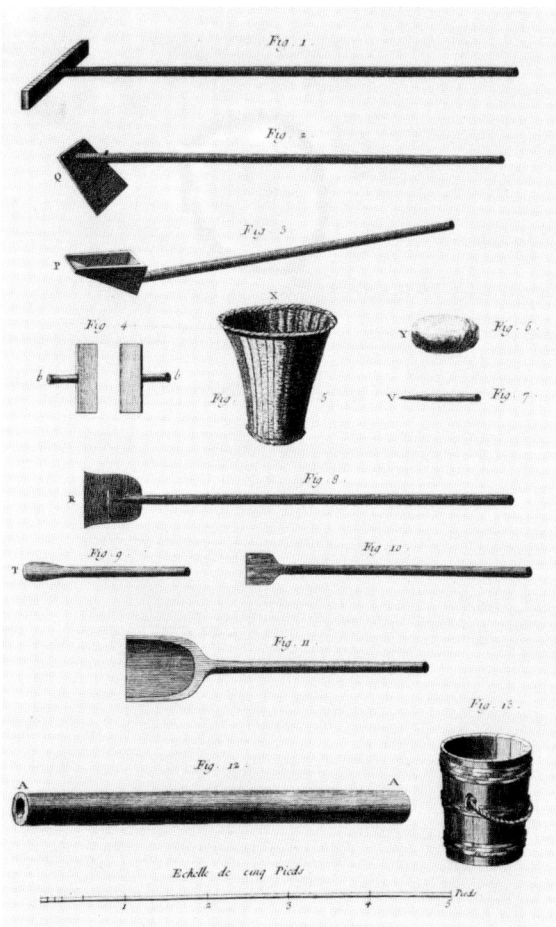

79. Die Werkzeuge eines Salzarbeiters. Auffällig sind vor allem die Hacken und Schaufeln mit langem Stiel, um das Salz aufzunehmen. Zeichnung aus der *Encyclopédie* von Diderot und d'Alembert (1765).

daß es sich für das Einsalzen großer Heringsfänge nicht eignete. Auch heute noch gerät einigermaßen viel Erde in die Rechen der französischen Kleinerzeuger. Ihr Salz weist einen Reinheitsgrad von bloß 85 bis 90% auf und muß deshalb mit technischen Mitteln noch einmal aufbereitet werden.

Das ebenfalls aus Atlantikwasser gewonnene Salz aus dem portugiesischen Setúbal bzw. dem spanischen Cadiz mit einem heutigen Reinheitsgehalt von 98% genoß auch schon früher eine bessere Reputation. Die Salzsorten im Mittelmeer wiesen je nach Sorgfalt bei der Ernte oder entsprechenden Wünschen der Kunden und Spediteure unterschiedliche Qualitätsstufen auf. So war das Salz aus Ibiza und Nordafrika bei gleichem Volumen schwerer als das Adriasalz. Ersteres verursachte daher höhere Transportkosten, wurde jedoch zum Pökeln bevorzugt.

Das Gewerbe des Salineurs ist hart – und eine männliche Domäne. Frauen wurden in den Salzgärten nur akzeptiert, wenn es sonst partout keine Arbeitskräfte gab, z. B. in Venedig, wenn der Krieg alle Männer zum Dienst auf die Galeeren rief. Die Arbeit in Salzgärten besteht aus anspruchsvollen Einzelschritten. Zunächst müssen Becken, Dämme, Stauschieber, Kanäle und Salztische angelegt werden. Das ist eine Gemeinschaftsaufgabe, für die eine vielköpfige Arbeiterschaft mindestens fünf Jahre braucht. Die unterschiedliche Tiefe der Becken ist präzise auszumessen, damit Ebbe und Flut eine natürliche Verbindung zwischen ihnen herstellen können. In Venedig z. B. beträgt der Tidehub 60 bis 70 cm, und genau dieser Differenz muß der Niveauunterschied zwischen dem ersten und dem letzten (*cavedino*) Becken entsprechen. An der französischen Mittelmeerküste müssen Pumpen ausgleichen, was die Gezeiten nicht leisten; schon im Jahr 1067 arbeitete eine solche Pumpe in Istres, einem Ort in der Provence.

Obwohl als Gesamtanlage gemeinsam erbaut, werden meistens – mit Ausnahme der großen Salzgärten – die einzelnen Parzellen auch einzeln bewirtschaftet. Der Salineur ist entweder Besitzer eines Salzgartens, der auf eigene Rechnung arbeitet, oder Pächter, der die Verluste und Gewinne mit einem

80. Salzgärten auf der Halbinsel Guérande (Bretagne).

81. Die Salzgärten von Marsalforn (Malta). Malta zählte nie zu den Großerzeugern, aber die Bewohner bewirtschafteten stets ihre Anlagen für den eigenen Bedarf.

sogar von einer Saline zur anderen sehr deutlich. Das Salz der französischen Atlantikküste wurde als »graues Salz« nie sonderlich geschätzt. Im Jahr 1746 schimpfte ein englischer Händler über das Baiensalz, daß es zu mindestens einem Siebtel aus abscheulichen Verunreinigungen bestehe: »Verfaulte menschliche Leichenteile, tote Fische, tierische Kadaver, Unmengen von Pflanzenresten aller Art und alle möglichen ungesunden Substanzen, die die Meeresströmung anschwemmt.« Diese Klage scheint nicht übertrieben zu sein, denn vergleichbare Anschuldigungen erhoben sich auch andernorts. So protestierten deutsche Salzhändler schon im Jahr 1467 gegen eine Lieferung aus Bayonne, weil das Salz ihrer Meinung nach soviel Erde enthielt,

oder mehreren, im Normalfall abwesenden Eigentümern teilt. In größeren Anlagen sind zumeist reguläre, weisungsabhängige Arbeiter beschäftigt. Die Sozialformen der Salzförderung sind folglich facettenreich – die Arbeit indes bleibt für alle gleich: Im Winter und Frühjahr müssen die Anlagen wieder repariert und hergerichtet werden, die von den Stürmen zerstört wurden. *D'inverno se fa el sal bianco* (»aus dem Winter entsteht das weiße Salz«), lautete ein Sprichwort der Salineure von Capodistria während des 14. Jahrhunderts. Von Juni bis September, manchmal auch bis Oktober, wird das Salz geerntet: normalerweise Tag für Tag in jeweils einem anderen Teil des Salzgartens. Es ist eine langwierige Beschäftigung des Zusammenrechens, Aufschüttens, Abtransportierens, die zudem wegen des notwendigen Hantierens an den Schiebern und den Vorbereitungen für die nächste Ernte regelmäßig unterbrochen werden muß.

Die Salzernte in den küstennahen Anlagen ist und war den Kapriolen, den Unbilden des Wetters ebenso ausgesetzt wie die Landwirtschaft; beide kennen gute und schlechte Ernten gleichermaßen. Wie in China der Monsun können in Europa Unwetter, ein zaghafter oder feuchter Sommer und einige Tage regnerischer Scirocco in der Adria mit einem Schlag die gesamte Salzernte einer Saison vernichten. In welchen Dokumenten auch immer Erzeugung, Handel und Besteuerungsfähigkeit von Salz zur Sprache kommen, finden sich bewegte Worte über enttäuschende Salzernten. »Wegen des starken Regens, der über Frankreich und Portugal herniederkam, herrscht großer Mangel an Salz«, klagten die Spanier 1481, einem Jahr, das in fast ganz Europa katastrophal verlief. Vielleicht ließen sich die Historiker von diesen – nach Art der Bauern stets wiederkehrenden – Klagen beeindrucken und dramatisierten ihrerseits die witterungsbedingten Unbilden noch zusätzlich? Dennoch haben diese Unbilden die Förderung, folglich auch den Vertrieb, die Einkünfte und den Preis des Salzes oft beeinflußt.

82. Die Salinen von Yuluchuca (Mexiko).

83. Die Arbeit in einer mexikanischen Saline.

84. Ein Salzgarten in Los Baños auf der Insel Luzon (Philippinen). Die Anlage der sog. Salztische, auf denen das Salz trocknet, ist ähnlich denen der Salinen im Mittelmeerraum.

85. Eine »Camelle« (Salzkegel) in den Salzgärten von Guérande (Bretagne).

Die Anzahl der Salzgärten war so hoch, daß ein vollständiges Verzeichnis ein Ding der Unmöglichkeit ist. Wir beschränken uns deshalb auf die Beschreibung derjenigen, die in der Geschichte des Salzes eine besondere Rolle gespielt haben – also jene, die am Ausgangspunkt der großen Salzstraßen am Mittelmeer und am Atlantik lagen. Über die Anlagen an den Küsten anderer Meere z. B. in Marokko, Ghana und Peru gibt es nicht viel zu sagen, denn der dortige Handel mit Meersalz funktionierte zwar kontinuierlich, aber in einem geschlossenen Kreislauf. In China trat die Meersalzgewinnung bald hinter den Abbau von Steinsalz oder die Soleverarbeitung aus Quellen und Brunnen zurück; und ihre Geschichte war weder so bewegt noch so bedeutsam wie die in Europa.

Salzgewinnung im Mittelmeer

Der Mittelmeerraum ist im Hinblick auf die Salzgewinnung allen anderen Meeresregionen eindeutig überlegen – und das schon seit frühesten Zeiten: Der überdurchschnittliche Salzgehalt des Wassers, zahlreiche seichte Lagunen, trockene Sommer und heiße Winde schufen ideale natürliche Bedingungen. Die im Binnenland wohnenden Völker haben mit ihrem Bedarf eine regelmäßige und meist überreichliche Produktion hervorgerufen. Ferner haben der Einfallsreichtum der Betreiber, bequeme Transportmöglichkeiten zu Wasser und schließlich das Interesse von Fürsten und Staaten zur Belebung und Organisation der Salzerzeugung beigetragen.

Die ältesten Meerwassersalinen wurden höchstwahrscheinlich in Ägypten, von den Skythen und Phrygiern auf dem Pontus Euxinus am Schwarzen Meer und von den Phöniziern im östlichen Mittelmeer betrieben. Letztere brachten ihr Wissen nach Libyen, in die römische Provinz *Africa* (heute ein Teil Tunesiens), ins Rhonedelta und vielleicht bis in die Bretagne. Schon in vorrömischer Zeit wurde Salz zum begehrten Handelsobjekt. Rom selbst war seit seiner Gründung ein bedeutender Umschlagplatz: Von hier aus wurde das Salz aus Ostia über die eigens zu diesem Zweck gebaute *Via Salaria* in die weiter landeinwärts gelegenen Landstriche Latiums transportiert. Seit dem Ende der Republik und unter der Kaiserherrschaft genügten die Erträge von Ostia nicht mehr, um die riesige Stadt samt Umland mit Salz zu versorgen. Die Römer sahen

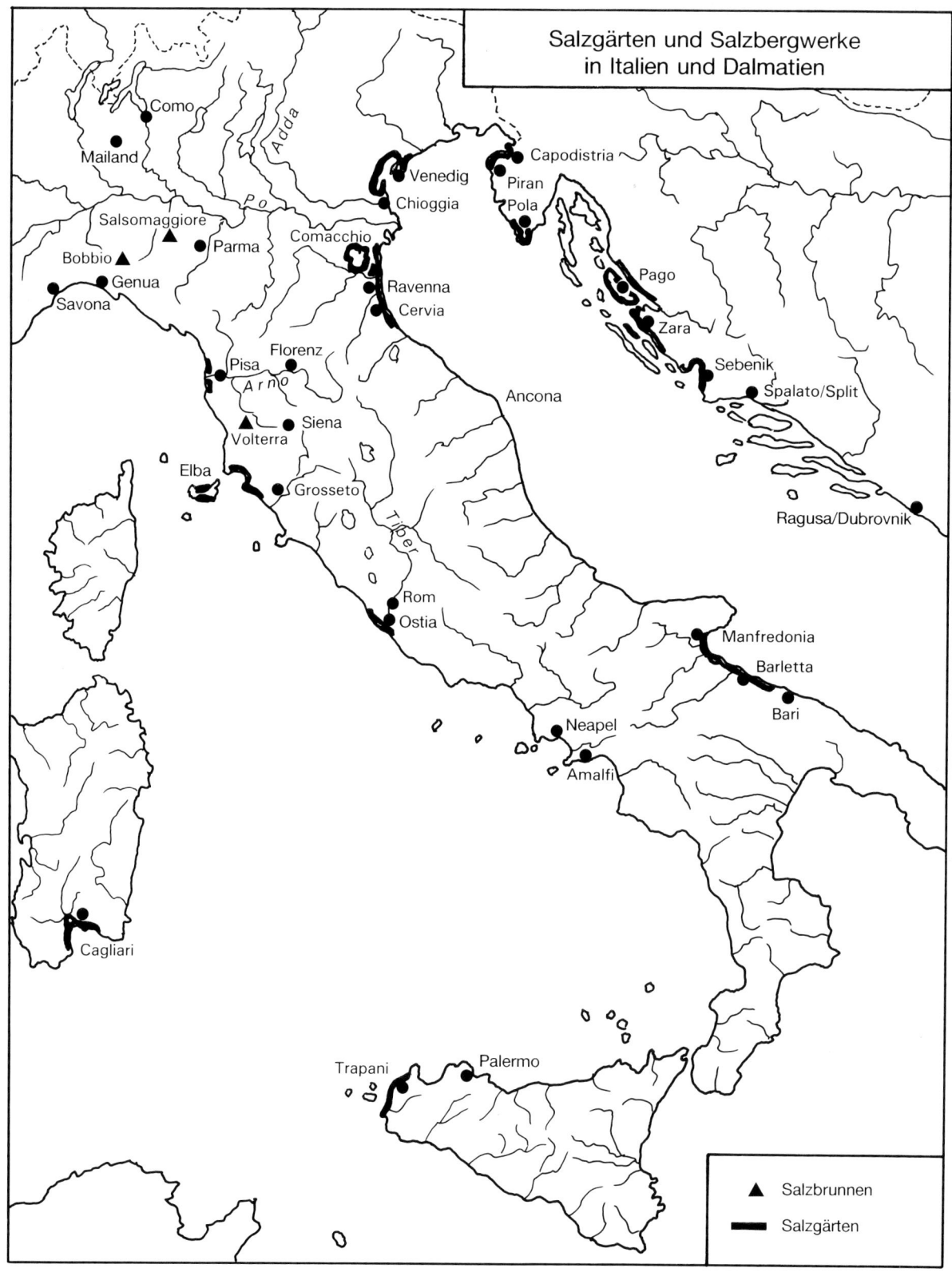

Salzgärten und Salzbergwerke
in Italien und Dalmatien

Como
Mailand
Adda
Po
Salsomaggiore
Bobbio ▲
Parma
Comacchio
Venedig
Chioggia
Capodistria
Piran
Pola
Genua
Savona
Ravenna
Cervia
Pago
Zara
Sebenik
Spalato/Split
Florenz
Pisa
Arno
Volterra ▲
Siena
Elba
Grosseto
Ancona
Tiber
Ragusa/Dubrovnik
Rom
Ostia
Manfredonia
Barletta
Bari
Neapel
Amalfi
Cagliari
Trapani
Palermo

▲ Salzbrunnen

━ Salzgärten

86. In einem chinesischen Salzgarten wird die Salzmaische mit der Asche von Salzpflanzen angereichert. Weiter hinten fegt ein Arbeiter das Salz zusammen. T'ien Kung K'ai-Wu (1637), nach: Sung Ying-Hsing, *Chinese technology in the 17th century*, 1966.

87. Die Salzmaische sickert durch eine Schicht Rohsalz auf einem Schilfgeflecht, um sie weiter anzureichern. T'ien Kung K'ai-Wu (1637), nach: Sung Ying-Hsing, *Chinese technology in the 17th century,* 1966.

sich deshalb gezwungen, es an allen möglichen Küsten des Mittelmeers zu erwerben.

Mit dem Sturz des Kaiserreichs sackte auch der Salzhandel auf unbedeutende Dimensionen ab. Die meisten Salzgärten wurden aufgegeben, manchmal sogar bewußt zerstört. Am ehesten hielten Ortschaften in unmittelbarer Nachbarschaft einen Restbetrieb für den eigenen Bedarf aufrecht. Allein an der Schwarzmeerküste entwickelte sich weiterhin ein regulärer Salzhandel, über den das reiche Byzanz versorgt wurde.

Wann aber wurde die Meersalzgewinnung wieder aufgenommen? Die überlieferten Dokumente geben uns keine klare Auskunft. Entlang der Küsten wird das zwischen dem 6. und dem 11. Jahrhundert stattgefunden haben, ein wenig später auf den Inseln Zypern, Sardinien und den Balearen, von wo aus das Festland beliefert werden mußte; aber auf jeden Fall früher als die meisten Salzbergwerke.

Von nun an entwickelten sich nach und nach drei große Gruppen von Salinen: die von Venedig kontrollierten, verteilt über das gesamte Mittelmeer; die Salinen rund um die Rhonemündung; die von Sardinien und Ibiza, die ich einfach als »Inselsalinen von Aragon« zusammenfasse.

Das Monopol des Löwen

Venedig verdankt dem Salz einen großen Teil seines Reichtums. Die Venezianer hatten schon bei der Gründung ihrer Stadt die Vorteile begriffen, die ihnen die Salzerzeugung und der Handel mit diesem Gewürz versprachen. Bis zum 17. Jahrhundert unternahmen sie alles, um beides zu entwickeln. Sie wollten den Salzhandel von zwei Seiten her unter Kontrolle bringen. Zum einen bemächtigten sie sich der adriatischen Salzgärten. Wo dies nicht gelang, zerstörten sie sie. Bei anderen großen Salinen sicherten sie sich die Rolle des privilegierten Hauptabnehmers. Zum anderen wollte und mußte die Republik im Interesse ihrer Kaufmannschaft und der städtischen Einnahmen das Handelsmonopol für die bevölkerungsreichen Gebiete Norditaliens, der Südalpen und, wenn möglich, auch darüber hinaus des Wallis und der Schweizer Kantone erringen. Venedig verfolgte diese Doppelstrategie lange Zeit entschlossen, manchmal auch schamlos, mit wechselndem Erfolg, ohne jedoch das letzte Ziel zu erreichen: den Salzhandel der großen Rivalin Genua lahmzulegen.

Seit dem 10. Jahrhundert legten die Venezianer in ihrer eigenen Lagune Salzgärten an, kurz darauf und etwas weiter südlich die von Chioggia. Zur gleichen Zeit schalteten sie den ersten Konkurrenten aus, die *valli* von Comacchio, zwischen den Mündungen von Po und Reno, indem sie die Salinen und die Stadt selbst im Jahre 932 n. Chr. zerstörten. Im Laufe der nächsten Jahrhunderte erwuchs ihnen im Erzbischof von Ravenna mit seinen Salzgärten von Ravenna und Cervia ein weiterer mächtiger Gegner. Als es den Venezianern nach langem Widerstreit nicht gelang, sich seiner gänzlich zu bemächtigen, entschlossen sie sich 1336, auch die Salinen von Cervia zu zerstören.

Chioggia, der »hauseigenen« Förderstätte, erging es indes nicht viel besser – ein paradoxes Kapitel der Geschichte des venezianischen Salzes. Seit dem 13. Jahrhundert begann dieses Ensemble der namhaftesten, produktivsten und bestgeführten Salzgärten im gesamten Mittelmeerraum immer mehr zu verkommen. Vielleicht lastete der Druck des venezianischen Fiskus zu stark auf den Eigentümern und Pächtern. Mehr noch: Nach dem Wegfall der Konkurrenz Cervias ließ Venedig seine eigenen Lagunen planmäßig verkümmern, denn die Kaufmannsschicht, aus der sich die Mitglieder des Hohen Rats rekrutierten, hielt es für profitabler, das vergleichsweise billige Salz anderer Küstenstriche – z. B. aus Zypern, Kreta, Ibiza, Ra's al-Makhbaz und Alexandria – zu kaufen, um damit die eigenen Handelsschiffe zu beladen, die sonst leer in den Heimathafen hätten zurückkehren müssen.

Inzwischen hatte Venedig allerdings einige andere Salzgärten unter seine Kontrolle gebracht: die erst seit dem 13. Jahrhundert bestehenden, aber sehr ertragreichen Anlagen von Piran, Capodistria und Pola in Istrien. Sie belieferten die nordöstlichen Provinzen des venezianischen Herrschaftsgebiets zwischen Südtirol und Friaul. Etwas weiter entfernt, bot die dalmatinische Küste seit jeher Piraten und anderen Feinden genügend Schlupflöcher. Um dieser Bedrohung zu begegnen, dehnte Venedig seinen Einflußbereich an der gesamten östlichen Adriaküste bis zu den Ionischen Inseln aus; nur Ragusa, das heutige Dubrovnik, unterwarf sich nicht. Damit sicherte sich die Republik auch einige alte, gut ausgestattete Salinen, vor allem Pago und die Inseln um Zara, mit denen die nachlassenden Erträge von Chioggia ausgeglichen werden konnten. Die Salzgärten von Cattaro (heute: Kotor), von Durazzo und Valona (im heutigen Albanien) und schließlich ab 1484 in Aleschino auf Korfu vervollständigten das venezianische Salzimperium; Sebenico wurde erst im 16. Jahrhundert systematisch ausgebaut. Im gesamten Adriaraum blieb nur die apulische Küste vom »Monopol des Löwen« frei. Die dortigen Salzgärten in Barletta und Manfredonia belieferten die Abruzzen und ihre südlich angrenzenden Landstriche, d. h. Gebiete mit ausgeprägter Schafzucht. In beiden Salinen erschienen venezianische Salzhändler nur sporadisch; im 16. Jahrhundert lieferten sie Salz aus Barletta in das Wallis.

Die Venezianer drückten als Produzenten, mehr noch als Verkäufer der Erzeugnisse anderer, dem mittelmeerischen Salzhandel bis zum Ende der Republik ihren Stempel auf. Ihr Aktionsradius reichte von der Adria bis nach Cherson an der Mündung des Dnjepr, von Zypern bis nach Ra's al-Makhba und von Ibiza bis nach Alexandria. Dennoch wies ihr Imperium Lücken auf, denn sie setzten keinen Fuß auf die Küstenstriche des Tyrrhenischen Meeres, von Kalabrien bis zur Schwelle des Atlantiks – ein Bereich mit sehr ungleichgewichtigen Beiträgen zur Geschichte des Salzes.

Das Rhone-Salz

Nachdem Ostia seine Bedeutung als Salzlieferant für das mittelalterliche Rom verloren hatte, existierten an der gesamten italienischen Westküste keine Salzerzeuger von Rang mehr. Roms nach wie vor hohen Salzbedarf befriedigten, jenseits des Apennin, adriatische Salinen, die der Kurie gehörten: Der Lieferverkehr auf der *Via Salaria* rollte in entgegengesetzter Richtung. Die einst blühende Salzerzeugung in der toskanischen Maremma, auf Elba und in den Salinen Pisas schrumpfte im 13. und 14. Jahrhundert drastisch aufgrund der übermächtigen Konkurrenz aus Sizilien und Sardinien. Zum großen Leidwesen Genuas eignete sich weder die ligurische Küste noch die der Grafschaft Nizza zur Anlage größerer Salzgärten; auch das weiter westliche Roussillon brachte es nur auf eine begrenzte Kapazität. Bedeutender waren da schon die Salinen von Tortosa und Alicante im spanischen Aragón, selbst wenn sie niemals an den Rang Ibizas heranreichten, das seinerseits nur die Saline von La Mata (Cartagena) als Konkurrentin im westlichen Mittelmeer zu fürchten hatte. Selbst die Venezianer versorgten sich regelmäßig in La Mata, und die Pächter dieser Salzgärten brachten es im Lauf der Zeit zu einem derartigen Wohlstand, daß sie sich 1492 an der Finanzierung der ersten Fahrt Christoph Kolumbus' beteiligen konnten.

88. Der Markusplatz in Venedig im 15. Jahrhundert. Miniatur aus einer Handschrift über die »Regierung der Stadt und Herrschaft Venedig«.
Musée Condé, Chantilly, Ms. 1344, Blatt 4, Rückseite.

Etwa in der Mitte dieser langen Küstenlinie liegen das Rhonedelta, die Provence und das Languedoc. Wahrscheinlich wurden bereits gegen Ende des 2. Jahrtausends v. Chr. unter dem Einfluß der Phönizier Salzgärten in den Lagunen beiderseits der Rhone angelegt. Nach der Gründung von Marseille im 6. Jahrhundert v. Chr. dehnte sich die Salzgewinnung während der griechisch-hellenistischen und der gallo-romanischen Epoche erstaunlich aus; so jedenfalls bezeugen es nicht allein archäologische Funde und Inschriften, sondern auch die Texte klassischer Autoren. Dieser Aufschwung verlief Hand in Hand mit der Zunahme der Fischerei in den Küstengewässern von Marseille; die ganze Region lebte zu einem Gutteil von der Ausfuhr eingelegter Fische. Auch die dichtbesiedelten Gebiete um Narbonne sowie rhoneaufwärts bis nach Lyon regten die Nachfrage an; ferner die Bewohner der ligurischen Küste, die über keine eigenen Salinen verfügten. So entwickelte sich der Marseiller Salzhandel in der Antike überaus lebhaft.

Mit dem Ende des Römischen Reiches erlitt er das gleiche Schicksal wie die Wirtschaft generell: Rückzug auf kleinräumige Bereiche. Für die Epoche zwischen dem 4. und 13. Jahrhundert gibt es keine Quellen, die einen weitreichenden Salzhandel Marseilles belegen würden. Dennoch sind die Salzgärten – anders als die Förderstätten im Binnenland – nicht aufgegeben worden. In dieser früh christianisierten Gegend, wo die Klöster alsbald einen beherrschenden Einfluß ausübten, übernahmen die Abteien den Betrieb der vorhandenen Salinen. Bereits im Jahr 528 n. Chr. hatte der Frankenkönig Childebert, ein Sohn Chlodwigs, dem Kloster St. Victor in Marseille »einen Salzgarten mit dazugehörenden Gebäuden« geschenkt. Demselben Kloster gehörten vier Jahrhunderte später die meisten Salzanlagen von Hyères.

Im 10. Jahrhundert lebte die Salzgewinnung auf dem linken Rhoneufer und in der Provence wieder auf. Die Zahl der Anlagen stieg rasch an; Schwerpunkte waren Fos, Istres, Berre, Marseille, Toulon und Hyères. Die ursprünglichen Besitzer – der Erzbischof von Arles, der Bischof von Marseille und Klöster wie das soeben erwähnte St. Victor – traten ihre Rechte im 12. und 13. Jahrhundert an weltliche Herren ab, an die *domini salis*. Das waren die Lehnsherren von Fos und Les Baux oder der Vicomte de Marseille, auch einige Städte wie Toulon, Hyères oder Arles – vor allem aber war es der Graf der Provence, der die Oberhoheit über das Land ausübte. Er begnügte sich nicht mit den Besitzrechten an den Salinen, die ihm unmittelbar gehörten, er wollte darüber hinaus seine Hoheitsrechte über sämtliche Salzgärten bekräftigt wissen. Und tatsächlich erkannte ihm Kaiser Friedrich Barbarossa in der zweiten Hälfte des 12. Jahrhunderts diese Rechte auch zu. Gemäß dieses Rechts verwirklichte im folgenden Jahrhundert Karl von Anjou, ein Kapetinger, das erste Staatsmonopol auf Salz. Aufgrund seiner gräflichen Amtsgewalt gelang es Karl, die gesamte provençalische Salzproduktion aufzukaufen, mit einem gehörigen Steueraufschlag zu belasten und danach weiterzuverkaufen. Mit seinem Monopol war er der »Erfinder« der Gabelle: Er führte eine allgemeine Salzsteuer als Grundelement des modernen Systems der indirekten Besteuerung im Abendland ein.

Dieses provençalische und dergestalt monopolisierte Salz tauchte von nun an auf einigen einträglichen Märkten auf: in den Gebirgsregionen des Hinterlandes bis zur Dauphiné, in Savoyen, wo inzwischen Vieh gezüchtet und Pökelfleisch erzeugt wurde, sowie entlang der ligurischen Küste. Zu Beginn des 13. Jahrhunderts sicherte sich zudem Genua nach einem langen Handelskrieg mit Pisa eine Art Exklusivrecht auf den Vertrieb des provençalischen Salzes in Norditalien – was nicht zuletzt die Interessen Venedigs empfindlich traf. Erhebungen aus den Jahren 1263/64 beweisen, daß jährlich insgesamt mehr als 12 000 t Salz provençalischer Herkunft verkauft wurden; 1334 waren es dann etwa 30 000 t, von denen vier Fünftel in den Export gelangten.

Mit der Zeit freilich widerstand die provençalische Salzproduktion dem Konkurrenzdruck des französischen Königs auf dem anderen Rhoneufer immer weniger. Das war zunächst eine Frage der Qualität: Das provençalische Salz eignete sich zur Zubereitung und Konservierung von Schafskäse, dasjenige aus dem Languedoc eher für Pökelfleisch. Sodann eine Frage der Preise: »Alle Händler suchen die Salinen von Peccais auf, die dem französichen König gehören, weil der Markt dort günstiger ist«, stellten die Beamten des Grafen der Provence zu Anfang des 14. Jahrhunderts sorgenvoll fest.

Und schließlich eine politische Frage: Der König setzte seine gesamte Macht ein, um »sein«Salz auf Kosten seines schwächeren Nachbarn (und Verwandten) an dessen Kundschaft in den Alpen abzusetzen. Der endgültige Niedergang der provençalischen Salzgärten begann zur Zeit der »Schwarzen

Pest« von 1348, die in der Gegend besonders wütete. Er offenbarte sich im 15. Jahrhundert in aller Deutlichkeit, denn mittlerweile befanden sich die Salzanlagen des Grafen in einem erbärmlichen Zustand. Die Eingliederung der Provence in das französische Königreich im Jahre 1481 setzte den Schlußpunkt hinter die Geschichte des provençalischen Salzes – künftig kam ihm nur noch lokale Bedeutung zu.

Überqueren wir nun die Rhone. Die Küste des Languedoc ist durch zahlreiche kleine oder größere Lagunen, die *étangs* und die *graus*, geprägt und für die Verdunstung von Salzwasser wie geschaffen. Tatsächlich gab es hier auch schon sehr früh eine ganze Reihe kleiner Salinen – in der Gegend um Narbonne spätestens ab dem 9. Jahrhundert. Im 13. Jahrhundert erlangten sie sogar eine gewisse überörtliche Bedeutung. Sie wurden von Bauern im Auftrag der Bürger von Narbonne – unter ihnen viele Juden – bewirtschaftet. Andere, verstreut liegende Salinen belieferten die Diözesen Béziers, Agde und Maguelonne.

Sie alle aber arbeiteten im Schatten der riesigen Salzanlagen bei Aigues-Mortes, bekannt unter dem Namen des Standortes, wo sich die wichtigsten von ihnen erstreckten (und noch erstrecken): Peccais zwischen Aigues-Mortes im Westen, der kleinen Rhone und dem Etang du Roi im Osten, dem Etang du Repausset und dem Meer im Süden (vgl. Abb. 90, S. 114). Obwohl erst gegen Mitte des 13. Jahrhunderts angelegt, zählten sie bald zu den bedeutendsten Salzanlagen im Mittelmeerraum.

Ebenfalls um 1250 ordnete Ludwig d. Heilige den Bau des Hafens von Aigues-Mortes an, um die französische Präsenz im Mittelmeer besser zu sichern – ein Projekt, das in den folgenden Jahrzehnten eifrig vorangetrieben wurde. Peccais profitierte davon in doppelter Weise: Zum einen prädestinierte es seine Lage dazu, alle rhoneaufwärts gelegenen Städte und Landstriche mit dem bitter benötigten Salz zu versorgen. Zum anderen wurde es 1290 von Philipp d. Schönen (seit 1285 König von Frankreich) erworben, der diesen erfolgreichen Salinenkomplex für die eigene Tasche ausbeuten wollte.

Zuvor waren die Salinen Eigentum einiger ortsansässiger Adliger, die sich dem Bau der Hafenanlagen von Aigues-Mortes widersetzt hatten. Philipp nahm dies zum Vorwand, um dem Herrn von Uzès, dem der wichtigste Teil der Anlage gehörte, den Verkauf aufzuzwingen. Der angebotene Preis belief sich auf eine jährliche Rente von 350 *livres tournois*. Dieser Betrag sollte den geschätzten Jahreseinkünften aus der Saline entsprechen, war aber willkürlich festgesetzt. Dennoch ging das Kalkül des Königs auf, denn nicht nur er, sondern auch seine sämtlichen Nachfolger bis zur Revolution bezogen aus Peccais außerordentlich große Einkünfte: Zum einen verstand es die Krone, gegenüber ihren konkurrierenden Untertanen Hoheitsrechte geltend zu machen, die sie aus den Besitzrechten ableitete; zum anderen griff sie zu ihren eigenen Gunsten und in erheblichem Ausmaß die Idee des Monopols und der Gabelle wieder auf, die sich vor nicht allzu langer Zeit der provençalische Cousin hatte einfallen lassen. Mit dem Kauf von Peccais im Jahre 1290 hatte Philipp einige unbedeutende Einkünfte »gegen einen natürlichen Profit eingetauscht, der ebenso unverbrüchlich ist wie das Gold, das die Währung deckt, darüber hinaus aber unerschöpflich – das Salz« (P. Moulinier 1960). Er bewegte sich damit auf der Höhe der Zeit. Nach dem Vorbild seiner

89. Blick auf die Salzgärten von Hyères. Tuschezeichnung aus dem 18. Jahrhundert.
Bibliothèque nationale, Paris.

90. Salzgärten von Peccais, heutigentags. Im Hintergrund die Stadtmauern von Aigues-Mortes.

Untertanen schlüpfte er, um sich gegen die unaufhörlich steigenden Ausgaben zu wappnen, die er aus seiner Schatulle bestreiten mußte, in die Rolle des Unternehmers.

Seine neuerworbene Domäne war beachtlich. Sie umfaßte 16 Salzgärten auf einer Fläche von 1000 ha. Sie wurde von Pächtern und einer Brigade Arbeitern bewirtschaftet, denn Unternehmen von dem Zuschnitt Peccais' oder Hyères' hatten den Rahmen ländlich-handwerklicher Ausbeutung längst überschritten. Ihre Organisation entsprach der eines frühkapitalistischen Gewerbebetriebes und erforderte bedeutende Investitionen. Die Pacht eines Salzgartens wurde nicht mehr dem erstbesten Bieter zugesprochen, sondern nur noch an Geschäftsleute vergeben, die über solide finanzielle Reserven verfügten – häufiger noch an Gesellschaften aus mehreren, meist italienischen Kaufleuten und Bankiers. Hier, auf den Salinen, schlug die Geburtsstunde des Kapitalismus. Der Salzhandel blieb bis zur Mitte des 15. Jahrhunderts ein freier Handel, in den Händen italienischer Händler, die sich in Avignon niedergelassen hatten – wie z. B. zwischen 1376 und 1379 der junge Francesco Datini aus Prato.

Gewiß war Peccais unter allen Meersalzanlagen im Mittelmeer die privilegierteste, dennoch nicht vor jeglicher Konkurrenz geschützt. Im Jahr 1301 gründeten Philipp und der Graf der Provence eine *societas*, eine Art Vertriebskartell, mit dem die beiden fürstlichen Salzerzeuger die Verschiffung des Salzes auf der Rhone regelten, also ihre Absatzgebiete aufteilten. Der König sicherte sich jedoch bei diesem Geschäft den Löwenanteil, nämlich zwei Drittel aller Lieferungen in das Königreich (hauptsächlich in das Gebiet zwischen Beaucaire und dem Mâconnais) sowie die Hälfte derjenigen in die linksrhonischen Provinzen des Reiches, von Avignon bis zum Genfer See. Damit bekam der König direkten Zugang zum Westschweizer Markt – für Jahrhunderte die beste ausländische Kundschaft. Die Konkurrenz des atlantischen Baiensalzes in den französischen Zentralprovinzen wurde auf administrativem Wege geregelt, indem jeder Provinz per Dekret eine bestimmte Provenienz zugeordnet wurde. Als ernsthafter und hartnäckiger hingegen erwies sich die Konkurrenz der burgundischen Salzbergwerke.

Peccais sah sich im Laufe der Zeit häufigen Bedrohungen ausgesetzt: im Mittelalter den Attacken der Mauren, später den Wirren der Reformation. Noch im 18. Jahrhundert fürchtete man sich in Peccais vor den »Unternehmungen der Unzufriedenen im Land, die eine Invasion der Engländer von der Rhonemündung her begünstigten«, obwohl bereits nach 1290 ein Fort zum Schutz der Salzanlagen errichtet worden war, dem sich ab 1560 ein zweites hinzugesellte. Die noch erhaltenen Befestigungen in Aigues-Mortes, Peccais und anderen Orten der Camargue sind stumme Zeugen der einstigen Bedeutung dieser Anlagen für die Finanzen des Königs und die gesamte französische Wirtschaft bis zum Ende des Ancien Régime.

Der Reichtum der Inseln

Auch die Bewohner vieler größerer oder kleinerer Inseln im Mittelmeer gingen dem Salzgewerbe nach. Teilweise handelte es sich dabei um ansehnliche Förderstätten, die große Exportüberschüsse erwirtschafteten – allerdings zugunsten der den Warenverkehr abwickelnden Handelsrepubliken. Ihr Wohlstand versiegte jedoch im ausgehenden Mittelalter – mit Ausnahme der Baleareninseln Ibiza und Formentera.

Die Salzgärten Zyperns, Kretas und der Ionischen Inseln haben wir bereits erwähnt. Die Salinen auf den Kykladen, auf Euböa und dem Peloponnes standen alle mehr oder weniger unter venezianischer Kontrolle und belieferten nur die einheimische Bevölkerung. Das Salz aus Sizilien, namentlich aus Gela, hatte schon Plinius wegen seiner Qualität gerühmt. Im ausgehenden Mittelalter, vor allem aber zwischen dem Ende des 16. und dem 18. Jahrhundert, als der Stern ihres Glücks schon nicht mehr so hell strahlte, kauften die Venezianer ihr Salz gern im sizilianischen Trapani. Für ihre Schiffe mit mittlerer Tonnage bot sich dieser Hafen wie auch der des süditalienischen Barlettas eher an als Ibiza auf der Route zum Atlantik, wohin sie kaum noch aufbrachen.

Den Salinen auf Sardinien war ein anderes Schicksal beschieden: »frühreif« glänzend, aber kurz. Sardisches Salz war schon im 11. Jahrhundert begehrt, vor allem die sog. »Salzabtei« St. Victor in Marseille orderte es regelmäßig. Danach übernahmen pisanische Kaufleute den Salzhandel mit Sardinien. Im 13. Jahrhundert bezogen sie von dort etwa 3000 t pro Jahr. Als dann 1323/24 die aragonesischen Könige zu Sardiniens Herrschern wurden, bemächtigten sie sich einer wirtschaftlichen Ressource erster Güte, und dies genau zu einem Zeitpunkt, als die Nachfrage nach Salz überall in Eu-

ropa anstieg und sich die Märkte deutlich belebten. Tatsächlich gelang es der Verwaltung der *Salines Reyals* (königlichen Salinen) in Cagliari, durch proto-kapitalistische Fördermethoden die Kapazität der Anlagen in 20 Jahren um das Doppelte zu steigern. Aragonesen, Katalanen, einige Reeder von der gegenüberliegenden Küste des Golfs von Salerno, die Sarden selbst und vor allem Genueser Kaufleute transportierten das Salz in alle Himmelsrichtungen. Dieses Wirtschaftswunder erwies sich jedoch als Strohfeuer, das nur eine oder zwei Generationen lang andauerte. Im 15. Jahrhundert erzeugte Sardinien gerade noch einige hundert Tonnen Salz. Diese Krise der Salinen läßt sich zurückführen auf die nachteilige Politik Aragons und auf die Ausplünderung Sardiniens durch die Eroberer, die die Insel in Lehensgebiete aufteilten. Dagegen setzte sich die einheimische Bevölkerung ebenso erbittert zur Wehr wie gegen die Zwangsarbeit in den Salinen, zu der die Bauern aus den umliegenden Dörfern gepreßt wurden. Aber auch die allgemeine europäische Wirtschaftsflaute zwischen dem 14. und 15. Jahrhundert wirkte sich auf die sardische Salzerzeugung aus, ferner die zusehends härtere Konkurrenz anderer Küstenstriche dieser Meeresregion. Die Schiffsreise nach Cagliari versprach immer weniger Gewinn. An den Wasserstraßen des großen Seehandels günstiger gelegen, drängten sich andere Salinen auf: die nordafrikanischen, La Mata bei Cartagena, vor allem aber Ibiza.

Ibiza nimmt in der Geschichte der Salzgewinnung einen besonderen Platz ein. Abgesehen von Peccais verfügt die Insel über den einzigen zusammenhängenden Salinenkomplex, der bis auf den heutigen Tag alle Anfechtungen überstanden hat und ein bedeutender Faktor des internationalen Salzhandels geblieben ist.

Auch hier gingen die Bewohner schon in der Antike dem Salzgewerbe nach, aber erst im 13. Jahrhundert erregten ihre Erzeugnisse die Aufmerksamkeit von Königen und Kauffahrern. Jakob I. von Aragon, der die Balearen 1235 erobert hatte, zwang den Inselbewohnern einen Vertrag auf, der praktisch ihm und einigen Adligen den Besitz aller Salinen sicherte. Von nun an spielte Ibiza seine Trümpfe aus. Der Insel kamen geeignete Küstenstriche und ein günstiges Klima zugute. Die anspruchslose Bevölkerung widmete sich völlig der Salzherstellung, die ihre so gut wie ausschließliche Existenzgrundlage bildete. Alles Lebensnotwendige, vor allem Weizen, bezog sie im Austausch für Salz vom Festland. Als 1458 Alfons V., der nunmehrige König von Aragon, die Beladung ausländischer Schiffe mit Salz verbieten wollte, hielten ihm seine Inseluntertanen vor, daß er sie damit zum Hungertode verurteilen würde.

Der entscheidende Vorteil Ibizas aber war die geographische Lage der Insel. Nachdem ab etwa 1300 der Seeweg zum Atlantik durch die Straße von Gibraltar erschlossen war, liefen alle venezianischen und Genueser Schiffe unterwegs die Insel an, um in dem bequem zugänglichen Hafen zumindest Süßwasser zu bunkern. Außerdem bot sich bei der Rückkehr aus dem »Nordmeer« immer die Möglichkeit, ohne großen Zeitverlust eine Schiffsladung Salz zu übernehmen, die sich zuhause vorteilhaft verkaufen ließ.

Seit dieser Zeit gelangte das Ibizaner Salz in aller Herren Länder – zunächst nach Nordafrika. An der unweiten maghrebinischen Küste indes tummelten sich die Korsaren, die nicht nur Schiffe, sondern mehrmals auch die Salzanlagen der Insel selbst überfielen. Ibiza belieferte gleichermaßen Genua und Venedig, die ewigen Rivalen, die dieses Salz wiederum nach Norditalien und in die Alpen bis in die Schweiz transportierten. Auch Neapel und Sizilien (trotz eigener blühender Salzproduktion) und Mallorca zählten zu den Abnehmern. In den Jahren 1336–1340 beliefen sich die gesamten Ausfuhren auf 10 593 t, also durchschnittlich auf mehr als 2000 t jährlich. Das lag zwar etwas unterhalb der Menge Cagliaris auf Sardinien, konnte sich aber sehen lassen. Danach stieg der Export rasch an – auf 10 000 bis 15 000 t jährlich in den Jahren nach 1450.

Für Venedig wurde Ibiza von nun an Teil seiner regulären Versorgung – geregelt durch den *Ordo Salis*, eine Art Gesetzestext über den Salzhandel, der alljährlich verkündet wurde. Genua, das auf die Ressourcen Ibizas im 13. Jahrhundert aufmerksam wurde, bezog sein Salz zu jener Zeit noch hauptsächlich aus den Salinen in Hyères (Côte d'Azur). Im 15. Jahrhundert genügten deren Erträge für den Bedarf der Genueser nicht mehr, weshalb sie sich nun verstärkt der Baleareninsel zuwandten. Dem allerdings stand ein Hindernis im Wege: Das Verhältnis zwischen der Handelsrepublik und dem Königreich Aragon war traditionell feindselig, und so konnten die Genueser Schiffe nicht in Hafen von Ibiza einlaufen. Um dieses Ärgernis zu umgehen, mieteten sie künftig Schiffe, die unter fremder, hauptsächlich baskischer Flagge segelten.

Zum ersten Mal liefen baskische Schiffe die Insel 1351 an, nach 1400 dann regelmäßig. Sie fuhren nicht allein im Auftrag Genuas, sondern auch auf eigene Rechnung, um die eigene Fischerei mit Salz zu besseren Konditionen zu versorgen, als sie die Salinen an der Atlantikküste boten. Und zu noch entfernteren Kunden unterhielt Ibiza Handelskontakte: Am 15. April 1404 teilte der hiesige Repräsentant des schon erwähnten Francesco Datini seinem Herrn mit, daß am Vorabend zwei Schiffe aus Flandern festgemacht hätten, um Salz »ne Lamagnia«, also für Deutschland zu übernehmen. Dieses Ereignis war ungewöhnlich, aber es zeigt, daß der Weg für das Salz der Insel nach Nordeuropa durchaus offen war. Im folgenden Jahrhundert wurde es sogar regelmäßig dorthin verschifft.

Der Streit um das Salz aus dem Mittelmeer tobte heftig, vor allem am Ende des Mittelalters und während der Renaissance. Diese Kämpfe entzweiten weniger die Produzenten – mit Ausnahme der beiden fürstlichen Salzherren am Unterlauf der Rhone – als vielmehr die Zwischenhändler. In den wichtigsten Episoden der Geschichte des Mittelmeersalzes kommt vor allem die uralte Rivalität zwischen den beiden Handelsgroßmächten Genua und Venedig zum Ausdruck – eine ebensosehr politische wie wirtschaftliche Rivalität. Salz dort zu kaufen, wo es im Überfluß vorhanden war und sich ein leicht zugänglicher Hafen zur Verschiffung anbot, es dann dorthin zu transportieren, wo Salzmangel herrschte – das hielt Lieferanten und Konsumenten in wechselseitiger Abhängigkeit voneinander, solange die regelmäßige Salzversorgung eine existenzielle Frage blieb. Gerade die Verflechtungen der verschiedenen Handelsströme in diesem abgeschlossenen Meer verleihen dieser Geschichte ihren komplexen, aufregenden und ungeordneten Charakter.

Der 42. Breitengrad

Das Salz der Atlantikküste kann auf eine ähnlich bewegte Geschichte zurückblicken; indes nahm sie einen anderen Verlauf. Seit dem 14. Jahrhundert standen sich hier einerseits die Bretonen und Franzosen, andererseits die Portugiesen und Spanier als Konkurrenten gegenüber. Es ging um einen einzigartigen und riesigen Markt: um den der fischfangen-

91. Vor dem Herannahen eines Unwetters schaufelt der Salineur die Salzmaische in ein Loch an der Ecke des *cavedino*. Wenn die Sonne wieder scheint, breitet er die Salzlake durch einen Reisigfilter wieder aus, um jede Beschädigung des Bodens zu vermeiden.
Seemuseum, Piran.

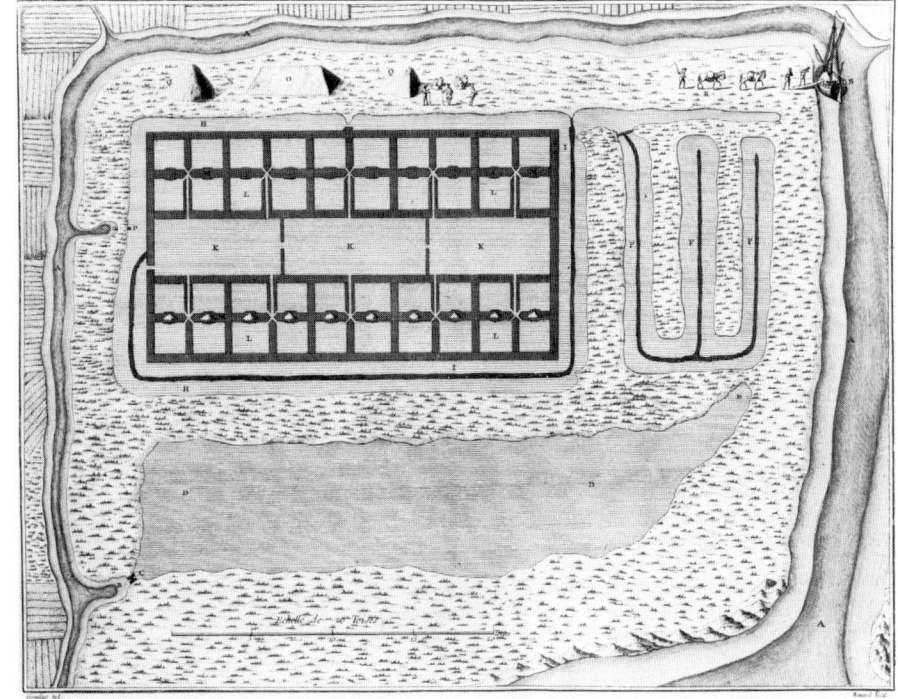

Minéralogie, Salines. Travail du Sel dans les Marais Salans.

92. Lageplan eines Salzgartens mit den verschiedenen Bekken, in denen das Salzwasser langsam verdunstet, bis hin zu den sog. Trockentischen, auf denen das eingesammelte Salz deponiert wird. Danach trug man es zu »Salzhügeln« (»Camelles«) zusammen, bevor es zur weiteren Verladung in den Hafen kam.
Aus der *Encyclopédie* von Diderot und d'Alembert (1765).

117

den Länder Nordeuropas. Diese Staaten hatten entweder keine eigenen Ressourcen oder verfügten angesichts ihres großen Bedarfs nicht über genügende Mengen; aber sie hatten den direkten Zugang zum Meer und eigene Flotten. Ihre Seemacht war den Streitkräften ihrer Lieferanten mindestens ebenbürtig, wenn nicht gar überlegen. Engländer, Schotten, Normannen, Flamen, Holländer, Dänen, Schweden und die Schiffe der Hanse vermochten die langen Seewege ohne Schwierigkeiten zurückzulegen und sich aus eigener Kraft mit Salz an der französischen, spanischen oder portugiesischen Küste einzudecken. Der Vertrieb des Atlantiksalzes benötigte also keine Zwischenhändler, wie es Venedig oder Genua im Mittelmeer waren. Auch scheint es, von kleineren Zwischenfällen einmal abgesehen, nie zu Streitigkeiten zwischen den Ausfuhrländern gekommen zu sein. Denn das Angebot war, obwohl hier stärker als im Mittelmeerraum jahreszeitlichen Schwankungen unterworfen, in der Regel ausreichend und stets verfügbar.

In gewisser Weise kam in der Konkurrenz zwischen dem französischen und dem iberischen Salz der Gegensatz zweier Nationen zum Ausdruck. Nicht von ungefähr trugen chauvinistische Momente dazu bei, daß die Konflikte beim Salzhandel nicht allein durch wirtschaftliche Strategien, sondern auch durch den Austausch diplomatischer Noten ausgetragen wurden und folglich zu politischen Konfrontationen führten. Auf französischer Seite machte sich im 16. und 17. Jahrhundert die geistige, ökonomische und wissenschaftliche Elite für die Belange des eigenen Landes stark. So bekannte Persönlichkeiten wie Jean Bodin, Bernard Palissy, Antoine de Montchrestien oder Claude Masse, unter Ludwig XIV. Ingenieur des Königs, vertraten mit wissenschaftlichen Argumenten nachdrücklich die Meinung, daß das westfranzösische Salz »das am meisten geschätzte in Europa« sei (C. Masse).

Unter den nationalistischen Verteidigern des Baiensalzes ragte Jean Bodin durch besondere Entschiedenheit hervor. Er ließ nur die Salzsorten gelten, die zwischen dem 42. und dem 47. Breitengrad gewonnen wurden. In seiner ob ihrer »brillanten« Argumentation berühmten *Response à M. de Malestroit* aus dem Jahre 1568 teilte er »streng objektiv« mit, daß die Nordeuropäer »vor allem deshalb unser Salz kaufen, weil es Manna ist, das uns Gott in seiner Gnade und fast ohne Aufwand zuteil werden läßt. Da den Völkern im Norden jenseits des 47. Breitengrades die Hitze fehlt, kann

dort kein Salz entstehen.« Dieser 47. Breitengrad durchquert just die Bucht von Bourgneuf, und so schloß die »besondere göttliche Fügung« gerade die Bretagne von der Salzerzeugung aus – Pech für sie! Aber den größten Hohn brachte Bodin dem südeuropäischen Salz entgegen. In seinem Eifer brachte er dieses, ebenso eigenartig wie willkürlich, mit einigen außerfranzösischen Steinsalzvorkommen in Verbindung, die auch nicht das geringste mit der vermeintlichen Zwangsläufigkeit irgendwelcher Breitengrade zu tun hatten: »Unterhalb des 42. Breitengrades läßt die brennende Hitze das Salz brüchig werden, was den Menschen nicht bekommt und das Pökelfleisch verderben läßt, wie es auch die burgundischen Salzquellen und das Steinsalz aus Spanien und Ungarn tun und deshalb nicht im entferntesten die Güte unseres Salzes erreichen. Daraus folgt, daß Engländer, Schotten und Flamen, die viel Handel mit Salzfisch betreiben, ihre Schiffe oft mit Sand beladen und lieber auf andere Waren verzichten, nur um unser Salz zu kaufen.«

Bernard Palissy hieb einige Jahre später (1580) in dieselbe Kerbe: »Das Salz erfreut den Menschen«, ließ er wissen, und fügte ohne falsche Bescheidenheit hinzu: »Oh, wieviel größer ist das Glück Frankreichs vor anderen Nationen.« Für ihn war das Salz aus Portugal, das Bodin noch nicht einmal der Erwähnung für wert befunden hatte, der Inbegriff allen Übels: »Wie unbeschreiblich groß ist die Hitze in Portugal, und sie gibt dem Salz eine solch große und ätzende Schärfe, daß einige Bauern, die ihre Speckseiten gesalzen hatten, große Löcher darin fanden, und die rührten von den großen Salzkörnern her, die sich durch die genannten Speckseiten gefressen hatten.« Ähnliche Äußerungen häuften sich im 17. Jahrhundert, zu einer Zeit also, da das so geschmähte Salz immer mehr nachgefragt wurde. Staatssekretär Pontchartrain schrieb 1693 an den königlichen Gesandten in Schweden: »Ich freue mich sehr, daß Sie den schwedischen Ministern die falsche Meinung, die man ihnen hinterbracht hatte, ausreden konnten, wonach es in Frankreich kein Salz mehr gebe; es ist eine Tatsache, daß das portugiesische Salz sehr viel unreiner ist als das französische und es bei den schwedischen Matrosen sehr leicht Skorbut auslösen kann.«

Dennoch – die Meinung der Käufer wog schwerer. Sie war Schwankungen unterworfen und ließ sich vielleicht da und dort auf die frühere Tradition der Verproviantierung mit Küstensalz von Guyenne und später Saintonge verpflichten. Aber die Anzei-

93.   Der Salzgarten von Batz sur Mer auf der Halbinsel Guérande (Bretagne).

chen sind unabweisbar, daß schließlich das Salz aus Lissabon und Setubal den Vorzug erhielt. Letzten Endes waren eben doch, was die verschiedenen salzgewinnenden Küstenstriche anbelangt, die wirtschaftlichen Bedingungen, die Handelspreise und die stets wechselnden politischen Konjunkturen ausschlaggebend. Auch die geplante Verwendung spielte bei der Auswahl der bevorzugten Salzsorte eine Rolle. Die Holländer bewiesen dabei vielleicht den größten Erfindungsreichtum, als sie im 17. Jahrhundert dazu übergingen, das iberische Salz mit dem aus Brouage zu vermischen, und so »sehr schöne und gute Pökelprodukte« erhielten.

Die Bucht von Bourgneuf

Die Umstände, unter denen Engländer das Salz aus der Bucht von Bourgneuf im 14. Jahrhundert »er-

fanden«, haben wir bereits im 4. Kapitel beschrieben; wir wissen auch, was für einen entscheidenden Einfluß diese »Erfindung« auf die internationale Entwicklung des Salzhandels und der Salzproduktion auslöste. Die Verbraucher in Nordeuropa bezeichneten fast bis in die Gegenwart als *Salt Bay* oder *Baiensalz* alle Salzarten, die an der Atlantikküste erzeugt wurden, z. B. in Bourgneuf, Brouage, Oléron oder Bayonne.

»Erfindung« ist hier relativ zu verstehen. Die Salzgewinnung entlang der französischen Küste hatte schon lange vor dem 14. Jahrhundert begonnen, und sie baute auf antiken, keltischen oder römisch-gallischen Vorläufern auf. Eine Zeitlang wurde sie, wie in Südfrankreich, hauptsächlich von Klöstern betrieben, und im 10. Jahrhundert widmeten sich ihr die Normannen in besonderem Maße. Zwei Jahrhunderte später begannen die Engländer, Salz zusammen mit dem von ihnen inzwischen geschätzten Wein aus ihrem Herrschaftsgebiet um Guyenne zu importieren. Im 13. Jahrhundert entwickelte sich aus diesen Einzelimporten eine ständige Einfuhr, und das Salz aus Brouage tauchte zu dieser Zeit sogar gelegentlich schon in Skandinavien auf, z. B. auf dem Markt von Söderköping unweit von Stockholm unter dem Namen *vinlanz farn salt*. Einige Historiker glaubten aus dieser Bezeichnung ein »Salz« herauslesen zu müssen, das »aus dem Land des Weins« stamme. Tatsächlich aber handelte es sich wohl eher um die falsche Schreibweise von *umlanz farn salt (Umlandfahrtsalz)*, d. h. »das Salz, das durch den Sund« und letztlich vom Atlantik kam.

Dennoch setzte der ausgedehnte Handel mit dem Salz aus Bourgneuf erst um die Mitte des 14. Jahrhunderts mit Beginn des Hundertjährigen Krieges zwischen Frankreich und England ein. Diese zeitliche Koinzidenz mag zunächst überraschen. Sie erklärt sich jedoch aus der Importabhängigkeit Englands sowie aus dem besonderen juristischen und politischen Status dieser Bucht. Sie trennte nämlich das bis 1532 unabhängige Herzogtum Bretagne von der Grafschaft Poitou, die, zwischen Engländern und Franzosen lange umkämpft, im Jahr 1369 von Karl V. endgültig der französischen Krone einverleibt wurde. Aufgrund einer alten Übereinkunft waren zwischen diesen beiden Provinzen gemeinsame Märkte eingerichtet worden, über die keiner der Herrscher Hoheitsrechte ausüben durfte. Die Bucht besteht aus einem Strand von etwa 35 km Länge; sie ist trotz des Schutzes, den ihr die Insel Noirmoutier gegen den Atlantik bietet, wenig einladend. Der gesamte Mittelteil des Strandes, einschließlich der Salzgärten, war in diese Freihandelszone einbezogen – ein Umstand, der sich umso günstiger auswirkte, als die Herzöge der Bretagne im Krieg ihrer Nachbarn neutral blieben. Außerdem trieben sie die Expansion der Salzanlagen durch eine geschickte Steuerpolitik, geeignete Investitionen und pächterfreundliche Verträge energisch voran. Die meisten der bretonischen Salzgärten gehörten dem Adel (z. B. den Familien de Retz, de Machecoul, de Craon und de la Trémoille), Klöstern oder einfachen Bürgern. Alle bemühten sich nach Kräften, die bestmöglichen Gewinne aus den Anlagen zu ziehen. Außer der Grundrente, die von der Lagegunst der einzelnen Salinen abhing, standen den Besitzern Abgaben auf die Produktion zu – Naturalabgaben (eine bestimmte Anzahl von Salzsäcken), finanzielle Abgaben (bis zu 10% des Erlöses) oder kostenlose Dienstleistungen (Hand- und Spanndienste). Im Unterschied zum übrigen französischen Königreich wurde die Salzsteuer *(la gabelle)* weder in Poitou noch in der Bretagne erhoben. Als sie der König 1383 in Poitou einführen wollte, löste er die massenweise Abwanderung der Salinenarbeiter in die nahe Bretagne aus und mußte die Steuer bald wieder zurücknehmen. Aus all diesen Gründen erwiesen sich die Salzgärten in der Bretagne und in Poitou trotz zahlreicher Lasten und Abgaben für alle Beteiligten – Besitzer wie Nutznießer, Pächter und Salzbauern – als einträgliches Geschäft.

Und so blieb es zwei Jahrhunderte lang. Aufgrund vorübergehender wirtschaftlicher und politischer Konstellationen hatte sich das Baiensalz durchgesetzt. Ihm kamen eingefahrene Gewohnheiten und bequeme Handelswege zugute, und das trotz seines Rufes, nur von zweifelhafter Qualität zu sein. Denn dieses »graue Salz«, das sich schon auf den ersten Blick von anderen Sorten unterschied, hatte einen großen Vorteil – es war billig. In den Fischereihäfen Skandinaviens oder der Ostsee kostete es trotz der weiten Entfernung 30–50% weniger als das Salz aus Lüneburg.

Nicht etwa, daß Bourgneuf zu den größten europäischen Förderstätten gezählt hätte. Es belieferte vor allem die Bevölkerung des Pariser Beckens. Im 15. und zu Beginn des 16. Jahrhunderts wurden von hier aus überdies schätzungsweise 1000 bis 2000 t pro Jahr nach Nordeuropa exportiert. Aber selbst wenn diese Angaben zu tief gegriffen sein sollten, so blieb doch die Ausfuhr deutlich unter den Kontingenten, die in Lüneburg, den Ostalpen oder im Mittelmeerraum bewegt wurden. Allerdings gab in der Geschichte des Salzes der quantitative Aspekt nicht immer den Ausschlag: Das »Salz aus der Bucht« leistete trotz seiner geringen Qualität und Menge einen bedeutenden Beitrag zum Aufschwung des nordischen Fischgewerbes und, an der Schwelle der Neuzeit, dadurch indirekt auch zu einer fast revolutionären Änderung der Ernährungsweise in einem großen Teil Europas. So findet es sich – verschwiegen, aber nachdrücklich – auch an der Wiege der großen Seereichtümer Englands, Hollands und Schwedens.

Erst gegen Mitte des 16. Jahrhunderts ging es mit den Salzgärten um Bourgneuf bergab. Das wesentlich reinere Salz aus dem portugiesischen Setubal begann das Baiensalz vom Markt zu verdrängen – ein Vorgang, gegen den die französischen Experten wie Bodin, Palissy oder Montchrestien so erbittert ankämpften. Andererseits – und gegen ihren Rat – förderte die französische Verwaltung weder die Produktion noch den Export des Baiensalzes in nennenswerter Weise. Sie forcierte lieber den stark besteuerten innerfranzösischen Salzhandel und bevorzugte die weiter südlich liegenden Salzgärten, z. B. in Saintonge. Sie lieferten zwar kein besseres Salz, waren aber der Gabelle unterworfen.

Nicht weit entfernt von Bourgneuf, auf der anderen, bretonischen Seite der Loiremündung, liegt die Halbinsel Guérande. Sie produzierte ein Salz vergleichbarer Qualität, das auch ein ähnliches Schicksal erlebte. Da es allerdings vor allem in die Bretagne und in die angrenzenden Provinzen des französischen Königreichs geliefert wurde, war es weniger dem Auf und Ab des internationalen Salzhandels unterworfen.

Obwohl von den Nordeuropäern häufig mit denen von Bourgneuf verwechselt, erlebten die anderen Salzgärten an der französischen Atlantikküste auch eine andere Geschichte. Die wichtigsten unter ihnen waren die von Aunis und Saintonge, zwischen La Rochelle und der Mündung der Gironde. Dort erstreckten sich vier große Salinen, deren Produkte sämtlich nach der bekanntesten – Brouage – bezeichnet wurden. Die anderen drei lagen bei Marennes, wo heute Austern in denselben Becken gezüchtet werden, in denen früher Salzbrühe schwappte, sowie auf den beiden Inseln Oléron und Ré, wo einst schönes weißes Salz gewonnen wurde. Ganz weit im Süden gab es dann noch die Salzgärten von Bayonne, die aber nie dieselbe Ausdehnung erreichten.

Bayonne und vor allem Brouage hatten bereits lange vor Bourgneuf und Guérande am internationalen Salzhandel teilgenommen, stimuliert durch die englische Herrschaft über Guyenne. Diese politisch günstigen Bedingungen kehrten sich im Laufe des Hundertjährigen Krieges etwa zu dem Zeitpunkt um, als die Nachfrage der nordeuropäischen Viehzüchter und Fischer wuchs. Nachdem beide Gebiete wieder vollständig in den Besitz der französischen Krone übergegangen waren, begann ein neuer Aufbruch. Zunächst belieferten sie den französischen Südwesten, im 16. Jahrhundert nach dem Ausfall von Bourgneuf auch den europäischen Norden. Beide prosperierten kräftig – wenn auch dieses Wohlergehen durch die Religionskriege für kurze Zeit gefährdet schien. Als Karl IX. und seine Mutter Katharina von Medici im September 1565 die Anlagen in Marennes besichtigten, wurden diese aufgrund ihres Steueraufkommens als »Goldgrube des Königs« bezeichnet, und das blieben sie bis zur Französischen Revolution im Jahre 1789. Im 18. Jahrhundert betrug ihre Förderung durch-

schnittlich ca. 110 000 t pro Jahr, und sie wurde bis in die Mitte des 19. Jahrhunderts aufrechterhalten. Nur in Brouage mußte sie bereits etwa 100 Jahre zuvor aufgegeben werden, da die dortige Saline allmählich versandete.

Das weiße Salz aus Setubal

Das Salz aus Spanien und Portugal tauchte erst relativ spät, d. h. nicht vor dem 15. Jahrhundert, auf dem internationalen Markt auf, dann aber recht bald als der gefürchtete Konkurrent, den Jean Bodin und Bernard Palissy mit mehr leidenschaftlichen als überzeugenden Argumenten bekämpften. In der Tat hatte das *Lissabon Salz* schon vor dem 16. Jahrhundert in der Verbrauchergunst mit dem *Baiensalz* gleichgezogen.

An der portugiesischen Küste wurden schon seit dem 10. Jahrhundert natürliche Salzsümpfe als Salinen bewirtschaftet. Die älteste unter ihnen lag bei Aveiro, im Norden Portugals. Gegen Ende des Mittelalters verlagerte sich der Schwerpunkt der Salzgewinnung aber in den Süden, zunächst nach Lissabon und von dort aus bis an die Algarve-Küste. Die wichtigsten Salzstandorte befanden sich also rings um die Hauptstadt und, nicht weit davon, bei Setubal und Alcacer do Sal. Im Lauf der Zeit setzte sich Setubal wegen seines großkristallinen und sehr weißen Salzes an die Spitze der übrigen portugiesischen Salinen; im 17. Jahrhundert erzeugte es 90% aller Salzexporte Portugals.

Diese Salzsorte hatte einige Trümpfe vorzuweisen. Zunächst ihre hervorragende Qualität, was auch immer ihre Kritiker dagegen vorzubringen hatten. Darüber hinaus war sie weniger hygroskopisch, ließ sich für Pökelzwecke (besonders für Käse und Hering) leichter pulverisieren. Außerdem war sie billig, da sie in einem nur wenig entwickelten Land mit geringen Lohnkosten produziert wurde. Dort gab es kein großes Gewerbe, dafür jedoch Arbeitskräfte im Überfluß. Dieses Salz unterlag keiner Steuer, die seinen Preis in die Höhe getrieben hätte, so daß es sich trotz der langen Lieferwege preiswerter verkaufte als die französische Konkurrenz. Dank günstiger politischer Umstände – die Schlußphase des Hundertjährigen Krieges war angebrochen – zog dieses Salz eines neutralen Landes zwischen 1420 und 1430 die Aufmerksamkeit holländischer Kaufleute und ihrer Kollegen bei der

94.   Der Hafen von Lissabon im 16. Jahrhundert. Kupferstich von Hans Stadein, 1592.

Hanse auf sich. Sie brachten es unter der eigenartigen Bezeichnung »Salz des Hl. Hubert« alsbald in Dänemark und etwas später auch in Danzig in den Handel.

Aber erst im 16. Jahrhundert gelangte seine Bedeutung zu voller Blüte, denn es geriet in den Sog der ungeheuren Expansion seines Herkunftslandes und profitierte von den ausgezeichneten Handelsbeziehungen zwischen Portugal und Antwerpen sowie den niederländischen Hafenstädten. Die Holländer verstanden sich schon seit längerer Zeit auf die Kunst der Salzverfeinrung und behandelten importiertes Salz vor seinem Weitertransport nach Skandinavien, Polen oder in das Baltikum dementsprechend. Selbst Frankreich spekulierte vor dem Hin-

tergrund der scharfen Konjunkturkrisen in der eigenen Salzerzeugung (gegen Ende des 16. Jahrhunderts) schließlich auf das Salz seines Konkurrenten, um es an die bisherigen ausländischen Kunden weiterzuverkaufen.

Trotz seines riesigen Kolonialreiches vermochte sich Portugal als Wirtschaftsmacht nicht zu behaupten. Der Salzexport blieb für Lissabon noch eine Zeitlang die bedeutendste Einnahmequelle, aber auf Dauer gelang es den portugiesischen Kaufleuten kaum, sich auf den großen Handelsplätzen im Ausland durchzusetzen. Ihre Anteile am Salzhandel gingen, vor allem in Antwerpen, im Laufe der Zeit an italienische, deutsche oder niederländische Händler über. Wie so oft, spielten auch hier die Unwägbarkeiten der politischen Entwicklungen eine Rolle: die Herrschaft Spaniens über Portugal aufgrund der Vereinigung der beiden Königreiche zwischen 1580 und 1640; der Aufstand der Niederlande, der den

122

Großhandel in Antwerpen zum Erliegen brachte und eine lange Feindschaft zwischen Spanien und der jungen niederländischen Republik auslöste; die teilweise Besetzung Brasiliens durch die Holländer im 17. Jahrhundert. Kurz: Der Salzhandel von Lissabon und Setubal geriet angesichts dieser Umstände gründlich ins Stocken, gerade weil die Holländer die größten Abnehmer gewesen waren, und die verfahrene Situation klärte sich erst wieder im portugiesisch-niederländischen Vertrag von 1669. Bei den Verhandlungen spielte das Salz eine gewichtige Rolle, denn Lissabon verpflichtete sich, die Kosten des holländischen Rückzugs aus Brasilien mit Salzlieferungen zu bezahlen.

Die spanische Salzerzeugung am Atlantik erreichte zwar nie die Bedeutung der französischen oder portugiesischen Salinen. Dennoch darf sie in unserer Betrachtung nicht fehlen, da die Nachbarn Spaniens in den Jahren geringer Eigenförderung auf sie ergänzend zurückgriffen. Die Küste Kantabriens exportierte sogar regelmäßig nach Frankreich. Und als zu Beginn des 16. Jahrhunderts vor der nordamerikanischen Küste der Kabeljaufang aufgenommen wurde, ankerten die Fangflotten aus Nordeuropa vor den Salzgärten von Cadiz und San Lucar de Barrameda (an der Mündung des Guadalquivir), um sich dort mit Salz zu verproviantieren, bevor sie endgültig zu den Sandbänken Neufundlands aufbrachen.

8. Kapitel
Die Verwendung von Salz

Das Salz erfreut die Menschen.

Bernard Palissy, Discours admirables, »Du sel commun« (1570)

Von der Salzherstellung zur Salzverwendung: Wozu haben die Menschen das Salz gebraucht?

Diese Frage scheint überflüssig zu sein, denn die Antwort liegt auf der Hand: Salz kam zum Einsatz in der Küche und bei Tisch, im Pökelfaß des Bauern und auf den Kais, an denen die Fischer festmachten. Diese Verwendungsformen haben sich über Jahrhunderte ebensowenig geändert wie die Art und Weise der Salzproduktion. Erst um die Mitte des 19. Jahrhunderts bahnte sich eine Wende an: Das Salz begann seine Funktion als Konservierungsstoff einzubüßen, zugleich aber für die großen Vorhaben der rasch wachsenden chemischen Industrie unverzichtbar zu werden.

Salz gegen Hunger

Eine ähnlich knappe Antwort wäre hier zu einfach und würde der Geschichte des Salzes nicht gerecht. Sie könnte der mannigfachen und eminenten Bedeutung nur halbwegs Genüge tun, die diesem unscheinbaren Gewürz im Bereich des Alltagslebens bisher zukam. Die quantitativen und qualitativen Fortschritte bei der Erzeugung sind nur eine mehr oder weniger unmittelbare Antwort auf die Verwendungsvielfalt und den Anstieg des Bedarfs gewesen. Die Geschichte des Salzes ist jedoch bestimmt worden vom Konsum, und dieser Konsum war sowohl physiologisch als auch wirtschaftlich festgelegt und erwies sich daher als außerordentlich wenig elastisch.

Betrachten wir die Dinge etwas näher. Wenn der Salzverbrauch bloß eine banale und stabile Tatsache gewesen wäre, hätte er nur in dem Maße variieren können, in dem die Bevölkerung ab- oder zunahm. Zwar gibt es diese demographische Konjunktur. Aber man muß sogleich einräumen, daß sie vor einer anderen Konjunktur verblaßt – vor der Konjunktur der Einbildungskraft. Und diese Einbildungskraft wiederum speist sich aus tausend Bedürfnissen, aus tausend Angstvorstellungen, deren beständigste und heftigste der Hunger ist. In ihrem Kampf gegen den Hunger, der aller Geschichte unterliegt, griffen die Menschen stets auf das Salz zurück, um auch noch die billigsten, schwerstverdaulichen und geschmacklosesten Speisen genießbar zu machen, um Nahrungsreserven anzulegen und mit leicht verderblichen Lebensmitteln über lange Strecken hinweg handeln zu können.

Das Salz ist kein Nahrungsmittel im strengen Sinn, sondern nur ein Gewürz, ein Konservierungsstoff, ein Additiv. Quantitativ betrachtet hat es niemals das Niveau der Grundnahrungsmittel Getreide und Fleisch erreicht. Und dennoch: Selbst wenn uns die vor noch nicht allzulanger Zeit produzierten und abgesetzten Salzmengen heute geradezu lächerlich erscheinen, so genügten sie doch, um ganze Völker vor dem Hungertod zu bewahren, ja sogar ihre Weiterentwicklung zu garantieren. Für die Richtigkeit dieser Behauptung gibt es ein gewichtiges Beispiel: Im 14. und 15. Jahrhundert erlebte die gesamte nördliche Hemisphäre – d. h. Europa, fast ganz Asien und ein Teil Afrikas – eine außergewöhnlich schwere Wirtschaftsdepression, gekennzeichnet durch Hungersnöte und die Pest. Die west- und mitteleuropäischen Völker inmitten des Krisengebietes reagierten darauf, indem sie in großem Maßstab gepökeltes Fleisch, Salzfisch und Käse herstellten und in weitem Umkreis vertrieben. Während die Bevölkerung insgesamt zurückging, wuchs der Salzverbrauch aufgrund dieser Pökelprodukte überraschend schnell an – innerhalb eines Jahrhunderts um etwa das Doppelte. Im 16. Jahrhundert ist dann eine weitere Welle salzkonservierter Lebensmittel festzustellen, dieses Mal aber, weil die Bevölkerung inzwischen kräftig zugelegt hatte. Hinzu kommt, daß um etwa 1500 der Kabeljaufang vor Neufundland gegenüber der Heringsfischerei in der Nord- und Ostsee an Umfang und Bedeutung zunahm, ebenso wie nach 1550 der Verzehr von Pökelfleisch auf Kosten von Frischfleisch. Ein weiteres Mal stieg so der Salzbedarf im Vergleich zur tatsächlichen Bevölkerungszunahme überproportional an. In der Geschichte des Salzes hinterließen folglich die wechselnden Nahrungsgewohnheiten der Menschen mindestens ebenso tiefe, wenn nicht sogar deutlichere Spuren als die Konkurrenzkämpfe der Salzerzeuger.

Für Salz gilt also das Motto: kleine Mengen – große Auswirkungen. Es wäre indes vergebens, hier präzise Angaben unterbreiten zu wollen. Die dokumentierten Zahlenangaben sind zu spärlich und zu ungewiß, um daraus allgemeine Aussagen abzuleiten. Selbst wenn wir die wenigen gesicherten Quantitäten, die in den beiden vorangehenden Kapiteln aufgeführt sind, summieren und hochrechnen, würde uns das nicht weit führen. Sollten wir daher nicht lieber von relativen, statt von absoluten Men-

96. Salznäpfchen aus Zinn. Fribourg (Schweiz). 17. Jahrhundert (9 × 6,5 × 3 cm).
Schweizer Salzmuseum, Aigle.

gen ausgehen, also von einer Abschätzung der einstmals vielfältigen Verwendungsarten des Salzes? Der Versuch ist gewagt. Lassen wir einmal die Frühgeschichte und die klassische Antike beiseite. Für das Hochmittelalter scheint es eine vernünftige Annahme zu sein, daß die geringen verfügbaren Salzmengen hauptsächlich nur zur Würzung der Speisen dienten, denn mit Salz konservierte Lebensmittel trugen damals nur zu einem sehr kleinen Teil zur Ernährung bei – vor allem im Norden, wo Salz eine Mangelware war. Seit dem 13. Jahrhundert ging der Anteil des reinen Küchenverbrauchs rasch zurück. Vermutlich entfielen auf die Nahrungsmittelkonservierung zwischen 50 und 60% der erzeugten Salzmenge, auf den direkten Verbrauch bei Mensch und Vieh um 30 oder 40%, auf die restlichen Verwendungszwecke zweifellos weniger als 10%. Nun wäre es eigentlich angebracht, nach einzelnen Regionen, den dort vorherrschenden Eßgewohnheiten und ihren üblichen Ressourcen zu nuancieren, aber das würde zu nichts führen. Die historische Bedeutung des Salzes besteht in seinen Auswirkungen, nicht in seinen Umschlagsmengen.

Und diese Auswirkungen haben die Menschen schon immer anerkannt. Seit Homer und dem Alten Testament haben unzählige Dichter und Gelehrte dem Salz ihre Reverenz erwiesen. Abweichende Stimmen sind die Ausnahme, z. B. die von Jonathan Swift, der seinen Gulliver verkünden läßt: »Zuerst

95. Salzbehälter aus Keramik. Frankreich, 18. Jahrhundert (Durchmesser: 9 cm; Höhe: 4 cm).
Schweizer Salzmuseum, Aigle.

fehlte mir das Salz sehr, aber ich lernte schnell, auch ohne es auszukommen. Ich bin überzeugt, daß sein häufiger Gebrauch bei uns nur ein Ausdruck von Luxus ist und einzig und allein zu dem Zweck eingeführt wurde, die Leute zum Trinken zu bewegen ...« Die symbolische und mythische Kraft des Salzes, die wir im 9. Kapitel noch beschwören werden, bezeugt übrigens, welche Aufmerksamkeit die Menschen seiner Würzkraft, seiner physiologischen und wirtschaftlichen Notwendigkeit zu allen Zeiten entgegenbrachten. Bis zum Zeitalter der Industrialisierung wurde das Salz trotz der Universalität seiner alltäglichen Verwendungszwecke stets als ein vornehmes Produkt betrachtet oder als Gabe, deren Wert sich nicht allein am Geldbeutel bemaß.

Diese mannigfachen Tugenden des Salzes drückte Isidor von Sevilla im Jahr 600 n. Chr. ganz einfach aus: »*Nulla enim utilius sale et sole.*« (»Es gibt nichts Nützlicheres als Salz und Sonne.«) Etwa 1000 Jahre später lautete das ebenso lapidare Echo von Bernard Palissy: »Das Salz erfreut die Menschen.«

Das Salz in der Küche und bei Tisch

Seit dem legendären Gastmahl des Trimalchio bis zur Nouvelle Cuisine von Paul Bocuse hat sich der häusliche Salzgebrauch, das Würzen der Speisen, so gut wie nicht verändert. Dieses Faktum bedarf keines langen Kommentars. Es ist der ursprüngliche Verwendungszweck, seitdem die Menschen der Jungsteinzeit sich weniger vom Fleisch ihrer Jagdbeute als vielmehr vom Getreide ihrer Felder zu ernähren begannen. Tatsächlich läßt sich der Zivilisationsgrad einer Gesellschaft daran erkennen, ob und in welchem Umfang sie ihre Mahlzeiten würzt. »Kann man essen, was ungesalzen ist?«, fragt Hiob (VI, 6), und in der Antike galt es als Zeichen von Barbarei und Exotik, ohne Salz auszukommen. Die *Odyssee* (XI, 122) spricht in diesem Sinne von »jenen Leuten, die überhaupt kein Meer kennen, niemals Salz in ihre Speisen streuen« und an das Ende der Welt verbannt sind. Dazu könnten auch die Numidier zählen, diese Nomaden in der Sahara, die sich von Milch und Wildbret ernährten, aber kein Salz oder anderes Würzmittel kannten, »das den Appetit erregt«, wie Sallust mit Erstaunen bemerkt.

97. Der Koch. Kupferstich von Nicolas Larmessan (d. Ä., 1694). Dieser Künstler hat eine ganze Serie von Handwerkern dargestellt, die er jeweils an ihrem speziellen Werkzeug kenntlich machte. Bibliothèque nationale, Paris.

Uns zeitlich und räumlich viel näher, bezeugt Brownrigg eine ähnliche Unkenntnis bei den Lappen im 18. Jahrhundert. Und noch vor einigen Jahrzehnten bestätigten Berichte von Ethnologen jene der Reisenden aus dem 16. Jahrhundert, daß bestimmte Stämme in Afrika, Neu-Guinea oder im Amazonasgebiet ohne Salz auskommen mußten.

Die Zeitgenossen Homers und König Salomons hingegen nahmen mit Salz gewürzte Speisen zu sich, die Römer sogar sehr stark gesalzene. In der griechischen und römischen Küche war Salz nicht allein Gewürz; es diente auch dazu, Oliven, Wurzeln oder anderes Gemüse einzumachen. Auf Platten mit rohem Gemüse milderte Salz die natürliche Schärfe der Zwiebel und des Lattichs: Ohne *Salz* würden wir heute keine *Salate* essen.

Wie nun aber hielt es die Landbevölkerung im Hohen Mittelalter (und später) mit dem Würzen ihrer Mahlzeiten? Viele Bauern lebten weitab vom Meer oder irgendeiner anderen Salzquelle. Der Markt war kaum organisiert, das Salz zu teuer. Vor allem waren diese Bauern, die auf den Gütern ihrer Feudalherren arbeiteten, so gut wie gar nicht in die Geldzirkulation einbezogen. Womit sollten sie ihr Salz bezahlen? Wie M. Montanari (1979) zeigt, griffen viele von ihnen auf Ersatzmittel zurück, z. B. auf Pflanzenasche. Die besser versorgten Adligen – wir haben gesehen, welche Rolle die Klöster bei der Förderung und beim Handel spielten – traten kleinere Mengen an die Bauern ab, damit diese wenigstens ihren Brotteig würzen konnten. Brot als wichtigstes Grundnahrungsmittel wurde fast überall und in allen sozialen Schichten mehr oder weniger gesalzen – auf jeden Fall im Italien des Hochmittelalters mit Ausnahme der Toskana. Zusätzliche Salzgaben mußten sich die Leibeigenen und abhängigen Bauern durch besondere Hand- und Spanndienste bei ihren Grundherren »verdienen«. Die ländliche Bevölkerung Europas lebte jedoch nicht nur in bezug auf das Salz, sondern auch hinsichtlich der Kalorienmenge bis zum 11. Jahrhundert stets am Rande des Existenzminimums. Die Unterernährung war ein Dauerzustand, und zu Hungersnöten kam es häufig.

In einigen besonders exponierten Gegenden war sogar die gesamte arme Bevölkerung vom Hungertod bedroht. Sie versuchten, dem zu entkommen, indem sie ihre Ernährungsweise umstellten, was seinerseits eine Änderung der ländlichen Produktion zur Voraussetzung hatte. Zu dieser Lösung kam es vor allem in den abgeschiedenen Tälern der Alpen. Etwa im 10. Jahrhundert stellten die Bergbauern allmählich den Getreideanbau ein, ließen ihre Felder brach liegen und begannen nach dem Vorbild der Klöster und herrschaftlichen Ländereien mit der Viehzucht. So erzwang die Not der äußeren Umstände eine Wirtschaftsform, die die Ernährung der Bevölkerung beträchtlich verbesserte. Die Bergbauern züchteten bald mehr Vieh als notwendig, brachten ihre überzähligen Rinder und Schafe auf die sich entwickelnden städtischen Märkte und kauften mit dem Erlös Korn für ihr Brot und Salz zur Konservierung von Fleisch und Käse. Sie setzten damit eine Spirale ständig veredelter Produkte und wachsender Gewinne in Gang, was schließlich zu einer bemerkenswerten Wirtschaftsentwicklung führte.

In den letzten Jahrhunderten des Mittelalters hatten sich die Zugangsmöglichkeiten derart verbessert, daß es Salz praktisch in jedem Haushalt gab, abgesehen von den unzugänglichsten Gegenden Nordeuropas. Im Vergleich zu den Grundnahrungsmitteln blieb Salz jedoch teuer. So mußte eine durchschnittliche Familie in der Normandie im 15. Jahrhundert dafür etwa 7,5 % der gesamten Lebensmittelkosten aufbringen. In Zürich mußte ein ausgebildeter Handwerker um 1620 im Schnitt 2,5 Tage für 8 kg Salz arbeiten. Aber außer in schlechten Jahren war das Salz nicht so teuer, als daß sich nicht auch arme Familien das lebensnotwendige Minimum hätten leisten können. Der Salzpreis blieb ziemlich stabil, viel konstanter z. B. als der Brotpreis, der je nach Jahreszeit beängstigend schwankte. »Niemand ist in dieser Welt, ob groß oder klein, der nicht großen Appetit nach trockenem Brot, Wasser und Salz

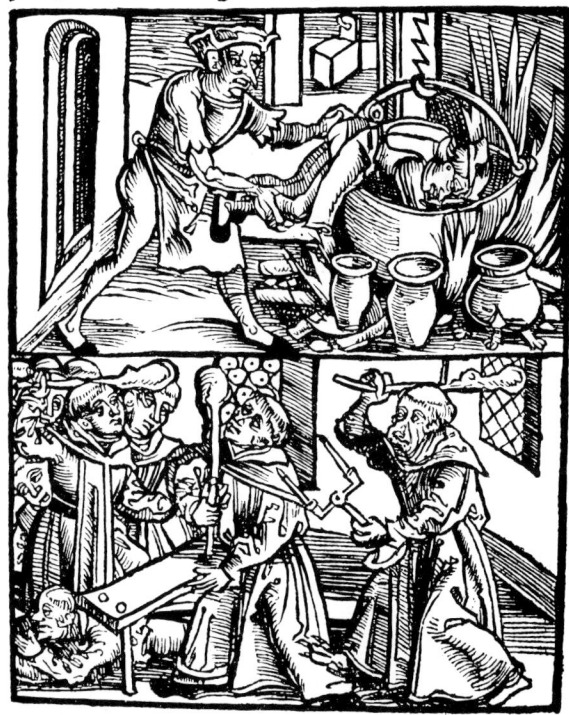

98. Bruder Klaus, eine legendäre Teufelsfigur, hat sich in die Küche einer Abtei eingeschlichen und taucht den Koch in einen Kessel. Der hölzerne Salzbehälter hängt an der Wand. Holzschnitt aus Straßburg, 1515.

Buchemaiftrey.

99. Der gute Koch schmeckt das Salz in der Speise ab. Holzschnitt von J. Froschauer, Augsburg 1507.

empfindet«, versicherte Jean Bruyant, ein königlicher Notar, in seinem Buch *Chemin de Povreté et de Richesse* (15. Jahrhundert).

Seit dieser Zeit fehlte Salz weder in der bescheidensten noch in der vornehmsten Küche. Vor allem in Westeuropa half man sich damit über das tägliche Einerlei des immergleichen, faden Mehlbreis hinweg, und der tägliche Verbrauch stieg auf 20 g pro Person. Das Salz gelangte allerdings nicht in dem aufbereiteten und pulverisierten Zustand in die mittelalterliche Küche, wie wir es heute gewohnt sind. Damals boten es die Händler nur in großen Brocken an, die, zumal wenn es sich um Meersalz handelte, reichlich verschmutzt waren. Nach dem Einkauf mußten die Frauen diese Salzklumpen also zunächst zerkleinern, um sie in einen verwendungsfähigen Zustand zu bringen. Wie das zu bewerkstelligen war, konnten sie in einem der vielen *mesnagiers* nachlesen, jenen Leitfäden zur Haushaltsführung, die gegen Ende des Mittelalters oder während der Renaissance erschienen und auch in der Kunst des

Salzmahlens unterrichteten – sofern sie eben lesen konnten, was meist nicht der Fall war. Namentlich in ländlichen Regionen wurde deshalb diese Kunst, zusammen mit den Rezepten der traditionellen Küche, meist mündlich von der Mutter an die Tochter weitergegeben – und ist dort noch nicht gänzlich in Vergessenheit geraten. So bekundete noch unlängst eine Bäuerin aus dem Dorf Evolène im Eringertal (Wallis): »Meine Großmutter erzählte mir, daß in ihrer Jugend – und auch in meiner – die Bauern nur Salz und Eisen außerhalb des Tals gekauft hätten ... Ich sehe meine arme Großmutter noch ihr graues, französisches Salz mühsam zermahlen. Sie verwendete dazu einen leicht gehöhlten Stein, den sie auf eine Truhe legte, und darauf tat sie das Salz. Danach mahlte sie mit einem anderen, runden Stein die groben Brocken zu Puder, um damit den Käse zu salzen.«

Die früheren Rezepte schrieben Salz generell als Zutat vor, ob nun für eine »Gerstengrütze« oder für einen bei schwacher Hitze zu kochenden Schweinepfeffer, der im 15. Jahrhundert zusammen mit gesalzenem Lebkuchen serviert wurde. Das Salz verschlug die natürliche Bitterkeit einiger Speisen und verwandelte sie in Würze; es reinigte auch die Haut der Fische und die Gedärme der Schweine, die man zur Herstellung von Blutwurst brauchte. Salz würzte ebenfalls die Getränke. Ein Arzneibüchlein aus dem 14. Jahrhundert schlug sogar vor, trüben Wein mit einer eigenartigen Mischung aus Spinat, den Samenkörnern der Pfingstrose, Eiweiß und einer starken Handvoll Salz zu klären. Alexandre Neckham (1157–1217) gab einen ähnlichen Rat: »*Non omittatur salis beneficium.*« Und noch im 18. Jahrhundert empfahl der englische Experte Brownrigg die Beimengung dieses Minerals, um Wein und Bier eine längere Haltbarkeit zu verleihen.

In den großen Küchen des Hochadels und der regierenden Fürstlichkeiten oblag der Salzeinkauf oft einem hochrangigen Hofbeamten. Auch die Armeen hatten große Küchen, und zu Beginn eines Feldzugs hatten sich die militärischen Führer nicht nur der ausreichenden Verpflegung mit Lebensmitteln zu versichern, sondern auch für genügend Salzvorräte zu sorgen. Mehr als ein italienischer Condottiere sah sich zum Abschluß einengender Verträge gezwungen, zugunsten gesicherter Salzlieferungen. Etwa um 1450 wandte sich der Herzog von Mailand, Francesco Sforza, mehrfach an Genua, um dort erhebliche Salzmengen – einmal sogar 4000 Tonnen auf einen Schlag – einzukaufen.

Schon zu dieser Zeit fand das »politische Spiel um das Salz« statt, auf das wir gegen Ende dieses Buches noch zurückkommen werden. So ist es mehr als wahrscheinlich, daß vor allem gegen Ende des Mittelalters dem Küchensalz eine gewisse militärische Bedeutung zukam. Ab dem 16. Jahrhundert und noch während der Napoleonischen Kriege war es dann weniger reines Salz, mit dem die Truppen verproviantiert wurden, als vielmehr Pökelfleisch, gesalzener Käse und eingelegter Fisch.

Das Salzgefäß als Sinnbild

»Das Salz gehört vor allen anderen Speisen auf den Tisch, denn es macht das Essen genußvoll und frisch«, empfahlen die Ärzte aus der Schule von Salerno im 13. Jahrhundert.

Das Salz auf dem Tisch – also in einem Gefäß? Das erscheint uns kaum des Aufhebens wert. In früheren Zeiten war das Salzfäßchen jedoch ein bedeutender Haushaltsgegenstand und deshalb mit allerlei Zeichen bedeckt. Es erleichterte nicht nur den Umgang mit den winzigen Körnern und galt obendrein noch als Tafelschmuck, sondern brachte vor allem den Status seines Besitzers zum Ausdruck. Und in jedem Haushalt kam ihm die Funktion zu, die Seltenheit und einzigartigen Vorzüge dieses Gewürzes zu unterstreichen.

Seit der Antike ist dieser Gegenstand bekannt. Vor allem die Römer bedienten sich seiner auch bei ihren Opferhandlungen auf dem heimischen Altar. Es gab deshalb in Rom kaum einen Haushalt, der nicht mindestens über ein Salzgefäß verfügte. Bei armen Leuten konnte dazu eine einfache Muschelschale dienen, aber selbst Familien mit bescheidenen Einkünften legten auf silberne Salzgefäße Wert. Es handelte sich bei ihnen dann häufig um die einzigen Prestigeobjekte, weshalb sie auch stets weitervererbt wurden.

Auch im Mittelalter war das Salzfäßchen in jedem Haushalt vorhanden. Als Begriff tauchte es bereits

100. Salzmühle aus Lavagestein. Puy-de-Dôme (Frankreich), 18. Jahrhundert (Durchmesser: 30 cm; Höhe: 26 cm). Schweizer Salzmuseum, Aigle.

101. Ausschnitt aus der Wandbemalung des Saales von Amor und Psyche von G. Romano, um 1540. Zwischen den Silbertellern und -kannen liegt auf dem Buffet ein sog. Salzbrot. Damals salzten die Gäste das Fleisch, indem sie es an einem brotförmigen Salzstück rieben, das anstelle eines Salzgefäßes mit aufgetischt wurde. Palazzo del Tè, Mantua.

im Altfranzösischen des 12. Jahrhunderts *(sailliere)* auf. Manchmal, in Bauernkaten, handelte es sich dabei nur um ein Loch in der Mauer neben dem Herd oder dem Backofen, manchmal auch um ein Gefäß aus Holz, oft um eines aus Zinn, selten aus Silber. Das *Mesnagier du Paris*, ein Küchenhandbuch, belegt den Brauch, Salzbehälter in Form kleiner Vertiefungen in speziell gebackenes Brot zu bohren, wie ja Salz und Brot häufig, z. B. im antiken Rom oder auch noch im heutigen Rußland, gleichermaßen als Symbole der Gastfreundschaft gelten.

Ungleich reicher verzierte Salzbehälter schmückten die Tafeln der Könige und Fürsten. Im Mittelalter und in der Renaissance regten nur wenige Gebrauchsgegenstände die Phantasie von Künstlern, Goldschmieden, Keramikern und Emailleuren so an wie Salzbehälter, die häufig zu ehrgeizigen Geschenken bestimmt waren. König Karl V. von Frankreich

besaß acht goldene, mit Edelsteinen besetzte Salièren, neun weitere aus purem Gold, zweiundzwanzig aus Silber, zwei aus Chalzedon, einem damals seltenen Mineral, und schließlich zwei aus Kristall. Wie ein Zeitgenosse staunend beschrieb, befand sich darunter ein »goldenes Gefäß mit einem Deckel aus zwei vergoldeten Muscheln und auf jeder Muschel ein kleines emailliertes Äpfelchen und darauf schließlich eine runde Perle ... Auch der Boden ist aus Gold. Daran hängen an Goldkettchen drei Smaragde und drei Saphire, zwei Schlangenzungen, zwei Wappen Frankreichs und acht weitere Edelsteine. Der Fuß ist aus vergoldetem Silber; an ihm sind zwei weitere Wappen Frankreichs befestigt, und er wird von sechs Löwen getragen.« Die »Schlangenzungen«, so erklärte Ambroise Paré später, waren in Wahrheit zwei Haifischzähne, denen man die unfehlbare Fähigkeit zuschrieb, das Salz »vorzukosten«, d. h. zu prüfen, ob es nicht vergiftet sei. Leider ist dieser prachtvolle Gegenstand verschollen.

Nicht weniger außergewöhnlich, aber noch erhalten ist ein Salzgefäß, das Benvenuto Cellini im Jahr 1540 für Franz I. von Frankreich schuf (vgl. Abb. 103, S. 132). Um die gleiche Zeit schenkte Heinrich VIII. von England der jungen französischen Thronfolgerin Katharina von Medici eine Salière aus Gold, deren Deckel mit kunstvollen Gravuren von Hirschen und Hindinnen bedeckt war. Lassen wir es bei der Beschreibung dieser Stücke bewenden, obwohl wir noch viele ebenso kostbare aufzählen könnten. Jedenfalls wurde in allen Gesellschaftsschichten das Salzgefäß ebensosehr als Prestigeobjekt denn als Gebrauchsgegenstand betrachtet. In seinen Ausprägungen zeigte es häufig das Siegel entweder des Besitzers oder des Schenkenden. Von der Bürgerwohnung bis zum fürstlichen Palast drückte es eine Botschaft aus, die von den Tafelgästen verstanden wurde. Folgerichtig »verstummte« es erst, als das Salz selbst seine exklusive Bedeutung verlor. Andere Gegenstände lösten das Salzgefäß in seiner zeichengebenden Funktion ab, die andere Moden und Themen verkörperten – die Tabakdose, das Kaffee- und Likörservice, der Aschenbecher oder die Hausbar etc.

Der kostbaren Salzbehälter hatte man sich auch »manierlich« zu bedienen. Die guten Sitten verlangten, weder Speisen noch Finger hineinzutunken. Derartiges galt, als im Mittelalter das Wohlverhalten bei Tisch nur einer kleinen Elite vorbehalten war, als bäuerliche Untugend. Im 13. und 14. Jahrhundert bahnten sich nämlich bei der höfischen und städtischen Gesellschaft neue Verhaltensformen an, mit denen sich ihre Angehörigen vom gemeinen Volk zu distanzieren versuchten. Während der Renaissance entstanden, kodifizierten und verbreiteten sich die Regeln der Lebenskunst, die Zeichen des »guten Geschmacks«, der sich gerade in vollendeten Tischmanieren erwies. Welche Rolle dabei dem Salzbehälter als dem wichtigsten Teil des Tafelservices zukam, wird in der erzieherischen Mahnung Erasmus' von Rotterdam deutlich: »Wenn das Kind Salz möchte, soll es das mit der Messerspitze und nicht mit den Fingern nehmen. Es ist nämlich eine Binsenweisheit, daß Fingerabdrücke im Salzfaß von unartigen Kindern zeugen. Wenn das Salzgefäß zu weit vom Kind entfernt steht, soll es darum bitten, indem es seinen Teller vorstreckt.«

102. Nach einem wohlschmeckenden Mahl wird der Gast von einer reizvollen jungen Frau unterhalten und währenddessen um seine Börse erleichtert ... Auf dem Tisch, zwischen den Speiseresten, der Salzbehälter.
Stahlstich aus dem 16. Jahrhundert, Augsburg.

Salz in der Viehzucht

In der Viehzucht mit ihren Milch- und Fleischprodukten wird Salz in zweifacher Hinsicht gebraucht: Entweder man gibt es dem Futter bei, oder man präpariert damit Fleisch, Butter, Käse sowie die Häute der geschlachteten Tiere. Die Viehzüchter früherer Zeiten verabreichten ihrem Vieh kaum die heute üblichen Mengen. Wieviel dies war, können wir nur vermuten, zumal diese Gaben je nach verfügbarer Salzmenge schwankten. Eine Volksweisheit aus Davos empfahl, den Kühen jeweils zu Dreikönig (6. Januar) Salz zum Schutz gegen Krankheit im soeben begonnenen Jahr zu verabreichen. Diese Bauernregel legt nahe, daß derartige Beimengungen nur gelegentlich stattfanden und außergewöhnlich waren. Dennoch war den meisten der früheren Landwirte die Bedeutung der regelmäßigen Salzgabe an das Vieh, besonders die Kälber, klar. In einer Bittschrift der Bauern aus Gévaudan (Auvergne) im 18. Jahrhundert wird ausgeführt: »Wir haben nur das Hornvieh, das wir zum Pflügen und vor die Karren spannen können. Und es kann die harte Arbeit in diesem Bergland nur in dem Maße leisten, wie es gut genährt ist. Und es ist das Salz, das man dem Vieh oft geben muß, damit es alles Futter annimmt, das es braucht. Das Salz trägt auch mit seinen Heilkräften zur guten Konstitution der Tiere bei. Für Schafe und Ziegen ist es nicht weniger notwendig, denn es regt ihren Appetit an ... und dämpft die Säure der Kräuter ... Sie fressen deshalb mehr davon, was ihnen wiederum mehr Kraft verschafft; ihr Fell ergibt mehr und feinere Wolle ...

Die schönsten Herden des Landes sind diejenigen, die alle 15 Tage Salz bekommen, aber das Salz ist teuer, und so können nur wenige Besitzer ihr Vieh so oft damit versorgen. Gemeinhin geben sie es nur eimal im Monat aus, häufig nur alle zwei Monate und manchmal sogar überhaupt nicht; deshalb verkümmern viele Herden oder gehen ganz ein ...« Ob diese Klage die Befreiung von der Gabelle zur Folge hatte, um derentwillen sie formuliert wurde, wissen wir nicht.

In der Geschichte der Ernährung stellt das Einpökeln ein fundamentales Kapitel dar. Einige Hinweise sollen hier genügen, um diesen früher bedeutendsten Verwendungszweck von Salz zu illustrieren. Die Historiker haben diesen Bereich bislang nicht ausreichend gewürdigt, lediglich die – freilich

103. Ein prachtvolles Salzgefäß, das Benvenuto Cellini von 1540–1543 für Franz I. in Paris schuf. Mit Neptun und Tellus, der römischen Göttin der Saaten, ist die Verzierung deutlich von der mythologischen Bedeutung des Salzes inspiriert. Karl IX. schenkte diese Salière 1570 dem Erzherzog Ferdinand von Tirol. Kunsthistorisches Museum, Wien.

auch etwas besser dokumentierte – Fischkonservierung berücksichtigt. Die geduldige Arbeit der Viehbauern und die weiten Wege, die das Salz in ihre Weidegebiete zurücklegte, hinterließen wenig Spuren. Täuschen wir uns aber nicht: Das Salzen von Fleisch und Käse verschlang einst mindestens ebensoviel Salz wie die Fischkonservierung – wahrscheinlich sogar noch etwas mehr, wie die Angaben aus den Herrschaften Kitzbühel und Kufstein in Tirol belegen. Obwohl nur dünn besiedelt und fast nur der Weidewirtschaft gewidmet, verbrauchte im

17. Jahrhundert jede von ihnen etwa 2000 *Fuder* Salz, d. h. 325 t jährlich. Diese Zahl ist sehr erhellend, obwohl sie von weiteren Daten nicht gestützt wird.

Die Eigenschaft des Salzes, leicht verderbliche Lebensmittel vor dem Verfall zu bewahren, indem es ihnen Wasser entzieht und zugleich sämtliche Bakterien abtötet, war schon früh wohlbekannt. Die Ägypter pökelten Fleisch und Fische, andere frühgeschichtliche Völker vermutlich auch. Zur

104. Salzschale aus feuervergoldetem Silber mit Einlegearbeiten aus Emaille und vergoldeten Schnüren. Moskau, 1900 (Durchmesser: 4,5 cm; Höhe: 3,5 cm).
Schweizer Salzmuseum, Aigle.

105. Salzgefäß aus feuervergoldetem Silber. Schlesien, 16. Jahrhundert (12 × 7,5 × 5,5 cm).
Schweizer Salzmuseum, Aigle.

106. Lederne Salztasche eines Rinderhirten aus den Alpen oder dem französischen Jura. An der Seite hängt ein kleiner Becher aus Horn für die Aufbewahrung von Melkfett. Gruyères (Schweiz), 19. Jahrhundert.
Schweizer Salzmuseum, Aigle.

Zeit der klassischen Antike wurde ein lebhafter Handel mit Salzprodukten betrieben; die begehrtesten kamen aus Regionen mit eigenen Solequellen oder Salzbrunnen. So exportierte Marseille in hellenistischer Zeit gepökeltes Schweinefleisch. Arles und Avignon hatten sich auf Wurstspezialitäten verlegt, während Antibes und Fréjus, ebenfalls in der Provence, Fische in Salzlauge legten und verkauften. Der römische Historiker Strabo behauptete, daß das in Rom am meisten geschätzte gepökelte Schweinefleisch aus Sequanien, dem Land der Salzbrunnen (Burgund), importiert wurde. In Italien selbst wurde der Käse, ohne den sich die Ernährung der italienischen Bauern gar nicht denken läßt, ebenfalls mit Salz haltbar gemacht.

Auch nach den Einfällen der germanischen Völker hörte die Methode des Einsalzens nicht auf – im Gegenteil, denn die meisten der Eroberer waren selbst Viehzüchter. Die Sorge um einkonservierte Nahrungsmittelreserven beherrschte das gesamte Hochmittelalter, eine Epoche häufiger Hungersnöte. Die schon erwähnten »Salzabteien« verbrauchten den größten Teil ihrer Salzvorräte für die Konservierung. Pökelfässer fanden sich in jedem Herrensitz sowie auf den meisten Bauernhöfen. Auch als die Lebensmittel später industriell konserviert wurden, kam dieses Faß nur zögernd außer Gebrauch. Aus Mangel an Grünfutter sahen sich nämlich die Bauern zu Winterbeginn in der Regel gezwungen, einen Teil ihrer Tiere zu schlachten. Danach mußten sie das Fleisch gut einsalzen, um es längere Zeit aufbewahren zu können.

Der Handel mit Pökelprodukten begann etwa zur gleichen Zeit wie der Salzhandel selbst, d. h. im 12. Jahrhundert. In der Folge breitete er sich rasch aus. Ohne diese Entwicklung wäre der wirtschaftliche Aufschwung in den großen Viehzuchtgebieten Europas, z. B. in den Alpentälern, der ungarischen Tiefebene, Friesland und Dänemark, gar nicht denkbar gewesen. Ohne Salz zum Einpökeln ließ sich Vieh nur in kleinen Stückzahlen und in den Städten der näheren Umgebung als Frischfleisch verkaufen, so daß alsbald die Ausfuhren in Form gepökelter Rinder- oder Schweinehälften überwog. Auch Butter und Käse überstanden den Transport nur in stark gesalzener Form. Zu den ersten Butterexporteuren gehörten Dänemark und Schweden, aber es waren vor allem die Alpentäler, die von dem Pökelhandel lebten. Erinnern wir uns in diesem Zusammenhang an die beiden Verträge aus dem

Herbst 1299, in denen sich der Magistrat von Venedig verpflichtet hatte, jährlich 2500 bis 3000 *Scheffel* (1 *Scheffel* ≙ ca. 1 kg) Salz aus Ibiza und Ra's al-Makhbaz in die Alpenregionen der Lombardei und des Piemont sowie in das Wallis zu liefern, ferner 3500 *Scheffel* in die Städte Como, Mailand, Lecco und Angera. Ein Teil dieser Lieferungen war ausdrücklich für die Gebiete *»supra versus Alemaniani«* (für die Deutschen jenseits der Berge) bestimmt, womit die noch jungen Schweizer Kantone und Graubünden gemeint waren. Diese Verträge bezeugen den Bedarf, der sich in den Alpen entwickelt hatte. Und dieser Bedarf stützte sich nicht allein auf die Huld Venedigs, denn es gelang der Serenissima nur eine bestimmte Zeit lang, Genua vom Platz des bevorzugten Salzlieferanten zu verdrängen.

Bis zum 12. und noch zu Beginn des 13. Jahrhunderts wurde Fleisch, in welcher Form auch immer, nur wenig gegessen. Vielen galt es als Luxus, den sie sich nur an hohen Fest- und Feiertagen leisten konnten, oder war ganz und gar den Schlemmereien der Reichen vorbehalten. Erst die zögernd einsetzende Periode wirtschaftlicher Erholung bis zur Mitte des 13. Jahrhunderts versetzte auch die Ärmeren immer häufiger in die Lage, für Gerichte mit verschieden zubereiteten Fleischarten aufkommen zu können.

107. »Almauftrieb« von Sylvester Pidoux (Ausschnitt). Die beiden Rinderhirten tragen umgehängte Salztaschen. Distriktmuseum Gruyères, Bulle.

Gegen Ende des 13. und zu Beginn des 14. Jahrhunderts kam es zu einer Reihe von Getreidemißernten. Wegen des herrschenden Brotmangels nahm nun der Verzehr des vergleichsweise billigeren Dörr- und Pökelfleisches überhand. Unter Anspielung auf die trockenen und zähen Fleischfetzen, die eine sparsame Hausfrau ihren Gästen anbot, lautete eine damalige Redensart: »Geiziges Weib salzt dreimal.« Auch im weiteren Verlauf des 14. Jahrhunderts spielte Pökelfleisch eine dominierende Rolle in der Ernährung. Im 15. und teilweise im 16. Jahrhundert erlaubte aber der relative Wohlstand derjenigen, die die großen Pestepidemien und Hungersnöte überlebt hatten, wieder eher den Genuß von Frischfleisch. Gegen 1550 zogen die Lebenshaltungskosten spürbar an, und nun wurde abermals Salzfleisch verstärkt konsumiert. Damals entstand zudem mit den großen Söldnerheeren und Überseeflotten ein neuer Markt, der beträchtliche Gewinne mit eingesalzenen Lebensmitteln versprach: Pökelfleisch und gesalzene, harte Käselaibe ließen sich leicht transportieren und hielten lange vor. So verdankte das Käsegewerbe in den Schweizer Voralpen (Gruyères, Emmental im Kanton Bern und Entlebuch bei Luzern) seinen Aufschwung um 1600 vor allem der Verproviantierung der französischen, italienischen und spanischen Flotten.

Aber nicht nur in den Regionen der extensiven Viehzucht wurde eingepökelt, sondern überall. Aus Katalonien und Aragon gelangte gepökeltes Schweinefleisch über das Meer. Sardinien und Sizilien waren nicht nur wichtige Salz-, sondern auch Salzfleisch- und Käseproduzenten, deren geschäftliche Verbindungen, von Florentiner und Genueser Kaufleuten kontrolliert, im 15. Jahrhundert bis in die großen Städte Italiens reichten. In der arabischen Welt verzehrte man mit Vorliebe gepökeltes Schaffleisch und eingelegten Fisch; Reisende deckten sich damit ein, ehe sie den Marsch durch die Wüste wagten. Ärmere Nomaden mußten sich aus Kostengründen mit gesalzenem Käse zufriedengeben. Allerdings hat es den Anschein, als ob im Mittelalter die Völker des Nahen Ostens generell eine salzärmere Kost bevorzugt hätten als die Christen Europas.

Es leuchtet ein, daß diese Art der Lebensmittelkonservierung viel mehr Salz als heute erforderte. Butter beispielsweise enthielt so viel davon, daß sie vor dem Verzehr erst einmal entsalzen werden mußte. Im England des 14. wie im Schweden des 17. Jahr-

108. Salzbehälter aus der Auvergne.
Musée des Arts et Traditions populaires, Paris.

Natürlich bestand ein Zusammenhang zwischen der Qualität des Salzprodukts und der Güte des dabei verwendeten Salzes. Die entsprechende Auswahl war, wie Brownrigg versichert, eine heikle Angelegenheit. Das schon vielfach genannte Baiensalz bewahrte das Aroma von Fleisch und Schinken wegen seiner milden Würze besser als stärkere Sorten, die sich wiederum eher für das Einlegen von Fisch eigneten. Im 17. Jahrhundert bevorzugte man in England portugiesisches oder spanisches Salz, weil es Butter und Käse weniger verfärbte als das französische und darüber hinaus nicht den saftigen Eigengeschmack des Fleisches zunichte machte. Die Bauern in Kitzbühel (Tirol) entschieden sich bei ihrer Käsezubereitung eher für das (bayerische) Salz aus Bad Reichenhall, weil das eigene (österreichische) Salz aus Hall den Käse aufweichte und schließlich deformierte.

In diesem Zusammenhang sei auch erwähnt, daß man früher selbst Wildbret und manchmal auch Gemüse in Lauge einlegte; Oliven in Salz waren schon in der Antike weithin bekannt. Im 12. Jahrhundert schätzte der arabische Agronom Ibn el Awnam vor allem Spargel, den man zuvor mit Salz behandelt hatte. Aber die europäische Tradition, Gartengemüse und Pilze mit Salz zu konservieren, beginnt erst mit dem 18. Jahrhundert.

109. Einsalzen des gerupften Geflügels im klassischen Ägypten. Aus: G. Maspéro, *Life in Ancient Egypt and Assyria*, London 1892, und R. Tannahill, *Food in History*, London 1973.

110. *Carnes salare fiere.* Ladentisch eines Fleischers, der Pökelfleisch verkauft. Miniatur aus einem medizinischen Traktat italienischen Ursprungs, frühes 15. Jahrhundert. Bibliothèque nationale, Paris, nouv. acq. lat. 1673, Blatt 39.

hunderts rechnete man mit einem Pfund Salz auf 10 Pfund Butter, aber die Kosten des Salzes schlugen nur mit 1% bei der Herstellung der Butter zu Buche. Bei Käse variierte der Salzgehalt zwischen 5 und 10%. Das Einpökeln von Frischfleisch erforderte je nach Zubereitung unterschiedliche Salzmengen, durchschnittlich jedoch 50g je Pfund Fleisch, so daß eine Hausfrau auch hier zunächst entsalzen mußte, was natürlich nicht vollständig möglich war. Vielleicht empfahlen die meisten der früheren Rezepte für Pökelfleischgerichte aus diesem Grund, nicht mit Senf zu sparen.

136

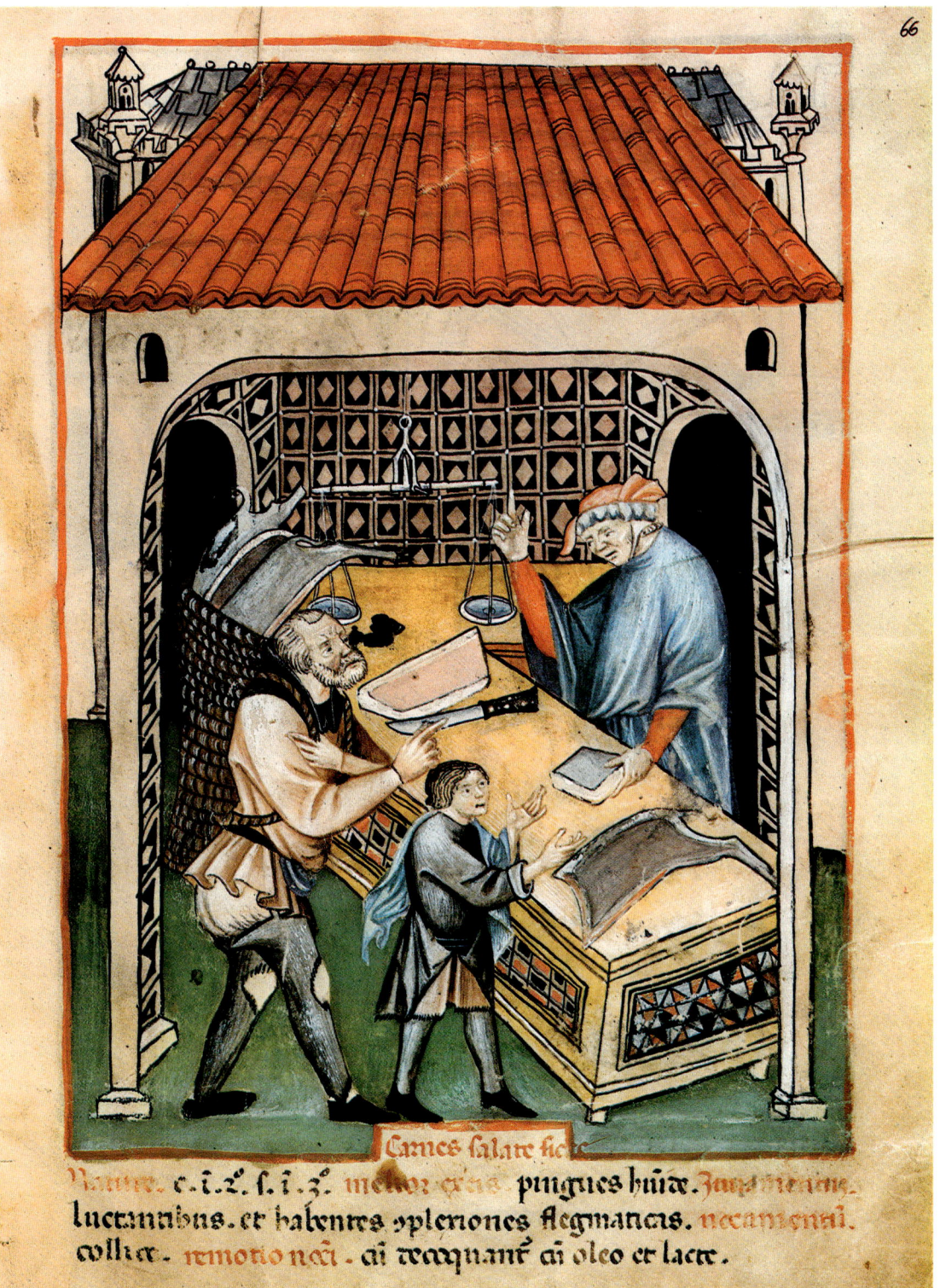

Carnes salate fie

Nature. c. i. z. f. i. z. melior eras pingues huide Juramenini
luctantibus. et balentes splenones flegmancis. necamenni
collita. remotio noci. ci teacquant ci oleo et lacte.

111. Im Stall. Zwei Bäuerinnen melken und buttern. Kupferstich aus einem Kalender (Monatsblatt April). Deutschland, 16. Jahrhundert.

Salz und Fisch

Die Konservierung von Fisch verbrauchte im Laufe der Zeit wahrscheinlich nicht so viel Salz wie die von Fleisch und Milchprodukten; dennoch kam ihr als Ernährungsfaktor früher große Bedeutung zu. Bis zur Ära der Kühltransporte waren es nur Küstenbewohner, die regelmäßig in den Genuß frischer Meeresfische kamen. Gelegentlich landeten sie auch auf den Tafeln hochgestellter Persönlichkeiten, wohin sie, in Eis gelegt, von Reitern in gestrecktem Galopp transportiert wurden. Verbürgte Beispiele sind die Residenzen der Päpste von Avignon und der Herzöge von Burgund.

In der Regel aber begnügten sich unzählige Generationen mit gesalzenem und luftgetrocknetem Stockfisch – eine Regel im wörtlichen Sinn, weil sie von der katholischen Kirche vorgeschrieben wurde: Während der gesamten Fastenzeit, und namentlich in der Karwoche, kam nur Stockfisch auf den Tisch. Mit diesem Gebot ist schon häufig der enorme Fischverbrauch der Christen während des Mittelalters erklärt worden, aber diese Interpretation greift zu kurz. Zweifellos stieg der Verbrauch seit dem 14. Jahrhundert stark an, doch das hatte drei Gründe, die sich ergänzten: Europa hungerte; den Menschen fehlte es an Vitaminen und Kalorien. Zugleich begannen die seefahrenden Völker Nordeuropas mit der Hochseefischerei im großen Stil und versorgten sich mit Baiensalz. Und außerdem hatten sich der Fernhandel und das Netz der Überlandstrecken derart entfaltet, daß konservierter Fisch zu erschwinglichen Preisen in das Landesinnere gelangen konnte. Der Nahrungsbedarf war also ausschlaggebend – die Frömmigkeit verstärkte ihn allenfalls. Nach der Reformation ergab sich eine unerwartete Situation. Henri Hauser beschreibt sie so:

»Dieser Handel wurde noch viel lebhafter, seitdem durch einen eigenartigen Zufall fast alle Völker Nordeuropas zum neuen Glauben übertraten und künftig ihren Salzfisch an die weiterhin katholischen Länder liefern mußten – eine wahrhaft unerwartete Begegnung zwischen der Wirtschafts- und Religionsgeschichte, oder, wie Rabelais sagen würde, ein neuer Kontrast zwischen Dummköpfen und Faschingsnarren.«

Die Kunst des Fischeinsalzens ist beinahe ebenso alt wie die Fischerei oder die Salzgewinnung. Sie war an allen Küsten bekannt, und ihr kam fast überall jener entscheidende Vorteil zugute, den ausgerechnet die Nordeuropäer missen mußten: Fisch und Salz glei-

112. Salzmühle aus Holz. Gruyères (Schweiz), 19. Jahrhundert (Höhe: 71 cm).
Schweizer Salzmuseum, Aigle.

113. Der heilige Gallus und der Diakon Hiltibrod fischen in der Steinach. In der Fastenzeit war nur der Verzehr von Fisch gestattet, daraus folgte natürlich ein Mehrverbrauch an Salz.
St. Gallen, Stiftsbibliothek, Codex 357, Pontificale aus dem Jahre 1555, Ausschnitt aus der Seite 321.

chermaßen im Überfluß. Man nahm Stockfisch im antiken und frühmittelalterlichen Ägypten ebenso zu sich wie in Rom, in China oder im karolingischen Europa. Süßwasserfische wurden nicht weniger geschätzt. Die Mönche in Bobbio versorgten sich aus dem Gardasee und legten ihre Forellen und Aale in großen Mengen in Salzlauge ein.

Gleichwohl hat es den Anschein, als sei für die frühe Christenheit gepökelter Fisch eher auf eine mindere Rolle bei der Ernährung beschränkt geblieben. Alles in allem fingen die Bauern in den Bächen, Flüssen und Seen genügend Fisch, um mühelos das Fastengebot einhalten zu können. Die Städte waren noch zu klein, um nicht problemlos mit Fisch versorgt werden zu können. Erst mit dem Anwachsen der Stadtbevölkerung im 12. und 13. Jahrhundert bahnte sich ein Wandel an. Und ebenfalls für das 13. Jahrhundert läßt sich ein erster Anstieg der Hochseefischerei und des internationalen Fischhandels konstatieren. Im Jahre 1286 nahmen die Zöllner in Saint-Maurice am Großen St. Bernhard einen Transport von Fässern voller Heringe, Sardinen und Sardellen zu Protokoll, die einen derart infernalischen Gestank verströmten, daß sie sich weigerten, diese Ladung in ihren Zollspeicher zwischenzulagern. Ein bezeichnendes Indiz dafür, daß dieser Warenverkehr ausschließlich in Nord-Süd-Richtung verlief, denn die organisierte Hochseefischerei wurde nur in den nördlichen Meeren betrieben, wo Hering und Kabeljau im Überfluß vorhanden waren.

Der Hering war der bevorzugte Salzfisch. Im Spätlatein trägt er die Bezeichnung *alecum* oder *alexium*, die sich aus dem griechischen ἅλς (Salz) herleitet. Er spielte in der Entwicklung der nordeuropäischen Völker seit dem Ende des Mittelalters eine große Rolle, die ihr bemerkenswertes Wirtschaftswachstum im Grunde diesem Fisch verdankten.

Die Fama schreibt einem unbekannten Holländer des 13. Jahrhunderts die Idee zu, Heringe in Salz zu konservieren. Aber wie viele Legenden trifft auch diese nicht zu, denn dieser Brauch ist viel älter. Schon aus dem frühen 12. Jahrhundert berichten alte Chroniken von einem bereits bedeutsamen Fischfang an den skandinavischen Küsten. Fischfang in Verbindung mit -konservierung setzte wohl in der Ost- und Nordsee sowie dem Atlantik fast gleichzeitig ein – von Finnland, wo im Mittelalter Salzheringe und Salzhechte eines der wenigen Exportgüter abgaben, über Norwegen und Irland bis nach Island.

Der Hering pflegt in riesigen Schwärmen zu wandern, die während des relativ kurzen nordeuropäischen Sommers gefangen werden. Da Heringe ziemlich rasch verderben, mußten sie spätestens 24 Stunden nach dem Fang im Hafen eingesalzen werden. So entwickelte sich die Heringsfischerei zunächst an

den Küstenabschnitten, die den Laichbänken unmittelbar gegenüberliegen. Die südschwedischen Fischerdörfer Falsterbö und Skanör stellten die bedeutendsten Fanghäfen dar, und hier wurde schon sehr früh der kleine Ostseehering mit Lüneburger Salz konserviert. Den etwas größeren Nordseehering fingen vor allem holländische Fischer sowie ihre Standesgenossen von der Südostküste Englands. In Yarmouth, das noch heute wegen seiner Konservenindustrie bekannt ist, fand nach der Fangsaison jährlich ein großer Fischmarkt statt, der vom 29. September bis zum 10. Dezember dauerte. Dieser Markt läßt sich bis ins 13. Jahrhundert zurückverfolgen. Auch das ist ein Indiz für die seit dem Mittelalter gut organisierte Versorgung der Städte mit Meeresfisch.

Diese Aktivitäten mit ihren durchaus schon vorindustriellen Zügen lösten einen gewaltigen Salzbedarf der Fischumschlagplätze aus. Im Jahr 1368/69 lieferte die lübische Hanse 900 t Salz, hauptsächlich in die Provinz Schonen (Südschweden). Nach heutigem Maßstab genügte diese Menge für die Konservierung von ca. 16 Mio. Heringen. Wie sich die Proportionen im Mittelalter verhielten, wissen wir nicht – genaue Zahlen sind uns erst für das 16. Jahrhundert und danach bekannt. Damals berechnete

114. Fischfang mit Netzen. Holzschnitt, Ulm 1484.

115. Früher notwendige Gerätschaften für den Kabeljaufang. Aus: Duhamel du Monceau, *Traité général des pêches*, Paris 1772, Kupferstich Nr. VIII. – Fig. 1: Kescher und Netz, um die großen Fische an Bord zu hieven; Körbe, Fässer und (auf der rechten Seite) das unumgängliche Salz. – Fig. 2: Angelschnur, Körbe, Tonnen und eine Salzschaufel. – Fig. 3: Verpacken der »nach Holländer Art« gesalzenen Fische in Tonnen.
Musée de la Marine, Paris.

werden ließ. Die daraus erzielten Gewinne ermöglichten wiederum den Niederlanden den Bau einer Flotte, die es am Ende des 16. Jahrhunderts mit jeder anderen maritimen Macht aufnahm. »Stinkender Abfall wurde in Tonnen aus Gold verwandelt«, bemerkte J. Michelet zu den langfristigen Folgen der wundersamen Entdeckung.

Es waren abermals die Holländer, die als erste auf die Idee verfielen, den frisch gefangenen Hering sogleich an Bord und nicht erst im Hafen zu verarbeiten. Die Fischer steckten den Inhalt ihrer Netze sofort nach dem Fang in Fässer, in dem sie jeweils auf eine Schicht Heringe eine Schicht Salz folgen ließen. Danach schlossen sie die Fässer hermetisch und rollten sie in den Laderaum. Dadurch ersparten sie sich die tägliche Rückkehr zum Hafen und konnten statt dessen ihre Fanggründe erweitern. Diese Methode erwies sich als so vorteilhaft, daß sie sofort nachgeahmt wurde, vor allem in der Normandie. Auf diese Weise gelang den Fischern aus Dieppe im 15. Jahrhundert die Anlandung von ca. 400 t Fisch pro Jahr.

Diese Innovation wirkte sich auch im Kabeljaufang entscheidend aus. Der Kabeljau (Dorsch) war durchaus keine unbekannte Größe auf dem Speiseplan des Mittelalters. Vor allem die Fischer aus Bergen hatten ihn zu einer Spezialität veredelt – mit Hilfe der Kaufleute aus Lübeck, die Lüneburger Salz anlieferten und im Gegenzug den gepökelten Kabeljau nach Deutschland exportierten. Durch diese Geschäfte erlebte Bergen, diese kleine, zwischen den Fjorden fast verloren wirkende Stadt, im ausgehenden Mittelalter eine Zeit großer wirtschaftlicher Blüte, von der die prächtigen Häuser des deutschen Viertels noch heute zeugen.

Diese Situation änderte sich allerdings vollständig, als sich der Kabeljaufang gegen Ende des 15. Jahrhunderts auf die Sandbänke vor der nordamerikanischen Küste verlagerte. Zunächst lediglich ein Wagnis, löste diese Verlagerung mit ihren reichen Fängen eine Art Revolution in den Nahrungsgewohnheiten Europas aus. In der Folge änderten sich die Warenströme des Fisch- und Salzhandels vollständig. Der Reichtum Bergens schwand wegen der Fangflotten der großen europäischen Seemächte England, Frankreich und Holland zusehends; vorbei war auch die Hohe Zeit des Bücklings, einer kleineren Heringsart, den man bisher vor den skandinavischen Küsten gefangen hatte. Vom 16. bis zum 18. Jahrhundert feierte der Kabel-

man etwa eine Tonne Salz, um drei Tonnen Hering oder Lachs für eine bestimmte Zeit zu lagern. Manchmal lag die Dosierung mit 25–30% auch etwas niedriger, was im Einzelfall von der Güte des verwendeten Salzes abhing. Als die englischen und niederländischen Fischer vornehmlich auf das schwach würzende und verunreinigte Baiensalz angewiesen waren, sahen sie sich dem Zwang ausgesetzt, ihre Praktiken zu ändern. Die Holländer entdeckten schließlich die Möglichkeit, importiertes Salz zunächst aufzubereiten und verschiedene Sorten miteinander zu vermengen. Am Ende entstand daraus eine Salzmischung, deren Beigeschmack die niederländischen Salzheringe zu den meistgefragten jaufang wahre Triumphe, denn er stellte 60% der gesamten Produktion an Salz- und Stockfisch.

Der Kabeljaufang verbrauchte noch mehr Salz als die Heringsfischerei. Aber von nun an versorgten sich die großen Schiffe, die man für die weiten Fischzüge benötigte, direkt bei den Salinen an der Atlantikküste – sehr zum Schaden des Salzgroßhandels. Die holländischen, dänischen und norwegischen Segler liefen entweder Brouage, Setubal oder San Lucar de Barrameda an, bevor sie den Atlantik überquerten. Ein Schiff von etwa 200 Bruttoregistertonnen führte genügend Salz mit sich, um 5000 Zentner Kabeljau auf hoher See zu verarbeiten. Es kam sogar häufig vor, daß ein Teil der Salzladung ungenutzt blieb. War dies der Fall, so wurde sie von den Fischern, die an der Küste Neufundlands Kabeljau zu Stockfisch verarbeiteten, in Grassoden gut verpackt und bis zur nächsten Fangsaison zurückgelassen. Die Schiffe hingegen, die sich auf den Fang des »grünen«, d. h. ausschließlich gesalzenen Kabeljaus spezialisiert hatten, liefen die amerikanischen Küsten gar nicht an, sondern brachten ihre Salzüberschüsse wieder mit – zum großen Mißvergnügen der Gabelle-Eintreiber in den französischen Häfen des 18. Jahrhunderts, die sehr wohl wußten, daß diese Kontingente in den Schmuggel gelangten.

Mit dem Kabeljaufang begann die moderne Epoche der Hochseefischerei. Er bewegte beträchtliche Kapitalien und ermöglichte große Geschäfte. Von dieser Entwicklung blieben auch andere Zweige des Fischfangs, z. B. der Heringsfang, nicht unberührt. In Schweden brachen im 18. Jahrhundert denn auch mehrere Konflikte zwischen den bescheiden-betulichen Dorffischern und einigen modernen Großunternehmen aus, weil die kleinen Fischereibetriebe zwar qualitativ bessere Waren auf den Markt brachten, aber von ihren Konkurrenten unterboten wurden, die im Interesse ihrer Rentabilität billigere Salzsorten verwendeten.

116. Kabeljaufang auf den Sandbänken vor Neufundland. Aus: Duhamel du Monceau, *Traité générale des pêches*, Paris 1772, Kupferstich Nr. XVII. – Fig. 1: Die Boote landen gerade ihren Fang an, der später auf dem Strand zum Trocknen ausgelegt wird. – Fig. 2: Hölzerner Behelfskai bei Ebbe. Damit konnte der Kabeljau gezeitenunabhängig gelöscht werden. Den Fischen entnimmt man die Leber, um daraus Öl zu gewinnen. Mehr im Bildhintergrund waschen und trocknen Fischer den Inhalt ihrer Netze. Duhamel stellt fest, daß »der Zeichner sein Bild fälschlicherweise mit einigen Bäumen geschmückt hat, obwohl in dieser unwirtlichen Gegend gar keine Bäume wachsen ...« – Fig. 3: Anker und Leinen für das Vertäuen der Boote.

Das Salz der Handwerker und Künstler

Die Verwendungszwecke des Salzes, die wir jetzt noch kennenzulernen haben, fallen neben den bereits heraufbeschworenen nicht sonderlich ins Gewicht. In früheren Zeiten sind nie mehr als 10% der Fördermengen dafür verausgabt worden. Sie verdienen hier dennoch erwähnt zu werden, aus zwei Gründen. Einige dieser kleineren Anwendungsbereiche machten sich eine bedeutsame Technik zunutze, deren wirtschaftliche Auswirkungen nicht in Abrede gestellt werden können – so z. B. die Gerberei und Glaswarenherstellung. Und fast alle dieser handwerklichen und medizinischen Verwendungszwecke – mögen sie sich in unserer Industriegesellschaft auch noch so veraltet oder gar irrational ausnehmen – bezeugen die geduldige Suche nach Fortschritten und die Vorstellungskraft des *homo faber*.

Verweilen wir einen Augenblick bei der Verwendung von Salz in der handwerklichen oder künstlerischen Arbeit – was früher oft ein und dasselbe war. Salz wurde dort wohlüberlegt eingesetzt – mit Resultaten, die nur von den noch perfekteren Erzeugnissen der späteren chemischen Industrie übertroffen wurden. In diesem Sinne zählte Salz zur Grundausstattung des Gerbers, der sich dessen konservierende Eigenschaft zunutze machte: Salz bewahrt Häute vor der Fäulnis. Sie wurden deshalb mit grobkörnigem, »schwarzem« Salz so dick bestreut, daß ihr Gewicht um 25 bis 50% anstieg; erst danach erfolgte der eigentliche Vorgang des Gerbens. Der hohe Salzverbrauch in den großen Viehzuchtgebieten erklärt sich daher auch aus dieser Verwendungsweise.

Die Eigenschaft des Salzes, Wasser zu binden, machte man sich auch für die häuslichen Öllampen zunutze, indem man das Öl mit Salz versetzte, was die Lampen heller brennen ließ – eine Erkenntnis, die schon im alten Orient bekannt war.

Beider Eigenschaften bedient man sich auch in der Töpferei, von der Antike bis heute. Streut man bei hoher Temperatur nämlich einige Handvoll feuchtes Salz in den Brennofen, so entsteht eine plötzliche Verdampfung von Wasser und Salz. Dieser Dampf schlägt sich in Verbindung mit Tonerdesilikat als Glasur auf dem Geschirr nieder. In der Glasherstellung wirkt Soda als Agens, das Quarzsand als Glasrohstoff schmilzt. Kürzlich erfolgte chemische Analysen von Fensterglas aus dem Mittelalter ergaben eindeutig die Verwendung von Salz in der Glasproduktion jener Zeit. So bestätigte sich, was damals ein so qualifizierter Künstler wie Bernard Palissy empfohlen hatte: »Das Salz bewirkt, daß mehrere fein zermahlene Kieselsteine sich zu einem Gemenge verbinden, aus dem schließlich Glas entsteht.« Salz enthielten übrigens auch die Farben der mittelalterlichen Künstler und Maler.

Besonders in der Metallurgie trat Salz in vielerlei Verwendungsformen auf. Sie verdankten sich sowohl den praktisch-empirischen Erfahrungen vieler Generationen als auch bloßer Gelehrtenweisheit, die sich schon deshalb für gesichert hielt, weil sie auf die Texte antiker Autoren zurückgreifen konnte. Als man im 18. Jahrhundert daranging, die bislang kanonisierten Prinzipien experimentell zu überprüfen, entstand daraus die Wissenschaft der Chemie.

Erfahrungen aus der Praxis hatten gelehrt, daß Salz als Beizmittel auf Metall einwirkt und folglich beim Schweißen von Vorteil war. Jeder Schmied wußte, wie er Salz bei der Verschweißung von Rohren oder den Teilstücken einer Dachrinne zu verwenden hatte, selbst wenn er das Rezept Albertus Magnus' aus dem 13. Jahrhundert nicht kannte: »Wenn du etwas zu schweißen hast, in erster Linie kaltes Eisen, dann nimm eine Unze Ammoniak und eine Unze Kochsalz... Vermenge beides gut, schütte es durch ein Sieb, dann lege das Gemisch in Leinen und bedecke es mit Ton... Nun wird es erhitzt, auf die künftige Schweißnaht geschüttet, mit heißem Wein (!) übergossen und mit einem Federbusch trockengerieben: Wenn das Gemisch zu gären beginnt, ist das das Zeichen, daß die Verschmelzung der beiden Metallteile abgeschlossen ist.« Dem bleibt wahrhaftig nichts hinzuzufügen...

Die ionisierende Kraft von Salz ist ebenfalls längst

117. Zubereitung des Kabeljaus. Aus: Duhamel du Monceau, *Traité générale des pêches*, Paris 1772, Ausschnitte aus den Stichen Nr. XV und XIX. – *Oberes Bild:* Skandinavien. Männer und Frauen trocknen die Fische auf Klippen, bevor sie sie aufschneiden. – *Mittleres Bild:* Der Kabeljau wird in Holzbottichen gewaschen (A), danach abgetropft (B) und auf dem Boden gesalzen (C). Danach werden die Fische im Freien aufgehängt (D) und später in einer kleinen Hütte (E) getrocknet. – *Unteres Bild:* Neufundland. Der Kabeljau wird von einem Gehilfen an der Spitze eines Spezialhakens (*habilleur*) überreicht, dessen Schneide dazu dient, den Fisch auszunehmen und ihn zu zerschneiden, bevor er in Salz gelegt wird, das soeben ein anderer Gehilfe sammelt (rechts).

bekannt. Wenn Eisen in Lauge getaucht wird, beschleunigt das die Rostbildung. So können Eisenbarren gebrochen, aber auch Gravuren auf Eisen- und Stahlteilen aufgetragen werden. Albertus Magnus und andere Gelehrte seiner Zeit hätten schon lange Zeit vor der modernen Elektrolyse beinahe die materieverwandelnde Kraft des Salzes erkannt, z. B. die Versilberung von Kupfer. Aber noch war die mittelalterliche Empirie resp. Alchimie nicht so weit: Die Entdeckung der Ionisierung als chemisches Gesetz blieb späteren Zeiten vorbehalten.

Auch manche Arbeit des Goldschmieds ist ohne Salz nicht denkbar, z. B. die Trennung und Aufbereitung von Gold und Silber. Diese Kunst beherrschte man im Orient offenbar schon sehr früh – zumindest berichtet uns der römische Naturforscher Plinius d. Ä. darüber.

Bei Beginn der Industrialisierung war ein großer Teil dieser Nutzungsformen schon in Vergessenheit geraten. J. Brownrigg, um die Mitte des 18. Jahrhunderts einer der besten Salzkenner, führte lediglich den Gebrauch in Gerberei, Töpferei und bei der Eisenverarbeitung auf. Das Salz war zum Hilfsmittel der Stahlschmelze geworden.

Das Salz der Mediziner

Derselbe Instinkt, der die Menschen veranlaßte, eine mehr oder weniger salzhaltige Nahrung aufzunehmen, bewog sie auch dazu, Salz zur Körperpflege zu verwenden. Stets und überall, in unzähligen Varianten und Kombinationen kam Salz in der Arzneimittelherstellung vor. Es hatte seinen Teil an der Hygiene früherer Zeiten und galt als wirksame Diät. Heute wie einst sind Solebäder Heilmittel, und wer kennt nicht, nach einer Spritze oder oraler Anwendung, die Wirkung einer Kochsalzlösung als Abführ- und Brechmittel?

Dennoch hat heute das Salz die universelle Bedeutung verloren, die es ehedem in der Medizin spielte – einer weitgehend auf praktischen Erfahrungen, auf Zufallsentdeckungen oder auch schlichtem Aberglauben beruhenden Medizin. Erfahrung und Mythos durchziehen gemeinsam die gesamte Menschheitsgeschichte. Viele der früher empfohlenen oder praktizierten Behandlungen entbehrten nach unserem heutigen Kenntnisstand jeglicher wissenschaftlichen Grundlage; sie entstammten eher einer weitgehend von der Magie beherrschten Vorstellungs-

kraft. Allerdings ist gerechterweise festzuhalten, daß unsere Vorfahren Zuflucht zur Magie vor allem dann suchten, wenn sie mit ihrem medizinischen Latein tatsächlich am Ende waren. Magier, die ihr Prestige, ihren Einfluß und ihre Machtposition durch unerwartete, manchmal sogar bizarre Heilungsvorschläge zu festigen versuchten, mögen zwar vorgekommen sein, bildeten aber gewiß eher die Ausnahme. Alles in allem überwog in der antiken und mittelalterlichen Medizin eine auf Beobachtung gegründete Behandlung vor der magisch-mystischen Empfehlung.

Und gerade deshalb spielte das Salz eine so bedeutende Rolle in der Medizin. Denn jenseits seiner Doppelnatur als Alltagsgegenstand und Kostbarkeit galt es als aktive Substanz, die im Rahmen der aristotelischen Tradition für die Bewahrung zweier Prinzipien stand: die Wärme und das Trockene. Auf diesen Prinzipien beruhte die gesamte Salzmedikation. Selbst afrikanische Völker heilten im Mittelalter verschiedene Krankheiten mit Salz, das für sie so selten und kostbar war! Zur Zeit der Tang-Dynastie, also gegen Ende unseres ersten Jahrtausends, nutzte man Salz zur Krankenbehandlung in China; allerdings nicht nur gewöhnliches, sondern auch spezielle, gefärbte Salzsorten, die aus Zentralasien, genauer, von den Ufern des Amur Daria stammten.

Griechen und Römer kurierten sich ebenfalls mit Salz aus bestimmten Salinen: Die Bürger Athens bevorzugten Meersalz aus Megara oder hin und wieder von der Insel Euböa, das stärker wirkte und weniger feucht war als das attische Salz. Die Römer vertrauten auf spanisches Steinsalz, vorzugsweise aus Cardona. Mehrere Schriftsteller der Antike, unter ihnen besonders Plinius, beschäftigten sich lange und eingehend mit den Heilkräften des Salzes; auch Claudius Galenus, der berühmteste römische Arzt des ersten nachchristlichen Jahrhunderts, leugnete sie nicht.

Die medizinische Literatur des Mittelalters räumte dem Salz ebenfalls große Bedeutung ein – zweifellos unter dem Einfluß des antiken Schrifttums; hauptsächlich aber beruhte sie auf praktischen Erfahrungen. Die meisten der empfohlenen Medikamente waren erprobt und wurden regelmäßig verschrieben. Bei der Durchsicht von 120 »ärztlichen Verordnungen« in verschiedenen medizinischen Abhandlungen des Mittelalters stellte Brigitte Bougard fest, daß das verwendete Stein- oder Meersalz stets aufbereitet und von weißer Farbe zu sein hatte sowie als feines Pulver verabreicht wurde, um seine trocknende Wirkung zu steigern. Es wird nie als alleiniges Heilmittel vorgeschrieben, sondern nur als Bestandteil einer wässrigen Lösung oder in Verbindung mit vielen anderen Substanzen, z. B. mit Honig, dem dieselben Eigenschaften zugesprochen wurden wie dem Salz: Wärme und Trockenheit. Etwa ein Sechstel der Verordnungen schrieb die innere Anwendung vor, als Trunk, Suppositorium oder Einlauf etwa. Meist aber wird das Salz in Verbindung mit Wundverbänden, Pflastern, Salben, Puder oder Bädern genannt. Die verordneten Mengen, sofern sie überhaupt angegeben waren, schwankten zwischen einer Drachme (3,8 g) bis zur »Handvoll Salz«.

Warm und trocken – diese beiden Prinzipien kennzeichnen die wichtigsten Heilkräfte des Salzes in allen Verschreibungen, die ihrerseits das Bild der menschlichen Anatomie und Physiologie aus damaliger Sicht ergeben. Die Verordnungen mögen uns heute nur in Maßen wirksam erscheinen; unsinnig aber waren sie nur selten.

Dem Salz wurde die Kraft zugesprochen, den kranken Körper wieder zu erwärmen. »Ein Trunk Salzwasser hilft das tote Blut im Körperinneren zu bekämpfen und aufzulösen«, versicherte Guy de Chauliac, Arzt am päpstlichen Hof in Avignon und einer der besten Chirurgen seiner Zeit. Schon bei den Israeliten bestand der Brauch, die Haut eines Neugeborenen mit Salz abzuhärten: »Bei Deiner Geburt ... wurdest Du nicht mit Salz abgerieben«, klagte der Prophet Ezechiel (Buch 16, Vers 4), und der 500 Jahre später lebende Galenus sprach ebenso die Empfehlung aus: »*Sale modico insperso cutem infantis densiorem, solidiorem reddit.*« (»Mit Ma-

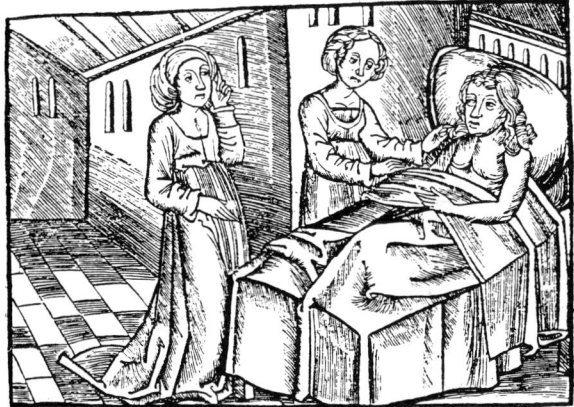

118. Am Krankenbett. Die Medikamente auf Salzbasis vollbringen zwar nicht immer Wunder, aber sie werden für die Heilung aller Arten von Gebrechen verwendet. Kupferstich von Sebastian Brant in der *Mythologia Aesopi*, Basel 1501.

ßen auf die Haut des Kindes gerieben, verleiht Salz ihr Stärke und Widerstandskraft.«) Austrocknen, um zu desinfizieren: Auf dieses Vermögen von Salz hat sich die frühere Medizin am häufigsten bezogen. Ihrer Überzeugung zufolge vertrieb es körperliches Mißbehagen oder heilte bakterielle Infektionen. Bei Rheuma sollte der Kranke Stirn und Schläfen mit einem salz- und honiggetränkten Lappen einreiben, und gegen Abszesse oder eiternde Wunden wurden Medikamente mit einem deutlichen Salzanteil verordnet. Salz galt auch als Gegenmittel bei Vergiftungen aller Art, etwa nach dem Genuß giftiger Pilze, bei einem Schlangenbiß oder Insektenstich, wo es dann entweder einzunehmen oder aufzutragen war. Ähnlich die Bekämpfung der Tollwut; weil diese Krankheit durch den Biß eines Tieres übertragen wird, mußte ja offenkundig ein starkes Gift im Spiele sein. So wurde die Tollwut bis zum 18. Jahrhundert regelmäßig mit Arzneien auf Salzbasis behandelt. Eine andere Variante, schon bei den Römern bekannt, empfahl statt dessen ein Bad im Meer; unter der Bezeichnung »Thalassotherapie gegen Tollwut« feierte diese Methode im 17. Jahrhundert ihre größten Erfolge, wurde dann jedoch von den Fachgelehrten angezweifelt und im Verlauf des 18. Jahrhunderts aufgegeben. Der Volksglaube indes blieb ihr treu. Als die Gräfin von Boigne 1806 bei Dieppe im Meer badete, wurden ihre Diener von den Einwohnern umringt, die wissen wollten, ob sie von einem tollwütigen Hund gebissen worden sei.

Im Sinne der beiden Prinzipien wurden auch alle »kalten und feuchtkalten« Krankheiten wie Gicht, Nierenbeschwerden, Wassersucht, Darmschmerzen oder auch Kopfweh mit Salz behandelt. Somit markiert das Salz den Ursprung der Neurologie. Aber damit nicht genug. Es verringert die Schwellung entzündeter Mandeln, kann nässende Hautausschläge austrocknen und bringt Warzen zum Verschwinden. Jean Pitard, der Leibarzt Ludwigs d. Heiligen, Philipps d. Kühnen und Philipps d. Schönen, lehrt uns, wie wir uns davon befreien können: »Gemahlenen Ackermenning (eine Herbazée) mit Salz und starkem Essig vermischen, die Warze damit einreiben und ein Pflaster darüber, das läßt sie rasch verschwinden.«

Salz birgt jenseits dieser beiden Prinzipien noch weitere Heilkräfte. Es mildert Schmerzen und Prellungen bei Verrenkungen und Brüchen, wenn die verletzten Glieder mit einem Breiumschlag aus gesalzenen Brennesseln oder einem Salz-Honig-Gemisch behandelt werden. Es wirkt bei entzündetem

Zahnfleisch und hält die Zähne gesund – eine alte Weisheit, die unsere Zahnpastahersteller neu entdeckt haben.

Aber Salz kann sehr wohl auch kontraindiziert sein – nicht nur im Hinblick auf die Behandlung irgendwelcher Krankheiten, sondern auch auf deren Prävention. Häufiger noch ist es in der Hygiene, Ernährung und Kosmetik fehl am Platze.

Zwischen den Ärzten im Mittelalter und heutigen Ernährungswissenschaftlern bestehen erstaunliche Übereinstimmungen, selbst wenn sie sich nicht immer derselben Argumente bedienen: Zu scharf gewürzte Speisen schaden. Salz erzeugt Durst; wir sollten daher im Sommer ruhig etwas fader essen. Salz trocknet die Kopfhaut aus; wer zur Glatzenbildung neigt, sollte möglichst salzarm essen. Andererseits hilft eine Färbung auf Salzbasis, die ersten grauen Haare zu verheimlichen. Salzmißbrauch erzeugt »trübes und melancholisches Blut«; der Teint wird blaß und »das Gesicht grämlich«. Ein provençalisches Diäthandbuch reiht salzreiches Essen sogar unter die wichtigsten Ursachen eines vorzeitigen Todes ein, denn ihm komme die gleiche Wirkung zu wie »Zorn, Schmerz…, hartes und schlechtschmeckendes Brot, saurer Wein … und ein zänkisches Weib«.

Nur im Garten war Salz lange Zeit verpönt, gemäß der biblischen Tradition, die Vincent de Beauvais, der *Brockhaus* des 13. Jahrhunderts, in Erinnerung ruft: »Jeder Ort, über den man Salz streut, wird dürr und trägt hinfort keine Frucht mehr.« Erst Bernard de Palissy, der dem Phänomen Salz beinahe verfallen war, äußerte die Ansicht, daß Salzgaben in sehr kleinen Mengen den Pflanzenwuchs fördern könnten. Dabei berief er sich auf die Qualität des Weizens, der neben den Salzteichen von Saintonge wuchs: »Er ist so prächtig wie noch an keinem Ort, den ich bisher besuchte.« Es dauerte lange, bis aus dieser Beobachtung die entsprechenden Folgerungen gezogen wurden. Das allgemeine Vorurteil, daß Salz und Fruchtbarkeit unvereinbar seien, war eben auch von gelehrten Geistern nicht über Nacht aus der Welt zu schaffen.

Instinkt, Erfahrung und Glauben hatten die Völker gelehrt, Salz zu genau bestimmten Zwecken zu nutzen, weshalb sie es für kostbar erachteten. Jahrtausendelang blieben diese Verwendungszwecke den Grenzen der Tradition verhaftet. Es bedurfte erst der wissenschaftlichen, industriellen und sozialen Revolution, um diesen etablierten geistigen Rahmen zu sprengen. Das Salz markiert diesen Aufbruch in die Moderne allerdings nur als einer unter vielen Zeugen. Zugleich riß dieser Aufbruch nicht alle Brücken hinter sich ein, denn die vernünftigen Verwendungszwecke ließen die alten Mythen zwar in den Hintergrund treten, schafften sie aber nicht ganz aus der Welt. Salz war eben mehr als eine schlichte Lebensnotwendigkeit, ein nützliches Mineral oder ein kostbares Lebensmittel für Arm und Reich. Quer zu all den vielfältigen Verwendungsarten nährte es mythologische Vorstellungen. In ihm manifestierten geheimnisvolle und lächerliche, geheiligte oder poetisch verklärte, jahrtausendealte Mysterien ihre Macht. Sie erhoben den Gebrauch des Salzes vom Konkreten ins Spirituelle, vom Praktischen ins Magische.

9. Kapitel
Die Mythen vom Salz

Der Segen Gottes sei bei unseren Werken und Taten; er gebe der Erde Salz, dem Himmel die Sonne und der Seele das Heil.

»Geheim Salzbüchlein«, 17. Jahrhundert, Staatsarchiv Zürich, F III 29 a

Das geweihte Salz

Zwischen dem gewöhnlichen und dem sakralen Gebrauch von Salz besteht kaum eine erkennbare Grenze. Die meisten Religionen schrieben ihm ohnehin heilige Eigenschaften zu. Dem lagen im einzelnen unterschiedliche Motive und Absichten zugrunde; stets aber lassen sich diese ableiten aus den tatsächlichen Eigenschaften einer Substanz, die als Mittlerin zwischen dem Natürlichen und dem Übernatürlichen, zwischen Menschen und Göttern angesehen wurde. Alle Völker erkannten diese Verbindung an. Die heutige Sprache in Madagaskar bedient sich wie das Hebräische des Alten Testaments ein und desselben Begriffs, um sowohl eine gesalzene als auch eine heilige Nahrung zu bezeichnen.

Für Griechen und Römer war das Salz schlicht »göttlich«, und dieses Attribut verdankte sich der Mythologie: Neres, die Göttin des Meeres, hatte Peleus, dem Vater Achills, das Salz als Hochzeitsgeschenk vermacht. Seither galt es als Gabe der Götter. Außerdem vermochten sich die Menschen ein so lebensnotwendiges Mineral, das darüber hinaus auch noch so bequem zur Verfügung stand, gar nicht anders zu erklären als durch eine noble Geste des Olymp. Da sie den Göttern jedoch einen Teil der himmlischen Wohltaten zurückerstatten mußten, durfte das Salz bei keinem Opfer fehlen. Auch für die keltischen Religionen stellten die hier und da sprudelnden Salzquellen die größte Annehmlichkeit der Menschen dar und mußten deshalb Ausdruck der Gnade einer lokalen, vorzugsweise weiblichen Gottheit sein; folglich standen sie unter deren Schutz. Der nähere Umkreis dieser Quellen wurde

als heiliger, unantastbarer Ort betrachtet – erst recht, wenn es sich um eine heilkräftige Thermalquelle handelte.

Keine andere Religion aber erhob das Salz so sehr in den Rang des Göttlichen wie die jüdisch-christliche Tradition. Im allgemeinen stützt sich diese Tradition auf Symbole, die höchst konkreten, höchst irdischen Gütern entlehnt sind, derer sich jedoch die Menschen oft nur durch geduldige Arbeit bemächtigen können und deren Knappheit sie immer fürchten müssen: Wasser, Brot, Wein und Salz. Im Alten Testament ist ständig von Salz die Rede, ob es dabei nun um praktische Verwendungszwecke geht oder um die symbolischen Funktionen; die beiden Ebenen lassen sich ohnehin kaum voneinander trennen. Und die symbolischen Funktionen stehen selber in einem direkten Zusammenhang mit den chemisch-physikalischen Eigenschaften, die die Hebräer dem Salz zuschrieben. Für sie war es kein Geschenk Gottes, sondern – wie die gesamte Natur – ein Element der Schöpfung. Wegen seiner unterschiedlichen Eigenschaften konnte das Salz selbst nicht heilig sein: Es war zwar segensreich – nährte, reinigte, würzte –, zugleich aber auch zerstörerisch, indem es z. B. den Boden unfruchtbar machte. Die biblische Symbolik des Salzes ist also doppeldeutig, gelegentlich sogar widersprüchlich.

Unvergänglich wie jedes Mineral, darüber hinaus aber von einzigartiger Reinigungskraft, blieb das Salz nicht allein Symbol, sondern wurde zum sichtbaren Unterpfand aller Bündnisse, die Gott mit seinem auserwählten Volk schloß. Der Bund mit Aaron wird auf »ewig durch das Salz von Yahwe« besiegelt (4. Mos., 18, V. 19). Als Gott David viel

119. Ausschnitt aus einer Kopie des *Abendmahls* von Leonardo da Vinci, die man Marco d'Oggiono zuschreibt. Man erkennt hier das umgestoßene Salzgefäß besser als auf dem stark ramponierten Original.
Louvre, Paris.

später die Königswürde über Israel verleiht, ist auch sie eine »Allianz aus Salz«. Seit dieser Zeit zählte bei den Hebräern, wie bei allen Völkern der klassischen Antike, aber doch in einem anderen Sinn, das Salz zum unabdingbaren Bestandteil jeden Opfers. Dabei werden wahrscheinlich auch praktische Erwägungen Pate gestanden haben: Salz bewahrte andere Opfergaben vor Fäulnis und deckte zugleich einen Teil der Salzvorräte des Tempels in Jerusalem. Die Priesterschaft verbrauchte beträchtliche Mengen des in Israel erzeugten Salzes, und in den Speichern rings um den Tempel lagerten große Reserven des begehrten Salzes aus Sodom.

Die symbolische Funktion des Salzes erstreckte sich auch auf andere Bündnisse als auf das zwischen Gott und Israel. Es wurde, wie später auch bei den Griechen und noch später bei den Mohammedanern, zum Zeichen der Zugehörigkeit zwischen den Menschen oder einfach der Güte und Gastfreundschaft. Brot und Salz mit einem Menschen zu teilen, hieß, ihn zu Tisch zu laden und seine Freundschaft anzustreben. Schließlich bedeutete eine Prise Salz bei allen semitischen Stämmen auch die Bitte um Schutz für Leib und Leben, den man sich von Gott oder einfach einem Freund erhoffte. Dieser Aspekt erscheint im christlichen Abendland nicht mehr, dafür jedoch im Islam und im alten Rußland.

Auf der anderen Seite verstand man das Salz auch als Instrument des Zorns und der strengen Gerechtigkeit Gottes. Wenn er im Alten Testament die menschliche Bosheit bestrafen wollte, stand es in seiner Macht, »fruchtbaren Boden in Salzgefilde« (Ps. 107, V. 43) oder »wasserreiches Land in Wüstenei« (Buch Jes. Sir. 39, V. 23) zu verwandeln. Loths Weib erstarrte, wie jedermann weiß, zur Salzsäule, als sie aus der von Gott verdammten Stadt floh und sich umzudrehen wagte. Ähnlich zweifelhafter Strafmittel bedienten sich auch die jüdischen Könige in ihrer Eigenschaft als irdische Stellvertreter Gottes, wie der Fall Abimelechs zeigt. Nach einem Aufstand der Bewohner Sichems machte er die Stadt dem Erdboden gleich und »streute Salz darauf« (Richter 9, V. 45).

Das Neue Testament setzte in der Salzsymbolik einen deutlich anderen Akzent. Zwar kam das Salz in Jesu' Predigten des öfteren vor, aber doch in eher

120. Der Herbst. Der November war der Monat der Schlachtfeste. Zu Beginn des Winters mußte man an den geringen Futtermittelvorräten für das Vieh sparen; deshalb wurden alle überschüssigen Tiere geschlachtet und zu Wurst oder Salzfleisch verarbeitet. Glasfenster aus dem Querschiff der Kathedrale von Lausanne.

metaphorischer Bedeutung. Für seine Jünger und Zuhörer war es eine alltägliche Realität, und eher darauf spielte Jesus in der Bergpredigt an als auf die Zeichenhaftigkeit des Salzes im Hinblick auf Gottes Zorn oder auf den Bund zwischen Gott und den Menschen. Dennoch verlieh er dieser Metapher eine kolossale symbolische Kraft und erhob das Salz zum Zeichen des Lebens, des Lichts und der heilbringenden Botschaft schlechthin. »Ihr seid das Salz der Erde«, rief er vor den Aposteln aus. »Aber wenn das Salz dumm geworden ist, womit soll man sie wieder salzen? Es taugt zu nichts weiter, als von den Menschen hinausgeworfen und mit Füßen getreten zu werden. Ihr seid das Licht der Welt.« (Math. 5, V. 13) Die Exegeten des Mittelalters verloren sich in schier endlosen Vermutungen und Spekulationen über die Bedeutung dieser Prophetie, die buchstäblich unglaublich war, denn Salz ist ein Kristall, das gar nicht »dumm« (bzw. schal) werden kann. Aber die Gedankenverknüpfung zwischen »Ihr seid das Salz der Erde« und »Ihr seid das Licht der Welt« entging ihnen dabei weitgehend.

Die Symbolik, die sich im Alten und Neuen Testament noch so häufig um das Salz rankte und von den Kirchenvätern Augustinus und Johannes Chrysostomos so lebhaft empfunden wurde, verlor in der mittelalterlichen und modernen Theologie jegliche Bildhaftigkeit. Für unsere heutigen Tage ist das nur allzu verständlich, weil Salz zum Allgemeingut und zum selbstverständlichen Grundstoff für vielerlei Produkte der Großindustrie wurde (wie aber verhält es sich mit dem Brot und dem Wein?). In bezug auf das Mittelalter jedoch, als Salz noch ein kostbares Gewürz war und im Mittelpunkt allerlei abergläubischer Vorstellungen stand, muß dieses theologische Desinteresse überraschen. Die erstaunliche Tatsache bleibt, daß »das Mittelalter den sprachlichen Reichtum der Evangelien mehr und mehr verkannt hat« (J. Toussaert 1968). »Salz der Erde« und »Licht der Welt« – dieses hinreißend dynami-

sche Bild der Weissagung Jesu' ist verblaßt. Nur unter dem Pinsel Leonardo da Vincis erhielt es noch einmal Konturen. In seinem berühmten *Abendmahl* ist Judas der Tischgenosse, der den Behälter mit dem erlösenden Salz umstößt (vgl. Abb. 119, S. 148).

Obwohl Salz als heilsgeschichtliches Symbol aus der christlichen Gedankenwelt des Mittelalters fast verschwunden war, konnte es sich doch im alltäglichen Leben der Kirche behaupten. Man erinnere sich nur der Rolle, die Klöster und Bischöfe in den ersten Jahrhunderten des Mittelalters bei der Salzförderung gespielt hatten. Manchmal war das Salz sogar Gegenstand handfester Wunder, wie es die folgende Anekdote aus der Vita des heiligen Bernhard zum besten gibt. Im Anschluß an seine feierliche Einsetzung als Abt des Klosters Clairvaux fehlte es plötzlich an Salz. Bernhard schickte einen der Mönche fort, um Salz zu suchen, währenddessen er selbst darum betete. Das Gebet wurde offenbar erhört, denn unversehens traf der Mönch einen anderen Priester, der gerade auf dem Maultier seines Weges kam und zufällig einen großen Sack Salz mit sich führte, von dem er gerne etwas abtrat.

Auch ohne die symbolischen Funktionen, die ihm in den Evangelien zugeschrieben worden waren, behielt das Salz seinen festen Platz in der katholischen Liturgie bei. Das ist auch der Grund, warum es von der Reformation aus der protestantischen Gottesdienstordnung völlig verbannt wurde. Martin Luther empfahl noch in der ersten Auflage seines *Taufbüchleins* (1523), dem Täufling Salz auf den Kopf zu streuen; aber schon in der zweiten Fassung, die drei Jahre später folgte, hatte er selbst diese Anregung getilgt.

Bei der Taufe ist die gottesdienstliche Verwendung von Salz am üblichsten. Es kann hier die Verbindung des Neugeborenen zu Gott bezeichnen. Aber der geläufigste Sinn liegt im Symbol der Reinheit, in der Austreibung böser Geister. Am Ende löscht, d. h. »zersetzt« das Salz die Sünde im Kind und vermittelt ihm Einsicht. »Das Salz der Weisheit möge dich begleiten«, betete der Pfarrer meistens, bevor er das Kind taufte. Ein französischer Roman aus dem Mittelalter, *Le Roman de Galeran*, erzählt von einem kleinen verlassenen Mädchen, das mit einer »Handvoll Salz« aufgefunden wurde, zum Zeichen dafür, daß es noch nicht getauft war. Dieser Ritus »des Kostens« ist in den Ländern, in denen Salz ein knappes Gut war und in die es importiert werden mußte, verschiedentlich in Frage gestellt worden. Im Schweden des frühen 13. Jahrhunderts war es gang und gäbe, daß die Eltern ihr Kind deshalb so begierig taufen ließen, um bei dieser Gelegenheit selber eine Messerspitze des notwendigen Salzes zu ergattern.

Der katholische Taufritus hielt jedoch an dem Gedanken der Teufelsaustreibung und der Wegbereitung der göttlichen Weisheit durch das Salz bis in die Gegenwart fest; erst die seit 1973 gültige Taufliturgie verzichtete darauf. In einigen ländlichen Pfarrbezirken lebt er jedoch weiter, z. B. in der jährlichen Segnung von Menschen, Hof und Vieh

mit geweihtem Salz oder in der katholischen Feier der Osternacht, wenn der Priester etwas Salz in das neue Weihwasser streut. Im Ritual des Exorzismus aber kommt das Salz zu neuen Ehren: Hier vertreibt es die Dämonen. Das Heilige neigt dazu, sich mit dem Magischen zu verbinden.

Das magische Salz

Zwischen den Kräften, die dem Salz von manchen animistischen oder Offenbarungsreligionen zugeschrieben werden, und den magischen Eigenschaften, die ihm der volkstümliche Aberglauben andichtet, besteht eine besondere Kohärenz. Die Weihung des Salzes schlug immer eine Brücke zwischen dem Rationalen und Irrationalen, zwischen den regulären Verwendungszwecken und abergläubischen Vorstellungen, die es, genauer besehen, auch heute noch gibt. Vermuten wir nicht ein schlechtes Omen, wenn wir aus Ungeschicklichkeit Salz auf dem Tisch verschütten? Natürlich ist das purer Aberglauben, dessen Ursprung wir nicht mehr kennen. Ähnlich verhält es sich, wenn wir auch heute Vorstellungen wie Bündnis, Gastfreundschaft und Schutz in Verbindung bringen mit den Nahrungs-, Reinigungs- und Lösungseigenschaften des Salzes – was noch Leonardo da Vinci zur Darstellung gebracht hatte. Magie und Aberglauben sind nichts weiter als der bloß rituelle Gebrauch von Salz, der seines spirituellen Inhalts entleert ist. Als der Prophet Elisa Salz in einen Brunnen streute, um ihn zu reinigen, veranlaßte ihn die göttliche Inspiration dazu (vgl. Könige II, 2, V. 19). Seine Nachahmer bis auf den heutigen Tag hingegen betreiben bloße Magie. Volksbräuche und Aberglauben sind vielschichtig zusammengesetzt. In ihnen vermischen sich Überzeugungen aus den unterschiedlichsten Epochen und Kulten. So sind im Grunde keltische Traditionen im christlichen Gewand noch heute in vielen europäischen Gegenden lebendig, in den Niederlanden ebenso wie im südwestfranzösischen Béarn und in Hessen ebenso wie in Wales. Für Anthropologen und Historiker ist es deshalb schwierig, zwischen dem geweihten, dem magischen oder dem Salz der Volksmärchen zu unterscheiden.

Die Magie und die ihr wesensverwandte Alchimie nutzten die heilsamen wie die unheilbringenden Eigenschaften des Salzes gründlich aus. Die dämonologischen Traktate sind voll davon – und die Bibliotheken im Mittelalter waren es ihrerseits mit ihnen –, selbst noch die humanistischen Traktate bis hin zur Zeit der Aufklärung. Sogar Jean Bodin (1530–1596), der große Humanist, Staatstheoretiker und Ökonom, trat in diesem Zusammenhang als Autor hervor. Und zugleich bemächtigte sich der Hermetismus des Salzes. In der Gedankenwelt eines René Guénon etwa entsprach das Salz der Individualität, d. h. des »Ich«, das unbedingt in Richtung des »Selbst« voranzutreiben war. Die arabische Kosmographie des Hochmittelalters brachte das Salz in Verbindung mit dem Winter, also mit Kälte und Feuchtigkeit, dem Westen (des arabischen Reiches), mit abstoßenden Kräften, der zehnten, elften und zwölften Stunde, mit Jupiter und Merkur sowie mit den Sternbildern Steinbock, Wassermann und Fische. Die einander abstoßenden Kräfte Kälte und Feuchtigkeit standen in diametralem Gegensatz zu den Elementen Wärme und Trockenheit, die die jüdisch-christliche Tradition dem Salz zuordnete. Die Symbolik der Freimaurer macht aus Salz, Schwefel und Quecksilber die männlichen und weiblichen Prinzipien, wobei das Salz die Auferstehung zum Licht in exakt der zweifachen Bedeutung verkörpert, die Christus selbst ihm zusprach.

Die magischen Tugenden des Salzes sind indes nicht nur okkulten Wissenschaften oder irgendwelchen hermetischen Zirkeln vorbehalten. Sie steigen vielmehr aus der Sphäre des Geheimnisvollen herab, um, wenn schon nicht ins helle Licht, so doch wenigstens in das Alltagsleben einzudringen; dabei achten sie streng auf die Aura des Heiligen, die ihnen die Religion verleiht. Die Priester früherer Völker scheuten keine magischen Begegnungen mit dem Salz, obwohl es dabei meist seine schrecklichen Seiten offenbarte. Das Schicksal Sichems, der Stadt, über die Salz gestreut wurde, um auf ewig ausgelöscht zu bleiben, teilten viele eroberte Städte der Antike, vermutlich auch Karthago.

Das *Pontificale* des Bischofs Guillaume Durand aus den letzten Jahren des 13. Jahrhunderts – 1485 von Papst Innozenz VIII. dekretiert – nennt mehr als einen Brauch, der eher im Aberglauben als in der Spiritualität wurzelte, z. B. die Weihe der Salzgaben für das Vieh, die vor Epidemien und Seuchen in den Herden schützen, oder die Besprengung der Häuser mit geweihtem Salzwasser, das die Pest fernhalten sollte. Weitere magische Handlungsformen oder Rezepte gingen schon von vornherein über jeden religiösen Rahmen hinaus. »Willst du das Wasser deines Brunnens vermehren, wirf täglich sieben Handvoll Salz und Sand hinein«, riet ein arabischer Autor. Dieses simple Beispiel verdeutlicht die Vermischung von rationalen (Salz und Sand ziehen Wasser an) und irrationalen Vorstellungen. Am nachdrücklichsten aber belegt ein Rat Albertus Magnus' diese Konfusion. Er lehrt uns, an einem persönlichen Feind Rache zu üben, indem wir mit Hilfe von Salz in dessen Wohnung Schlangen wimmeln lassen können!

Werfen wir den Blick noch auf einen der bevorzugtesten Bereiche der Magie, an dem abermals religiöse Symbolik und katholischer Ritus beteiligt sind – auf die Teufelsaustreibung (Exorzismus). Alle Dämonologen, Priester wie Laien, stimmen in dem einen Punkt überein, daß Teufel das Salz fürchten wie das Weihwasser und sofort die Flucht ergreifen, wenn es in ihrer Gegenwart ausgestreut wird. Jean Bodin erklärt auch, warum: »Salz ist das Symbol der Reinheit und Ewigkeit, weil es niemals vergeht oder zerfällt und die Dinge vor Verwesung und Verfall schützt. Der Teufel hingegen betreibt die Verderbnis und Auflösung der Kreatur, so wie Gott ihre Erhaltung wünscht. Deshalb befiehlt es das göttliche Gebot, Salz auf den Altar des Allerheiligsten zu stellen.«

Aber nicht bloß auf den Altar, sondern überall dorthin, wo mit dem Auftauchen des Teufels zu rechnen war. In diesem Sinn ist die reichliche Verwendung von Salz und Weihwasser bei der Taufe und im Ritual der Teufelsaustreibung zu verstehen, »da sie ja seit ihrem Ursprung ... miteinander vermischt sind und sich erst in den Adern der Erde trennten, welche das zunächst bittere und salzige Wasser veränderte und besänftigte, um es für Menschen trinkbar zu machen. Weihwasser, in dem Salz gelöst ist, scheint zu jener ersten Natur des Salzes zurückzukehren.« So beschrieb P. Le Loyer im Jahre 1605 den unvermuteten Zusammenhang von Dämonologie und Geologie.

Die Teufel haben nie damit aufgehört, die menschliche Kreatur vom rechten Weg abzubringen; aber auch sie haben ihre Konjunktur. Ihr goldenes Zeitalter dauerte vom Ende des Mittelalters bis zum 17. Jahrhundert, als die Jagd auf Hexen und

Zauberer wie eine besonders schreckliche Seuche unter den Menschen grassierte. Die Massenpsychose ergriff alle christlichen Völker ohne Ansehen ihrer jeweiligen Kirche; friedliche Alpenbewohner oder finnische Fischer ebenso wie die Siedler in Neu-England – der Teufel machte keine Ausnahme. Am Ende der Hatz waren Hunderttausende von Opfern tot oder verstümmelt, die ihren Umgang mit dem Teufel unter den irrsinnigen Qualen der Folter »gestanden« hatten. Wie uns erhaltene Verhörproto-

122. »Oh Rachilla, geliebteste aller Frauen, ist es nicht schlimm, daß ich dir hier unterworfen bin?« Karte aus einem Scherzspiel. Deutschland, spätes 16. Jahrhundert. Die beleibte Hausfrau sitzt in der Küche auf ihrem Gatten. Das Salzfaß steht in der Ecke neben dem Feuer.

kolle bezeugen, sagten alle Opfer aus, daß der Teufel am Hexensabbat weder Salz noch gesalzene Speisen auftischen ließ. Ein gerissener Italiener, erzählt Bodin, bemerkte dies und verlangte nach Salz. Als er es bekam, zerbrach im gleichen Augenblick der teuflische Zauber, und der Italiener entkam seiner Macht.

Unter diesen Umständen verwundert es nicht, daß Salz als äußerst wirksames Mittel in der prophylaktischen Bekämpfung der Dämonen galt – übrigens nicht erst im Mittelalter, sondern bereits in vorchristlicher Zeit. Eine uralte finnische Bezeichnung für »Hexe« heißt wörtlich übersetzt: »eine, die das Salz verflucht«.

Das Salz im Volksglauben

Viele Symbole und Mythen, irgendwann einmal entstanden, leben später im Volksglauben weiter. Und dieser seinerseits hat dem Salz eine magische Last aufgebürdet wie keinem anderen unbeseelten Gegenstand – ausgenommen vielleicht das Gold.

Diese Vorstellungen änderten sich im Laufe der Zeit kaum. Wenn wir von Volksglauben sprechen, sollten wir uns zunächst ein »Volk« vorstellen, ohne dessen soziale Unterschiede zu berücksichtigen, denn Mythen, Sagen und Aberglauben waren nie allein auf Analphabeten oder auf bäuerliche Schichten beschränkt. Jean Bodin und mit ihm viele andere Dämonologen zählten zur gesellschaftlichen Elite ihrer Zeit. Selbst bei noch so distanzierter Interpretation des Volksglaubens wäre es ihnen nie in den Sinn gekommen, die magischen Kräfte des Salzes in Zweifel zu ziehen oder auch nur irgendwelche ungeschliffenen Praktiken zu belächeln, die sich darauf bezogen. Wenden wir uns in diesem Zusammenhang noch einmal der inzwischen bekannten Symbolfunktion des Salzbehälters zu: Repräsentierte er nicht gerade auf den Tischen der Reichen und Vornehmen die Eigenschaften, die dem Salz selber zugesprochen wurden? Also nicht nur Prestige und Stolz, sondern auch Sicherheit, Schutz und Freundschaft – demonstrativ den Gästen vorgehalten?

Salz als Zeichen der Freundschaft ist für uns ein biblisches Motiv, aber in Wahrheit wurzelt es in einem breiteren Fundament. Dieselbe Symbolik treffen wir nämlich auch bei sog. heidnischen Völkern außerhalb des christlich-jüdischen Kulturraums an. In Rom umschrieb man Treulosigkeit

unter Freunden als »das Versprechen und das Salz täuschen«. Seitdem ist ein auf dem Tisch fehlendes Salzfäßchen ein ebenso schlechtes Omen wie verschüttetes Salz.

Erst seit der Industrialisierung läßt sich mit einigem Recht zwischen dem Geltungsraum trennen, in dem der vielfältige Volksglauben um das Salz fürs erste Bestand hatte, und jenem, in dem seine Bedeutung mit der Zeit schwand: nämlich zwischen Land und Stadt. Diese Epoche hat die alten Mythen erstickt und durch neue ersetzt. Die ländliche Bevölkerung wurde davon nur am Rande berührt; sie bewahrte deshalb ihre traditionellen Legenden und Gebräuche. Der Bauer unterhielt zum Salz eine stärkere und bewußtere Beziehung als der Städter, der es wie selbstverständlich zu sich nahm. Der Bauer hingegen verabreichte es seinem Vieh, selchte Fleisch und stellte Käse her; seine Frau bereitete

123. Salzbehälter in Entenform aus geschnitztem Holz. Maurienne (Savoyen), 18. Jahrhundert.
Musée des Arts et Traditions populaires, Paris.

124. Salzbüchse aus Holz mit zwei Griffen und Rosettendekor. Frankreich, Entstehungsdatum unbekannt.
Musée des Arts et Traditions populaires, Paris.

Gemüse noch viel länger in Salzwasser zu als die Hausfrau in der Stadt. So veränderte sich die Bedeutung von Kochsalz auf dem Lande nicht; die Mythen, die damit einhergingen, blieben bis heute lebendig. Und wenn nicht bis heute, dann doch immerhin bis vor ein oder zwei Generationen.

In den Glaubensvorstellungen der meisten Völker erfüllt das Salz zwei Hauptfunktionen, eine beschützende und eine kräftigende.

Das beschützende Salz steht in direktem Zusammenhang mit seiner Verwendung gegen Dämonen und Zauberer. Und man könnte nicht mit Sicherheit sagen, ob der Volksglaube sich ein Mittel zueigen gemacht hat, das sich in den Händen der Kirchenmänner offenbarte, oder ob umgekehrt – und für mein Gefühl wahrscheinlicher – die Kirche es war, die ein probates Mittel übernahm, lange bevor sie seine geistigen Kräfte erprobt und es durch den Hinweis auf die Heilige Schrift und durch den Ritus legitimiert hatte.

Während die kirchlichen Riten darauf abzielten, bereits identifizierte Dämonen auszutreiben, ging es in den Riten des Volksglaubens vor allem um Prävention. Im Baskenland war man der Überzeugung, daß ein Hahn das Kommen eines Zauberers durch lautes Krähen ankündigte; dann mußte man sogleich eine Messerspitze Salz ins Feuer streuen, um drohendes Unheil abzuwenden. (Die Verbindung Hahn-Salz-Feuer gibt es übrigens auch in der alchimistischen Tradition.) In Armagnac glaubte man sich durch Salz im Kaminfeuer vor drohenden Unwettern geschützt. Im südwestfranzösischen Béarn bewahrte es vor Verhexungen der Eule. Dazu genügte ein magischer Satz: »Eule, ich streue dir Salz auf Kopf und Schwanz, damit alles Übel, das du bei dir trägst, auch bei dir bleibt!« Zahllose ähnliche Gebräuche halfen bei der Vermeidung schlimmer Konsequenzen, die sich aus schicksalsträchtigen Entscheidungen ergeben konnten. Eheleute wappneten sich »mit einer Handvoll Salz« gegen das Schicksal der Unfruchtbarkeit – ein Brauch, der für mehrere europäische Länder bezeugt ist und offenbar früher weit verbreitet gewesen sein muß. Eine besonders originelle Möglichkeit der Gefahrenabwehr entstammt wieder einmal dem Erfahrungsschatz von Albertus Magnus: Wenn man Unglück vermeiden wolle, so esse man gebratenen und mit geweihtem Salz bestreuten Grünspecht.

Daß die meisten dieser Riten in irgendeiner Form das Vieh betreffen, kann nicht verwundern. Wir kennen bereits den Brauch, Salz zu segnen, um die Tiere vor Krankheiten zu schützen. Aber auch ungeweihtes Salz konnte hilfreich sein: Jeweils am 1. April wurde es auf alle vier Ecken einer Viehweide gestreut, um Unglück und Böses von den Herden fernzuhalten.

Salz bewahrte aber nicht allein vor Unglück, sondern vermittelte auch böse Vorahnungen. Den Handbüchern zur Traumdeutung, die sich besonders im Mittelalter – also schon lange vor C. G. Jung – großer Beliebtheit erfreuten, ist zu entnehmen, daß das Salz Gebrechen oder Leiden verheiße. Man mußte nicht einmal von ausgeschüttetem Salz träumen, bereits ein gesalzener Käse bedeutete »nichts Gutes«. In Hessen existierte noch unlängst der Brauch, in der Heiligen Nacht »zwölf Zwiebelschalen in Reih und Glied auf den Tisch zu legen und mit Salz zu füllen. Diejenigen, in die am nächsten Morgen das Salz eingedrungen ist, geben Auskunft, in welchem Monat des kommenden Jahres über die Familie ein Unglück hereinbrechen wird. Deshalb bestreut man die Schale mit geweihtem Salz.«

Salz verleiht angeblich aber auch körperliche Stärke. Das ist medizinischer Aberglauben, in dem eine schlichte Volksweisheit zum Ausdruck kommt. Die biblische Tradition lehrt (woraus sich sofort ein moralisches Gebot ableiten läßt): Salz bewahrt vor Faulheit. Der Volksglaube hat es vorgezogen, daraus einen anderen Schluß zu ziehen: Salz kräftigt Körper, Haut und Muskeln. Die frühen Ärzte, von Galenus bis Chauliac, haben diese Weisheit dann nur kodifiziert, wenn sie z. B. empfahlen, den Körper eines Babys oder einen erkrankten Körperteil mit Salz einzureiben.

Und natürlich, wie könnte es anders sein, spielte das Salz auch auf sexuellem Gebiet eine wichtige Rolle. Schon in der Antike erklärte man es zum Aphrodisiakum, das die Menschheit Aphrodite verdankte, der bei Zypern dem Mittelmeer entstiegenen Göttin der Liebe und des Salzes. Die Griechen nahmen an, daß der Entzug von Salz die männliche Potenz beeinträchtige. Und ist es nicht diese vermeintliche Wirkung, die wir im Sinn haben, wenn wir eine Frau, die das Essen zu stark würzt, für verliebt

125. Gewürzstatuette aus Keramik für Salz, Pfeffer und Senf. Rouen, 19. Jahrhundert, (13,5 × 11,5 × 20 cm). Schweizer Salzmuseum, Aigle.

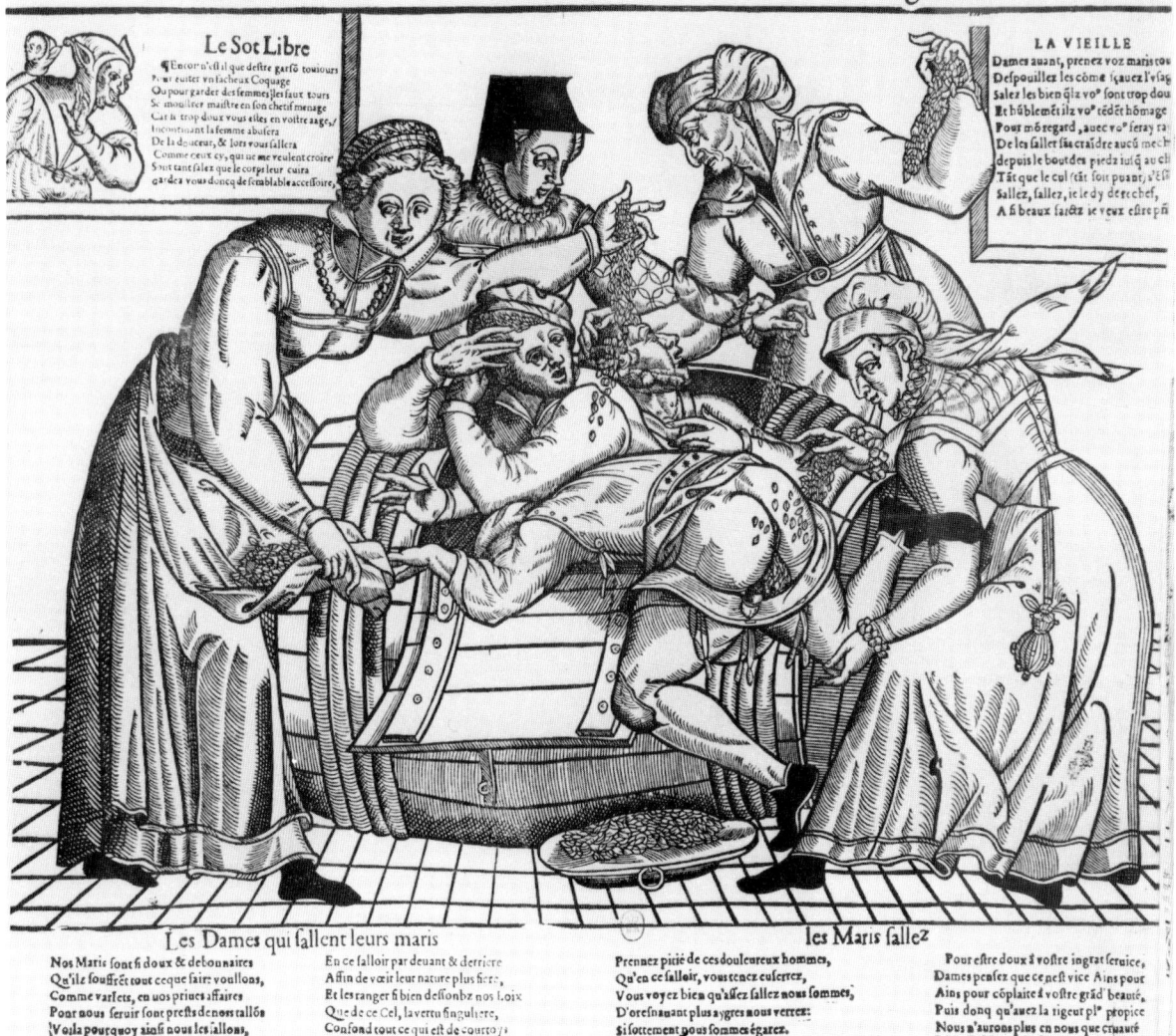

126. »Die Frauen salzen ihre Männer ein«. Holzschnitt eines unbekannten Künstlers, 1557.
Bibliothèque nationale, Paris.

halten? Bernard Palissy, den wir als Salzexperten ja nun schon gut kennen, wußte auch hierzu etwas beizutragen. »Das Salz«, so versicherte er, »erhält die Liebe zwischen Mann und Frau wegen der Kraft aufrecht, die es ihren Genitalien verleiht: Auf diese Weise hilft es bei der Fortpflanzung.«

Angesichts derart profunder Weisheiten erstaunt das »Einsalzen des Ehepartners« nicht mehr – eine Mode, die im 16. und 17. Jahrhundert in der Literatur und in satirisch-graphischen Darstellungen ziemlich weit verbreitet war. Damals ging die »scherzhafte Rede von Männern um, die ihre Frauen einsalzen, weil sie so süß sind«, aber dieses Spiel fand beinahe ebenso häufig mit vertauschten Rollen statt. Die Frauen in damaliger Zeit schätzten nun mal keine Schwächlinge; eine Behandlung der Genitalien mit Salz versprach, die gewünschte Kraft des Mannes und damit auch seine Autorität als Familienoberhaupt wiederherzustellen. Ein Stahlstich aus dem Paris des Jahres 1577 zeigt, wie man sich das vorzustellen hatte (vgl. Abb. 126, oben). Unter dem Titel »Die Frauen salzen ihre Männer ein, um sie vom Süßen zu heilen« sehen wir vier Ehefrauen unterschiedlichen Alters und aus verschiedenen Gesellschaftsschichten. Sie sind mit Eifer dabei, ihre teilweise entkleideten, der Prozedur vergeblich zu entkommen trachtenden Ehemänner auf einem großen Pökelfaß mit Salz einzureiben, und erklären ihr wenig sittsames Unterfangen mit den Worten:

»Unsere Männer sind so edel und süß, daß sie gerne unseren Dienst ertragen ... Deshalb salzen wir sie auf diesem Salzfaß von vorn und hinten ein, um ihr Geschlecht noch stolzer zu machen.«

Dritter Teil
Handel und Wandel

10. Kapitel
Die großen Straßen
des Salzhandels

Gottes Gnade segnete kein Land mit allen Gaben und jedes braucht noch viele Dinge. Dies hat er offenbar gewollt, um Freundschaft unter allen Völkern seines Reiches zu stiften.

Jean Bodin (1568)

Wir kennen nun die wichtigsten Salzproduzenten und Salzkonsumenten; jetzt müssen wir noch den Straßen folgen, die beide miteinander verbanden. Heute sind diese Wege kurz und bequem; damals hingegen waren sie lang und beschwerlich.

Zu sprechen ist von Straßen im engen Sinne: denen, auf welchen sich die Gespanne voranmühten. Zu sprechen ist aber auch von den Handelsstraßen: den Beziehungen des Salzhandels. Letztere sind zugleich jene, auf denen sich die Kalküle der Fürsten und Staaten deutlich abzeichnen. Die einen wollten oder mußten Salz verkaufen, und die anderen sorgten sich um die Versorgung ihrer Untertanen, aber alle erhoben sie Steuern: Die Salzstraßen führten wieder und wieder durch die Amtsstuben der Steuereinnehmer, sofern nicht still und verschwiegen daran vorbei. Der Salzschmuggel stellte gewiß die konstanteste und umfangreichste der Schiebereien dar, die die heimlichen Routen belebten. Das gemeine Volk aber, das Salz wegen der auf ihm ruhenden Steuerlast stets zu überhöhten Preisen kaufen mußte, ließ seinem Zorn darüber mehr als einmal freien Lauf.

Handel, Transport, Politik, Fiskus, Schmuggelei, soziale Unruhen: Das waren die Faktoren, die die »Strategien des Salzes« bestimmten. In dem unentwirrbaren Ensemble aus Absichten, Spekulationen, Machenschaften und meist einander zuwiderlaufenden Reaktionen war das Salz eher ein Zweck als das Ziel. Und so wurde auch der eingangs zitierte Optimismus Jean Bodins auf das Entschiedenste dementiert: Das Salz »stiftete« kaum jemals »Freundschaft unter den Völkern im Reiche Gottes«; dafür aber beflügelte es ihre Phantasie und diente ihren Leidenschaften.

Die »Frühgeschichte« des Salzhandels

Wirtschaftliche und politische Bedeutung erlangte der Salzhandel in China, Afrika und Europa tatsächlich erst im Mittelalter. Das schließt aber keineswegs aus, daß es ihn nicht schon früher gegeben hätte. Er läßt sich sogar bis in die Früh- und Vorgeschichte zurückverfolgen, wie die archäologischen Funde vor allem in Hallstatt beweisen. Dennoch liegen uns darüber kaum gesicherte Daten vor.

Über die antiken Völker sind wir etwas besser im Bilde, aber eben nur etwas. Diese Völker waren imstande, wie wir bereits gesehen haben, sich ohne große Schwierigkeiten mit Salz zu versorgen. Die verfügbaren Zeugnisse weisen vor allem auf einen Handel im engeren Umkreis der Salzförderstätten hin. Dem Salz maßen die Menschen in der Antike zwar einen hohen Gebrauchswert, aber nur einen geringen Tauschwert bei. »Für Salz gekauft« nannte man in Thrakien landläufig einen wenig geschätzten Sklaven.

In der römischen Frühgeschichte spielte das Salz schon eine bedeutendere Rolle, denn über die *Via Salaria* lieferte die Stadt Meersalz von der italienischen Westküste an die Hirten in den Abruzzen; diese »Straße« war überhaupt die erste durchgehende Verbindung zwischen Küste und Hinterland. Während der Kaiserzeit, d. h. im ersten nachchristlichen Jahrhundert, erlangte der römische Salzhandel dann imposante Dimensionen. Die Salzgärten von Ostia reichten nicht aus, obwohl sie mehrmals erweitert und rekonstruiert wurden, um der stürmisch wachsenden Bevölkerung der Hauptstadt und ihrer Umgebung genügend Salz zu liefern. Außerdem hatte sich Rom durch seine zahlreichen Eroberungen auch die Pflicht aufgehalst, salzarme Reichsteile mit diesem Gewürz zu versorgen. Seither erstreckte sich über Sizilien, Spanien, Kappadokien (Kleinasien), Cherson auf der Krim oder Ägypten ein ganzes »Salzverteilernetz«, dessen Zentrum in Rom lag. Von dort (oder auch Marseille) aus rollten die Transporte über weitere *viae salariae* bis an die entferntesten Grenzen des Reichs. Diese Transporte oblagen bestimmten Kaufleuten, den sog. *salarii*, die ihr Metier genau kannten. Offensichtlich klappte der Absatz ohne größere Probleme, was sich an den allgemein niedrigen Preisen zeigte. Im Vergleich zum Marktwert anderer Handelsgüter war das Salz während der Antike bedeutend billiger als später im christlichen Europa bis hin zum 18. Jahrhundert.

Über den Fortbestand des Salzhandels nach dem Ende des römischen Reichs zwischen dem 5. und dem 8. bzw. 9. Jahrhundert wissen wir so gut wie nichts. Mit Sicherheit kam ihm keine große Bedeutung zu. Jedes Gemeinwesen mußte sich mit lokalen Salzvorkommen begnügen. In dem Maße, in dem sich allmählich der Besitz an Grund und Boden ausbildete, mitsamt den Sozialstrukturen, auf denen die weltliche und geistliche Lebensordnung des Feudalismus im Mittelalter beruhte, wurden dann die Salzförderstätten zum Gegenstand von Transaktionen und Schenkungen. Wir kennen inzwischen die Bedeutung der Klöster bei dieser Entwicklung. Es existierte kaum ein Salzgarten oder Salzbergwerk, an dem nicht Klöster, Abteien, Konvente oder Bischöfe wenigstens einen, häufig sogar den größten Anteil besessen hätten.

Freiheit und Abhängigkeit vom Salz

Seit dem 12. Jahrhundert büßte der Salzhandel seine einfachen Strukturen ein. Er begann sich auszudehnen, und er nahm an Volumen zu. Die Betreiber der Salzsiedereien und die Endverbraucher unterhielten keine direkten geschäftlichen Beziehungen mehr. Zwischen beide drängte sich notwendigerweise der Großkaufmann oder der Reeder. Die Modalitäten des Salzhandels, die damals entstanden und sich bis

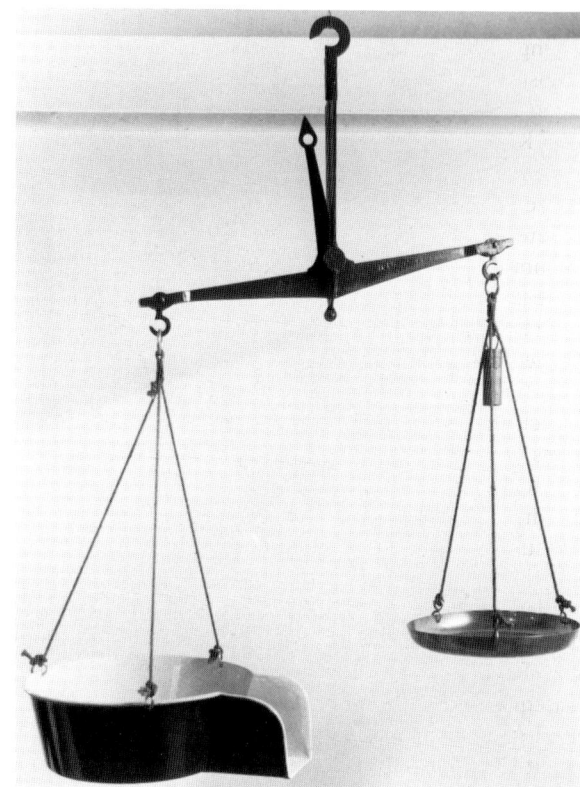

127. Waage einer staatlichen Salzverkaufsstelle. Schweiz, um 1900 (L.: 80 cm, H.: 96 cm). Damit wurden bis in unser Jahrhundert Salzportionen abgewogen. Später hatten diese Waagen ausgedient, weil das Salz bereits in der Fabrik nach Gewicht verpackt wurde. Schweizer Salzmuseum, Aigle.

zum 18. Jahrhundert weiterentwickelten, waren komplex, instabil und vielfältig. Ohne uns in Einzelheiten zu verlieren, wollen wir die Konstanten dieser Geschäfte anhand einiger aufschlußreicher Beispiele und bemerkenswerter Ausnahmen beleuchten.

In der Regel war der Salzhandel frei, zumindest zu Anfang. Denn obwohl die meisten Reiche zwar formal an diesem Prinzip festhielten, unterwarfen sie es doch in der Realität bald einer engen Kontrolle: der Steuern wegen, zudem als Instrument außenpolitischen Drucks. Wir müssen daher genau zwischen der Haltung der salzproduzierenden Staaten und jener der Länder unterscheiden, die sich zur Salzeinfuhr genötigt sahen.

Das erste Lager wiederum zerfiel in zwei Gruppen, je nachdem, ob es sich um große Territorialmächte wie Frankreich, Portugal, Kastilien und das

Reich der Habsburger handelte, die zwar große Mengen Salz produzierten, aber auch viel davon selbst verbrauchten, oder um kleinere bzw. bevölkerungsärmere Staaten wie das Fürstbistum Salzburg, das Königreich Aragon oder auch einige selbständige Städte (Lüneburg), die den größten Teil ihres Salzes exportierten. Sie hatten nicht das geringste Interesse, den Salzhandel in irgendeiner Form zu behindern. Wenn nur der Erlös ihrer Schatulle zugute kam, scherte es sie herzlich wenig, wohin sie ihr Salz lieferten – vorausgesetzt, es fand seinen Markt. Venedig indes bildete eine Ausnahme innerhalb dieser Gruppe, denn die Republik betrieb nackte Machtpolitik. Dabei bediente sie sich, wie wir bereits mit einiger Überraschung festgestellt haben, weniger der Produkte ihrer eigenen Salinen als vielmehr des Salzes, das sie andernorts aufkaufte bzw. erzeugen ließ.

Die Territorialstaaten verfolgten demgegenüber andere Perspektiven. Sie hatten zunächst auf das Gleichgewicht zwischen der Versorgung ihrer eigenen Bevölkerung und dem zum Export bestimmten Salzquantum zu achten. Dazu mußte der besteuerte und gewinnträchtige Salzeinzelhandel entweder in staatlicher Hand bleiben, oder, wo das nicht der Fall war, schleunigst zurückgeholt werden. Portugal, Polen und Österreich bildeten hierin eine gewisse Ausnahme. Sie, die erst im 16. Jahrhundert zum Kreis der bedeutenden Salzerzeugerländer stießen, übten die staatliche Kontrolle über den Salzhandel zunächst nur zögernd aus. In Portugal z. B. wurde das staatliche Salzmonopol erst im Jahre 1576 eingeführt. In Frankreich hingegen hatte die Entwicklung hin zum Monopol bereits im 14. Jahrhundert begonnen und vollzog sich dann recht schnell. Aufgrund der besonderen Situation bildete sich dort bis zur Revolution der größte nationale Salzmarkt Europas aus. Der Bedarf wurde von der einheimischen Salzerzeugung durchaus reichlich gedeckt, zumal dann, wenn man auch die Kapazität der Solequellen in Burgund und Lothringen dazu rechnete. Obwohl sie erst relativ spät unter die Kontrolle der königlichen Verwaltung gerieten, hatten sie zuvor schon die östlichen Landesteile Frankreichs mit Salz versorgt. Für den Export blieben derartige Mengen übrig, daß in einer normalen Saison deren Absatz nicht immer gesichert war. Zu dieser relativen Überfülle hinzu kamen die unterschiedliche Qualität der diversen französischen Salzsorten, ferner die ungleichen Besitzverhältnisse. Peccais, die größte Saline, war seit 1290 persönliches Eigentum des französi-

schen Königs; in den östlichen Provinzen hatten einige Feudalherren die Macht über die Solequellen an sich gerissen, und die Salzgärten an der Atlantikküste waren unter vielen kleinen und mittelgroßen Besitzern aufgeteilt. Diese unterschiedlichen Vermögensverhältnisse beeinflußten und komplizierten natürlich das Geflecht der Handelsbeziehungen. Darüber hinaus trugen die Gabelle sowie, in einem Teil des Königreichs, das System der Salzspeicher ab dem 14. Jahrhundert dazu bei, den freien Handel seines letzten Kettenglieds zu berauben: des Salzeinzelhandels.

Unter diesen Bedingungen war die Freiheit des französischen Salzhandels ebenso relativ wie prekär. An der Atlantikküste griff die Administration kaum in die Exportgeschäfte mit den nordeuropäischen Ländern ein; sie unternahm nicht einmal Anstrengungen, sie direkt anzukurbeln. Sie begnügte sich damit, die Gabelle auf die Salzarten zu erheben, die ihr dort unterlagen. In diesem Zusammenhang sei daran erinnert, wie sich Bourgneuf dieser Steuer entledigte. Die Verwaltung unterließ auch die Kontrolle der Salzverkäufe nach Südwestfrankreich, wo, wie wir später sehen werden, auch das System der öffentlichen Salzspeicher nicht eingeführt wurde. In anderen Gebieten kam dem König hingegen das Recht zu, als alleiniger Käufer des Salzes aufzutreten, das die Steuerpächter in diesen Speichern einlagerten und dort in kleinen Mengen zu festgesetzten Preisen weiterverkauften. Die Freizügigkeit des Salzhandels war also ziemlich gestutzt. Sie beflügelte vor allem die Spekulationen mit den Lieferungen aus den Speicherbeständen, und darauf stürzten sich sämtliche Geschäftemacher des Königreichs.

Der südfranzösische Salzhandel blieb eine Zeitlang unbehelligt. Zum einen trat der königliche Salzsieder von Peccais in einer Person zugleich als Verkäufer seiner privaten Erzeugnisse und als Aufkäufer für seine amtlichen Speicher auf. Darüber hinaus legten die Verträge mit seinem Nachbarn, dem Grafen der Provence, die jeweiligen Absatzgebiete fest – den Anteil des Königreiches und den des Kaiserreiches (zu dem die linksrhonische Provence gehörte). Dem französischen Salz eröffnete sich somit der Weg in die Alpenregionen außerhalb des Königreiches, in die Dauphiné und nach Savoyen. Die Kaufleute, die diesen Handel abwickelten, hatten die Salzsteuer und weitere Zollabgaben während des Transports auf der Rhone zu entrichten: Im Jahr 1446 existierten zwischen Aigues-Mortes und Lyon 56 (!) Zollstationen. Außerdem durften sie in Peccais nicht beliebig viel Salz kaufen, sondern nur genau kontingentierte Mengen. Diese Vorschriften boten natürlich wenig kaufmännischen Anreiz. Das mußte auch der junge Francesco Datini aus Prato erfahren, der 1376 in Avignon eine Gesellschaft für den Salztransport auf der Rhone gegründet hatte. Nach nur drei Jahren mußte er sie wieder auflösen, weil sie in diesem Zeitraum nur Verluste eingebracht hatte. Gewinne erzielte mit dem südfranzösischen Salz nur, wer das Risiko des Betrugs oder gar Schmuggels auf sich nahm. In der ersten Hälfte des 15. Jahrhunderts erreichten die Mißstände – unter der kräftigen Komplizenschaft selbst der königlichen Beamten – ein solches Ausmaß, daß sich die Gabelle-Einkünfte auf der Rhone zwischen 1423 und 1441 um die Hälfte verringerten. Die Händler übernahmen mehr Salz in Peccais, als ihnen zustand, deklarierten beim Zoll geringere Mengen, als sie tatsächlich mit sich führten, und gaben betrügerisch den Verlust ganzer Schiffsladungen zu Protokoll, um ihre Steuerlast zurückerstattet zu bekommen und sich die Erlaubnis zu erschleichen, dieselbe Ladung in Peccais noch einmal an Bord zu nehmen.

Diese Machenschaften veranlaßten Karl VII., mit Billigung des Grafen von Provence, im Jahre 1448 die Salzschiffahrt auf der Rhone wieder neu und diesmal auf eigene Rechnung zu organisieren. Dem Geist der Zeit entsprechend verbot sich ein direkter Eingriff in die Geschäfte; so wurde die Steuer verpachtet und den jeweiligen Pächtern ein Gebietsmonopol garantiert. Diese Aussicht begünstigte natürlich Geschäftsleute, die über genügend Mittel verfügten, um die hohe Pachtsumme im voraus zu bezahlen. Als absolute Marktherren über das Rhonesalz zwischen dem Meer und den Lieferländern stand es völlig in ihrem Belieben, Preise festzulegen, Ware zu horten, hemmungslos zu spekulieren. Auf die abgestellten Mißstände folgten somit noch viel himmelschreiendere. Die königlichen Finanzen profitierten jedoch erheblich von dieser Neuregelung. Der Ertrag aus der Gabelle schnellte von den jährlichen 40 000−45 000 französischen Pfund in der Zeit vor 1448 auf 72 000 Pfund in den Jahren 1449/1450 empor.

Aber den Nutzen des Königs überragten noch die Triumphe der »Salzsäcke« (von »Pfeffersäcken« läßt sich hier ja nicht reden). Jacques Cœur, der Großhändler und Finanzier im Dienste Karls VII., vermischte beide Bereiche zu seinen eigenen Gunsten. Als königlicher Generalbevollmächtigter für den Einzug der Gabelle, also als für diese Steuer administrativ und juristisch Verantwortlicher, partizipierte er zugleich über einen Strohmann am Steuerpachtmonopol. Dieses und anderer dubioser Geschäfte wegen wurde schließlich 1453 ein Prozeß gegen ihn angestrengt, obwohl derartige Vermischungen dienstlicher Obliegenheiten mit privaten Geschäften damals gang und gäbe waren. Dennoch wurde das neue System beibehalten. Im 16. Jahrhundert erreichten die spekulativen Geschäfte mit dem Rhonesalz noch ganz andere Dimensionen. So wurde im Jahre 1546 öffentlich behauptet, daß der florentinische Bankier Albisse del Bene aus Lyon innerhalb von zehn Jahren einen Gewinn von mehr als 100 000 Goldkronen auf Kosten des Königs, der Verbraucher und der einfachen Salinenarbeiter gezogen hatte, denen er für ihr Salz weit weniger zahlte als gesetzlich festgelegt.

Die Salzimportländer hingegen waren an der Freiheit des Salzhandels interessiert – wofür sie sich dann auch politisch einsetzten. Sie bevorzugten als Geschäftspartner Staaten, die sich zur langfristigen Lieferung garantierter Salzmengen bereit fanden oder die ihre Ausfuhrzölle zugunsten der Importpreise senkten. Innerhalb dieses Rahmens der zwischenstaatlichen Diplomatie konnten die Salzhändler ihre Geschäfte nach eigenem Ermessen führen, was sich letzten Endes meistens mit den staatlichen Interessen deckte. Darüber hinaus galt es in diesen Ländern lange Zeit als nicht opportun, den Salzeinzelhandel zu besteuern. England und Schweden als seefahrende Nationen begnügten sich mit einer bescheidenen Hafensteuer, welche die Fischerei nicht belastete, weil sie für die gesamte Nation von zu großer Bedeutung war.

Im 16. Jahrhundert zeichnete sich allerdings eine neue Entwicklung ab. In einem angespannten und politisierten Markt auf sich allein gestellt, wußten sich viele Privatunternehmer alsbald nicht mehr zu helfen, so daß sie ihre Regierungen um Beistand ersuchten. Das führte manchmal dazu, daß der Handel in staatliche Hände überging, um die Versorgung zu gewährleisten.

Im Norden war es England, das als erstes Land um die Mitte des 16. Jahrhunderts ein Salzmonopol errichtete. Aber dieses Monopol betraf nur die inzwischen reaktivierte Inlandsproduktion, nicht jedoch die Importe, die den Engländern weiterhin den größten Teil des benötigten Salzes lieferten. Wie die britischen Reeder, so wickelten auch

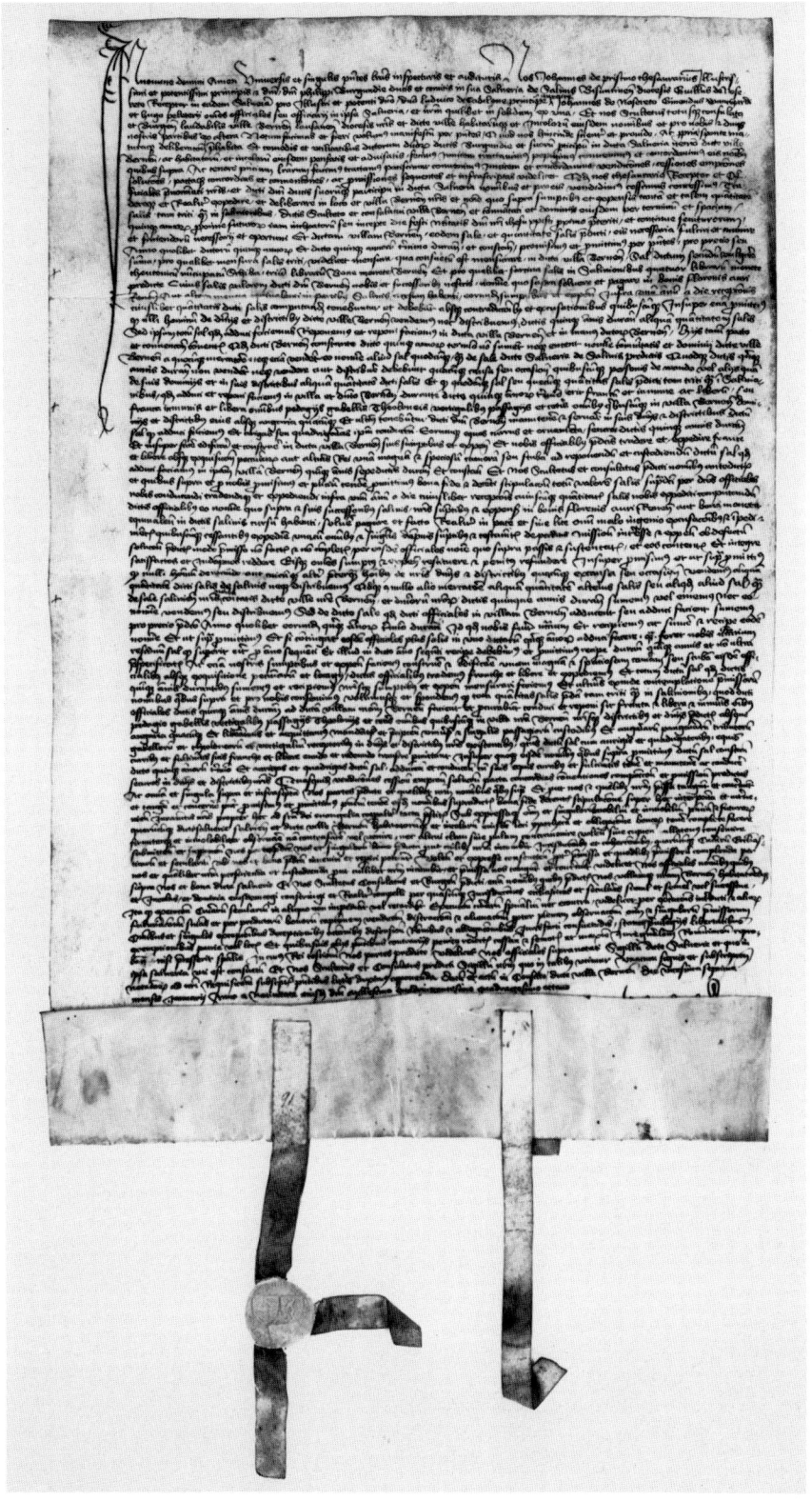

128. Konvention zwischen Bern und Salins aus dem Jahre 1448. Gegenstand der Vereinbarung war die Sicherung regelmäßiger Salzlieferungen nach Bern.
Kantonsarchiv, Bern.

die Kaufleute aus Antwerpen und danach die holländischen Unternehmer ihre Salzgeschäfte mit Bourgneuf, Brouage, Setubal und Lissabon ganz autonom ab. Selbst die skandinavischen Staaten behielten das Prinzip des freien Importhandels bei; die Herrscher intervenierten nur in Kriegszeiten, die allerdings relativ häufig waren.

Der Salzhandel in der Schweiz und Savoyen war in dieser Hinsicht vielschichtiger. Bis zum 15. Jahrhundert blieb er unbehelligt. Die Kaufleute verhandelten entweder direkt mit den Salzerzeugern in Salins und Hall oder mit ihren Mittelsmännern in Mailand, Como, Valence, Lyon und München. Weil sie aber nichts mehr fürchteten als unregelmäßige Salzimporte, beteiligten sich die herzogliche Regierung von Savoyen und der Rat der Stadt Bern an den direkten Verhandlungen mit den ausländischen Salinen. 1448, also ein Jahr nach der »Verstaatlichung« des Salzhandels auf der Rhone durch Karl VII., unterzeichnete Bern einen Vertrag mit dem freiburgundischen Salins. Einige Jahre später kaufte die Stadt unter ähnlichen Bedingungen Salz aus Reichenhall und Hallein von Händlern in München, Memmingen und Kempten. So machte sie sich selber zum Salzhändler, zum direkten Konkurrenten der privaten Kaufleute – ein erster Schritt auf dem Weg zum Monopol. Ein Ratsbeschluß aus dem Jahre 1467 engte den bis dahin unbehinderten Einzelhandel ein, indem er ihm genau die Örtlichkeiten vorschrieb, wo Salz verkauft werden durfte. Kaum zwanzig Jahre später, 1486, versuchte die Stadt sogar den gesamten Salzhandel in eigene Regie zu übernehmen. Es dauerte jedoch noch bis 1623, bis das Berner Monopol endgültig etabliert war – zuletzt begünstigt durch die Wirren des Dreißigjährigen Krieges, die den Salznachschub erheblich bedrohten.

Zürich durchlief eine parallele Entwicklung. Die Stadt setzte ihr Salzmonopol erstmals im Jahre 1460 durch, mußte es aber knapp 30 Jahre später (1489) aufgrund sozialer Unruhen wieder aufgeben. Im gesamten 16. Jahrhundert schwankte die Politik der Stadt zwischen dem Prinzip des unbehinderten und dem des städtisch kontrollierten Salzhandels, wobei sich jedoch die Kontrolle mit der Zeit immer enger gestaltete. Diese Entwicklung endete schließlich mit der Etablierung eines strengen Monopols über alle Salzkäufe außerhalb und den Wiederverkauf innerhalb der Stadtmauern. So hatte Zürich 1622 geschafft, was Bern erst einige Monate später gelingen sollte.

129. Gedenktafel, die 1664 nach der Vollendung des Gewölbes in der »Salzkammer« zu Bern, Brunngasse 48, angebracht wurde (Höhe: 187 cm; Länge: 143,5 cm).
Historisches Museum, Bern.

Die russischen Zaren waren vor Beginn der Neuzeit nie zur Intervention im Salzhandel fähig; es brauchte ihnen daran auch gar nicht gelegen zu sein, denn Salz spielte im russischen Außenhandel nur eine untergeordnete Rolle. Zwar brachten die Koggen der Hanse (15. Jahrhundert), schwedische Schiffe (Anfang des 16. Jahrhunderts) und später Holländer Salz nach Nowgorod, aber es handelte sich im Vergleich zum Bedarf des Zarenreichs zwischen dem 13. und 18. Jahrhundert nur um geringe Mengen. Es waren vor allem die großen Klöster, die den russischen Salzmarkt dermaßen unter Kontrolle hatten wie einige Jahrhunderte zuvor die römisch-katholischen Abteien den westeuropäischen. Die orthodoxen Klöster waren erst im 14. Jahrhundert entstanden und versuchten sich in der Salzerzeugung oder im Salzhandel zu einer Epoche, da im katholischen Europa die »hohe Zeit der Mönche und Klöster« längst vorüber war. Die Mönche des

1342 gegründeten Dreifaltigkeitsklosters zum Hl. Sergeij in Sagorsk beuteten die Salzlager von Solikampsk aus und erhielten dafür das Privileg, als alleiniger Salzlieferant für Moskau und Zentralrußland aufzutreten. Im 16. Jahrhundert, als der Salzverbrauch der Bauern zunahm, wechselte dieses Monopol in die Hände bürgerlicher Unternehmer. Unter ihnen tat sich besonders die Kaufmannsdynastie der Stroganoff hervor. Sie häufte durch die Fortsetzung des Salzabbaus in Solikampsk und die Kontrolle des davon ausgehenden Salzhandels ein ungeheures Vermögen an. So war dieser Warenverkehr zwar im formalrechtlichen Sinn frei, de facto aber der Herrschaft der Privilegien unterworfen, die ihren Inhabern ein Handelsmonopol sicherten.

In China wiederum treffen wir alles an, was wir schon kennen: den Staat, die Steuer, administrativ-fiskalische Einschränkungen des Salzhandels. Bereits im 11. Jahrhundert setzte die kaiserliche Regierung in Peking ein ausschließlich staatliches Verfügungsrecht über wichtige Güter wie Tee, Eisen, Alaun, Alkohol und Salz fest. Das Ziel dieser Maßnahme mag auch im Schutz der Untertanen vor Betrügereien der Händler bestanden haben, vornehmlich aber in der Sicherung fester Staatseinkünfte. Unter dem Vorwand der noch präziseren Kontrolle des Salzmonopols bestimmte ein Erlaß der Regierung, daß die Märkte der einzelnen Provinzen nur von bestimmten Salinen beliefert werden durften. So wurde beispielsweise das Salz aus Huainan, das im 18. Jahrhundert 40% der gesamten chinesischen Förderung ausmachte, für die stark bevölkerten Provinzen Zentralchinas bestimmt; auch der Salzpreis wurde amtlich fixiert. Solange der Privathandel diese Vorschriften strikt einhielt, verblieb ihm kein nennenswerter Gewinn. Um aber dennoch Geld zu verdienen, mußte das Salz illegal vertrieben werden; deshalb florierten die zwielichtigen Geschäfte der sogenannten und hervorragend organisierten »Salzräuber« jahrhundertelang prächtig. Auch nach der Reform der chinesischen Salzverwaltung kam man ihnen zwischen 1900 bis 1920 nur mit Mühe bei. Der legale Salzhandel blieb dagegen eine Domäne kapitalkräftiger Spekulanten.

Freier, kontrollierter, monopolisierter Salzhandel: Bei allen Unterschieden der Bezeichnung geht es doch um dieselben Ziele. Größtmöglicher Gewinn aus dem Salzhandel zugunsten des Staates – das ist der fiskalische Aspekt. Regelmäßiger Warenumschlag zugunsten der einen, gesicherte Versorgung zugunsten der anderen – das ist der wirtschaftliche Aspekt. Fiskus und Wirtschaft paßten sich einander nur in der Theorie an. In einem dynamischen System multilateralen Warentauschs ließen sie einander genügend Raum für Konkurrenz, Pressionen, Spekulationen – und auch für kaufmännisches Handeln.

Salzhändler

Es wäre vergebens, das Portrait eines typischen Salzhändlers entwerfen zu wollen, denn seine Züge lassen sich nicht fixieren. Zu verschieden sind das Vermögen, die berufliche Vorbildung, die soziale Rangstufe und die Kultur derjenigen, die diesen Handel betrieben. Vor allem aber gab es den ausschließlich auf Salzhandel spezialisierten Kaufmann eigentlich gar nicht. Das Salz folgte zumeist den

130. Chinesisches Salzdepot im 18. Jahrhundert. Das Salz wird gewogen, verpackt und auf das bereitliegende Boot gebracht. T'ien Kung K'ai-Wu (1637), nach: Sung Ying-Hsing, *Chinese Technology in the 17ᵗʰ Century*, 1966.

normalen Handelspfaden der üblichen Waren, abgesehen von der Distribution in den staatlichen Speichern.

Diese fehlende Spezialisierung, was den Salzhandel anbelangt, mag zunächst überraschen, wird aber rasch einsichtig, wenn wir uns einiger Gegebenheiten erinnern. Der Handel mit Salz war zu vielen Kontrollen, Zwängen, Vorschriften oder anderen Restriktionen unterworfen, als daß er hinreichenden Anreiz hätte bieten können, sich ausschließlich auf ihn einzulassen. Beinahe überall war die Profitrate gering; Ausnahmen gab es nur für Händler, die mit sehr umfangreichen Salzlieferungen rechnen konnten. Der Endpreis wurde nahezu immer staatlich festgelegt. Aber selbst dann, wenn es sich dabei um einen mehr oder weniger freien Marktpreis handelte, hielten sich die Gewinnmargen wegen der bestehenden Konkurrenz in engen Grenzen. Steuern, die enormen Unkosten der Salzbeförderung auf dem Landweg und die unzähligen Zölle trieben die Kostenbelastung des Salzhändlers rapide in die Höhe. Auf dem Meer deckte eine Salzladung die Frachtkosten eines Schiffes nur auf kurzen Routen.

Unter diesen Bedingungen fielen die Modalitäten des Salzhandels überall anders aus. Ich kann hier nur exemplarisch einige bedeutende Salzmärkte aufführen.

In Venedig war das gesamte Salz – gleichgültig, ob es aus den eigenen Salinen stammte oder importiert worden war – beim sog. »Salzamt« abzuliefern, dem die Abwicklung des Monopols oblag. Bis auf wenige Ausnahmen war auch nur diese Behörde befugt, die Salzvorräte zu speichern. Sie verkaufte das Salz an die Bürger der Republik – an diese um die Hälfte billiger als an auswärtige Kunden –, an die Bewohner der venezianischen Festlandsbesitzungen in Norditalien und an lombardische Händler, die es ihrerseits nur in einiger Entfernung von Venedig weiterverkaufen durften. Seit dem 16. Jahrhundert verzichtete man allmählich auf ihre Dienste. Im Jahr 1582 betrug der Gesamterlös dieses Büros beachtliche 638 953 Dukaten; 42 541 davon stammten aus Mailand und 9375 aus der Schweiz und Graubünden, obwohl Venedig damals nur geringe Salzmengen dorthin lieferte.

In Genua wurde das Monopol von einigen Großkaufleuten ausgeübt, die die halbstaatliche *Casa di San Giorgio* kontrollierten. Diese Institution galt als eines der mächtigsten europäischen Bankhäuser im ausgehenden Mittelalter. Von diesem Unterschied einmal abgesehen, funktionierte *San Giorgio* ebenso wie das venezianische Amt: Auch sie verwaltete das im Hafen angelandete Salz, um es in das Hinterland zu verkaufen. Andererseits besaß Genua keinen einzigen Salzgarten, aber die großen Salinen bei Hyères (Provence) lagen nicht weit entfernt. Deren Erzeugnisse ließen sich per Küstenschiffahrt bequem herbeitransportieren und wurden in den Häfen Savone, Finale und Albenga, selten in Genua selbst, gelöscht. Im 15. Jahrhundert versiegte der Salzstrom aus Hyères allerdings langsam. Genua wandte sich daraufhin dem Salzstandort Ibiza zu, von wo die Stadt im Jahr 1450 schon 75% ihrer Salzimporte bezog (ca. 6000 t).

Das Salz aus Lüneburg wurde, über den regionalen Einzugsbereich hinaus, von lübischen Kaufleuten vertrieben, die sich darauf wohl schon seit dem 12. Jahrhundert spezialisiert hatten. Bis zum Niedergang des Lüneburger Salzes – aufgrund der atlantischen Konkurrenz – belieferten sie den gesamten Ostseeraum (Riga, Reval, Narva) und Skandinavien (Bergen, Südschweden) exklusiv. Lediglich in Preußen stießen die Hanseaten auf die Konkurrenz des Deutschen Ordens, der, um seinen Einfluß über die gerade kolonisierten Gebiete Osteuropas zu wahren, dort ebenfalls einen schwunghaften Salzhandel betrieb. Die Vorherrschaft der lübischen Hanse war jedoch untrennbar mit der Politik Dänemarks verbunden: Solange ihretwegen der Sund geschlossen blieb, florierte der Lübecker Handel. Als die Meerenge im Vertrag von Stralsund (1370) aber für den allgemeinen Schiffsverkehr geöffnet wurde, begann sein Niedergang. Kaum ein Jahrhundert später befand sich das hochwertige, aber teure Lüneburger Salz auf breiter Front im Rückzug. Abrechnungen des Schlosses Stegeborg und des Domstifts in Uppsala belegen gar für das Jahr 1550, daß das Lüneburger von dem wesentlich billigeren Baiensalz aus dem schwedischen Markt verdrängt worden war. Auch hatte Danzig, der bevorzugte Anlaufhafen holländischer Schiffe, zu dieser Zeit Lübeck als Salzumschlagplatz längst überholt.

Die Salzgärten der Atlantikküste belieferten zwei unterschiedliche Adressaten: den Salzfernhandel und die innerfranzösischen Provinzen. Ersterer lag nahezu vollständig in den Händen ausländischer Reeder. Darunter fand sich der schlichte Besitzer eines kleinen Segelschiffs, der Salz nach London, Brügge oder Antwerpen brachte und dort auf eigene Rechnung verkaufte, ebenso wie der stattliche

Großkaufmann, der entweder allein oder im Verein mit anderen Kollegen ein bzw. mehrere Schiffe gechartert hatte. Die Londoner Salzkaufleute (*salters*) verkörperten diesen Typ. Sie verfügten über großen Einfluß und stellten aus ihren Reihen im Laufe des 15. Jahrhunderts drei Bürgermeister. Sie handelten jedoch nicht allein mit Salz, sondern vornehmlich mit Stoffen und Kolonialwaren, verschmähten aber auch andere Güter nicht. Einer ihrer gemieteten Segler traf im Jahr 1453 beispielsweise mit 85 Fässern Wein, 15 Fässern Honig und »dem Rest der Ladung« Salz in London ein. Welchem Kreis diese Salzaufkäufer oder ihre Beauftragten vor Ort auch angehören mochten: Sie verhandelten nie direkt mit den Besitzern oder Pächtern der Salinen. Sämtliches dort erzeugte Salz ging zuerst in den Besitz regionaler Zwischenhändler über. Die Lieferungen wurden hingegen auf den Salinen selbst abgefertigt. So bekamen die Zwischenhändler die Posten, die sie verbuchten, in natura kaum je zu Gesicht.

Das zweite große Absatzgebiet dieser Salzgärten lag im Landesinneren, wo mit Ausnahme weniger Provinzen das System der Salzsteuer und der staatlich verwalteten Salzspeicher vorherrschte. Dieser Markt bot zwar regelmäßige, aber kleine Gewinne, und war zumeist – bis hin zur Französischen Revolution – die Angelegenheit wohlhabender Kaufleute in den großen Städten.

Das entspricht übrigens einer im Verlauf seiner Geschichte nahezu ausnahmslos gültigen Regel des Salzhandels. Seine Abwicklung fand im allgemeinen nicht an der Förderstätte selbst statt, sondern im nächstgelegenen größeren Handelsort: nicht in Lüneburg, sondern in Lübeck; nicht in Peccais, sondern in Aigues-Mortes, Arles, Avignon, Pont-Saint-Esprit und, seit dem 16. Jahrhundert, in Lyon; nicht in Hyères, sondern in Marseille und Genua; nicht auf Ibiza, sondern in Genua und Venedig; nicht in Hallein, sondern in Salzburg und, seit Ende des 16. Jahrhunderts, in München. Nur Salins in der Freigrafschaft Burgund bildete eine, vielleicht sogar die einzige bemerkenswerte Ausnahme. Diese Regel gilt auch für die Atlantikküste. Salz aus Setubal (Portugal) wurde in Lissabon gehandelt, das aus Bourgneuf in Nantes oder Rouen, das aus Brouage in La Rochelle – ein Umstand, der auch die strategische Bedeutung dieses Hafens während der Religionskriege erklärt. Die südwestlichen Landesteile Frankreichs schließlich, die keine Salzsteuer zu entrichten hatten, erhielten Salz aus einem kleinen Flußhafen, der später durch eine ganz andere Ware

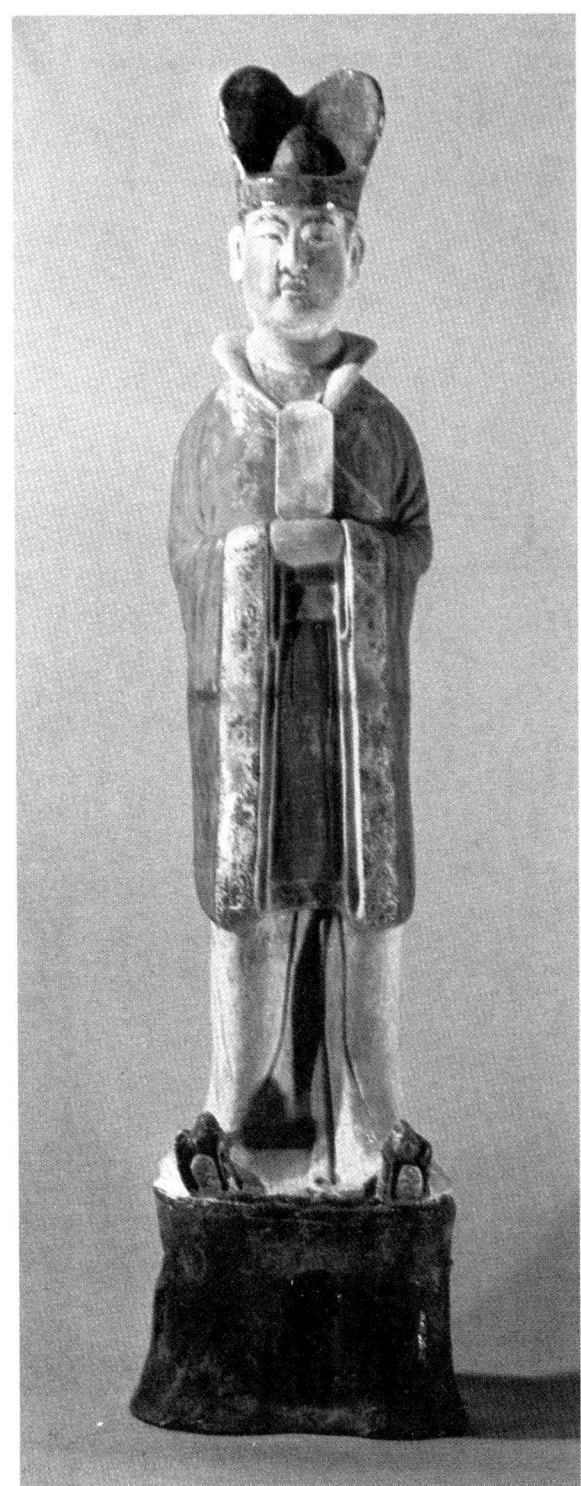

131. Ein chinesischer Beamter aus der Tang-Periode (618–907 n. Chr.). Faïencenstatuette.

bekannt werden sollte – aus Cognac. Eine einzigartige Regel. Sie unterstreicht das Ausmaß des Salzhandels, der nur dort möglich war, wo es Kreditmöglichkeiten, eine kommerzielle Infrastruktur und unerläßliche Dienstleistungen gab: in den Städten.

Während sich die Kette der Zwischenhändler in Europa erst im Zuge des Wirtschaftsaufschwungs des 12. und 13. Jahrhunderts herausbildete, bestand sie in China bereits seit dem 9. Jahrhundert. Genauer gesagt, handelte es sich dort um zwei Vertriebsstränge, nämlich den legalen und den illegalen Salzhandel. Den ersten Strang bildeten vor allem armselige Händler, denen das Staatsmonopol und seine Vorschriften nur geringe Gewinne erlaubte.

Eine kleine Gruppe indes löste sich von diesem Schicksal: die Handelsschiffer. Sie mobilisierten genügend Kapital, um auf den zahlreichen und verzweigten chinesischen Flüssen mit eigenen Schiffen einen Salzhandel zu betreiben, der seinerseits wieder große Gewinne abwarf. Sie erlaubten es ihnen schließlich sogar, die Pacht der Salzsteuer an sich zu reißen. Der zweite Vertriebsstrang, der Salzschmuggel, bedarf nicht vieler Worte. Was sich hier abspielte, wurde weder von der Salzsteuer noch der Preiskontrolle erfaßt, so daß man sich die riesigen Profite der unzähligen »Salzbriganten« bequem vorstellen kann.

Im 18. Jahrhundert kontrollierten die reichen Kaufleute von Yangtschou die gesamte Salzerzeugung von Huai-nan und somit fast die Hälfte des chinesischen Marktes. Es war ihnen im Laufe der Jahrhunderte gelungen, sich fast alle Einkünfte nicht nur aus dem legalen Handel, sondern auch aus dem illegalen Schmuggel zu sichern. Aus den schlichten Handelsschiffern hatten sich bedeutende Bankiers entwickelt. Anstatt aber ihre Gewinne in die Modernisierung ihrer Salzgärten oder des Vertriebsnetzes zu investieren, ließen sie ihr ganzes Vermögen ihren sozialen Ambitionen zugutekommen. Sie erhoben Anspruch auf kaiserliche Verwaltungsposten, die mit großen materiellen Vorteilen dotiert waren. Wer nur drei Jahre lang die Position eines Unterpräfekten bekleidete, so sagte man, konnte seinen Kindern, Enkeln und Urenkeln ein auskömmliches Leben garantieren. Gleichzeitig strebten diese Neureichen ihre Erhebung in die Klasse der Gebildeten in der Hoffnung an, durch den weisen Gebrauch ihres Vermögens die Art und Weise vergessen zu machen, in der es zusammengerafft worden war. Viele dieser ehemaligen Salzhändler finanzierten Bibliotheken und Kunstsammlungen oder unterstützten Gelehrte und Künstler, die in der chinesischen Gesellschaft gerade en vogue waren.

Etwa um 1850 stürzte dieses nahezu tausendjährige System plötzlich zusammen, denn die Bedingungen der chinesischen Wirtschaft hatten sich radikal verändert. Der Eisenbahnbau ruinierte die

132. Geschäftsbrief über den Salzhandel in Zypern. Marin Malipiero schreibt am 31. Juli 1484 aus Nikosia an Ambrogio Malipiero in Venedig, wo der Brief am 30. August eintraf. Marin hatte versucht, eine Salzladung an Francesco Saransa, Kaufmann in Barcelona, abzutreten. Das Geschäft zerschlug sich allerdings, weil das Salz sich als zu feucht für den langen Transportweg erwies. Der Rest des Briefes berichtet über verschiedene geschäftliche Neuigkeiten in Nikosia.
Archivo di Strato, Venedig, Miszelle Gregolin, b. 9. Aus: F. Melis, *Documenti per la storia economica dei secoli XIII–XVI*, Florenz 1972, S. 200.

133. Kaspar-Jodok Stockalper (1609–1691), Unternehmer und Geschäftsmann in Brig (Wallis). Er organisierte den Handelsverkehr über den Simplonpaß. In der zweiten Hälfte des 17. Jahrhunderts übte er das Monopol im wallisischen Salzhandel aus.
Gemäldegalerie im Schloß Stockalper, Brieg.

Vermögen der einstigen, inzwischen gebildeten Handelsschiffer, trotz des energischen und zähen Widerstandes, den sie im Verein mit den Salzschmugglern gegen das neue Transportmittel leisteten.

Salz und Kapitalismus

Ist Salz früher ein bevorzugtes Produkt des Handelskapitals gewesen? Diese Frage ist schon oft gestellt worden, vielleicht zu vereinfachend. Auf alle Fälle erfordert sie eine vorsichtige Antwort.

Aus den vorangehenden Seiten ergibt sich, daß der Salzhandel bis zur industriellen Revolution seltsam zweideutig war. Dem einzelnen Händler brachte er wenig ein; europäische und chinesische Kaufleute betrachteten das Salz nur als zusätzliche Handelsware, als (wenn auch wirksamen) Tauschgegenstand und als Mittel, um (handels-)politischen Druck auszuüben. Und trotzdem schuf dieser Handelszweig beträchtliche Vermögen.

Das ist nur ein scheinbarer Widerspruch. Gerade die sehr speziellen Bedingungen in diesem einerseits universalen, andererseits unter politischen und fiskalischen Zwängen leidenden Geschäft öffneten der Spekulation und dem Erfolg kühner Operationen Tür und Tor. Dieser Handel trennte die (kaufmännische) Spreu vom (unternehmerischen) Weizen. Auf kleiner Stufe betrieben, konfrontiert mit allen Komplikationen und den Privilegien der Macht, blieb er oft genug defizitär. Francesco Datini aus Prato erlebte diese Schwierigkeiten am eigenen Leibe. Er zog es deshalb nach leidvollen Erfahrungen vor, »das Salzgeschäft zu beenden«, in das er ein Vermögen von 5000 Florins investiert hatte: »Vom Salz bin ich nun endlich los … Gelobt sei Gott!« Jedoch im großen Maßstab betrieben, monopolistisch und auf einer der Hauptachsen der Salzdistribution, eröffnete dieser Handel einer Elite wagemutiger Kaufleute beträchtliche Gewinnchancen.

Derartige Chancen boten sich im Mittelalter nur ausnahmsweise. So für eine im Jahr 1203 aus acht Teilhabern bestehende Gesellschaft, die von Siena (Italien) das Monopol auf die Erträge der soeben von der Stadt erworbenen Saline in Grosseto pachtete. Aber in diesem Zeitraum war der Salzhandel noch zu wohlgeordnet, um derartige Operationen beliebig wiederholen zu können. Erst im 14. und 15.

Jahrhundert wurde er intensiver und solchermaßen zum Gegenstand staatlicher Monopole und Interventionen, daß sich nun profitable Spekulationen geradezu aufdrängten. Jacques Cœur, der uns bekannte Finanzberater Karls VII. von Frankreich, und andere »Salzbarone« in Frankreich, Burgund, Mailand, München und Brügge ergriffen solche Gelegenheiten beim Schopf, wie jener Kaufmann aus Rouen, der 1524 das Risiko einging, 30 (!) Schiffe zu chartern, um Salz in Brouage zu laden. Damit demonstrierte er, daß, wer über genügend Investitionskapital verfügte, auch bei diesem Handel auf mehr als nur auf seine Kosten kam.

Seitdem stieg der Umfang der Salzgeschäfte in der Tat entscheidend an; in Europa zwischen 1500 und 1600 beispielsweise um das Dreifache. Auf einigen Märkten (Skandinavien, Schweiz) lagen die Zuwachsraten teilweise noch darüber. Diese rasche Aufblähung blieb ehrgeizigen Händlern natürlich nicht verborgen, und dies umso weniger, wenn sie über gute politische Beziehungen verfügten, die sich

134. Händler und Waren in Antwerpen, dem zwischen 1500 und 1570 wichtigsten Handelsplatz Westeuropas. Die Ankunft der Salzfässer aus Portugal, Brouage oder Bourgneuf heizte die Spekulation an und löste starke Preisschwankungen aus.
Ausschnitt aus dem Stich *Allegorie des Handels* von Jost Amman (1539–1591) in Zürich.

im Monopolhandel nützlich einsetzen ließen. Zwei weitere Umstände heizten die Spekulation im 17. Jahrhundert zusätzlich an: Die fortwährenden Kriege – vor allem der Dreißigjährige Krieg – brachten die Kosten im Salzhandel völlig durcheinander. Eine gute Gelegenheit für *newcomers*, hier einzusteigen. Im gleichen Zeitraum – und zum ersten Mal in der Geschichte des Salzes – entwickelten sich Herstellung und Verbrauch nicht mehr synchron. Erstere nahm noch zu, während letzterer schon stagnierte. Die Konkurrenz unter den Salzhändlern wurde deshalb schärfer, aber sie eröffnete den besser gestellten Spekulanten auch neue Chancen.

Dennoch muß eingeräumt werden, daß Salz selbst zu jener Zeit des frühkapitalistischen Aufschwungs selten im Mittelpunkt großer Transaktionen stand. Dieser Rang gebührt den Edelmetallen Gold und Silber, Kupfer, Gewürzen, Textilien und sogar dem Getreide. Mit ihnen schloß man die wirklich bedeutenden Geschäfte ab. Das Salz war zwar immer dabei, spielte aber in den Strategien der großen Händler nur eine untergeordnete Rolle. Dafür einige Beispiele.

Die Antwerpener Kaufmannschaft, im 16. Jahrhundert häufig italienischen Ursprungs, betrieb ihre Geschäfte hauptsächlich mit Gold, Silber und Gewürzen. Sie orderte Salz aus Frankreich oder besser Portugal, ließ es veredeln und verkaufte es dann in die Anrainerstaaten des Rheins. Dabei verdrängte sie dort deutsche oder lothringische Salzhersteller.

Salzhändler in der Alpenregion wie François de La Bottière, ein französischer Hugenottenflüchtling in Genf, Benedikt Stocker aus Schaffhausen und der in Zürich beheimatete Hans-Heinrich Lochmann hatten in der zweiten Hälfte des 16. Jahrhunderts den größten Teil der Salzlieferungen aus dem Languedoc nach Savoyen, Bern oder ins Wallis in ihre Hände gebracht. Außerdem partizipierten sie auch an der Versorgung der Schweiz mit Tiroler Salz. Lochmann war zudem Pächter der Salzvorkommen in der Tarentaise (französische Westalpen).

Der Walliser Kaspar-Jodok Stockalper (vgl. Abb. 133, S. 171) kontrollierte um die Mitte des 17. Jahrhunderts den gesamten Warenverkehr über den Simplonpaß und gleichzeitig den Walliser Salzmarkt. Seine französischen und italienischen Lieferanten spielte er verschlagen gegeneinander aus. So kaufte er gelegentlich Salz in Tirol ein und übernahm gleichzeitig die Ware der savoyardischen Bergwerke. Sein elegantes Schloß in Brig zeugt noch

135. Handelsschiff in der Nordsee. Aus diesem Schiffstyp setzten sich die Salzflotten zusammen. Miniatur aus *Miracles de nostre dame* von Jehan Mielot. Flandern, um 1456. Bodleian Library, Ms. Douce 374, Blatt 40.

136. Schiff im ausgehenden 15. Jahrhundert. Miniatur aus *Caesar's Commentaries*, zwischen 1475 und 1500. Bodleian Library, Ms. Douce 208, Blatt 120, Rückseite.

heute von seinem durch den Handel in den Bergen aufgehäuften Vermögen.

In Genf kamen François Grenus, ein Zeitgenosse Stockalpers, und, gegen Ende des 17. Jahrhunderts, Jacques Franconius mit dem Salz Burgunds und aus Peccais ebenfalls zu großem Reichtum.

Diese Männer waren natürlich Kapitalisten, aber

nicht allein wegen ihrer erfolgreichen Salzgeschäfte. Sie kamen vielmehr zu Geld, weil sie sich vielerlei Handelsgeschäften widmeten, z. B. dem Weizen-, Metall-, Textil-, Zucker- und Gewürzhandel. In ihren Augen bedeutete Salz eher ein Mittel, um sich bei den örtlichen Behörden unentbehrlich zu machen und ihnen die Tür zu noch viel einträglicheren Geschäften zu öffnen. Das Salz war somit zur Zeit des Absolutismus durchaus Teil der Strategien des großen Handelskapitals, aber einen regelrechten Kapitalismus des Salzes hat es nie gegeben.

137. »Der eine Esel trägt Schwämme und der andere Salz«. Stich von J.-B. Oudry als Illustration der Fabel La Fontaines in der sog. »Édition des Fermiers Généraux« (den Steuereinnehmern der Gabelle) von Desaint und Saillant, 1755 (Tafel XXXII).

Viae Salariae

Während um das Salz gefeilscht wurde, trocknete es an seiner Förderstätte noch aus, lagerte in den Speichern oder befand sich schon auf Reisen.

Die Transporte waren fast immer lang und beschwerlich. Salz ist eine schwere Ware. Selbst bei einem soliden Schiff ließ sich damit nicht der gesamte Laderaum vollstauen; umso geringere Salzmengen konnten Zug- und Lasttiere bewältigen. Außerdem reagiert diese Ware sehr empfindlich auf die typischen Wechselfälle einer langen Reise: Feuchtigkeit, ein Regenschauer, der auf eine nach-

138a und b. Über die Seine gelangten viele Versorgungsgüter, namentlich Salz aus Brouage und der Bretagne, nach Paris und die weiter flußaufwärts liegenden Städte. Holzschnitt, Ende des 15. Jahrhunderts.
Bibliothèque nationale, Paris. Aus: J. Favier, *Paris au XVe siècle*, 1974, S. 274.

138c. Auf jedem Markt kontrollierten Amtsleute den Inhalt größerer Gefäße. Sie nahmen es mit der Füllmenge sehr genau und maßen, wenn Waagen fehlten, genau nach, ob die Salz- oder Getreidescheffel bis zum obersten Rand gefüllt waren. Holzschnitt, Ende des 15. Jahrhunderts. Bibliothèque nationale, Paris. Aus: J. Favier, ebd.

139. Jan Bruegel d. Ä., *Berglandschaft mit Magdalena*. Vielleicht tragen die Maulesel am rechten Bildrand Salzsäcke über einen Gebirgsweg.
Kupferstichkabinett Basel, Schweiz.

140. Transport von Salzfässern per Wagen und per Schiene, gezogen von einem Pferd. Diese in Europa überaus seltene Eisenbahn wurde 1836 eröffnet, d. h. zu einer Zeit, als bereits die ersten Dampfeisenbahnen verkehrten. Sie verband Linz (Österreich) mit Budweis (Böhmen) und diente vor allem dem österreichischen Salzexport. Die Holzschienen waren mit Eisenbeschlägen bewehrt.
Nationalmuseen, Wien und Prag.

lässig bedeckte Sackladung niederprasselt, und der Straßenstaub können ihr schaden oder sie sogar unbrauchbar machen. Das Salz mußte also fest und sorgfältig verpackt werden – zudem in Behältern, die einer vorgegebenen Größenordnung entsprachen. Denn mit der Wiegegenauigkeit war es damals noch nicht weit her, und zur Mengenbestimmung bediente man sich beim Salz wie auch beim Getreide bekannter Hohlmaße. Ein *muid*, ein *moggio* oder eine *last* entsprachen überall einer bestimmten, von Handelsplatz zu Handelsplatz variierenden Anzahl von Salztonnen oder -säcken. Gleichwohl schützte auch dieses Verfahren weder Steuereintreiber noch Käufer vor Betrug. – Auf hoher See wurde das Salz allgemein in Holzfässern transportiert, weil diese

141. Gütertransport per Schiff. Salz wurde meistens in Fässern
befördert, um den Inhalt vor der Luftfeuchtigkeit zu schützen.
Bibliothèque nationale, Paris, Ms. français 2092.

142. Salztransport per Schiff
(Szechuan) oder durch Träger
und Saumtiere (Yünnan). Chi-
na, 18. Jahrhundert. T'ien Kung
K'ai-Wu, Anhang zum 18. Jahr-
hundert, aus: Sung Ying-Hsing,
*Chinese Technology in the 17th
Century*, 1966.

143. Lüneburg. Lastkran an
der Ilmenau (erbaut 1346) samt
Warenlager (1741–1745). Das
Salz wurde per Schiff über die
Ilmenau, einem Seitenfluß der
Elbe, herbeigebracht und nach
der Fertigstellung des Elbe-Tra-
ve-Kanals (1398) in Richtung
Lüneburg umgeladen.

Verpackungsform robust, wasserdicht sowie am leichtesten zu laden und zu löschen war. Daneben verwendete man auch Säcke oder Wagenplanen. So blühte in der Bretagne wegen des Verpackungsbedarfs der Salzgärten gegen Ende des Mittelalters ein neuer Erwerbszweig auf: die ländliche Segeltuchweberei mit ihren Seesäcken (olonnes). Zu Land, auf dem Rücken der Pferde und Maultiere sowie auf der Ladefläche der Wagen, empfahl sich generell die Verwendung des gegenüber dem Holzfaß leichteren Leinensacks; schließlich konnte man auch an der geringeren Tara verdienen.

Die »Salzflotten« haben schon früh die Phantasie angeregt. Tatsächlich aber haben die Werften kaum je eigens für den Salztransport bestimmte Schiffe konstruiert. Venedig, wo das Salz zwischen dem 14. und 16. Jahrhundert ein Volumen von 30 bis 50% des gesamten Seehandels ausmachte, setzte dafür zwar nicht seine Galeeren ein. Die stellten den Stolz der Handelsmarine dar und waren für die Beförderung höherwertiger Waren vorgesehen. Aber die Republik verfügte noch über einen anderen Schiffstyp: große, rundbauchige und langsame Segelschiffe, in denen – zu geringen Frachtkosten – Salz als Beiladung oder als Mitnahmegut auf der Rückfahrt gebunkert wurde. Andererseits beeinflußten die Notwendigkeiten des Handels mit dieser schweren Ware die Tendenz zum Bau größerer Schiffseinheiten: Ein venezianisches oder hanseatisches Segelschiff verdrängte im 15. Jahrhundert etwa 500 Tonnen; 100 Jahre später war es bereits das Drei- oder Vierfache. Aber nicht allein große Schiffe hatten Salz an Bord, sondern Segler aller Größen und Takellagen beförderten es über die Meere. Die Hafenanlagen der Salzgärten waren im allgemeinen recht eng; nur kleinere Boote konnten dort einlaufen. Große Schiffe mußten vor diesen Häfen ankern und über Kähne beladen werden. Derselbe Vorgang wiederholte sich dann beim Löschen der Ladung auch in bestimmten Hafenstädten wie z. B. London.

Die »Salzflotten« rechtfertigten allerdings ihre Bezeichnung durch die Anzahl der Schiffe, aus denen sie sich zusammensetzten und die gewöhnlich im Konvoi fuhren. Über die Größenordnungen liegen nur sehr verstreute Angaben vor: Im Jahr 1336 verließen 36 Segler mit Salz an Bord die Insel Ibiza; 1338/1339 wurden 38 Schiffe gezählt und im Jahr 1341 nur 13. Zwischen 1576 und 1582 löschten jährlich ca. 300 Schiffe im Hafen von Venedig etwas mehr als 20 000 t Salz. Im gleichen Zeitraum aber wurden etwa 150 000 t Salz pro Jahr in den Ostseehäfen umgeschlagen; im 17. und 18. Jahrhundet waren es dort mehr als 200 000 Tonnen jährlich. Im Konvoi zu fahren bot sich aus zwei Gründen an: zum einen wegen der erleichterten Navigation und zum anderen aus Sicherheitsgründen. In der Adria und im Mittelmeer trieben nämlich zahllose Piraten ihr Unwesen; auch auf den anderen Meeren wüteten fast ständig Kaperkriege. Allerdings boten größere Flottenverbände, selbst unter der Bedeckung von Kriegsschiffen, keinen absoluten Schutz. Etliche Konvois wurden von Seeräubern aufgebracht – wie jene 110 holländischen Schiffe und Hansekoggen, die bei ihrer Rückkehr von Bourgneuf im Mai 1449 von englischen Piraten gekapert wurden. Außerdem brachten die Verbandsfahrten doch einige Nachteile mit sich, weil sie aufs Tempo drückten und somit die Reise verlängerten. Als Karl V. befahl, daß die Schiffe aus Antwerpen nur noch im Flottenverband auslaufen durften, zog er sich den Unmut vieler Reeder zu.

Der Salztransport zu Land scheint eine diskretere Angelegenheit gewesen zu sein. Machen wir uns jedoch klar, daß der chinesische, afrikanische und amerikanische Salzhandel beinahe ausschließlich über den Landweg abgewickelt wurde – und der europäische immerhin zu großen Teilen. Das Salz aus den Alpen, Burgund, Lothringen, Polen oder Rußland wurde nie per Schiff transportiert; das Salz der Meerwassersalinen von Ostia, Grosseto, Chioggia und Peccais zumindest nie über die offene See, sondern bestenfalls über Flüsse ins Landesinnere. Kurz: Die Menge des über Land verfrachteten Salzes übertraf mit Sicherheit die der Seetransporte.

Das Salz zirkulierte überall. Es durchquerte alle Gegenden auf bevorzugten »Salzstraßen«, die strahlenförmig von den Förderstätten ausgingen, nach dem Muster jener alten römischen Straße von Ostia nach Latium. In mittelalterlichen Texten wurden diese Verbindungen deshalb noch manchmal als viae salariae bezeichnet. In der unmittelbaren Nähe eines Salzstandorts herrschte natürlich besonders lebhafter Verkehr. So klagte im 16. Jahrhundert die Bevölkerung von Salins über die verstopften Straßen ihrer Stadt: »Es herrscht großer Verkehr …, hervorgerufen durch Fuhrwerke, die mit langen Stämmen oder Salz beladen sind, so daß die Bürger von Salins praktisch kaum aus ihren Häusern treten können, um ihren Geschäften nachzugehen.«

Das Salz kam so schnell voran, wie die Tiere liefen, die es entweder schleppten, zogen oder flußaufwärts treidelten. Etwa fünfzehn Tage erforderte es unter normalen Umständen, um eine Salzladung aus Peccais per Schiff die Rhone hoch nach Tournon zu bringen; im Sommer 1532 brauchte man wegen Hochwassers sogar sechs Wochen dazu. Der Transport nach Genf dauerte sechs bis acht Wochen, der nach Bern oder ins Wallis noch einige Tage mehr. Und es war eine mühselige Reise! Sie brachte Fuhrknechte, Maultier- und Ochsentreiber sowie Fähr-

leute in Scharen auf die Beine, die für mageren Sold harte Arbeit leisten mußten. Wünschte man in der Dauphiné jemanden zum Teufel, dann sagte man: »*Vai-t-en à Pecai*« (»Hau' ab nach Peccais«).

Natürlich verschlang eine solche Reise viel Geld. 1547 belief sich z. B. für die Strecke Peccais – Valence der Transportkostenanteil auf 48% des Verkaufs- bzw. auf das Achtfache des Einkaufspreises – dabei lag Valence gar nicht einmal so weit entfernt. Von dort bis Genf verdoppelten sich die reinen Transportkosten noch einmal. Im Vergleich dazu lagen die Beförderungskosten auf hoher See deutlich niedriger: Der Endpreis für Baiensalz betrug in London nicht einmal das Zweifache des Einkaufspreises in Bourgneuf.

144. Eine Salzkarawane sucht ihren Weg durch die Wüste von Mauretanien.

Kein Wunder, daß sich angesichts dieser Situation Händler und Fuhrunternehmer den Kopf über weniger kostspielige Lösungen zerbrachen. Sie vermieden alle Straßen, auf denen sie zuviele Zollschranken passieren mußten, und nahmen dafür auch weite Umwege in Kauf. Ein namentlich nicht bekannter Kaufmann aus Savoyen schlug im 15. Jahrhundert vor, das zu importierende Salz im Hafen von Nizza zu löschen und es lieber quer durch die Alpen zu bringen als über die kostspieligen Wege durch das Rhonetal oder über Genua und die Lombardei; Nizza und die Meeralpen lagen nämlich auf savoyischem Territorium. Diese Idee war zwar wenig realistisch, zeigte aber doch, wie drückend man die Zölle und Abgaben einer solchen Reise empfand.

Wasserstraßen ermöglichten stets erhebliche Einsparungen bei den Transportkosten. Einst kam das Salz aus Ostia tiberaufwärts bis mindestens nach Rom. Die Salzeinkäufer in Comacchio und nach ihnen die Kunden des venezianischen Salzes benutzten den Po und Ticinio, um zum Lago Maggiore zu gelangen. Auch auf der Rhone, Garonne, Charente, Loire, Seine, Maas, Elbe, dem Rhein, dem Genfer und dem Bodensee herrschte ein reger Salzverkehr. Lothringische Produkte gelangten über die Seille und die Mosel nach Trier. Das Salz aus Hall und Hallein wurde über den Inn bzw. die Salzach donauabwärts transportiert, wo sich, auf halber Strecke zum Schwarzen Meer, auch die Salzkähne aus der Walachei und Transsilvanien hinzugesellten, die nach Konstantinopel unterwegs waren. Das Salz aus dem russischen Solikampsk wurde im Sommer über Kama und Wolga verschifft, im Winter allerdings auf Schlitten quer durch die Steppe nach Zagorsk oder Moskau transportiert. In China befuhren die mächtigen Handelsschiffe entweder den Jangtsekiang oder den »Großen Kanal« von Jangtschou in der Provinz Kiangsu bis nach Peking.

Dort, wo die natürlichen Wasserstraßen nicht ausreichten, legte man Kanäle an – so in China und der Lombardei. Das kühnste Projekt aber stellt zweifellos der Elbe-Trave-Kanal dar, der Lüneburg über Ilmenau mit der Ostsee verband. Er kam – einzig und allein der Salztransporte wegen – auf die Initiative Lübecks hin zustande. Die Bauarbeiten begannen im Jahr 1336, gerieten ins Stocken, aber wurden eine Generation später wegen der drohenden Abwanderung des Salzhandels nach Hamburg energisch fortgesetzt. Am 22. Juli 1398 machten die ersten 30 Barken aus Lüneburg im Lübecker Hafen fest, was die Stadt mit einem rauschenden Fest feierte. Dieser Kanal mit seinen beiden Schleusen galt zu Recht als technische Glanzleistung, aber er brachte die Lüneburger in die vollständige Abhängigkeit Lübecks. Deshalb entschlossen sie sich zum Bau eines zweiten Ostseekanals. Als dieser schließlich zwei Jahrhunderte später, im Jahre 1606, fertiggestellt wurde, hatte ihn die völlig veränderte Salzkonjunktur bereits obsolet gemacht, und er versandete bald.

Die Wüstenpisten

Keine *via salaria* aber übte dieselbe Faszination aus wie der uralte Karawanenweg von Timbuktu (Niger) quer durch die Sahara bis zum Mittelmeer; schon Herodot versetzte er in Erstaunen. Einige Jahrhunderte später bewunderte Montesquieu die »Karawanen der Mauren, die von Timbuktu aus in das Innere des Kontinents vorstoßen, um Salz gegen Gold zu tauschen«. Es handelte sich in der Tat um eine faszinierende Route, weniger wegen ihrer wirtschaftlichen Bedeutung, die im Vergleich zu der der Salzstraßen Europas und Chinas bescheiden blieb, als vielmehr deswegen, weil sie den verbissenen Willen bezeugt, die unendliche Weite der Wüste zu besiegen. Auch heute noch beeinflußt diese Route die Geschicke der Völker am südlichen Rand der Sahara. Seit Ca da Mosto wissen wir ja, wie sehr sie unter dem Mangel an Salz litten, das sie aufgrund des Klimas so notwendig brauchten. Wegen einiger Hände voll Salz begingen sie unglaubliche Heldentaten. Arabische Schriftsteller des 11. Jahrhunderts versicherten, daß die schwarzafrikanischen Völker Salz und Gold im Verhältnis 1 : 1 tauschten. Wir können das getrost glauben, müssen dabei aber berücksichtigen, daß Gold in Mali, Ghana und Nigeria im Überfluß vorkam, weshalb ihm die Eingeborenen nicht den gleichen Wert beimaßen wie die Christen und Araber. Sogar Menschen wurden gegen Salz getauscht, so daß einige afrikanische Könige im Mittelalter einen regelrechten Sklavenhandel organisierten.

145. Verpackung der Salzlasten in Fachi/Bilma (Niger). Das Salz wurde in einer Form getrocknet und danach als »Salzbrot« *(kantu)* verschickt. Vier bis sechs *kantus* bilden, in Strohmatten eingehüllt, eine Kamelladung (100 bis 150 kg). Die Frauen, wie hier das junge Mädchen, schneiden und verkaufen dünne Salzscheiben.

Von Awlil aus über den (Fluß) Senegal, von Idjil über die Oase Ouadanne, von Teghaza bzw. seit dem 16. Jahrhundert Taoudeni – das ganze Saharasalz gelangte schließlich nach Timbuktu am Mittellauf des Niger. Das dauerte von der Oase Ouadanne aus 30 Tage, von Teghaza aus (etwa 600 km entfernt) 20 Tage. Das aus Teghaza stammende Salz übernahmen seit dem 10. Jahrhundert arabische Händler. Zeitgenössische Schriftsteller erwähnten mohammedanische Kolonien im westlichen Sudan und im Königreich Mali, in denen wahrscheinlich Nordafrikaner und Ägypter zusammenlebten. Eine solche Kolonie existiert vor allem in der sehr reichen Stadt Gao, etwas östlich von Timbuktu ebenfalls am Niger gelegen. Der Herrscher dieser Stadt regierte ein weit verstreut lebendes Volk von Viehzüchtern und lebte nicht zuletzt von den Steuern, die er auf den Salzhandel erhob. Von Timbuktu aus, das als Drehscheibe des gesamten Warenverkehrs in der Sahara fungierte, setzten sich die Salztransporte durch das Königreich Mali fort. Die Karawanen legten diese Strecke (900 km) in 40 Tagen zurück und erreichten dann das Gebiet der Goldminen. Andere Transporte führten zu Schiff nigeraufwärts bis Djenné, wo die Lasten ebenfalls auf Karawanen umgeladen wurden – diesmal aber auf menschliche Karawanen, bestehend aus 100 oder 200 Sklaven.

Offenbar hatte sich im westlichen Afrika bereits seit der Antike ein Dreieckshandel entwickelt, der etliche Jahrhunderte später durch mohammedanische Händler aktiviert wurde. Die Karawanen kamen entweder aus dem Vorderen Orient oder den Häfen am Mittelmeer, durchquerten die Sahara von Nordosten nach Südwesten bis nach Gao, Timbuktu oder anderen florierenden Handelsplätzen der Region. Sie brachten die unterschiedlichsten Waren mit: Metalle, Kupfergeschirr, Gewänder, sogar Getreide und Früchte, um sie dort gegen Salz einzutauschen. Am Ziel der Reise, am Golf von Guinea, wurde dieses Salz wiederum gegen Gold, Sklaven, Kolanüsse, Pfeffer und Elfenbein gehandelt. Diese Exotika brachte man ihrerseits an die Berberküste Nordafrikas, wo sie mit dem Ziel Vorderer Orient oder in Richtung italienischer, aragonesischer und katalanischer Städte verschifft wurden.

Diesen etappenweisen Handel führten arabische Kaufleute durch, die später auch das Königreich Mali für den Islam gewannen. Bei einigen abgelegenen Stämmen traten jedoch Schwarze als Händler auf. Sie verlegten sich manchmal auf den »stummen Handel«, der schon für das 10. Jahrhundert bezeugt ist und noch lange existierte. Der Warenaustausch kam dabei ohne direkten Kontakt zwischen Käufer und Verkäufer zustande. Letzterer legte das Salz an einem bestimmten Ort nieder und zog sich dann außer Sichtweite zurück. Der Käufer legte den vermuteten Kaufpreis in Form von Gold neben das Salz und zog sich seinerseits zurück. Danach tauchte abermals der Verkäufer auf und verschwand wieder, wenn er das Angebot zu niedrig fand, um seinem Kunden die Gelegenheit zur Erhöhung der Kaufsumme zu bieten. Dieses Hin und Her wiederholte sich so lange, bis man sich über den Preis geeinigt hatte. Dann nahm der Verkäufer das Gold an sich und ließ das Salz zurück. Diese Form des Handelns setzte volles Vertrauen zwischen den beiden Partnern voraus, die sich nicht zu Gesicht bekamen. Sie wurde deshalb auch nur unter den Eingeborenen praktiziert; nicht aber mit den arabischen Händlern, da deren Glaubwürdigkeit nicht ausreichte.

So kam es in den Wüsten- und Savannengebieten Afrikas zu ganz eigenen Handelsbeziehungen, in Form und Umfang weder mit dem asiatischen noch dem europäischen Salzhandel vergleichbar. Dennoch kommt Afrika ein fester Platz in der Geschichte des Salzes zu.

11. Kapitel
Salz und Politik

Der Salzhandel ist das einzige Mittel, um die Bevölkerung des Wallis der Freundschaft und Ergebenheit gegenüber Spanien zu entfremden ...

Bericht aus Mailand, 1634 (zit. n. J. C. Hoquet 1978)

Der Entzug von Salz ist die einfachste Strafe.

François de Barthélemy, französischer Botschafter bei der Eidgenossenschaft, 1792

Das politische Spiel um das Salz

Jede Geschichte des Salzes ist auch eine politische Geschichte – das wurde in den vorangehenden Kapiteln längst mehr als deutlich. Deswegen sollten wir nun die politischen Strategien der Länder etwas näher beleuchten, die das Salz bald als Objekt, bald als Instrument einsetzten.

Das politische Spiel mit dem Salz fand überall statt. Der Grund lag, woran ich noch einmal erinnern möchte, an dem Mißverhältnis zwischen universellem Bedarf und der ungleichen Verteilung der Ressourcen. Ausgerechnet die Länder, die das Salz für ihre wirtschaftliche Entwicklung am notwendigsten brauchten, hatten in der Regel am wenigsten davon. Diese Asymmetrie führte notwendigerweise zu einem ständigen Markt – sowohl zu einem Binnen- als auch zu einem internationalen Markt. Und dieser Markt zog früher oder später staatliche Interventionen auf sich.

Auf der Ebene der internationalen Beziehungen, mit denen sich dieses Kapitel beschäftigt, wirkte sich das politische Spiel mit dem Salz fast nur in Europa aus, das in so viele kleine und größere Staaten mit unterschiedlichen Ressourcen und Bedürfnissen zerstückelt war. Außerdem handelte es sich um einen dichtbevölkerten, dynamischen, auf Eroberungen versessenen Kontinent. In seiner Entwicklung belegte das Salz einen so bedeutenden Platz, daß die politischen Ränke um dieses Mineral in aller Heftigkeit und Leidenschaft entbrannten.

Drei Motive bestimmten das Handeln der Staaten: eine ausreichende Versorgung sicherzustellen oder auch die Überschüsse vorteilhaft abzusetzen; das Salz entsprechend der unterschiedlichen Bedürfnisse zu verteilen; die größtmöglichen Steuergewinne aus dem Salzhandel abzuschöpfen.

Ganz offensichtlich ließen sich diese drei Motive solange nicht in Einklang bringen, wie nicht alle Länder über ausreichende eigene Ressourcen verfügten. Deshalb erreichten die Konflikte um das Salz heute kaum noch vorstellbare Dimensionen.

Dennoch blieb der Rückgriff auf die nackte Gewalt die Ausnahme. Aus der Antike sind einige kriegerische Auseinandersetzungen unter »barbarischen« Völkern bekannt. Tacitus erinnert an die Niederlage der Chatten gegen die Hermunduren, die bei Salzungen im Thüringer Wald um den Besitz einer soleführenden Quelle kämpften. Denken wir auch an den Krieg zwischen dem Sultan von Marokko und dem König von Mali um den Salzstock von Taoudeni im 16. Jahrhundert oder an die Zerstörung Comacchios im 10. sowie die Cervias im 14. Jahrhundert durch venezianische Truppen. Auch Bern erwog kurz nach dem Sieg der Schweizer über Karl d. Kühnen (1476/77) die Besetzung des freigrafschaftlichen Salins oder, zwanzig Jahre später, die Eroberung einer dem Hl. Hippolyt (von Rom) geweihten Solequelle in der Grafschaft Mömpelgard. Die Stadt erhielt jedoch keine ausreichende Unterstützung ihrer Eidgenossen und mußte deshalb auf die kriegerischen Pläne verzichten, die sich einem unstillbaren Salzbedarf verdankten. Auf dem Meer weckte die Aussicht auf Kaperung eines Salzseglers noch jedes Mal den Kampfgeist von Piraten und Freibeutern, weshalb ihre Schiffe auch im 15. und 16. Jahrhundert den Seeweg nach Ibiza verunsicherten. Und als die Schweden im Jahre 1566 unter den Folgen einer Handelsblockade litten, griffen sie in einer Situation krassen Salzmangels eine holländische Flotte an, wobei sie 84 000 Fässer Salz (ca. 9000 t) erbeuteten.

Dennoch trug Gewalt auf Dauer zu keiner Lösung bei. Und die internationale Gilde der Salzhändler, auf Gedeih und Verderb auf die »Partnerschaft« mit ihren Staaten angewiesen, befürwortete stets eine friedliche Lösung: Da es sich um einen Markt handelte, erschien ihnen das Verhandeln noch stets als die beste Waffe.

Die Mittel der Politik

Die Mittel des politischen Spiels blieben im Kern immer dieselben: Staatsmonopol und diplomatisches Handeln.

Erst viel später trat ein weiteres hinzu, nämlich die technischen und die administrativen Reformen in der Salzförderung. Die meisten dieser Innovationen zwischen dem Ende des 16. und Ende des 18. Jahrhunderts wurden entweder von den Regierungen selbst initiiert oder nachdrücklich unterstützt. Sie ließen nach bisher unbekannten Salzlagern forschen oder neue Salzgärten eröffnen – die einen in der Hoffnung auf Importunabhängigkeit, die anderen, weil sie die dadurch drohenden Anzeichen für ihren Export zu verscheuchen suchten. Der Erfolg dieser Maßnahmen führte schließlich jede Art von Salzpolitik ad absurdum: Im 19. Jahrhundert war der Kampf vorbei, weil es keine Kämpfer mehr gab.

Es überrascht allerdings, daß dieses Mittel der Politik erst so spät eingesetzt wurde. Der zögernde technische Fortschritt erklärt dies nur zum Teil. Vielmehr bleibt festzuhalten, daß sich die meisten Staaten bis zum 17. Jahrhundert einfach nicht um die Bedingungen kümmerten, unter denen Salz erzeugt wurde. Etliche Widerstände haben zu diesem Desinteresse beigetragen. Da gab es geistige Widerstände, d. h. vorherrschend traditionalistische Einstellungen: Bis zum Beginn der Neuzeit blieb die Salzförderung im wesentlichen handwerklich geprägt, und niemand kam auf die Idee, sie großgewerblich zu betreiben. Administrative Widerstände: Kein Staat war so organisiert, als daß er hätte auf den technischen Standard in der Förderung einwirken können. Ökonomische Widerstände: Insgesamt gesehen konnten die europäi-

schen Fördermengen in guten wie in schlechten Jahren den Bedarf des Kontinents sehr wohl befriedigen. Wenn es dennoch zu Versorgungsschwierigkeiten kam, dann wegen der ungleichen Verteilung. Und schließlich finanzielle Widerstände: Beinahe alle Regierungen zogen aus den Geschäften mit dem Salz sofort erhebliche Gewinne. Warum sollten sie auf die Vorstellung verfallen, einen Teil ihrer Einkünfte für Investitionen abzuzweigen, deren Erfolg alles andere als gewiß war? Wenn sie innovativen Vorschlägen näher traten, dann nur, weil die traditionellen Mittel der Salzpolitik zu versagen drohten.

Das Salzmonopol gab es in allen möglichen Ausprägungen, und es wurde mit unterschiedlicher Strenge gehandelt. Dennoch hatte es in der einen oder anderen Form Anteil an nahezu allen institutionellen Regelungen, mit denen die Staaten ihre Einnahmen zu sichern suchten. In Ägypten existierte es bereits seit dem sog. Neuen Reich (1550–1085 v. Chr.), ebenso im antiken Indien, wenn man dem Zeugnis Plinius' glauben darf, der davon allerdings auch nur

146. Gerichtssaal im Rathaus von Lüneburg (14./15. Jahrhundert), in dem zahlreiche Vergehen im Salzhandel vor städtischen Richtern verhandelt wurden.

vom Hörensagen wußte. In Rom bestand es wahrscheinlich schon seit Gründung der Republik, um die Bürger vor willkürlich festgesetzten Preisen der Salzhändler zu schützen. Folgerichtig entwickelte sich daraus eine seit dem Jahre 204 v. Chr. regelmäßig erhobene Salzsteuer. Im römischen Kaiserreich oblag das Monopol offenbar vollständig dem kaiserlichen Verwaltungsapparat, während es in der Spätantike verpachtet wurde. Im Frühmittelalter verschwand es – mit der Ausnahme von Byzanz – von der europäischen Bildfläche, weil weder irgendwelche Autoritäten, die es hätten durchsetzen können, noch auch nur ein namhafter Salzhandel existierten. Das Salzmonopol kam erst wieder, wenn auch nur vorübergehend, während der Regierungszeit König Liutprands um 715 n. Chr. im Langobardenreich auf; die Karolinger hingegen kannten es gar nicht.

Seine endgültige Wiederauferstehung erlebte das Salzmonopol zuerst in den größeren Städten Italiens. Genua und vor allem Venedig benutzten es seit dem 11. Jahrhundert als Instrument zur Ausdehnung ihrer Seemacht. Das Monopol galt gleichermaßen für die Distribution, die eigene Förderung (z. B. in den venezianischen Salinen von Chioggia) und den Importhandel. Von Italien breitete sich dieses staatliche Exklusivrecht in alle Reiche des westlichen Mittelmeers aus – in die Grafschaft Nizza, wo sich Genueser die Pacht sicherten, in die Grafschaft Provence und die Königreiche Neapel, Aragon und natürlich Frankreich. So vereinnahmten die jeweiligen Herrscher zwischen etwa 1250 und 1350 die Salinen von Hyères, Cagliari, Ibiza und Peccais ganz systematisch. Im weiteren Verlauf machten sich auch Länder Nordeuropas die Idee des Salzmonopols zunutze, und zwar sowohl die Förder- als auch die Importländer. Der wachsende Bedarf führte dann im 14. und im 16. Jahrhundert zur allgemeinen Institutionalisierung des Salzmonopols. Im Absolutismus wurde dieses System bis zur Perfektion entwickelt und erwies sich als äußerst einträglich. Die österreichischen Merkantilisten konnten mit vollem Recht behaupten, daß »das Salzmonopol das schönste Juwel der *Hofkammer*« sei. Und das galt gewiß nicht nur für das Haus Habsburg.

Die Diplomatie war das zweite Mittel der Salzpolitik – ein heikles, ein zweischneidiges Mittel. Wer sich seiner bediente, mußte den Bedarf und die Ressourcen des Landes genau kennen, mit dem er verhandeln wollte, mußte auch die politischen Ziele des potentiellen Partners sowie dessen Verbindungen zur Konkurrenz erahnen können. Seit Ende des Mittelalters nahmen in den Gesandtschaftsberichten Informationen über die Salzbelange des jeweiligen Gastlandes einen prominenten Stellenwert ein. Auf ihre diskrete Weise aber gab die Diplomatie doch nur ein Gespinst aus plumpen Irrtümern, falschen Einschätzungen, schamlosen Lügen und unhaltbaren Hypothesen weiter. Die Dramen des Salzes, die Besorgtheit der Regierungen und der Salzhunger ihrer Untertanen beruhten auf vielen Mißverständnissen und noch viel mehr auf Mißtrauen.

Was alle Verhandlungen über das Salz so schwierig gestaltete und die meisten Übereinkünfte so verfälschte, war, daß diese Ware – wie heutzutage das Erdöl – gleichzeitig als Ziel und Instrument der Politik diente, mit dem sich noch andere Ziele verfolgen ließen. In vielerlei Verkleidungen wurde das Salz zu einem Mittel des Drucks und der Erpressung. Mitten im Dreißigjährigen Krieg prallten Frankreich, Spanien und Venedig auf italienischem Boden und in den Alpen aufeinander, weil sie alle das Bündnis mit dem Wallis suchten, um den hochwichtigen Simplonpaß kontrollieren zu können. »Die Franzosen«, so notierte ein Mailänder Beobachter im Jahre 1634, »wissen, daß der Salzhandel das einzige Mittel ist, um die Bevölkerung des Wallis der Freundschaft und Ergebenheit gegenüber Spanien zu entfremden; deshalb boten sie ihnen zu einem spottbilligen Preis soviel Salz an, wie jene brauchten.« Trotzdem kam der Handel nicht zustande. Ein Spanier stellte vier Jahre später schadenfroh fest, daß sich Frankreich im Wallis verrechnet hatte und die Walliser ihr Salz lieber in Venedig kauften ... Ein bescheidenes Beispiel zwar, aber ein bezeichnendes.

Es wäre zu langwierig, hier über jede Episode dieser europaweiten Politik mit dem Salz zu berichten; außerdem habe ich in diesem Buch schon mehrere Beispiele aufgeführt. Ich werde mich deshalb auf die Beschreibung eines der größten und verzwicktesten Salzmärkte beschränken: auf die Alpen.

Der Salzhandel in den Alpen

Die Alpenländer stellten einen beachtlichen Markt dar – zum einen wegen der schieren Ausdehnung, denn er erstreckte sich von Nizza bis zur Donauebene; zum anderen wegen des hohen Bedarfs, und davon ist schon die Rede gewesen. Noch um die erste Jahrtausendwende waren die Alpen ein notleidendes und dünnbesiedeltes Gebiet. Dreihundert Jahre später hatte sich allerdings das Bild weitgehend gewandelt: Die großen Handelsstraßen von Italien nach Frankreich, nach Deutschland und in die Niederlande führten nun quer hindurch; außerdem hatten sich die Alpen zur Domäne der Viehzucht mit hohem Salzbedarf entwickelt. Pökelfleisch, Butter, Käse und Häute bildeten die hauptsächliche, oft sogar die ausschließliche Existenzgrundlage der Bergbewohner. Mit dem Erlös aus diesen Produkten kauften sie in den Ebenen und in den größeren Städten Getreide, Wein, Handwerkserzeugnisse und natürlich auch Salz, den wichtigsten Grundstoff ihrer Fleisch-, Milch- und Gerbereiwaren. Von allen Gütern, die sie in ihre entlegenen Täler heimbrachten, nahm das Salz so ziemlich den meisten Raum ein; gemessen an seinem Handelswert war es das wichtigste überhaupt. Aber wie schon die holländischen und skandinavischen He-

ringe, so waren es hier das Pökelfleisch und der Käse, die diesem Salz auf dem internationalen Markt zu einem Mehrwert verhalfen, so daß die Tauschbedingungen für die Bergbewohner lange Zeit vorteilhaft blieben.

Zu Beginn des 16. Jahrhunderts kehrte sich dieser Kreislauf jedoch um, weil in dem Tausch Salz gegen Pökelfleisch nun die Städte am Fuße der Alpen die Initiative übernahmen. Die alpine Agrarwirtschaft wurde in ihren Grundfesten erschüttert. Die politischen und sozialen Folgen dieses Wandels verminderten jedoch den Salzbedarf der Bergbauern nicht – im Gegenteil, sie verschärften ihn noch. Die städtischen Bürger und Kaufleute hielten von nun an die Fäden des Warenaustauschs in der Hand und zogen ihren Profit daraus. Ob nun bewußt oder unbewußt, handelten sie doch als Kapitalisten, die ihre Gewinne in dieses Geschäft investierten und die Spezialisierung und Ausbreitung der Berghöfe über alle vernünftigen Grenzen hinaus trieben. Die Folge war, daß die Bergbevölkerung verarmte, ohne je in ihrem Fleiß nachgelassen zu haben.

Die intensive Viehzucht barg auch eine weitere Konsequenz: Durch ihren geringen Arbeitskräftebedarf brachte sie erhebliche Beschäftigungsprobleme mit sich. Deshalb sahen sich viele Bauernkinder zur Auswanderung gezwungen. In den Händen des städtischen Patriziats verwandelten sie sich zu

147. Salzdose aus Guey (1763), einem Ort in den provençalischen Alpen.
Musée des Arts et Traditions populaires, Paris.

einer neuen »Ware«: Sie gaben bereitwillige Soldaten ab. Es erwies sich als vorteilhaft, diese Kinder – direkt – gegen Salz zu tauschen, weil es das begehrteste Gut war, oder – indirekt – für Gold zu verschachern, das dann u. a. dazu diente, dieses Salz zu bezahlen.

Andererseits war die Versorgungssituation innerhalb der alpinen Welt sehr unausgeglichen, was sowohl eigene Salzquellen als auch den -markt anbelangt. Sie war umgeben von den Bergwerken in der Freigrafschaft Burgund, in Lothringen und Süddeutschland sowie von den Meersalzgärten in der Adria, Provence und im Languedoc, ferner von den Salzhäfen Venedig, Genua oder Nizza. In den Alpen selbst verfügten Bayern, Tirol, Salzburg und das Herzogtum Österreich über Salzvorkommen, die den regionalen Bedarf bei weitem überstiegen, während die Bewohner der Zentral- und Westalpen lange Zeit völlig mittellos waren. Dieser Hinweis auf eine geographische Realität beleuchtet schlaglichtartig die in den Alpenländern häufig unentwirrbaren Komplikationen der Politik um das Salz.

Wie sich die Bergbevölkerung vor dem Ende des 13. Jahrhunderts mit Salz versorgte, wissen wir kaum. Sicher ist nur, daß ab dem 10. und 11. Jahrhundert großer Bedarf danach bestand. Einige Alpenklöster waren auf dem Wege der Schenkung zu Solequellen gekommen oder erhielten Renten in Form von Salzlieferungen. Bereits im Jahre 523 hatte der burgundische König Sigismund dem Kloster Saint-Maurice d'Agaune einige seiner Salzbrunnen geschenkt, weil es ihm einst Zuflucht gewährt hatte; offenbar blieben sie bis zum 10. Jahrhundert im klösterlichen Besitz. Im Dunkeln bleibt für uns ebenfalls, ob und wie dieses Salz aus dem Kloster in den umliegenden Bergdörfern verteilt wurde. Von Tirol, Venedig, Genua und der Provence gingen dann sehr bald andere Handelsverbindungen in die nächstgelegenen Alpentäler aus.

Jener Vertrag, den Venedig im Herbst 1299 mit den Schweizer Kantonen schloß, stellt für uns den ersten verbürgten Hinweis auf den alpinen Markt dar. Erinnern wir uns: Der Vertrag betraf ebenso die lombardischen und piemontesischen Alpenausläufer wie die Urschweiz, das Wallis und das Eschental. Venedig wollte damals weniger einen zuvor nicht bestehenden Markt neu erschließen, als vielmehr seiner Rivalin Genua ein umstrittenes Absatzgebiet entreißen. So bleibt nur der Schluß, daß dieses Abkommen wahrscheinlich nicht das erste seiner

148. Der Warenspeicher Sankt-Anton, den die Familie Stockalper von 1675 bis 1678 in Gondo, einem Ort an der Südseite des Simplon bauen ließ; er wurde vor kurzem restauriert.

Art und mit Sicherheit nicht das letzte war, selbst wenn sich weitere vertragliche Verbindungen nicht nachweisen lassen. Zur gleichen Zeit bezog das Wallis auch Salz aus den westlichen Nachbarländern: Von 1287 bis 1300 passierten 44 389 *lasten*, also ca. 4000 bis 5000 t insgesamt bzw. 350 t jährlich, die Zollstation von Villeneuve am Genfer See. Diese Mengen waren indes recht bescheiden und repräsentierten nur 3,4% der gesamten Abfertigung an dieser Zollstation. Ein Teil dieser Salzlieferungen kam über Genf, woraus zu schließen ist, daß sie aus Südfrankreich stammten. Und ein weiterer wurde in Lausanne eingeschifft; dessen Herkunftsort war aller Wahrscheinlichkeit nach Salins.

Bis zu dieser Zeit, vielleicht auch noch während des gesamten 14. Jahrhunderts, blieb der Salzhandel in den Alpen von politischen Pressionen frei, weil dieser Markt für die Erzeugerländer offenbar noch keine Perspektiven bot, die aktive Interventio nen gelohnt hätten. Erst mit Beginn des 15. Jahrhunderts geriet er in den Sog politischen Handelns, und zwar mit einer Heftigkeit, die bis an die Schwelle des 19. Jahrhunderts andauerte und zu der Export- wie Importländer gleichermaßen beitrugen. Trotz aller Rückschläge, die sie während des Absolutismus hinnehmen mußten, waren es vor allem zwei einfuhrabhängige Länder, die im großen und ganzen in diesem Spiel die Karten mischten: die Schweiz und Savoyen, jene »armseligen Bergstaaten«, wie sich der Historiker M. Blanchard einmal unpassenderweise auszudrücken beliebte. Sie zeichneten sich aus durch einen hohen Salzverbrauch, durch eine wirksame Verwaltung und durch eine relative Distanz zu den Förderstätten; aber auch durch eine derartige geographische Situation, daß sie stets auf die Versorgung durch mehrere Lieferanten zugleich und auch zu halbwegs gleichen Preisen hoffen konnten.

Die Ränke Savoyens

Philipp d. Schöne mußte sich nach dem Erwerb von Peccais (1290) nun auch um den Absatz seines Salzes kümmern, und Savoyen eröffnete diesbezüglich verheißungsvolle Perspektiven. Eine erste Übereinkunft zwischen Philipp VI., einem Neffen Philipps d. Schönen, und dem Grafen Aymon von Savoyen legte 1335 fest, in Lyon künftig eine Salzsteuer zu erheben, von deren Erträgen der Graf den fünften Teil erhalten sollte. So schien der Salzhandel zwischen Peccais und Savoyen künftig reibungslos verlaufen zu können.

Savoyen entpuppte sich aber als unsicherer Handelspartner. Die Annexion Nizzas (1388) brachte es in den Besitz eines Hafens, der ihm den direkten Seeweg zu den provençalischen Salzanlagen eröffnete, auf die der französische König keinen Zugriff hatte. Karl VI., der damalige Herrscher, wollte sich deshalb seit 1398 an den rhoneaufwärts kommenden und für Savoyen bestimmten Salzlieferungen schadlos halten. Das gelang ihm allerdings nur teilweise, der Schmuggler wegen, die in den Bergen zahlreiche Schleichwege fanden. Außerdem mußte das südfranzösische Salz auch noch gegen die Konkurrenz des burgundischen Salins bestehen, das bald von dem Konflikt zwischen den Häusern Valois und Burgund profitierte. Philipp d. Gute, seit 1419 Herzog von Burgund, wies seine Notabeln an,

das Salz aus Salins »so rasch wie möglich« umzuschlagen, »um dem Meersalz entgegenzutreten«. Um die Mitte des 15. Jahrhunderts brach der Kalte Krieg zwischen den erlauchten Salzproduzenten offen aus. Im Jahr 1441 herrschte wegen der verlustreichen Feldzüge gegen die Engländer Ebbe in der französischen Staatskasse, und man beschloß, diesem Übel u. a. durch eine Zollerhöhung (crue) auf Salzlieferungen durch die Dauphiné abzuhelfen. Dadurch erlitt die Salzversorgung Savoyens, das einige Jahre zuvor (1416) zum Herzogtum des Heiligen Römischen Reiches deutscher Nation erhoben worden war, empfindliche Einbußen. Die Reaktion erfolgte umgehend: Der Herzog ordnete den voll-

149. Louis Mandrin, »gezeichnet und graviert in Bourg-en-Bresse, so wie er an der Spitze seiner Truppen am 6. Oktober 1754 erschien«. Mandrin, geb. 1724 in Saint-Etienne-de-Saint-Gedirs bei Grenoble, desertierte aus dem Militärdienst und stellte sich an die Spitze einer Schmuggler- und Räuberbande, die es nur auf den Fiskus und seine Beamten abgesehen hatte. Er entkam mehreren großangelegten Verfolgungsjagden, wurde aber schließlich verraten, gefangen und 1775 in Valence bei lebendigem Leib gerädert.
Bibliothek von Grenoble.

Louis Mandrin.
peint et gravé a Bourg, tel qu'il y a paru a la tete de sa troupe le 6. oct.re 1754.

150. *Genf vom See aus gesehen.* Aquarell von (vermutlich) Chr. Levèque, Ende des 18. Jahrhunderts. Am linken Bildrand wollte der Künstler wahrscheinlich das Schloß von Bellerive mit dem Salzspeicher der Herzöge von Savoyen, der späteren Könige von Sardinien, darstellen; das Schloß liegt von Genf aber viel weiter entfernt, als es die Perspektive suggeriert.
Musée d'Art et d'Histoire, Genf.

ständigen Boykott des französischen Salzes an und wandte sich an die Grande Saunerie in Salins, deren Verantwortliche sich verpflichteten, 15 000–20 000 *lasten* (ca. 150–200 t) nach Genf zu liefern. Von der herzoglichen Entschlossenheit beeindruckt, nahm Karl VII. von Frankreich die strittige Zollerhöhung wieder zurück. Aber damit war der Konflikt nicht ausgestanden. Und nicht zuletzt das Salz ließ es dem Herzog von Savoyen angeraten erscheinen, sich auf die Seite Burgunds zu schlagen – gegen Ludwig XI. Über die Burgunderkriege hinaus entzündete sich der Streit um die Salzzölle zwischen Frankreich und Savoyen bis 1523 mehr als einmal. Der Herzog ging stets als Sieger daraus hervor.

Im Jahre 1536 eroberte Franz I. das Herzogtum Savoyen-Piemont; erst 1559 erlangte es seine Souveränität zurück und zählte in der Folge lange zum antifranzösischen Lager. Dennoch bezog es während des Absolutismus den größten Teil seiner Salzlieferungen in Frankreich, wobei es sich diese Einfuhren in beispielloser Weise zunutze machte. Denn die Verträge mit Frankreich basierten auf dem tatsächlichen Salzverbrauch des Herzogtums. Da die herzoglichen Beamten jedoch die Statistiken über Bevölkerung und Viehbestand systematisch fälschten, lagen die aus Peccais eintreffenden Lieferungen um 15% bis 25% über dem echten Bedarf. Die Überschüsse ließen sich nach Frankreich reexportieren, und weil die Salzsteuer im Herzogtum erheblich niedriger lag als im Königreich, konnten mit diesem amtlich geschützten Salzschmuggel große Gewinne erreicht werden. Man pflegte ihn augenzwinkernd als »reversement« (»Umladen«) des Salzes zu bezeichnen. Dieser Salzschmuggel war ein Alptraum für die königlichen Steuerpächter, aber ein Segen für die Bevölkerung im Osten Frankreichs. Während

189

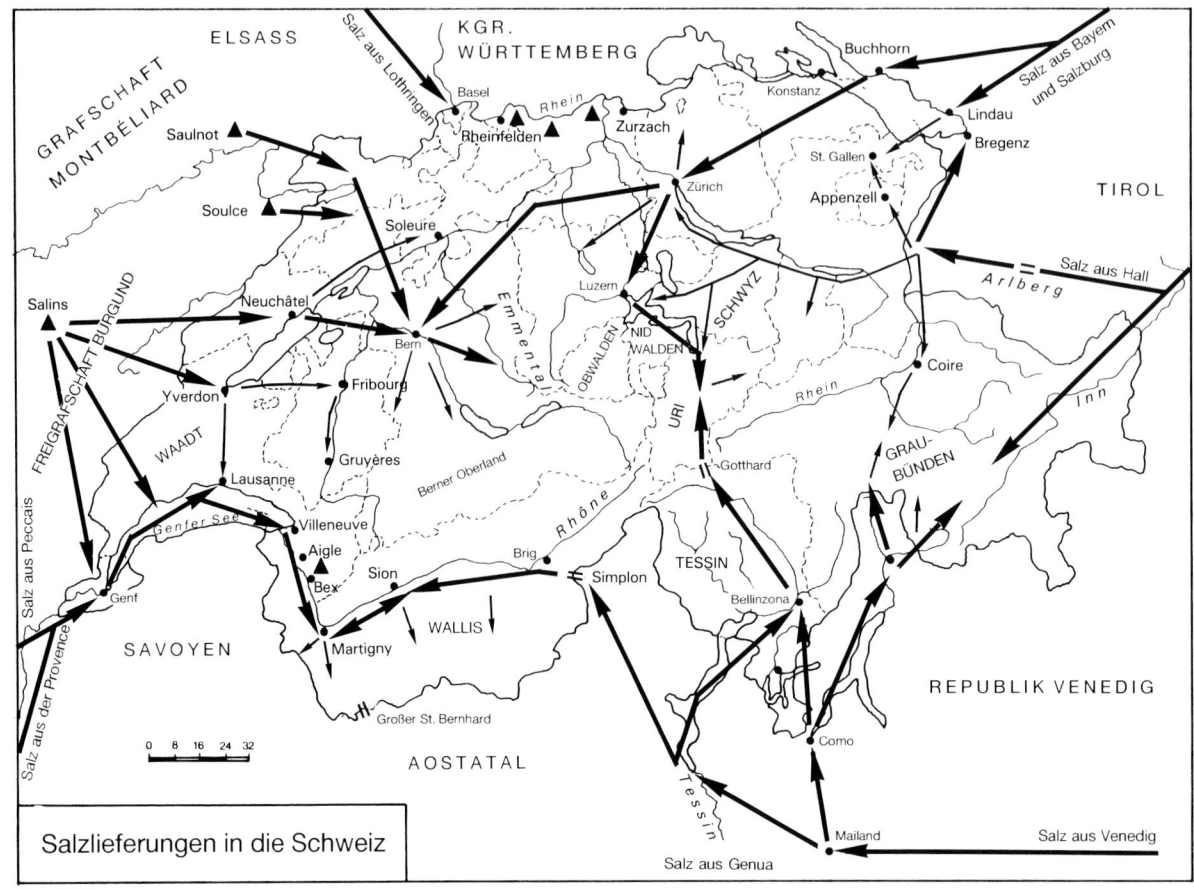

Map labels:
ELSASS · KGR. WÜRTTEMBERG · GRAFSCHAFT MONTBÉLIARD · Salz aus Lothringen · Basel · Rhein · Rheinfelden · Zurzach · Buchhorn · Konstanz · Salz aus Bayern und Salzburg · Lindau · Bregenz · Saulnot · St. Gallen · Appenzell · TIROL · Soulce · Soleure · Zürich · Salins · Neuchâtel · Luzern · Salz aus Hall · Arlberg · FREIGRAFSCHAFT BURGUND · Bern · NID WALDEN · SCHWYZ · Coire · Yverdon · Fribourg · OBWALDEN · Inn · Salz aus Peccais · WAADT · Gruyères · URI · Rhein · Lausanne · Genfer See · Berner Oberland · Gotthard · GRAUBÜNDEN · Villeneuve · Aigle · Rhône · Brig · Simplon · Bex · Sion · TESSIN · Salz aus der Provence · Genf · Martigny · WALLIS · Bellinzona · REPUBLIK VENEDIG · SAVOYEN · Großer St. Bernhard · AOSTATAL · Como · Tessin · Mailand · Salz aus Venedig · Salz aus Genua · Salzlieferungen in die Schweiz · 0 8 16 24 32

des gesamten 18. Jahrhunderts verhandelte man zwischen Versailles und Turin hin und her – vergebens, denn die Savoyarden ließen sich diesen Vorteil nicht nehmen. Aus blanker Verzweiflung über ihre Ohnmacht schickten französische Steuerpächter im Jahr 1755 eine Strafexpedition nach Savoyen, der auch die Festnahme des kühnsten Schmugglers, des berühmt-berüchtigten Mandrin gelang (vgl. Abb. 149, S. 188). Sein Andenken blieb im Volk jedoch noch lange erhalten. Der Streit um das Salz verlief sich erst im Jahre 1790, als die verfassungsgebende Nationalversammlung die Gabelle beseitigte und dank dieser Entscheidung den Salzpreis um die Hälfte senkte.

Savoyen befand sich nicht allein mit Frankreich in einem stetigen Kleinkrieg, sondern als Hort der Gegenreformation auch mit Genf, wobei sich allerdings diese Rivalität nicht allein mit der unterschiedlichen religiösen Auffassung erklären läßt. Durch die Hochburg des Calvinismus zogen nämlich seit dem 17. Jahrhundert alle südfranzösischen Salztransporte in Richtung Bern, Wallis und Savoyen selbst; daraus entwickelten sich permanent Konflikte. Als alle Versuche gescheitert waren, Genf mit Gewalt einzuschüchtern, fühlte man sich versucht, der Stadt alle wichtigen Vorteile zu rauben, die sie aus ihrem Salzhandel zog, oder noch besser gleich ihren gesamten Transithandel mit einem Streich zu zerstören. Ihr Umland war winzig und eigentlich leicht zu umgehen. Nur wenige Schritte von der Stadt entfernt begann am Seeufer bereits savoyardisches Gebiet, so daß Karl Emmanuel II. von Savoyen Ende der 60er Jahre des 17. Jahrhunderts mit dem Bau eines Hafens und Salzspeichers in Bellerive beginnen ließ. Einige Jahre lang gelang es ihm tatsächlich, einen Teil des Warentransports umzuleiten. Nach seinem Tode im Jahre 1675 aber verlor die sog. *Affaire de Bellerive* rasch an Bedeutung, die Genfer und Schweizer zuvor so beunruhigt hatte – die hochfliegenden Pläne Savoyens erwiesen sich als wenig realistisch.

Die Rolle der Eidgenossen

Im Vergleich zu Savoyen repräsentierten die Schweizer Länder und Orte einen viel größeren Markt, der vom 15. bis zum Beginn des 19. Jahrhunderts mit besonderer Erbitterung umkämpft wurde. Sie besetzten dabei eine politische und wirtschaftliche Schlüsselposition, denn ihrer uneingeschränkten Kontrolle unterlagen alle Handelsstraßen von Italien an den Rhein und von Mitteleuropa an die Rhone sowie nach Spanien. Außerdem stellten die Eidgenossen seit ihrem Sieg gegen die Habsburger bei Sempach (1386) und bis zu ihrer Niederlage in der Schlacht von Marignano (1515) eine Militärmacht dar, mit der man in Europa zu rechnen hatte. Zwischen dem 16. und 18. Jahrhundert aber war diese Macht an den Meistbietenden zu verkaufen: Gegen kostspielige »Kapitulationen«, die an die Kantone und ihre Unternehmer zu entrichten waren, wurden ganze Söldnerregimenter ausgehoben. Einige Kantone entwickelten sich nicht zuletzt durch diesen Handel zu gewichtigen Finanzmächten. Seit dem 16. Jahrhundert erfüllten die wirtschaftlich tonangebenden Städte ihre Salzverträge in klingenden Goldmünzen – und dabei han-

152. Der Salzspeicher von Bern um die Mitte des 19. Jahrhunderts.

delte es sich um Kontrakte mit großem Volumen. Kein Wunder also, wenn sich die einflußreichsten europäischen Salzlieferanten mit allen Mitteln um das Wohlwollen dieser Kantone bemühten. In diesem Sinne offerierten sie nur Salzsorten von ausgesuchter Qualität und boten außerdem noch jede Art von Preisvorteilen und günstigen Lieferbedingungen.

Es blieb ihnen auch kaum etwas anderes übrig, denn die Eidgenossen und ihre Verbündeten Neuchâtel, Genf, das Wallis, Graubünden und Mühlhausen befanden sich in der komfortablen Situation, ihr Salz von allen Seiten her beziehen zu können. Natürlich existierten aus Gründen der Traditionen oder schlichten Bequemlichkeit bevorzugte Handelsverbindungen, aber man konnte sie jederzeit kündigen, was in der Tat auch oft geschah. Kurz, die Eidgenossen beherrschten seit dem 16. Jahrhundert den Markt jederzeit und in vollem Umfang.

Solche traditionellen Handelsbeziehungen bestanden zu Hall in Tirol, dessen Salz in der Ostschweiz vertrieben wurde. Zürich und Schaffhausen zählten zu seinen ersten Kunden. Sie verkauften dieses Salz wiederum an die Bergbauern der Urschweiz weiter oder hin und wieder, via St. Gotthard, an die Bewohner des Tessin. Sankt Gallen, Appenzell und Graubünden bezogen ihr Tiroler Salz direkt, versorgten sich aber auch gleichzeitig in Venedig, Genua oder Mailand. So traf hier das Habsburger mit dem Mittelmeersalz zusammen. In der Nordschweiz versuchten bayerische Händler ihre Erzeugnisse gegen das Tiroler Salz durchzuset-

151. Blick auf Luzern, Gemälde von F. Schmid, um 1820 bis 1825. In der Bildmitte erhebt sich der städtische Salzspeicher am Ufer der Reuss: drei Stockwerke hoch, ohne Fensterläden. Das Haus diente auch als Stapelplatz für andere Waren (»Ballenhaus«) und gelegentlich auch als Kornkammer. Es wurde zwischen 1701 und 1702 gebaut.
Staatsarchiv des Kantons Luzern.

191

zen. Im Jahre 1649 beschlossen München und Wien im Vertrag von Rosenheim sogar die Errichtung eines Salzkartells, um auf die Eidgenossen Druck auszuüben; zehn Jahre später erwog auch Salins den Beitritt. Die Eidgenossenschaft lief Gefahr, von der Entente eingekreist zu werden. Das war eine ernstzunehmende Bedrohung.

Diese Bedrohung sah auch Ludwig XIV. Die Westschweiz mit Bern, Fribourg sowie das Waadtland und das Wallis stellten neben Savoyen den wichtigsten Markt für das Salz aus Peccais dar. Außerdem hatte sich Frankreich seit der Herrschaft Ludwigs XI. und mehr noch seit Mitte des 16. Jahrhunderts bei den Eidgenossen erheblich verschuldet. Die französischen Salzlieferungen boten also eine Art Kompensationsgeschäft, ein wirksames Druckmittel, um das Handelsbündnis und die Kredite der Eidgenossen zu erhalten. Während der drei Jahrhunderte des Ancien Régime blieben die entsprechenden Ziele Frankreichs konstant und eng miteinander verknüpft: Schweizer Söldner anwerben, Schulden abtragen und Salz verkaufen. Was letzteres anbelangt, mußte der König jedoch Konzessionen machen: Er mußte Preisabschlägen zustimmen, dadurch Einbußen bei der Gabelle hinnehmen und sich zudem langfristig festlegen. Unter Heinrich IV. war der Zahlungsrückstand der französischen Krone mit 600 000 Goldkronen alarmierend; der König hatte sie mit allen Mitteln aufzubringen, wenn er seinen Kredit behalten und nicht die Möglichkeit verlieren wollte, auch künftig Schweizer Söldner anzuwerben. Er bot deshalb als Pfand den Ertrag der Saline von Peccais an, unter der Bedingung, daß die Eidgenossen eine Zahlung von 100 000 Kronen in Salz akzeptierten. Während der Verhandlungen meldete der französische Botschafter 1602 aus Solothurn nach Paris, daß der Tauschhandel mit dem südfranzösischen Salz ein Geschäft sei, das »täglich zum großen Vorteil Frankreichs und zum großen Schaden all seiner Feinde« wachse.

Das französische Interesse zielte letzten Endes darauf ab, die Eidgenossen in enge Abhängigkeit vom königseigenen Salz aus Peccais zu bringen und sie davon abzuhalten, sich anderswo zu versorgen. Zwar lag es nicht in der Macht Ludwigs XIV., ihren Salzhandel mit Tirol und Bayern zu unterbinden, aber er konnte immerhin versuchen, die Salzlieferungen aus Salins einzuschränken und den Herzog von Lothringen daran zu hindern, auf einem Markt Fuß zu fassen, nach dem es ihn selbst gelüstete. Die

Beherrschung des Schweizer Salzmarkts war deshalb auch eines der Kriegsziele für die Eroberung der Freigrafschaft Burgund im Jahre 1678. Durch diese Eroberung verbesserten die Bourbonen ihre Position im Kampf um die europäische Vorherrschaft gegen die Habsburger, und schon Henri Hauser wies darauf hin, welche bedeutsame Rolle dem Salz in dieser Auseinandersetzung zukam. Auf jeden Fall blieben die französischen Förderstätten von Peccais bis Lothringen auch unter den Nachfolgern Ludwigs XIV. die wichtigsten Salzlieferanten der Eidgenossen. Zwischen 1774 und 1779 kamen aus Lothringen nicht weniger als 2,5 Mio. Zentner und aus (dem nunmehr französischen) Burgund knapp 1 Mio. Zentner Salz.

Die Eidgenossen ihrerseits mühten sich nach Kräften, allem Salz Tür und Tor offenzuhalten. Ihnen mußte daran gelegen sein, über ihre Versorgungspolitik selbst zu bestimmen. Aus diesem Grund vermieden sie jede Parteinahme zwischen Frankreich und Habsburg sehr sorgfältig und stellten auch diese Neutralität deutlich zur Schau. Auf dem Wiener Kongreß 1815 wurde sie dann auch formell anerkannt und ist bis heute rechtsgültig geblieben.

Nur während der Französischen Revolution geriet diese Haltung für kurze Zeit in Bedrängnis. In den Beziehungen zu den neuen Machthabern nahm das Salz weiterhin einen zentralen Platz ein. Aber die Ereignisse in Paris fanden auch in der Eidgenossenschaft ein höchst unterschiedliches Echo, was schließlich sogar deren traditionelles Bündnis zu gefährden drohte. Die Revolutionsregierung spielte daraufhin den Salztrumpf auf ihre Weise aus: »Der Entzug von Salz ist die einfachste Strafe«, die sich über die feindlich gesinnten Orte verhängen ließe, schrieb Botschafter Barthélemy 1792 nach Paris. Einige Wochen später, nach der Erstürmung der Tuilerien am 10. August 1792, bei der die Schweizer Garde Ludwigs XVI. niedergemetzelt wurde, was in deren Heimatland begreiflicherweise Zorn und Trauer auslöste, empfahl Barthélemy seiner Regierung, zwischen »demokratischen« und »aristokratischen« Ländern und Orten zu unterscheiden: »Die Verweigerung der Salzlieferungen wird die verschiedenen Regierungen der Eidgenossen in große Schwierigkeiten stürzen. Sie müßten die Salzpreise erhöhen und würden dadurch unweigerlich Klagen und Unruhe bei den Bauern provozieren.« Der Wohlfahrtsausschuß machte sich diese Empfehlung in einem Dekret am 26. 4. 1793 zu eigen und folgte somit in dieser Hinsicht den gleichen politischen Bahnen, die das französische Königtum schon drei Jahrhunderte lang vorgezeichnet hatte.

In der Eidgenossenschaft prallten die unterschiedlichen Wirtschaftsziele der Nachbarmächte gleichzeitig aufeinander. Der Salzmarkt war natürlich auch für die Förderländer in den Ostalpen von größten Interesse, und so befehdeten sich die Habsburger in Wien erbittert mit den Wittelsbachern in München.

Die einander eng benachbarten Salzbergwerke in den Ostalpen unterstanden während des Absolutismus drei verschiedenen Staatsgewalten. Das Haus Habsburg war die mächtigste unter ihnen und förderte zudem die größte Salzmenge – in Tirol und im Herzogtum Österreich. Bayern war eine Mittelmacht, doch der österreichische Handelsverkehr mußte Richtung Westen ihr Territorium durchqueren, was ihr eine gewisse Macht über ihren Konkurrenten sicherte. Außerdem zeichnete sich das Reichenhaller Salz durch eine hervorragende Qualität aus; jedoch waren die Förderquoten relativ gering.

Zwischen den beiden Rivalen Bayern und Österreich lag eingezwängt das kleine Fürstbistum Salzburg mit seinem Bergwerk in Hallein. Hier nun wiederum war die Förderkapazität bemerkenswert – sie entsprach in etwa derjenigen aller habsburgischen Salzbergwerke zusammen –, aber das gewonnene Salz genoß keinen sonderlich guten Ruf.

Alle drei Länder standen sich lange Zeit als Konkurrenten auf einem nicht zu den Alpen gehörigen Markt gegenüber: in Böhmen. Der salzburgische Handel wurde wegen der protektionistischen Poli-

153. Die feierliche Erneuerung des Bündnisses zwischen den Schweizer Kantonen und Ludwig XIV. von Frankreich im Jahre 1663. Wandteppich der königlichen Gobelinmanufaktur. Er schmückt einen Salon der Schweizer Botschaft in Paris. In den der hier dargestellten Zeremonie vorausgehenden Verhandlungen spielte das Salz eine entscheidende Rolle. Als Besitzer der Großsaline Peccais und bald darauf Herrscher über die Freigrafschaft Burgund mit ihren Solequellen wollte der König natürlich sein Salz so teuer wie möglich verkaufen. Die Schweizer boten erheblich weniger. Schließlich stellten sie als Ausgleich Söldner zur Verfügung, was aber wiederum dazu führte, daß die Schweiz stets starke Zahlungsüberschüsse verbuchen konnte, die der König mit Gold kompensieren mußte.

tik der Habsburger seit der Wahl Ferdinands II. zum König von Böhmen (1506) als erster ausgeschaltet. Gegen das politische Gewicht seines kaiserlichen Handelsrivalen kam der Fürstbischof nicht an, so daß sein Salz im Lauf des 16. Jahrhunderts vom böhmischen Markt verschwand. Bayern hingegen nutzte die Gunst der Stunde. Es zeigte Interesse an dem Halleiner Salz, wohl auch, um seine eigenen Exportgewinne zu steigern. Diesem doppelten Druck hielt der Fürstbischof nicht lange stand und lieferte sich dem weniger feindseligen seiner beiden Nachbarn aus. So hatte also die kurzsichtige Wirtschaftspolitik der Habsburger deren beide Konkurrenten einander in die Arme getrieben. In den Verträgen von 1594 und 1611 verpflichtete sich Salzburg, die gesamte für den Export vorgesehene Förderquote Halleins an Bayern abzutreten, während der Münchner Hof die jährliche Abnahme von 304 000 *Centnern* (ca. 15 000 t) Salz garantierte.

Bayerische Salzhändler mußten sich nun nach weiter entfernten Absatzgebieten umsehen. Deshalb faßten sie drei Märkte ins Auge, die jedoch alle drei keine große Sicherheit boten: Böhmen, wo sie ebenfalls langsam, aber sicher verdrängt werden sollten; Süddeutschland (Württemberg, Schwaben, Franken), wo sie eine weitblickende Absatzstrategie entwickelten, die jedoch erst im 18. Jahrhundert Früchte trug; und die Ostschweiz.

Die dünn besiedelten Gebiete Süddeutschlands hatten ihr Salz zuvor aus Lothringen, Tirol und manchmal auch aus Sachsen bezogen. Als Gegengeschäft konnten sie nur Wein anbieten, für den sich allerdings weder die Tiroler noch die Lothringer interessierten – wohl aber die Bayern. So blieb es nicht aus, daß sich zwischen den Königreichen Württemberg und Bayern über den Tausch von Wein gegen Salz hinaus besondere Handelsbeziehungen entwickelten. 1781 kam es zu einem Vertragsabschluß, demzufolge beide Länder Wein und Salz von jeglicher Steuer befreiten, solange sich Württemberg verpflichtete, Salz exklusiv in Bayern zu kaufen. Dieser Vertrag wurde 1802 erneuert; auf ihm basierte das allgemeine Zollabkommen zwischen beiden Ländern aus dem Jahre 1828 – der erste Schritt zum Zollverein, aus dem seinerseits 1871 das Deutsche Reich hervorging. So steht das Salz als ganz bescheidener Anlaß im Ausgangspunkt großer politischer Entwicklungen ... Zunächst aber einmal genügte Württemberg als alleiniger Abnehmer des bayerischen Salzes nicht, um die Halleiner und Reichenhaller Förderkapazitäten auszulasten, so daß sich die Aufmerksamkeit Münchens gezwungenermaßen auch auf die Schweiz richtete.

Schon vor langer Zeit hatte Bayern die Kantone beliefert, so im 15. Jahrhundert auch Bern. Aber bereits zu dieser Zeit war der Schweizer Markt von den verschiedensten Angeboten überschwemmt. Die verwöhnten Eidgenossen konnten es sich leisten, nur bestes Salz zu niedrigsten Preisen zu kaufen. Da das bayerisch-österreichische Kartell von 1649 diesen Ansprüchen nicht genügen konnte, war es auch nicht von langer Dauer. Im Jahre 1690 brachen die Bayern das Abkommen, indem sie ihr hochwertiges Salz aus Reichenhall zu wahren Dumpingpreisen in der Eidgenossenschaft verkauften. Sie gewährten ihr damit einzigartige Vergünstigungen. Denn der war an dem schlechteren Salz aus Hallein gar nicht gelegen, und sie bestand darauf, einzig und allein aus Reichenhall beliefert zu wer-

154. Portrait des Hans Reiffenstühl. Er wurde bald als »Hofmeister« und Architekt des Herzogs von Bayern, bald als »analphabetischer Zimmermann« tituliert. Ihm vertraute der herzogliche Hof (wahrscheinlich zusammen mit dem »Mathematiker« Heinrich Vollmar aus Braunschweig) den Bau der Soleleitung zwischen der Quelle in Bad Reichenhall und der Siederei in Traunstein an; die 33 km lange Leitung wurde 1617/1618 verlegt. Um die Berge und Höhenzüge zwischen beiden Orten zu überwinden, konstruierte er ein System aus hydraulisch betriebenen Rädern und Druckpumpen, die lange Zeit seinen Namen trugen; sie funktionierten noch bis zum Beginn des 19. Jahrhunderts. Aus: R. P. Multhauf, *Neptune's Gift*, 1978, S. 69.

den. München willigte ein: Bayern führte nun fast
seine gesamte Eigenförderung in die Eidgenossenschaft aus, wobei für die anderen Kunden wie für
die eigenen Bewohner nur das minderwertige Salz
aus dem benachbarten Salzburg übrig blieb. Im
18. Jahrhundert trieben die Ansprüche der Eidgenossen sogar Bayern und Österreich in einen regelrechten Handelskrieg, als beide Länder am Bodensee Salzspeicher für den Handel mit der Eidgenossenschaft bauten – die Österreicher in Bregenz und
die Bayern 1755 in Buchhorn bei Friedrichshafen
und 1772 in Lindau.

Um 1780 hatte München die Partie endgültig zu
seinen Gunsten entschieden. In mehreren Verträgen
mit den Landesbehörden der Nordschweiz sicherte
sich Bayern das alleinige Lieferungsrecht – und
somit von nun an etwa zwei Drittel der eigenen
Monopoleinnahmen. Auch die beteiligten Landes-

155. Der Markt in München. Stich aus dem 18. Jahrhundert.

regierungen kamen auf ihre Kosten, nicht unbedingt
jedoch die Verbraucher. Ohne derartige Benachtei-
ligungen wäre es nicht zu erklären, daß die Bevölkerung von Appenzell bei den revolutionären Unruhen von 1797 u. a. die Veröffentlichung der Ge-
heimverträge mit Bayern forderte.

Diese Beispiele aus der bewegten, komplizierten
und undurchsichtigen Geschichte des Salzhandels
dürften genügen. Sie illustrieren die Kraftfelder der
Politik um das Salz in ausreichendem Maße. Und sie
belegen zudem, daß diese Politik immer Bestandteil
der »großen« Politik gewesen ist – oft sogar deren
bestimmendes Element.

12. Kapitel
Salzlasten

Das Salz ist ein Manna, das Gott den Menschen geschenkt hat. Folglich deutet alles darauf hin, daß man es mit keinerlei Steuern belegen darf.

Vauban, Projet d'une dîme royale (1708)

Wir sind nun bei einem letzten Aspekt der Geschichte des Salzes angelangt – einem Aspekt, den man mitnichten als unbedeutend oder abseitig abtun darf. Welche Abgaben die Staaten auch immer dem Salz auferlegten: Sie waren drückend zu jeder Zeit und überall. Sie lasteten auf dem einfachen Salzsieder, diesem bedauernswerten Werkzeug der Produktion, ebenso wie auf dem einzelnen Verbraucher. Das gemeine Volk konnte dieser Bürde kaum entrinnen, es sei denn um den Preis der Illegalität – durch den Betrug oder einen Aufstand.

Sich mit diesen Lasten zu befassen, heißt, die Sozialgeschichte des Salzes ins Licht zu rücken – eine Geschichte, in der der Bauer, der Fischer, der Handwerker oder die Hausfrau fast aufgerieben wurden zwischen der gebieterischen Notwendigkeit, sich mit Salz zu versorgen, und den exorbitanten Preisen, die sie dafür aufzubringen hatten.

Wie die gesamte Geschichte des Salzes, sind auch dessen Abgaben und Belastungen höchst zweischneidig. Das fängt an mit den Produktions- und Transportkosten, die noch am wenigsten anfechtbar sind, denn ihnen lagen beschränkte technische Gegebenheiten zugrunde. Dennoch haben schon allein sie ganze Provinzen und ganze Länder mit hohem Salzverbrauch in eine benachteiligte Situation gebracht. Zölle und Steuern hingegen repräsentieren soziale und politische Abgaben. Sie wurden dem Salz auferlegt zugunsten des Staates bzw. der Kaufleute, die sich das Privileg des Monopols erworben hatten, aber zu Lasten der Bevölkerung. Trotzdem wäre es objektiv verfehlt zu unterstellen, daß es sich dabei ausschließlich um parasitäre Abgaben gehandelt hätte, auch wenn sie stets diesen

Anschein erweckt haben. An ihnen entzündete sich der unausweichliche Konflikt zwischen den Interessen des Staates und denen der Verbraucher sowie natürlich auch der Zorn all derer, die sich als Opfer eines krassen Mißstands empfanden, so wie er von Vauban im Motto dieses Kapitels verurteilt wird. Die Gabelle ist nicht einmal die härteste Steuer gewesen, unter der die französische Bevölkerung stöhnte, aber sie war die stetigste und unpopulärste.

Das Los der Salzarbeiter

In den Kapiteln dieses Buches, die sich mit der Salzproduktion beschäftigen, haben wir das Los der Arbeiter nur gestreift. Es ist im übrigen ein weithin unbekanntes Los. Nur soviel ist gewiß, daß die Salzarbeiter einer schwierigen und anstrengenden Aufgabe nachgegangen sind, ob nun in einem Salzgarten oder in einem Bergwerk. Und ihr sozialer Status ist immer gering geblieben.

Der Salinenarbeiter wurde nach Brauch und Standesordnung stets dem Bauern zugerechnet. Wie dieser mußte er sich nach dem Rhythmus der Jahreszeiten richten. Im Winter und Frühjahr setzte er seine Salzteiche instand, Sommer und Frühherbst waren die Periode der einander folgenden Ernten, des Trocknens des Salzes und dessen Beförderung in die Lagerhäuser der Häfen. Und wie der Bauer fürchtete er die Kapriolen des Wetters. Beide bearbeiteten auch stets ein und dieselbe Fläche. Wie sich die Dorfbewohner über die Fruchtfolge verständigen und gemeinschaftlich die Weidegerechtigkeit regeln mußten, so mußten auch die Salineure ihre Becken gemeinsam herrichten und die Zuleitung der Salzmaische zu den Trocknungstischen ebenfalls gemeinschaftlich organisieren. Oft genug handelte es sich bei diesen Salzarbeitern sogar um Bauern, die ihre Arbeitszeit zwischen Feld und Salzgarten aufteilten.

Gewöhnliche Salzarbeiter besaßen jedoch nur im Ausnahmefall ein eigenes Areal. Ein derartiges Privileg läßt sich strenggenommen nur für Brouage nachweisen, wo das Eigentum stärker parzelliert war als anderswo. Aber selbst dort ist bis zur Revolution der auf eigene Rechnung arbeitende Salineur in der Minderheit gewesen. Die Bewirtschaftung eines Salzgartens erfordert kontinuierlichen Arbeitseinsatz; deshalb war es einfachen Salzarbeitern auch verwehrt, kurzfristig eine andere Tätigkeit aufzunehmen. Ein Vertrag band sie fest an den Besitzer oder Pächter des Salzgartens, wobei die Vertragsformen je nach Ort wechselten. Die venezianische Rechtsprechung gestand dem Eigentümer das Recht auf fristlose Kündigung zu, während die Arbeitsverträge in den provençalischen Salinen gewöhnlich auf längere Zeit abgeschlossen wurden. Vom Ertrag »seiner« Parzelle erhielt der Arbeiter höchstens 25%, also noch weniger als ein Bauer. Während der Salzernte stellte die königliche Verwaltung der riesigen Salzsümpfe von Peccais viele zusätzliche Saisonarbeiter aus den Cevennen ein, die noch schlechter bezahlt waren.

Die Arbeitsbedingungen des Bergmanns in einem Salzstock oder seines Kollegen in der Salzsiederei unterschieden sich davon ganz wesentlich. Zwar war ihre Arbeit nicht weniger mühsam und schwierig, aber sie war nicht saisonabhängig. Sie erstreckte sich gleichmäßig über das ganze Jahr, beeinträchtigt nur von Schnee, Kälte, Regen und den häufigen Unfällen wie z. B. Feuer und Überschwemmung in den Stollen. Und die Bergleute erlitten so manches Mal Verätzungen von Augen, Lunge und Haut. In den Salzsiedereien dauerte jeder einzelne Siedevorgang mehrere Tage. Währenddessen durfte das Feuer unter den Pfannen nicht erlöschen, so daß ununterbrochen gearbeitet werden mußte. Das Feuer wurde von kleinen Trupps in Gang gehalten, deren Mitglieder sich untereinander jederzeit ablösen konnten. Anders als der Salinenarbeiter, der persönlich für seine Ernte verantwortlich war, waren der Bergmann und der Siedereiarbeiter nur mittelbar ihrem Truppführer unterstellt, der sich sei-

156. Ein Jutesack, wie ihn die Salzsiedereien in der Freigrafschaft Burgund im 19. Jahrhundert für die Salzbeförderung verwendeten (Höhe: 80 cm).
Schweizer Salzmuseum, Aigle.

nerseits vor der Verwaltung rechtfertigen mußte. Aufgrund dieser hierarchischen Struktur waren jedem Arbeiter in den Bergwerken die Teilhabe am Eigentum und am Ertrag verwehrt. Und es gab auch keinen Grund, ihn vertraglich auf Dauer an das Unternehmen zu binden – er war eben Lohnarbeiter ohne jede soziale Absicherung.

Über die materielle Situation der Bergleute und Siedereiarbeiter wissen wir nur wenig. Im großen und ganzen hing sie von den jeweiligen Verhältnissen auf dem Arbeitsmarkt, der Größe und den

157. Salzgärten von Piran (Jugoslawien). Eine Arbeiterin bei der Instandsetzung des sog. *Cavedino* oder *Salztischs* (Photo von 1965). Man beachte die breiten Sandalen, die sie trägt, um keine Fußabdrücke auf dem Boden des Salztischs zu hinterlassen. Seemuseum, Piran.

Strukturen jedes einzelnen Unternehmens ab. Mit einiger Berechtigung wird man unterscheiden müssen zwischen ungelernten Arbeitern aus der unmittelbaren Umgebung, die die Mehrheit aller Beschäftigten gebildet haben dürfte, sowie einer kleinen Gruppe von Facharbeitern, Technikern und Truppführern, die wohl zumeist an Ort und Stelle gelernt hatten, was sie später wissen mußten. Aber seit dem 16. Jahrhundert wurden sie nicht selten auch aus anderen, teils weit entfernten Bergwerken abgeworben. So verpflichtete das Schweizer Konsortium,

das gegen Ende des 16. Jahrhunderts die Mine von Moûtiers in Savoyen gepachtet hatte, sächsische Bergleute, deren Arbeitsleistung offenbar so hoch eingeschätzt wurde, daß man ihnen, weil lutherischen Glaubens, sogar einen Pastor zur religiösen Betreuung bewilligte. Die ausdrückliche Genehmigung erteilte der Herzog höchstpersönlich, der doch eigentlich zu den Vorkämpfern der katholischen Gegenreformation in Europa zählte. Auch August II. von Polen heuerte im Jahr 1720 zusammen mit dem Ingenieur J. G. Borlach einen Trupp sächsischer Bergarbeiter an, um Wieliczka zu neuem Aufschwung zu verhelfen.

Die meisten Bergarbeiter waren ehemalige Bauern, die zumeist ihrem ländlichen Milieu treu blieben, sofern sie nicht sogar weiterhin Vieh hielten und nebenher ihre Felder bestellten. Im Hall (Tirol) des 17. Jahrhunderts war etwa die Hälfte aller Beschäftigten in den Salinen beiden Arbeitswelten zugleich verhaftet. Die rein städtische Salzerzeugung wie in Lüneburg bildete die Ausnahme. Selbst in Salins (Burgund) oder Hallein (Salzburger Land) wohnte die Arbeiterschaft eher in der ländlichen Umgebung als in der Stadt selbst. Die Lebensbedingungen der Salzsieder hielten sich in bescheidenem Rahmen, aber sie lebten nicht schlechter als ihre bäuerlichen Nachbarn, aus deren Mitte sie sich hatten anwerben lassen. Bauern und Arbeiter bildeten noch keine unterschiedlichen, in sich sozial kohärenten Gruppen. Die Härte der Arbeitsbedingungen oder die Lage der Bergwerke in dünn besiedelten Gegenden erschwerten einerseits die Rekrutierung von Arbeitern, verschafften diesen andererseits aber auch einige Privilegien oder Vorteile. Die Bergleute in Hall unterstanden der direkten Protektion des Grafen von Tirol und kamen somit in den Genuß allererster sozialer Leistungen: finanzielle Entschädigung bei Unfällen, Lohnfortzahlung bei Krankheit, Hilfen an Witwen und Waisen etc.

Generell unterlagen ihre Löhne je nach Epoche, Unternehmen, der Art der Arbeit und der Qualifikation starken Schwankungen. Detaillierte Vergleiche sind um so weniger möglich, als die Entlohnung häufig nicht nur in Geld-, sondern auch in Naturalform erfolgte. Im übrigen hingen die Löhne von der Anzahl der Beschäftigten und den Konjunkturschwankungen des Salzhandels ab. Und es handelte sich nicht nur um Zeitlöhne. So wurden in Salins im 15. Jahrhundert die Siedereiarbeiter, unter denen damals viele Frauen waren, im Akkord bezahlt. Die Kontrolleure hatten also streng auf die gleichmäßige Verteilung der Sole zwischen den einzelnen Arbeitern zu achten, um niemanden zu benachteiligen und alle Konflikte zu vermeiden.

Insgesamt gesehen ist das Los der Arbeiter in den Salzgärten und Salzbergwerken nicht armseliger gewesen als das ihrer Kollegen in anderen Berufszweigen, auch wenn ihre Arbeit – wenigstens in Europa – größere Anstrengungen mit sich brachte. Die Lebensbedingungen der russischen und chinesischen Salzarbeiter entziehen sich unserer Kenntnis. Vollkommen außer Zweifel aber steht, daß die Plackerei der Sklaven, die in der Sahara nach Salz zu schürfen hatten, bei weitem am grausamsten war.

Auf jeden Fall bot das Los der Salzarbeiter kaum Chancen zur materiellen Verbesserung, geschweige denn zum sozialen Aufstieg. Das galt auch für das ganze Kleingewerbe im Umkreis des Salzhandels, für die Lastenträger, Gespannfahrer, Flußschiffer, Ochsen- und Maultiertreiber. Und das, obwohl die Summe ihrer Löhne zusammen mit den Instandhaltungskosten der Transportmittel den größten Kostenfaktor des Preises ausmachte, den der einzelne Käufer für sein Salz zu entrichten hatte.

158. Salzarbeiter bei der Ernte in Guérande (Bretagne).

159. Die Tracht der Salzarbeiter von Guérande.

160. Die harte Arbeit des Salzbauern: Vorbereitung und Unterhalt des Salzgartens, Überwachung und Regelung der Fließgeschwindigkeit der Salzmaische, Zusammenrechen, Trocknen und Verstauen des Salzes in Holzfässer, schließlich das Handeln mit dem Besitzer des Salzgartens oder seinem Vertreter. Im Mittelgrund des Bildes einigen sich zwei Salzhändler über den Kaufpreis. Die Schiffe im Bildhintergrund warten auf die Verladung der Salzfässer, während die Sonne das Meerwasser verdunstet. Die Palmen im Hintergrund sollen für Leser aus nordeuropäischen Ländern das südlich-warme Klima der Salzgärten symbolisieren ... Georg Bauer, gen. Agricola, *De re metallica*, Basel 1556.

Der Anteil des Fiskus

Wie hoch die Transportkosten auch immer ausfielen: Als objektiver Faktor ließen sie sich kaum manipulieren. Die beinahe ebenso hohen Steuern hingegen waren ein künstliches Element in der Geschichte des Salzes, wenn auch ein ständiges.

Keine andere Ware ließ sich der steuerlichen Veranlagung so problemlos unterwerfen wie Salz. Da es jedermann direkt oder indirekt und, unbeschadet seines Standes, in etwa der gleichen Menge zu sich nahm, erweckte die Salzsteuer leicht den Anschein der Gerechtigkeit. Ein Edikt Ludwigs XII. aus dem Jahre 1502 sprach er auch ganz offen aus: Die Gabelle sei »das einfachste, ertragreichste und zwangloseste Subsidium, das in allen Zeiten erhoben worden ist, weil es die Angehörigen aller Stände betrifft«. Und gerade das absolutistische Frankreich preßte aus dieser Steuer auch den letzten Sou heraus, womit es ihm gelang, einen wachsenden Anteil am staatlichen Einkommen zu finanzieren: 1576 ca. 1 Mio. *livres tournois* aus der Gabelle gegenüber 16 Mio. insgesamt (6,25 %); 1607 ca. 6 Mio. gegenüber 31 Mio. (19,35 %); 1641 ca. 14 Mio. gegenüber 118 Mio. (12 %); am Ende der Regierung Ludwigs XIV. beinahe 25 % des gesamten Staatseinkommens.

Normalerweise erzielte der Fiskus seine größten Einnahmen beim Einzelhandel: Das war die Verbrauchssteuer, die Gabelle im eigentlichen Sinne. Allerdings gab er sich damit nur selten zufrieden, sondern besteuerte oft schon die Förderung. Das bot keine großen Schwierigkeiten, weil die Salz-

161. Frauenarbeit im Salzgarten. Im Mittelmeerraum oder den Soleaufbereitungsanlagen der Alpen eher die Ausnahme, in den burgundischen oder polnischen Salinen und vor allem in asiatischen Salzgärten eher die Regel.

162. Salzmühle, aus einem einzigen Holzblock geschnitzt, mit Mahlstein. Levron im Wallis, 19. Jahrhundert (Durchmesser: 42 cm; Höhe: 61 cm).
Schweizer Salzmuseum, Aigle.

standorte genau zu lokalisieren waren. Und in der Tat stellt diese Besteuerung eine der ältesten Salzsteuern dar; sie ist schon vor Anbruch der Antike bei den Völkern im Mittleren Orient nachweisbar. Nach Plinius erhoben indische Herrscher bereits Steuern auf Salzminen, als sie noch gar nicht daran dachten, etwa Goldbergwerke und die Perlenfischerei zu besteuern. Während der Antike belegten dann auch in Europa die einzelnen Staaten ihre Salzquellen mit Beschlag. Im römischen Reich unterstanden Förderung wie Einzelhandel kaiserlicher Hoheit.

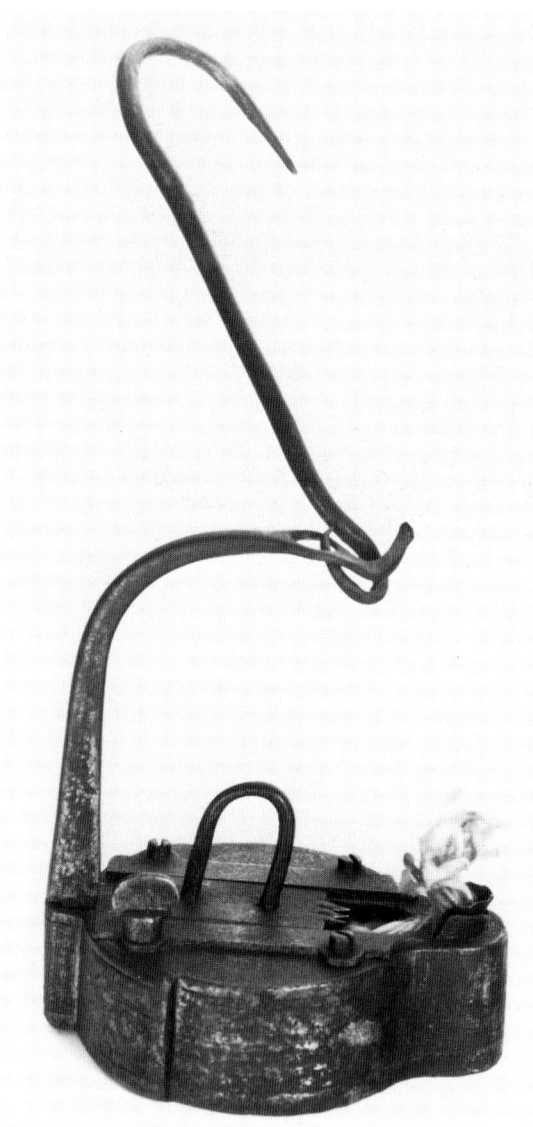

163. Lampe eines Bergmanns, 18. oder 19. Jahrhundert (Durchmesser: 12 cm).
Schweizer Salzmuseum, Aigle.

Seit den Stürmen der Völkerwanderung und in den folgenden Jahrhunderten der Feudalordnung, also zu Zeiten der Karolinger, Ottonen und der ersten Kapetinger, existierte der Fiskus weder de jure noch de facto, weil es keinen administrativen Apparat gab, der Steuern hätte einziehen können. Außerdem warfen die meist lokalen Förderstätten viel zu wenig ab, um lukrativ zu erscheinen. Diese Steuerfreiheit dauerte indes nicht lange: Herrscher und Städte bemächtigten sich der Salzgewinnung, sobald sie sich in der Lage dazu sahen. Eines der frühesten Beispiele lieferte der Kaiser Heinrich IV., der sich 1064 selbst das ausschließliche Recht auf ein Drittel der Salzproduktion in Sulz am Neckar zuerkannte. Auch die Mittelmeerländer, die sich seit dem 12. Jahrhundert wieder zunehmend auf das römische Recht stützten, setzten verschiedene, rein herrschaftliche Rechte auf die Salzerzeugung fest. Allerdings wurden die Salzgärten nur selten verstaatlicht. Philipp d. Schöne, daran sei noch einmal erinnert, erwarb Peccais 1290 als Privatmann und nicht als König. Er trat damit als Produzent unter Produzenten auf – zwar als größter weit und breit, aber eben doch als Konkurrent seiner eigenen Vasallen und Untertanen. Im 18. Jahrhundert brachte dann dieser Salzgarten den Königen in guten wie in schlechten Jahren etwa 4 Mio. *livres tournois* pro Jahr ein.

Der Fiskus lauerte auch an den großen Verbindungsstraßen des Salzhandels. Das Salz teilte das Geschick aller Handelswaren und wurde wie diese beim Grenzübergang mit Zöllen belegt. Diesen Wegezoll gab es bereits in der Antike, aber erst mit der Ausweitung des internationalen Salzhandels seit dem 12. Jahrhundert begannen sich diese Zollabgaben auch auf den Endpreis auszuwirken. Zugleich wurden von nun an die nach Gutdünken festsetzbaren Tarife als politisches Instrument eingesetzt: Mit prohibitiven Schutzzöllen hielt man sich die ausländische Konkurrenz vom Hals – ein Mittel, zu dem vor allem die französischen Könige und die Herzöge von Österreich griffen. Senkte man die Zölle jedoch, vermochten sie den Handelsverkehr anzukurbeln oder neue Märkte zu eröffnen.

Die Gabelle

Keine Salzsteuer aber ermöglichte derartige Einnahmen wie die Gabelle in Frankreich. Sie war in ihrer Art das raffinierteste Steuersystem; psychologisch

164. Transport eines Holzrohrs für die Soleleitung im Bergwerk Bouillet bei Bex. Das Rohrstück liegt auf einem vierrädrigen Karren (sog. »Berline« oder auch »Minenhund«), der auf breiten Schienen aus Holzbohlen durch das Bergwerk rollte.

das drückendste, deshalb auch das unpopulärste. Paradoxerweise blieb sie auch am längsten bestehen. Im Kern unverändert abgeleitet aus dem staatlichen Monopol auf den Salzeinzelhandel, überlebte die Gabelle alle politischen Revolutionen und alle wirtschaftlichen Veränderungen des Industriezeitalters. Erst 1945 wurde sie in Frankreich endgültig abgeschafft. In einigen anderen Ländern lebte das Staatsmonopol mitsamt seinen offiziellen Depots und konzessionierten Verkaufsstellen noch weiter,

z. B. in Italien. Dort allerdings so eingeschränkt, daß sich die einstige Steuergeißel nur noch mit Mühe ausmachen läßt.

Nur England und die skandinavischen Länder haben eine der Gabelle entsprechende Steuer nie gekannt; als Salzimporteure hielten sie die Erhebung von Einfuhrzöllen in ihren Häfen für wirksamer. Elisabeth I. führte ein System von Salzkonzessionen ein, um die nationale Salzproduktion in England zu fördern. Die Konzessionäre waren gewerbesteuerpflichtig, kamen aber zugleich in den Genuß großer Privilegien, die dann auch von einigen »Salzbaronen« weidlich ausgenutzt wurden. Eine Verbrauchssteuer wurde in Großbritannien erst seit dem Jahre 1694 erhoben und viel später auch in den anderen Ländern des Commonwealth eingeführt, vor allem in Indien. Die eidgenössischen Länder und

Orte institutionalisierten bereits zu Beginn des 17. Jahrhunderts die Gabelle und das staatliche Verkaufsvorrecht zusammen mit der endgültigen Durchsetzung des Handelsmonopols.

Die Gabelle war ein janusköpfiges Gebilde: zum einen eine indirekte Verbrauchssteuer, zum anderen aber ein staatlich gelenktes Verteilungssystem, durch das Salz zu willkürlich festgesetzten Preisen, die die Steuer bereits enthielten, verkauft wurde.

Etymologisch leitet sich der Begriff wahrscheinlich aus dem arabischen *al-quabala* (»Steuer«) ab. In seiner lateinischen Form tauchte er erstmals in Italien und im 13. Jahrhundert in der Provence auf. Dort bezeichnete er die Zollgebühr für alle aus dem Hafen kommenden Waren. Um 1330 war er im gesamten französischen Königreich verbreitet, kurz bevor die gleichnamige Steuer eingeführt wurde. So spiegelt die Entwicklung des Begriffs die Evolution einer uralten Idee wider, die in mehr oder weniger ausgeprägter Form bereits von den ältesten Zivilisa-

tionen umgesetzt wurde. Schon im »Alten Reich« (3.–8. Dynastie, d. h. von 2610 bis 2100 v. Chr.) wurden Verbrauchssteuern erhoben und zugleich durch einen allgemeinen Kaufzwang abgesichert, von dem nur Schriftgelehrte, Schauspieler und die Gewinner sportlicher Wettkämpfe befreit waren. Viel später dann, aber in einem ähnlichen Sinn, wurde die Gabelle im China des 11. Jahrhunderts eingeführt – und dort alsbald ebenso mißbraucht wie später in Europa. Die Salzsteuerpächter spielten bis zur grundlegenden Reorganisation der chinesischen Verwaltung, die unter dem nicht ganz unaufgezwungenen Beistand britischer Experten um 1920 vollzogen wurde, dieselbe bedrückende Rolle wie in Frankreich. Die steuerrechtlichen Auswirkungen des chinesischen Handelsmonopols erhöhten den Verkaufspreis des Salzes um das Zwanzigbis Dreißigfache. Die Steuersätze variierten aber von Provinz zu Provinz und trafen auch die einzelnen unterschiedlich stark, je nachdem, wie es ihnen gelang, den Fiskus zu betrügen.

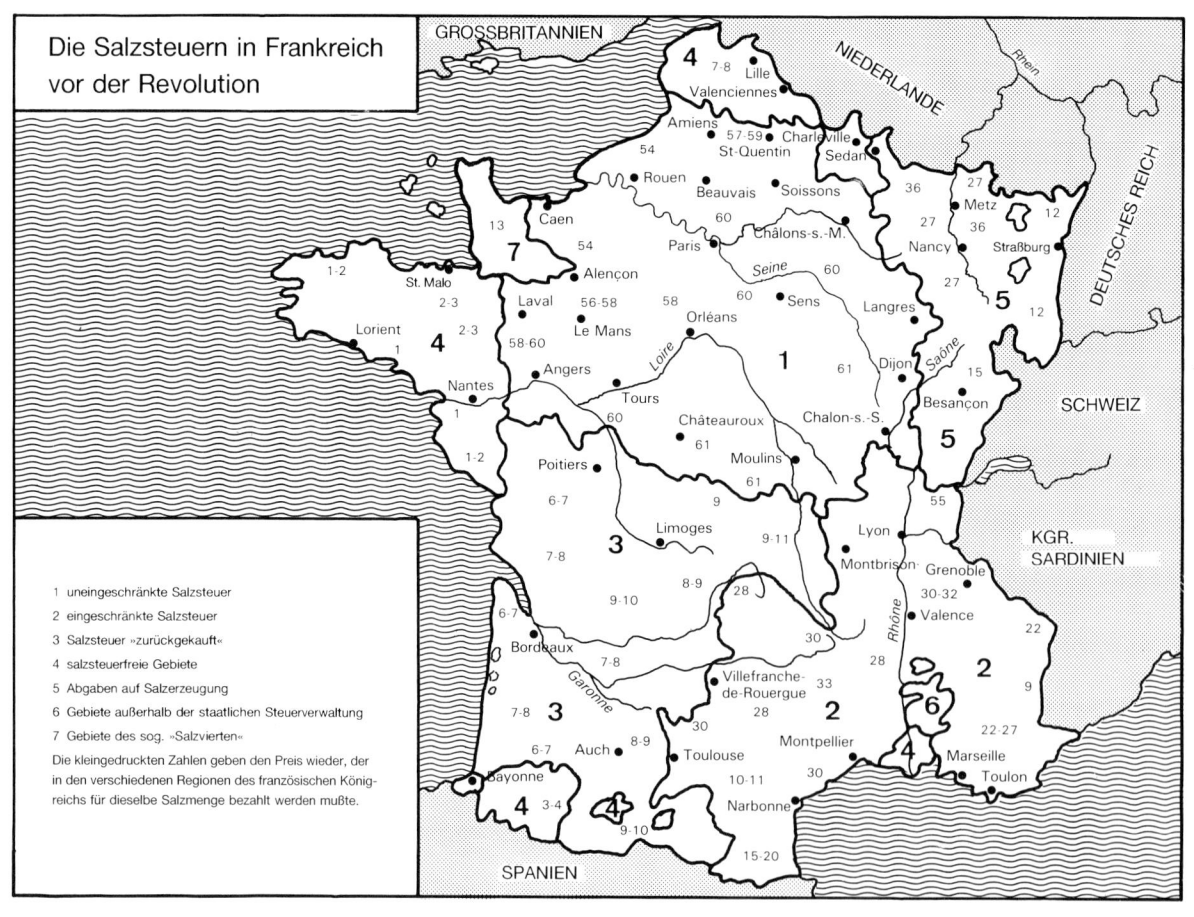

Die Salzsteuern in Frankreich vor der Revolution

1 uneingeschränkte Salzsteuer
2 eingeschränkte Salzsteuer
3 Salzsteuer »zurückgekauft«
4 salzsteuerfreie Gebiete
5 Abgaben auf Salzerzeugung
6 Gebiete außerhalb der staatlichen Steuerverwaltung
7 Gebiete des sog. »Salzvierten«

Die kleingedruckten Zahlen geben den Preis wieder, der in den verschiedenen Regionen des französischen Königreichs für dieselbe Salzmenge bezahlt werden mußte.

Wie ist indessen die Idee der Salzsteuer im Europa des 12. Jahrhunderts wiedergeboren worden? Diese Frage ist noch nicht endgültig geklärt. Fest steht nur, daß die Gabelle in engem Zusammenhang steht mit der Vorstellung des hoheitlichen Monopols, die durch die Wiederentdeckung des römischen Rechts angeregt wurde. Dennoch hat es nicht den Anschein, daß es sich dabei lediglich um eine Kopie des antiken Modells handelte. Viel wahrscheinlicher ist, daß diese Idee über Byzanz, die »Erbin« des römischen Verwaltungssystems, nach Westeuropa gelangte, oder auch über das arabische Kalifat, wo sie schon lange vor dem Abendland praktiziert wurde. Schließlich hatten die Christen bei ihren Kreuzzügen hinreichend Gelegenheit, die islamische Verwaltung näher kennenzulernen.

Die Salzsteuer trug zunächst ihren Teil zu den steuerlichen Einkünften des Normannenreiches in Sizilien bei; wahrscheinlich hatten sie die Eroberer dort von ihren arabischen Vorgängern übernommen. Von Sizilien aus drang sie in die italienischen Stadtrepubliken vor, die sie den Bauern ihrer ländlichen Territorien (contado) auferlegten. Venedig z. B. führte diese Steuer im Jahre 1184 ein – in einem Ausmaß, daß sich etwa zwei Jahrhunderte später der Salzpreis verdreifacht hatte. Ravenna, Siena (1203), Genua, Mantua und mit ihnen viele andere Städte Italiens ahmten das Vorbild der San-Marco-Republik so gründlich nach, daß die Gabelle, vor allem in der Toscana, zu einer der ergiebigsten Kommunalsteuern des ausgehenden Mittelalters avancierte. Den Angaben des Chronisten Villani zufolge strich Florenz während der ersten Hälfte des 14. Jahrhunderts jährlich 14 000 Goldgulden allein aus der Salzsteuer ein. In den meisten toskanischen Städten war darüber hinaus jeder Bürger, der das dritte Lebensjahr überschritten hatte, zum Kauf bestimmter Salzmengen verpflichtet (sal delle bocche): in Volterra z. B. alle vier Monate mindestens 3 kg (umgerechnet). Dadurch verwandelte sich die eigentlich indirekte Salzsteuer in eine direkte Verbrauchssteuer. Dieses Steuersystem wurde dann von vielen europäischen Städten übernommen – entweder im Zusammenhang mit einem städtischen Handelsmonopol oder noch zusätzlich zur staatlichen Salzabgabe.

Monopol und Gabelle setzten sich, über Italien hinaus, vor allem in den großen Territorialstaaten Westeuropas entscheidend durch. Der Graf der Provence war der erste, der beide systematisch einführte: Karl von Anjou erwarb durch eine Reihe von Verträgen mit seinen salzerzeugenden Gefolgsleuten im Sommer 1259 »auf ewig« das Anrecht, die gesamte Jahresernte der provençalischen Salzgärten zu übernehmen und auf eigene Rechnung weiterzuverkaufen. Auf diese Weise beherrschte er den gesamten Salzhandel; um Marktgesetze brauchte er sich künftig nicht mehr zu kümmern. Die erhaltenen Preisverzeichnisse aus den Jahren 1263–1274 zeigen, daß der vorgeschriebene Richtpreis für Salz fünf- bis sechsmal höher lag als der, den die Erzeuger erhielten. Nach Abzug aller Kosten betrug der Reingewinn 200–300% – fürwahr ein profitables Geschäft! Dieses Steuersystem wurde schon im Jahre 1300 verpachtet und trug fortan die Bezeichnung »Gabelle«.

Die Innovation Karls war im Hinblick auf Fiskus und Wirtschaftspolitik revolutionär. Sie löste bei seinen Untertanen alsbald heftige Klagen aus und verblüffte auch Ludwig d. Heiligen, seinen königlichen Bruder. Der strenge, mißtrauisch und skeptisch, eine Untersuchung an. Dreißig Jahre später erwarb Ludwigs Enkel Philipp d. Schöne Peccais und interessierte sich sogleich für die steuerlichen Gepflogenheiten am anderen Rhoneufer. Der erste Versuch, die Gabelle im französischen Königreich einzuführen, folgte der furchtbaren Hungersnot von 1315 bis 1317. In drei aufeinanderfolgenden Jahren hatten außergewöhnlich heftige Regenfälle die Ernten in den Salzgärten und auf den Feldern vernichtet – die Salzversorgung Frankreichs schien ernsthaft gefährdet. Dieser erste Versuch zeitigte weiter keine Folgen, vielleicht auch, weil es sich als zu schwierig herausstellte, die Gabelle im gesamten Königreich gleichermaßen zu erheben. Zwei Jahrzehnte später, 1338, führte dann Alphons IX. von Kastilien die Gabelle in seinem Königreich ein, was nun wiederum den französischen König zu einem zweiten Versuch ermutigte. Philipp VI., aufgrund des Kriegs mit den Engländern am Ende seiner finanziellen Kraft, proklamierte in den Edikten vom 20. März 1342 und aus dem Jahr 1343 das alleinige Verkaufsrecht des Staates auf Salz. Weitere Verordnungen (2. Dezember 1360; Januar 1383) vervollständigten das gesamte System und setzten die Gabelle in Frankreich definitiv durch – für sechs Jahrhunderte, abgesehen von der kurzen Unterbrechung zur Zeit der Französischen Revolution.

Um die Einhaltung der neuen Abgabenordnung und ihren Ertrag zu gewährleisten, wurden in allen Städten und Weilern der dem Königshaus direkt unterstehenden Provinzen öffentliche Salzspeicher errichtet. Die Kaufleute mußten dort ihre Ware abliefern, und die Kundschaft konnte sich nur dort versorgen. Auf diese Weise konnte die Steuer, deren Festsetzung im Belieben des Königs stand, zweimal erhoben werden und schröpfte zunächst die Händler, dann die Verbraucher. Die Gabelle wurde auch bald auf das in Südfrankreich erzeugte und für den Export nach Savoyen und in die Schweiz bestimmte Salz ausgedehnt. Dabei hingen allerdings die Steuersätze von den jeweiligen politischen Umständen ab. Eine Ausnahme bildeten die Salzgärten an der Atlantikküste. Als die Gabelle eingeführt wurde, herrschten hier noch die Engländer, und nachdem sie vertrieben worden waren, gewährten die französischen Könige aus politischen und wirtschaftlichen Gründen Steuerfreiheit: Selbst im Krieg mit Heinrich VIII. von England zogen es Franz I. und Heinrich II. vor, sich den Gegner als Kunden zu erhalten und ihm das Salz steuerfrei zu liefern, als ihn an die portugiesische Konkurrenz zu verlieren.

Das Hauptübel der Gabelle bestand gar nicht darin, daß der Fiskus den einzelnen in die Tasche griff, sondern daß er sie damit unterschiedlich belastete.Denn bei annähernd gleichem Salzverbrauch von Arm und Reich drückten die hohen Preise natürlich vor allem auf den Geldbeutel der Bedürftigen. Besonders die Bauern litten darunter: Sie lebten eher schlecht als recht, und ausgerechnet sie hatten, ihres Viehs wegen, einen besonders hohen Salzbedarf; mußten zudem oft weite Wege zu den staatlichen Speichern auf sich nehmen. Es gab nur wenige, die die Gabelle nicht belastete: die Angehörigen des Adels und der Geistlichkeit, die Bürger einiger Städte, die das Privileg der Salzsteuerfreiheit genossen (franc-saler), sowie »jene zahlreichen Salzfunktionäre, die sich überall, nicht ohne Dünkel und Unbarmherzigkeit, über den lustig machten, der dieser Steuer unterworfen war« (M. Mollat 1971). Die Gabelle reproduzierte aber nicht nur die sozialen Unterschiede, sie wurde auch regional unterschiedlich erhoben. Ihr eigentlicher und ungeschmälerter Geltungsbereich entsprach den Grenzen des Königreichs vor dem Beginn des Hundertjährigen Krieges. Die anschließend zurückeroberten oder sonstwie annektierten Provinzen wehrten sich erfolgreich gegen ihre uneingeschränkte Assimilation. So herrschte die uneingeschränkte Salzsteuer (grande gabelle) nur in einem Gebiet, das sich etwa von Amiens und St. Quentin im Norden bis zu den Provinzen Anjou, Berry und der Tou-

raine im Süden erstreckte. Es war ein besonders strenges Regiment: Jeder Speicher belieferte von Amts wegen die Dörfer seines Einzugsgebiets mit einer willkürlich festgesetzten Menge Salz nach Maßgabe der vorhandenen Feuerstellen. Im 18. Jahrhundert belief sich die jährliche Kaufverpflichtung auf etwa 100 Pfund Salz (un minot de sel) für 14 Personen. Fleischereien, Gerbereien und andere Betriebe mit hohem Salzverbrauch wurden gesondert behandelt. Die Bewohner Südfrankreichs im Bereich der »eingeschränkten« Salzsteuer (petite gabelle) mußten zwar die Abgabe auch bezahlen, waren aber von der Pflicht zum Salzkauf befreit. Nachdem die Guyenne im 15. Jahrhundert endgültig von den Engländern zurückerobert worden war, verzichtete der französische Fiskus in Poitou, Saintonge und La Rochelle auf die Errichtung öffentlicher Salzspeicher, belegte aber das Pfund Salz mit einer Steuer von 5 Sous, d. h. 0,25 livres tournois. Diese Gebiete erhielten die Bezeichnung »Quart de sel«. Und dann gab es auch noch eine salzsteuerfreie Zone, die vom Angoumois, einer Grafschaft am Mittel- und Oberlauf der Charente, bis zur Dauphiné reichte. Für diese Gebiete wurde lediglich in Cognac eine Einfuhrgebühr auf das Salz der Atlantikküste erhoben, der sog. »Fünfte (le quint) von Cognac«.

Trotz dieses ausgefeilten und in der gesamten christlichen Welt beispiellosen Systems der direkten Steuererhebung litten die königlichen Finanzen wegen der kostspieligen Hofhaltung und der unaufhörlichen Kriege unter chronischer Auszehrung. Der König sah sich deshalb gezwungen, die allgemeine Steuergesetzgebung zu »reformieren«, sprich: seine Untertanen mit höheren Abgaben zu belasten. Die Salzsteuer bildete dabei keine Ausnahme. Unter den Regierungen von Franz I. und Heinrich II. wurde der Kaufzwang so rigoros ausgeübt, daß diese ursprünglich indirekte Steuer nunmehr im Geltungsbereich der grande gabelle wie eine direkte Steuer erhoben wurde. Im Jahre 1544 sollten dann auch die bislang verschonten Gebiete der uneingeschränkten Salzsteuer unterworfen werden, wogegen sich aber die Bevölkerung teils gewaltsam zur Wehr setzte. 1553 wurde ihr schließlich zugestanden, sich von der Gabelle ein für allemal loszukaufen. Die Provinzen Poitou, Aunis, Saintonge, Angoumois, Marche, Limousin, Périgord, Auvergne und Quercy hießen von nun an »freigekaufte Länder« (pays rédimés).

Vergessen wir aber nicht, daß die Gabelle verhaß-

165. L'Hôtel »Salé« in Paris vor seiner Restauration. Das Gebäude wurde 1656 für einen Salzsteuerpächter gebaut, weshalb es die Pariser Bevölkerung mit dem doppeldeutigen Attribut »salé« verspottete: Das kann sowohl mit »gesalzen« als auch mit »schmutzig« übersetzt werden. Das Palais ist auch unter dem Namen der Familie Juigné bekannt (»Hôtel Juigné«), die es im 18. Jahrhundert bewohnte. Vor kurzem wurde es restauriert und beherbergt heute eine Dauerausstellung der Werke Picassos.

ter war, als es der finanziellen Bürde, die sie zweifellos bedeutete, eigentlich entsprach. Sie stachelte die Untertanen manchmal zur Gewalt, immer aber zum abgrundtiefen Mißtrauen gegen Beamte, Steuereintreiber und die *gabelous* auf – besondere Ordnungshüter, die den großen und kleinen Betrügereien auf die Schliche zu kommen hatten. Die größte Mißstimmung im Lande aber konzentrierte sich auf die Steuerpächter, die nichts unversucht ließen, um aus ihrem für teures Geld erworbenen Privileg größt-

mögliche Gewinne herauszupressen. Im 18. Jahrhundert war ihr Reichtum ebenso sprichwörtlich geworden wie ihre Skrupellosigkeit gegenüber den Steuerpflichtigen.

Den königlichen Finanzen bekam das System der Gabelle ausgesprochen gut. Kein Wunder also, daß es trotz aller Mängel viele Nachahmer in Europa fand. Als Vauban es kritisierte – wir kennen sein Verdikt als Motto dieses Kapitels –, fiel er in Ungnade. Der Absolutismus des Ancien Régime und der ungeheure staatliche Finanzbedarf ließen kein Erbarmen zu – weder in den großen Monarchien wie Frankreich und Österreich noch in den kleinen Stadtrepubliken wie Bern und Zürich.

Um die preistreibende Wirkung der Gabelle gebührend abschätzen zu können, wäre es natürlich wünschenswert, wenn ich jetzt mit einer vergleichenden Tabelle der europäischen Salzpreise aufwarten könnte. Ein solches Unternehmen scheint mir jedoch illusorisch zu sein. Es läßt sich nicht einmal angeben, was der Preis eines *setier* Salz (je nach Tradition 0,55–3,12 l) für den Bauern in der Champagne, den Viehzüchter im Wallis, den Fischer in Skanör (Südschweden), den Handwerker in Nürnberg oder die Hausfrau in London eigentlich bedeutete. Zu unterschiedlich war ihre Kaufkraft, zu unterschiedlich waren die Preise anderer Waren des täglichen Bedarfs. Kurz, eine solche Tabelle enthielte Ungenauigkeiten in Hülle und Fülle. Und selbst dann, wenn sich die Salzpreise miteinander vergleichen ließen, müßte noch berücksichtigt werden, daß sie unterschiedlich empfunden wurden, auch und gerade von den Angehörigen derselben sozialen Schicht. In der Normandie und Picardie des 18. Jahrhunderts bezog ein von der Gabelle befreiter Fischer sein Salz 26mal billiger als sein Nachbar, ein steuerpflichtiger Bauer.

Der illegale Salzhandel

Wer Fiskus sagt, denkt auch an Schmuggel und Betrug. Da auf dem Salz so viele Kontrollen, Steuern und Zwangsabgaben lasteten, geriet es zum bevorzugten Objekt aller nur denkbaren Gaunereien. Jeder Trick war erlaubt, ob nun zuungunsten der Steuerbehörden, der Händler oder auch der Verbraucher. Holländische und schwedische Salzimporteure fälschten das Herkunftsland ihrer Lieferungen und verkauften minderwertiges Salz als hochwertiges. Die Salzhändler auf der Rhone gaben größere Verluste an, als sie durch Schiffbruch erlitten hatten, oder erfanden allerlei andere Vorwände, um sich ihre Steuervorauszahlungen rückerstatten zu lassen. Steuerbeamte oder Zöllner zu hintergehen war beinahe überall die Regel: Zwischen 1423 und 1441, in weniger als 20 Jahren, gingen die Steuererträge auf der Rhone um die Hälfte zurück, ohne daß sich der Schiffverkehr im geringsten vermindert hätte. Aber auch Fiskus und Steuerpächter betrogen, wo sich nur irgendeine Gelegenheit bot. So nutzten die Verwalter der staatlichen Salzspeicher die Naivität ihrer bäuerlichen Kunden aus. Aber die revanchierten sich auch: In Volterra (Italien) gaben die Eltern ihre Kinder, solange es irgend ging, als Dreijährige aus, um sich der Pflicht des *sal*

delle bocche (vgl. S. 205) zu entziehen. In diesem Spiel kam jeder auf seine Kosten, und niemand war vor Verlust gefeit. Eine andere Betrugsvariante, die vor allem die Küstenbevölkerung pflegte, bestand darin, möglichst viel Salz aus den Salinen für die eigene Tasche beiseite zu schaffen. Dazu eine Episode noch aus dem letzten Jahrhundert: Im Roussillon machten sich einmal Bauern, zusammen mit ihren Frauen und Kindern, in hellen Haufen über einen Salzgarten her. Und als die herbeigeeilten Polizisten gegen die Plünderer vorgehen wollten, hatten sie gegen deren Holzknüppel keine Chance.

Der bedeutendste Salzbetrug aber spielte sich auf anderem Gebiet ab: dem des organisierten Schmuggels. Der war auf seine Weise elitär, wurde von Profis betrieben, in großem Stil. Die Gewinne im illegalen Salzhandel nahmen in dem Maße zu, in dem die Steuer strenger wurde. In China, wo sie extrem hart war, übertraf der fast offen und als eigenständiger Geschäftszweig betriebene Schmuggel die Umsätze des legalen Salzhandels bei weitem. Am Unterlauf des Yang-tse beschäftigte er im 18. und 19. Jahrhundert etwa eine Million Menschen.

Diese Dimensionen erreichte der europäische Salzschmuggel nicht, doch spielte er im Zeitalter des Absolutismus und der Gabelle durchweg eine beachtliche Rolle. Trotz aller Verfolgungen durch Zöllner und *gabelous* gelang es gewitzten Schwarzhändlern immer wieder, enorme Gewinne einzustreichen. Wie man sich denken kann, entwickelte sich der Schmuggel vor allem entlang der zerklüfteten Küsten des westlichen Mittelmeers und der Adria, die sich nicht leicht überwachen ließen. Venedig z. B. hatte alle Mühe, die von ihm beanspruchten Küsten und Gewässer auch nur halbwegs zu kontrollieren. Im Königreich Neapel und Großherzogtum Toskana brachten provençalische Seeleute im 17. Jahrhundert ihre Salzladungen heimlich an Land, und noch im 19. Jahrhundert schmuggelten Fischer aus dem Roussillon Salz nach Katalonien. Noch besser funktionierte der Schmuggel im Gebirge, über Staats- und Provinzgrenzen hinweg. So mußte der Berner Rat nach Einführung der Salzsteuer energisch gegen die Schmuggelware aus Unterwalden vorgehen, die über den Brunigpaß kam, und ließ deshalb im Jahre 1658 diese Route für jegliche Salztransporte völlig schließen. Die Schmuggelbanden an den Grenzen der Kantone blieben bis ins letzte Jahrhundert hinein aktiv und wurden z. B. noch 1830 um Fribourg registriert.

Erst als in den 40er Jahren die Salzminen Rothaus/ Schweizerhalle, Kaiseraugst, Rheinfelden und Ribourg/Möhlin eröffnet wurden, lohnte sich der Schmuggel nicht mehr.

Das gelobte Land des Salzschmuggels war natürlich Frankreich mit seinem ausgeklügelten Steuerund Speichersystem. Schon im 15. Jahrhundert versuchten die Händler aus Brouage, den im Hafen von Cognac fälligen »Fünften« dadurch zu umgehen, daß sie ihre Schiffe bei Nacht die kleinen Nebenflüsse der Charente hinauffahren und sie in den stromaufwärts liegenden steuerfreien Gebieten entladen ließen. Um diesen Schmuggel zu unterbinden, wurden amtliche Passierscheine eingeführt, die die Händler bei sich zu führen hatten und die jederzeit kontrolliert werden konnten. Den größten Umfang erreichte der Salzschmuggel aber zwischen den »freigekauften Ländern« Zentralfrankreichs und den angrenzenden Provinzen der *grande gabelle*. Das Zentralmassiv zwischen der Auvergne, Marche und dem Bourbonnais bot dafür ein geradezu ideales Terrain. Im 17. und 18. Jahrhundert mobilisierte der Kampf gegen die Schmugglerbanden in dieser Gegend »eine ganze Armee von *gabelous* und unterwarf die Bevölkerung einem wahrhaftig inquisitorischen Regime« (M. Bouloiseau 1968). Die Gabelle wurde dadurch nur noch verhaßter. Von dem quasi offiziellen Salzschmuggel aus Savoyen, über den die Beamten des Königreichs Sardinien großzügig hinwegsahen, und der Geschichte der Gefangennahme Mandrins durch die Häscher der französischen Generalsteuereinnehmer haben wir ja bereits erfahren. Beides vermittelt einen Eindruck von den Dimensionen des Salzschmuggels und illustriert zudem die Empfindlichkeit, die Nervosität all jener, die von diesem illegalen Salzhandel betroffen waren: die Pächter als Leidtragende und die grenznahe Bevölkerung als Nutznießer.

Nutznießer? Man darf sich von den verklärenden Legenden über die kühnen Salzschmuggler nicht blenden lassen und müßte einmal genauer hinschauen. Soweit ich weiß, sind Geschichte und Ökonomie des Schmuggels noch nicht geschrieben worden. Das wäre auch ein schwieriges Unterfangen, denn statistisches Material liegt so gut wie gar nicht vor. Aber die Berichte der örtlichen Gendarmerien, der Verwalter und Salzsteuerpächter sowie die Anweisungen der Staatsanwälte und schließlich die Strafprozesse gegen Ende des Absolutismus bieten doch nützliche Hinweise. So viel immerhin steht fest: Nutznießer – das waren zunächst die Schmugglerbanden selber, denn sie ließen sich ihr Risiko teuer bezahlen. Den größten Teil der illegal erworbenen Profite aber strichen jene »ehrenwerten« Händler ein, die das Geschäft hinter den Kulissen organisierten. Daran hat sich bis heute wenig geändert. Was aber hatten die Verbraucher davon? Wenig. Wer sein Salz in großen Mengen und regelmäßig aus diesem »Schattenhandel« bezog, kam natürlich auf seine Kosten. Aber derartige Abnehmer

166. Amtssiegel der Saline Salins unter der Konvention von Bern im Jahre 1448. Staatsarchiv des Kantons Bern.

167. Salzmaß. Historisches Museum, Luzern.

gehörten ohnehin schon zu den Wohlhabenden, z. B. als große Viehzüchter. Der sogenannte kleine Mann aber profitierte nicht vom Schmuggel. Ihm verblieb bei der Hatz zwischen Polizisten, Zöllnern und Briganten gerade noch die Bewunderung für deren erfolgreichen Wagemut. Ein Schmuggler vom Typ Mandrins genoß selbst dann große Popularität, wenn ein armer Teufel konkret nichts von ihm hatte. Aber solch ein Draufgänger wagte es doch wenigstens, die verhaßte Kaste der Zöllner, Steuerpächter und Speicherverwalter herauszufordern und sie der Lächerlichkeit preiszugeben.

Unmut, Unruhen, Aufstände

Der Salzschmuggel erfreute sich zwar allgemeiner Sympathie; bei Licht besehen war er aber doch nur die Reaktion einer Elite auf den Druck der staatlichen Steuer, eine Umleitung der Salzvaluta in andere Kassen. Dem gemeinen Volk blieb wenig anderes übrig als Resignation, Unwillen, Zorn oder, wenn das Maß voll war und wortgewaltige Anstifter auftraten, die offene Revolte.

Gerade Resignation und Unwillen kommen in vielen Klagen, die damals abgefaßt wurden, zum Ausdruck. Bertrand de Lamanon, der einige Güter in der Provence besaß und zugleich als Troubadour auftrat, brachte seine eigene Unzufriedenheit und die seiner weniger adeligen Umgebung in einem Spottgedicht (*sirvente*) über die Gabelle Karls von Anjou zu Gehör:

»Ich beklage das Salz der Provence,
Denn an meinem Zoll bleibt nichts davon hängen.
Der Graf hat das Salz so sehr verteuert.
Ganz wie das Volk befürchte ich, daß nun in steigendem Maße salzloses Fleisch auf dem Transport verdirbt.
Die Schuld liegt beim Grafen, der die Seinen entmutigt.
Auf, Ihr bequemen Herr (gemeint sind die anderen provençalischen Grundherren, die nicht protestiert hatten),
steht nicht beiseit' und seid nicht feige!
Denkt an Euer Herz und Euer Salz,
ohne die Ihr keine Provençalen seid!«

Ein anderer Autor zur Zeit Ludwigs XI. fragte voll traurigen Spotts, ob sich die Armen nicht bald gezwungen sehen müßten, ihr Gemüse mit ihren salzigen Tränen zu würzen.

Für wiederum andere war das nichts weiter als melancholisches Gerede. Und in der Tat kam es manchmal auch zu konkreten, wirksamen Reaktionsweisen – so z. B. zur Flucht vor der Steuer: Als der König gegen Ende des 14. Jahrhunderts die Gabelle auch in Poitou durchsetzen wollte, entwichen kurzerhand alle Salinenarbeiter über die nahe Grenze in die Bretagne. Die Krone gab schließlich nach, denn die komplette Auswanderung dieser wichtigen Arbeitskräfte wäre schwerwiegender gewesen als die Steuerverluste, die nun in Kauf genommen werden mußten.

Als äußerste Form des Protests blieb nur die Revolte. Vom 14. Jahrhundert bis zur Französischen Revolution gab es eine lange Kette sozialer Unruhen, spontaner Volkserhebungen und Bürgerkriege in allen Landesteilen. Die Aufstände richteten sich gegen die Verwaltung und die Inhaber von Privilegien, Ämtern und Pachten in Stadt und Land. Es wäre übertrieben zu behaupten, daß das Salz und die Gabelle dabei die treibende Kraft gewesen wären. Die Forderungen städtischer Insurgenten bezogen sich mit keinem Wort darauf – wohl aber die revoltierenden Bauern, wenn auch nicht in erster Linie. Dafür gibt es mehrere Beispiele, wie die Erhebung der *pitauts* in der Guyenne, im Périgord und Limousin (1548). Im Jahre 1593 brach in derselben Region der Aufstand der *croquants* (sinngemäß: Bauernlümmel) aus. Diesem Aufstand lagen zwar vornehmlich religiöse Motive (Reformation) zugrunde, aber auch der Neid auf bestimmte Salzprivilegien. Die *croquants* schoben die Schuld am sozialen Elend der Landbevölkerung vor allem den Steuereinnehmern zu, die deren armselige Einkünfte »verschlangen«. Nur wenig später brach der Aufstand der normannischen *nu-pieds* aus. Das waren Salinenarbeiter an der Küste von Avranches, die, weil sie sich kein Schuhwerk leisten konnten, mit bloßen Füßen in den Streik traten. In jenem Jahr 1639 sollte die Gabelle auch in einem Teil der Normandie eingeführt werden, um die illegale Salzherstellung zu unterbinden, die der ortsansässige Adel in großem Stil organisierte. Da diese Steuerreform nicht nur die Unternehmer mit dem finanziellen Ruin bedrohte, sondern auch 10 000–12 000 bäuerliche Salzerzeuger, entwickelte sich diese Erhebung rasch zu einer schweren und gefährlichen Krise. Und 1653 kam es dann in der Schweiz zu einem großen Bauernaufstand, der in den Voralpen-

168. Schlußstein der Talsperre von Joux-Verte. Sie staut das Flüßchen Eau-Froide bei Aigle (Wallis); errichtet 1695.

tälern zwischen Luzern und Bern blutige Opfer forderte. Dort war das staatliche Salzmonopol bereits vor einer Generation errichtet worden. In der damals allgemeinen Wirtschaftsflaute belastete es die ohnehin darbenden Bauern in alsbald unerträglicher Weise. Der Berner Rat wich vor dem Volkszorn zunächst zurück und schaffte tatsächlich alle Salzlasten ab, aber nur, um später mit umso größerer Härte Steuern und Speicher wieder einzuführen. Er ließ die aufbegehrenden Bauern mit unerbittlicher Strenge niedermachen, auch mit Hilfe der Truppen anderer eidgenössischer Städte, die durch die aufrührerischen Ereignisse aufs äußerste aufgeschreckt waren.

Erhebungen, die sich ausschließlich gegen die Gabelle richteten, kamen selten vor und dann auch beinahe nur in Frankreich. Erinnern wir uns nur an die massenhafte Steuerflucht der Salzarbeiter aus Poitou gegen Ende des 14. Jahrhunderts. Um 1540 und abermals um 1670 flohen sie nicht mehr, sondern begehrten standhaft gegen den Moloch Fiskus auf. Die gewaltsame Wut der Landbevölkerung entflammte sich hauptsächlich an der neuerlichen Absicht des Königs, die Gabelle auch auf jene französischen Provinzen auszudehnen, die bisher von ihr verschont geblieben waren. Zwei dieser Aufstände erlangten eine traurige Berühmtheit. Zunächst jene Revolte der Jahre 1537 und 1543/44 wegen der Dekrete Franz' I., den Geltungsbereich der Gabelle zu erweitern und Salzspeicher auch in den Gebieten des *quart de sel* zu errichten, also in Poitou, Sain-

tonge und dem Regierungsbezirk La Rochelle. Der Aufstand wurde erbittert ausgefochten und furchtbar niedergeschlagen. Dennoch hatte er zur Folge, daß Franz I. die frühere Abgabenfreiheit im Südwesten Frankreichs gegen eine Zahlung von 450 000 *livres tournois* wieder einsetzte. Damit aber noch nicht genug: Im Jahr 1553 mußten diese Provinzen noch einmal die horrende Summe von 1 194 Mio. *livres* aufbringen, um ihre endgültige Befreiung von der Salzsteuer zu erkaufen. Ein exorbitanter Preis, der sich jedoch im Laufe der Zeit als rentable Investition erwies.

Eine weitere blutige Rebellion gegen die Gabelle erlebte das Roussillon in den Jahren 1662 bis 1672, kurz nach seiner Einverleibung in das französische Königreich. Finanzminister Colbert wollte es natürlich ebenso wie alle anderen annektierten Gebiete mit der Salzsteuer überziehen. Dagegen setzten sich die *miquelets* und *angelets* mit allen Mitteln zur Wehr, so daß der Aufstand noch lange im Andenken dieser Gegend weiterlebte.

Diese Unruhen beweisen ungeachtet ihrer jeweiligen Umstände, Heftigkeit und Resultate, wie empfindlich gerade die ländliche Bevölkerung reagierte, wenn es um ihre Salzversorgung ging. Zu sehr hingen ihre Arbeit, ihre Einkünfte und ihre Existenz davon ab.

Der Kreis schließt sich

Nichts könnte die historische Bedeutung des Salzes besser unterstreichen als diese Beispiele aufbegehrender Bevölkerungsgruppen, die für seine Befreiung von Abgaben aller Art Leib und Leben einsetzten. Mit deren Schilderung wollen wir daher dieses Buch beenden. Auf vielerlei Umwegen weihte es uns in den Kreislauf des Salzes ein; in die Mühsal der einen, in die fast unverändert gebliebenen Bedürfnisse der anderen; in die Berechnungen und die stets gegenwärtigen Leidenschaften. Leidenschaften und Berechnung, Mühsal und Bedürfnisse haben noch unlängst die Geschichte des Salzes geprägt.

Sie werden weiterhin die Geschichte prägen.

Vom Salz bin ich nun endlich los,
Gelobt sei Gott!

Francesco Datini, Kaufmann aus Prato (1377)

Anhang
Vom Salzbauern zum Ingenieur

Anmerkungen zur technischen Entwicklung
der Salzgewinnung

von Albert Hahling,
Konservator am Schweizer Salzmuseum in Aigle

Beispiele der frühgeschichtlichen Salzgewinnung

Die Methoden der Salzgewinnung hängen ganz offensichtlich von zwei elementaren Voraussetzungen ab: zunächst vom Entwicklungsstand der jeweiligen Zivilisation und dann von der natürlichen Beschaffenheit der Salzlagerstätten, wo diese Abbaumethoden Anwendung finden. Salzlager sind von sehr unterschiedlicher Struktur, und die Techniken ihrer Ausbeutung müssen sich den bestehenden Gegebenheiten anpassen. Zuvor aber sollten wir uns eine Vorstellung davon machen, wie die wichtigsten salzhaltigen Sedimente entstanden sind.

Geographisch gesehen ist es einfach, zwischen den *Kontinentaldepots*, die den Salzbedarf der Weltbevölkerung bei weitem decken, und den *ozeanischen Lagerstätten* zu unterscheiden. Letztere werden der zu hohen Erschließungskosten wegen nicht abgebaut, z. B. jene 1000 m dicken Salzflöze am Grunde des Mittelmeers.

Die Kontinentaldepots differenzieren sich deutlich in *Randlagerstätten*, die sogenannten »Salzsümpfe« oder Salzgärten, und in innerkontinentale Vorkommen. Die Salzsümpfe erneuern sich ständig – entweder durch die vom Mondumlauf gesteuerte Flut, aufgrund derer das salzige Meerwasser von allein in diese Sümpfe einfließt, oder mithilfe eines ausgefeilten Pumpensystems. In beiden Fällen besorgen Wind und Sonne die Verdunstung des Wassers. Die Rolle des Menschen beschränkt sich auf die Instandsetzung der Becken, den Schutz der Salzlachen vor starken Regengüssen und schließlich auf das Einsammeln des kristallisierten Salzes. Viele Salzgärten am Mittelmeer sowie den Atlantikküsten Süd- und Mitteleuropas produzieren heute noch

169.   Einrechen der Ernte aus einem Salzgarten von Piran (Istrien). Photo von 1965.
Seemuseum, Piran.

und ermöglichen es uns, ihre im Grunde uralte Technik aus der Nähe zu studieren.

Auch die *innerkontinentalen* Salzvorkommen lassen zwei Möglichkeiten der Unterscheidung zu. Zum einen handelt es sich um etwa 10 000 Jahre alte Salzdepots, die im Laufe der letzten Eiszeiten entstanden, also noch relativ jung sind. Sie stellen im allgemeinen Relikte ehemaliger Meerbusen oder anderer Salzwasserbecken dar. Ein Beispiel dafür ist

Typologie der hauptsächlichen Salzvorkommen und ihre Ausbeutungstechniken

A) Kontinentale Randsalzlager

Salzsümpfe oder *Salzgärten* (ständige Erneuerung)

an Ost- und Westküsten	an Nord- und Südküsten
Auffüllung durch die Gezeiten	Auffüllung durch Pumpensysteme
Kristallisation des Salzes durch natürliche Verdunstung (Sonne und Wind). Die Salzernte findet im Freien statt; sie ist mühsam, weil harten klimatischen Bedingungen unterworfen.	

B) Innerkontinentale Salzlager
(keine Erneuerung)

Junge Salzvorkommen	Salzvorräte aus dem Perm oder Trias		
Entstehung seit der letzten Eiszeit (vor ca. 10000 Jahren)	Entstehung während des Übergangs vom Erdaltertum zum Erdmittelalter (vor etwa 200 Mio. Jahren)		
knapp unter dem Boden	*in mittlerer Tiefe*	*in großer Tiefe*	
Ehemalige Meeresarme oder Salzseen ohne Überlagerungen	Solequellen an der Erdoberfläche durch das natürliche Aufsteigen des Wassers in Ritzen und Spalten	Suche nach Solequellen, deren Schüttung an die Erdoberfläche gepumpt wird.	ursprüngliche Salzlager mit immer noch kompakter Struktur. — deformiert und/oder mit späteren Deckgesteinen vermengt
Je nach Reinheitsgrad: Direkter Abbau oder mit Hilfe unterschiedlicher Methoden	Verdampfung/Verdunstung durch unterschiedliche Methoden		Bergbau — Abbau durch unterschiedliche Methoden
Beispiele: Fessan (Libyen) Danakil (Eritrea)	Marsal (Lothringen, Frankreich)	Salins/Lons-Le-Saulnier (Freigrafschaft Burgund in Frankreich) Bad Reichenhall (Bayern)	Wieliczka (Polen) — Hallstatt (Österreich) Waadtländer Alpen (Schweiz)

170a. Anlage zur Soleförderung in Reichenhall um 1700. Die Sole wurde nicht hochgepumpt, sondern mit Hilfe einer Seilwinde in Kübeln hochgezogen. Der Brunnen ist 20,45 m tief. Staatsarchiv, München.

Fessan in der libyschen Wüste, auf das wir noch ausführlich zu sprechen kommen werden.

Die andere wesentliche Gruppe innerkontinentaler Salzlager entstand gegen Ende des ersten bis zu Beginn des zweiten Erdzeitalters, d. h. vor etwa 200 Mio. Jahren im Perm und Trias. Diese Depots unterteilt man wiederum in drei verschiedene Untergruppen, je nachdem, ob sie in geringer, mittlerer oder großer Tiefe liegen.

Oberflächennahe Lager machen sich im allgemeinen durch Solequellen bemerkbar. Ihr Wasser wird durch künstlich erzeugte Hitze verdampft, wie beispielsweise in Marsal (Lothringen), einem Ort, dem wir uns ebenfalls noch zuwenden werden.

Solequellen, die aus *Salzflözen in mittlerer Tiefe* entspringen, werden nur entdeckt, wenn man per Sonde gezielt danach sucht. Danach pumpt man die Sole an die Erdoberfläche, wo sie ebenfalls durch Hitze verdampft wird. Beispiele dafür sind u. a. Salins (Burgund) und Lons-le-Saunier (französischer Jura).

Bei den *Vorkommen in großer Tiefe* ist ebenfalls eine Differenzierung erforderlich. Man grenzt hier noch einmal Vorkommen ab, die sich unverändert dort befinden, wo sie ursprünglich entstanden sind. Sie haben sich folglich ihre kompakte Struktur bewahrt und können bergmännisch abgebaut werden – in etwa mit denselben Techniken wie z. B. bei der Kohleförderung. Ein hervorstechendes Beispiel ist uns wohlbekannt: das Salzbergwerk Wieliczka in Polen.

Andere Salzdepots wiederum erlebten durch Werfungen der Erdrinde bereits sehr früh entscheidende Veränderungen ihrer Struktur. Viele von ihnen wurden verformt oder als »Salzdome« aus großer Tiefe nach oben gedrückt; andere wurden über weite Strecken verschoben. In diesem letzteren Fall

170b. Gebäude der Saline von Reichenhall um 1700. Auf der rechten Seite das Quellenhaus. Eine Leitung (ganz rechts am Bildrand) führt das Wasser zu, das die Quellenschöpfanlage betreibt. Von diesem Gebäude aus führt eine Soleleitung nach Traunstein (Vordergrund), eine andere in die Salzsiedereien (linker Bildrand). Stadtarchiv, München.

217

Hier die Versuchsanordnung, mit der es schließlich gelang, das Geheimnis zu lüften: Zunächst gruben die Forscher in die Oberfläche des ehemaligen Salzsees Schächte von 50 × 70 cm im Querschnitt und einer Tiefe, die der Mächtigkeit der Salzschicht entsprach. Die dabei gewonnenen Salzbrocken säuberten sie mit den entdeckten Steinwerkzeugen von Erde und Sedimentresten. Danach hoben sie dort, wo sie den Reduktionsversuch durchführen wollten, kleine Gräben von 1 m Länge, 15 cm Breite und 15 cm Tiefe aus, und zwar in Richtung der vorherrschenden Winde. Darüber schichteten sie Palmenholz und verbrannten es teilweise. Anschließend bedeckten sie den halb verbrannten Haufen mit gefundenen Salzkrusten. Diese bedeckten sie erneut mit Holz und zündeten den Stapel ein zweites Mal an. Es muß hier vermerkt werden, daß es sich bei diesen Krusten nicht um reines Kochsalz handelte, sondern um ein Gemenge verschiedener Salzarten mit einem nur geringen Natriumchloridanteil.

Als Ergebnis der zweiten Verbrennung erhielten die Forscher eine entsprechend dem unterschiedlichen spezifischen Gewicht der diversen Salzarten vertikal gegliederte Schichtung. Nach deren Abkühlung ließen sich weiße Asche und grüne Schlacke voneinander trennen. Letztere schütteten sie in Behälter aus gebrannter Erde, vermischten sie dort mit Wasser und erhitzten sie wieder. Diese Lösung wurde in rechteckige Tröge gegossen, unter Hitzeeinwirkung verdunstet und ergab am Ende der umständlichen Prozedur handelsfähige Blöcke aus reinem Kochsalz. Später entdeckten die Forscher in verschiedenen Gräbern aus der damaligen Zeit ähnliche Salzquader, die einen Reinheitsgrad von 99,5% NaCl aufwiesen.

Das derart gewonnene Salz war für diese völlig abgeschieden lebende Bevölkerung offenbar eine wichtige Einnahmequelle. Sie hatte ein Monopol im Salzhandel mit den südlichen Nachbarvölkern und verschaffte sich im Transithandel mit den nördlich gelegenen Küstenländern eine bevorzugte Position.

Diese lokale Kultur existierte etwa 800 Jahre lang, vom 3. Jahrhundert v. Chr. bis zum europäischen Frühmittelalter.

Unterirdische Lagerstätten

Bevor wir uns dem Abbau der Salzlager aus dem Perm oder Trias zuwenden, müssen wir uns zunächst ihre Entstehung und die zu ihrer Erhaltung

173.   Entstehung einer Salzlagerstätte, gemäß der sog. Dammtheorie. Aus: »Unser Salz«, Schweizerhalle 1961. Vereinigte schweizerische Rheinsalinen.

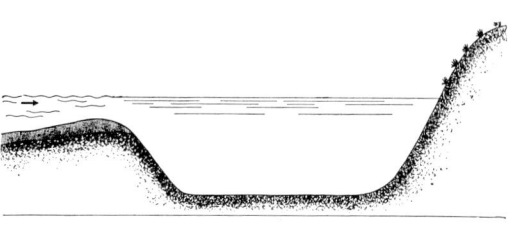

1. Meerbusen (Salzwasser)

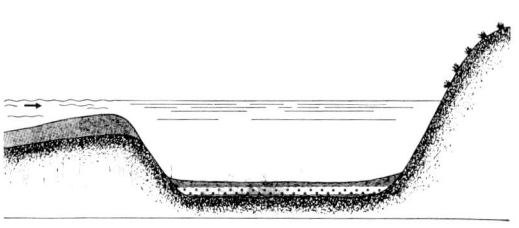

2. Der Damm oder die Sandbank werden größer und behindern das Hereinfließen des Wassers der hohen See. Das Wasser im Golf verdunstet, und das Kalziumoxid setzt sich auf dem Meeresboden ab.

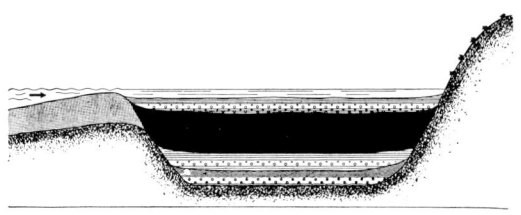

3. Auf dieser ersten Schicht lagern sich in der Folge Anhydrid (Kalziumsulfat) und Natriumchlorid ab.

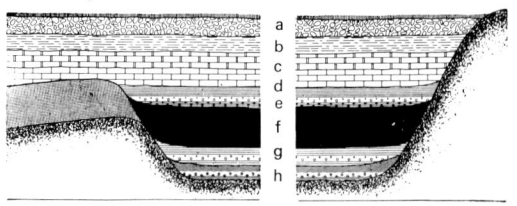

4. Nach vollständigem Verdunsten des Meerwassers überdecken mit der Zeit auch andere Mineralien die ursprünglichen Ablagerungen:

a	Die jüngste Schicht	d	Muschelkalk	g	Sulfat
b	Keuper	e	Anhydrid	h	Kalk
c	Dolomit	f	Salz	B	Damm

notwendigen Bedingungen vor Augen halten. Vor allem ist stets zu bedenken, daß es sich bei diesen Schichten um die ausgetrockneten Überreste ehemaliger Meeresarme handelt, selbst wenn sie heute tief in der Erde liegen: Ihre Entstehung und Konservierung verdanken sie allein dem zufälligen Zusammenwirken unterschiedlicher Naturereignisse.

In groben Zügen hat man sich das wohl so vorzustellen: Die Flüsse schwemmten anorganische Stoffe ins Meer, wo sie sich langsam auflösten und unterschiedlich rasch auf den Meeresboden absanken; unter diesen Mineralien befand sich auch Kochsalz. Unabhängig davon drückten unterseeische Gebirgszüge nach oben, durchbrachen die Wasseroberfläche und bildeten so natürliche Dämme. Manchmal schlossen deren beide Enden mit dem Festland ab und schufen dadurch einen vom offenen Meer getrennten See. Da nun kein Austausch mehr möglich war, verdunstete das Brackwasser unter der Sonneneinstrahlung um so schneller, was wiederum den Prozeß der Sedimentation beschleunigte. Dieser Kreislauf endete erst nach der vollständigen Austrocknung des ehemaligen Meerbusens. Da sich Salz in Wasser leichter auflöst als andere Mineralien, wurden seine Sedimente nachher von den Ablagerungen anderer anorganischer Stoffe zugedeckt. Deren Gewicht erzeugte mit der Zeit einen derartigen Druck, daß sich das zunächst locker kristalline Salz nach und nach in hartes und kompaktes Gestein verwandelte – es wurde zu »Steinsalz«. Dank ihrer Deckschichten überstanden die Salzflöze unbeschadet sowohl die verschiedenen Regenzeiten als auch die Seen, die sich später in der Erdgeschichte über ihnen bildeten.

Marsal

Wir wollen uns nun der Gewinnung von untertage vorkommenden Salzlagern zuwenden, wie sie in Marsal, nahe Nancy, betrieben wurde. Die heutige Konzentration der chemischen Industrie um diese Stadt verweist auf die Existenz eines der wichtigsten bekannten Steinsalzlager. Schon die Menschen der Bronzezeit hatten dort nach Salz geschürft. Das belegen altbekannte archäologische Funde, die man aber erst zu Beginn des 18. Jahrhunderts zu interpretieren und einer besonderen Technik der Salzförderung zuzuordnen lernte. Mit ihrer Hilfe wurde es später möglich, die Anwendung dieser

Technik auch in anderen Weltregionen aufzudekken, z. B. in der Bretagne, den Pyrenäen, in verschiedenen Gegenden Deutschlands, in Polen und Japan.

In Lothringen ist diese *briquetage* genannte Technik seit etwa 1250 v. Chr. bis zur Zeitenwende angewandt worden. Ihren Zenit erreichte sie in der Hallstattepoche. Sie zählt somit zu den ältesten Fördertechniken, die wir heute überhaupt kennen.

Trotz des Salzreichtums dieses Lagers beschränkte sich die Förderung auf die Solequellen, die diesem Flöz spontan entsprangen. Heute vermu-

174. Feuerstellen zur Verdampfung von Sole bei Marsal. Die keltischen Salzerzeuger errichteten zunächst einen »Stapel« aus gebrannten und mit Grashalmen »verstärkten« Tonstangen. In den oberen Zwischenräumen des Stapels hingen die gleichfalls aus Ton gebrannten und mit Sole gefüllten Becher. Die unteren Zwischenräume waren mit Brennholz angefüllt, das am Ende der Vorbereitung angezündet wurde. Die verbleibenden Zwischenräume gewährleisteten den zum Verbrennen notwendigen Luftzug.

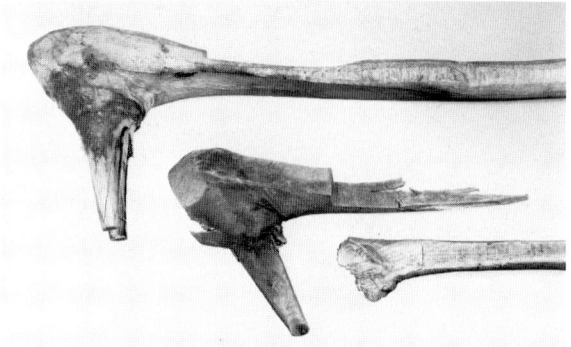

178. Rekonstruierte Axtschäfte aus Buchenholz zur Aufnahme der Bronzespitzen (Länge: ca. 60 cm).

Bronze benutzte, denn Bronze ist zwar weicher als Eisen, dafür aber auch widerstandsfähiger gegenüber der Korrosionskraft des Salzes. Die Hacken waren an Stielen aus Buchenholz befestigt (vgl. Abb. 178 und 179).

Die starke Neigung der Eingangsstollen schloß die Verwendung von Transportkarren aus, um den Salzabraum nach außen zu befördern. Deshalb schleppten ihn die Bergleute in Rucksäcken aus Ochsenhaut nach oben. Die Rucksäcke waren durch Holzstangen verstärkt, hatten Tragriemen an der Unterseite und runde Holzknüppel am oberen Rand (vgl. Abb. 180); beide erleichterten das Tragen und Leeren des Rucksacks.

Öllampen kannten die keltischen Bergleute noch nicht; so behalfen sie sich einfach mit Spänen aus stark harzigem Tannen- und Fichtenholz. Zwischen die Zähne geklemmt, spendeten diese Holzspäne in den unterirdischen Gängen auf dem Weg zum Arbeitsplatz Licht; bündelweise in Felsenritzen befestigt, beleuchteten sie dann den Arbeitsplatz der Bergleute.

Von besonderem Interesse ist natürlich die eigentliche Methode des Salzabbaus. Der erfolgte in mehreren, deutlich voneinander geschiedenen Phasen

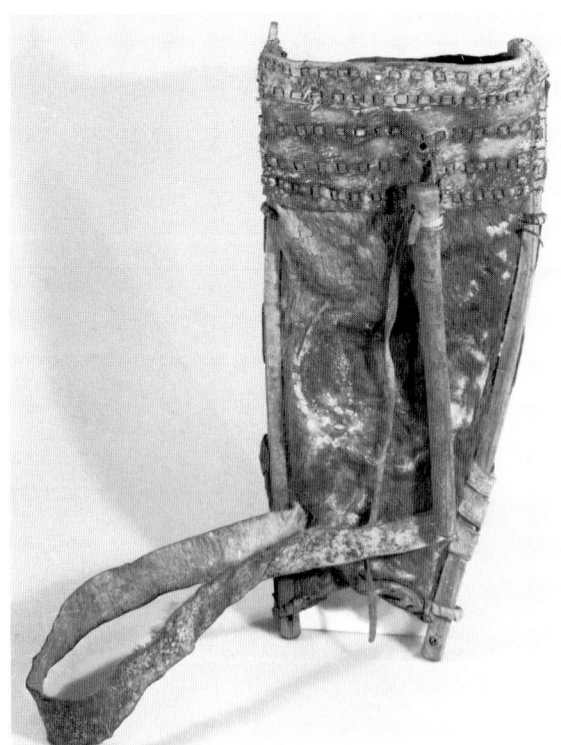

179. Spitzhacken aus Bronze (8. bis 3. Jahrhundert v. Chr.), gefunden in der Gruppe »Ost« im Salzbergwerk von Hallstatt (Länge: etwa 8 cm).

180. Rucksack aus Rindsleder, gefunden in der Gruppe »Nord« in Hallstatt (10. bis 9. Jahrhundert v. Chr.). Er ist durch Holzstangen verstärkt und mit Tragriemen und Knüppel ausgestattet, um ihn beidseitig schultern zu können (Höhe: 72 cm).

183. Keltischer Bergmann vor Ort (Rekonstruktionsversuch). Er trägt einen brennenden Kienspan zwischen seinen Zähnen sowie einen mit Salzbrocken gefüllten Rindslederrucksack. Der gesenkte Knüppel erlaubt das Hochhalten des vollen Sackes.

(vgl. Abb. 184, S. 226): Zunächst schlug man vertikale Rillen von ca. 80 cm Länge und 10 bis 17 cm im Geviert; danach zwei Halbbogen zu beiden Seiten der Mittelachse. Die beiden Halbkreise wurden solange vorangetrieben, bis sie sich zu Ovalen von etwa 1,15 m Länge und 1,25 m Breite schlossen. Mit radial verlaufenden Schnitten konnten nun die

181. Verkohlte Kienspäne aus Tannen- oder Fichtenholz. Brennend und einzeln zwischen die Zähne geklemmt, dienten sie als schwache Wegbeleuchtung. Gefunden in der Gruppe »Ost« (Länge: max. 5 cm).

182. Holzfackel aus gebundenen Kienspänen (Gruppe »Nord«). Solche Fackeln wurden in Felsspalten geklemmt, um einzelne Arbeitsplätze auszuleuchten (Höhe: 86 cm).

225

Salzbrocken nach und nach von ihrem felsigen Untergrund gelöst werden. Aufgrund ihrer segmentartigen Form und ihrer Größe paßten sie leicht in die bereits beschriebenen Rucksäcke.

Diese Methode läßt auch einige Rückschlüsse auf die Arbeitsleistung der Bergleute zu. In ca. fünf Wochen bewältigten sie etwa einen Meter Tunnelstrecke; die Gesamtlänge der Stollen beträgt ca. vier Kilometer. Wenn wir eine tägliche Arbeitszeit von zehn bis zwölf Stunden annehmen, und dies für sieben Monate pro Jahr, ergibt sich eine Arbeitsdauer von etwa 600 Jahren, um dieses unterirdische System anzulegen. Die Kelten aus Hallstatt mußten für ihren Reichtum wahrlich hart arbeiten!

1. Der Bergmann schlug zunächst eine vertikal verlaufende Rinne in das Steinsalz, die 10–16 cm breit, 80 cm lang und 10–17 cm tief war. Dabei kniete er oder saß sogar auf dem Boden.

2. Danach schlug er rechts oder links eine gekrümmte Rinne. Auch dabei kniete oder saß er auf dem Boden.

3. Er beendete den Halbbogen nach unten. Die Höhe zwischen Basis und Spitze betrug 1,25 m. Der Bergmann stand vornübergebeugt. Danach schlug er den zweiten Halbbogen ebenso.

4. Durch aufeinanderfolgende Radialschnitte ließen sich nun die Segmente des salzführenden Gesteins herauslösen.

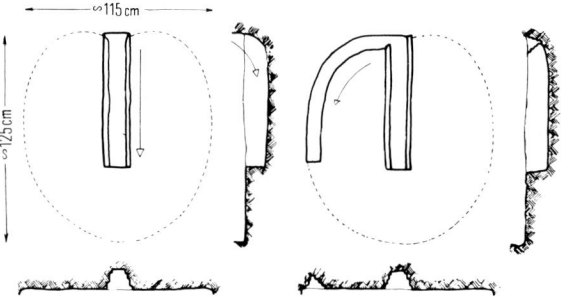
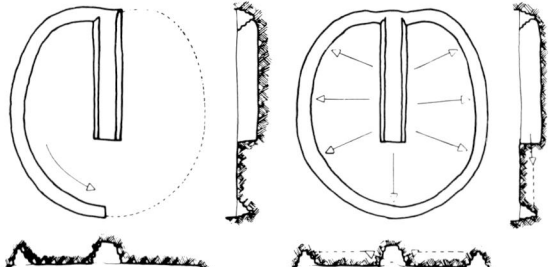

184. Schema der keltischen Salzgewinnung in Hallstatt.

Hölzerne Kanalisationsrohre zum Transport von Wasser aller Art sind bereits für das erste vorchristliche Jahrtausend belegt. Und sie blieben etwa 3000 Jahre lang, d. h. bis zum Ende des 19., sogar bis zum Anfang des 20. Jahrhunderts in Gebrauch.

Im Hinblick auf das Trinkwasser sind die Holzerst durch Blei-, später durch Eisen-, zuletzt durch Kunststoffrohre abgelöst worden. Für die Leitung des Salzwassers zwischen Quelle und Siederei hielt man viel länger an den Holzrohren fest, weil Sole Holz konserviert, aber Eisen stark korrodiert.

Diese Technik der Holzleitungssysteme versetzt uns wegen ihrer technischen Reife und Langlebigkeit noch heute in Erstaunen. Meist erreichten sie eine Länge von vielen Kilometern. In Burgund z. B. verbanden zwei parallel verlaufende Leitungen die Solequellen von Salins mit den 17 km entfernten Salzsiedereien von Arc-et-Senans. Das erforderte die Verlegung einer 21 km langen Rohrstrecke mit 5 Kontrollstationen (vgl. Abb. 185). In Bayern betrug die Gesamtlänge der Rohrleitung zwischen Berchtesgaden und Rosenheim 108 km mit einer Vielzahl von Pumpstationen.

Das weitverzweigte Leitungsnetz der Waadtlän-

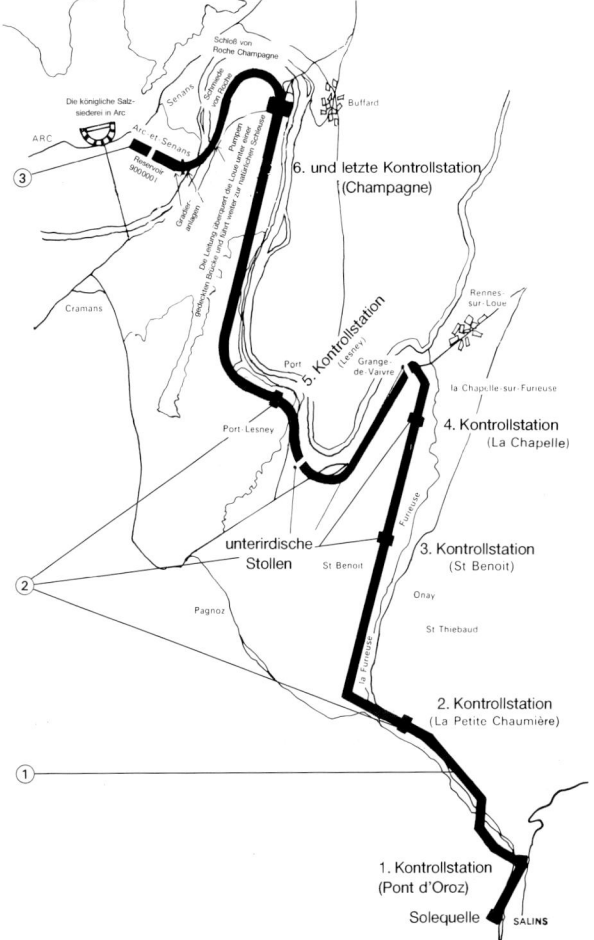

185. Plan der Infrastruktur, die von 1778 bis 1917 zwischen Salins und Arc-et-Senans bestand.
1. Rohrleitungen der Sole: zwei parallel verlaufende Leitungen mit insgesamt 42,5 km Länge; zunächst aus Holz, später aus Gußeisen.
2. Befestigte Kontrollstationen.
3. Gradierwerk und Solereservoir, etwa 800 m vor der Salzsiederei. Gradierwerk: Holzkonstruktion, 496 × 10 × 7 m (also fast 500 m lang!); Fassungsvermögen des Solereservoirs: 900 000 l, unter einem Dach von 200 × 10 × 5 m.

186. Rohrleitungsstück aus Eichenholz, von 30 cm Durchmesser einseitig auf einen Querschnitt von 20 × 20 cm reduziert. In Betriebsstellung ist es um 90° nach hinten gedreht. Die beiden Zwillingsöffnungen dienten der Aufnahme von Abzweigungsrohren; die Einzelöffnung als verschließbares Schauloch (Arc-et-Senans).

187. Rohrverbindung aus Fichtenholz (68 cm × 28 cm). An einem Ende als pyramidenförmiger Stumpf behauen läßt sie sich mit dem vorangehenden Rohr verspunden. Ihre geringe Länge ermöglicht die »Regulierung« von ungenauen, rechtwinkligen Rohrführungen (Saline von Chaux).

dischen Salinen war im 18. Jahrhundert insgesamt etwa 50 km lang. Etwa 20 km davon verliefen unterirdisch in den Stollen, die anderen verbanden diese Stollen mit den Siedereien im Rhonetal. Ihre zahlreichen Teilstücke mußten im Durchschnitt alle 10 bis 12 Jahre erneuert werden. Im Labyrinth der Stollen haben sich mehrere 100 Meter dieser Leitungen bis heute erhalten, werden aber nicht mehr verwendet.

Im allgemeinen verlegte man diese Kanalisationen über der Erde; das erleichterte zwar ihre Wartung und Kontrolle, aber auch das Abzapfen der Sole. Unterirdische Rohrsysteme hingegen überdau-

erten nicht lange. Die einzelnen Rohre, die sogenannten Tüchel, waren an ihren Enden ineinander verkeilt und die Verbindungsstellen mit Lehm abgedichtet. Ihre durchschnittliche Länge betrug 3–4 m, konnte aber zwischen 2 und 10 m variieren. Ihr äußerer Durchmesser betrug 15 bis 40 cm und ihr Innendurchmesser 4 bis 16 cm.

Überflüssig zu erwähnen, daß die Auswahl des geeigneten Holzes einige Probleme aufwarf. Die Baumstämme mußten vollkommen gerade gewachsen und möglichst astfrei sein, um die Durchbohrung zu erleichtern. Deshalb bevorzugte man Fichtenholz, obwohl Lärchenstämme der Feuchtigkeit viel besser widerstehen.

Die Leitungsrohre wurden auf unterschiedliche Weise miteinander verbunden. Für ebene Strecken genügte das bloße Ineinanderstecken und Abdichten (wie soeben beschrieben), weil hier kein hydraulischer Überdruck auftrat. Anders hingegen bei den Teilstücken am Fuße von Gefällstrecken. Sie mußten an den Rohrenden durch Eisenringe verstärkt werden, um ihr Ausborsten zu vermeiden. Diese Ringbänder zog man entweder reifenförmig auf die Rohrenden auf oder schlug sie mit dem Hammer in deren Schnittfronten ein.

Für den Durchstich der Rohre benutzten die »Brunnenmeister« zwei verschiedene Bohrwerkzeuge (vgl. Abb. 191–195, S. 230): zylindrische Bohrer und konische Ausreiber. Die einfachen Bohrer dienten der Ausführung von Bohrungen mit kleinem und mittlerem Durchmesser. Sie hatten nur eine Griffstange und wurden von einem Arbeiter beidhändig betrieben. Die Herstellung großer Leitungsdurchgänge verlangte den Einsatz von Bohrern, die von zwei Männern mittels kreuzweise angeordneten Doppelgriffstangen bedient wurden. Die konischen Ausreiber dienten der Ausführung der Innenkonusse am weiblichen Rohrende. Um diese Arbeit zu erleichtern, zog man durch die schon vorhandene Durchgangsbohrung ein Seil, welches an einem an der Ausreiberspitze angeschweißten Haken eingehängt war. Damit konnte ein am Gegenende postierter Arbeiter durch Seilzug seinem Kollegen den Kraftaufwand für den Vorschub abnehmen.

188. Die drei Gradierwerke von Bévieux in der Nähe von Bex. Kolorierter Stich, aus: A. de Beaumont, *Travels from France to Italy*, London 1800.
Schweizer Salzmuseum, Aigle.

189. Eingang zur Salzmine von Le Coulat bei Bex. Kolorierter Stich von J.-A. Linck (Genf, 1766–1843).
Schweizer Salzmuseum, Aigle.

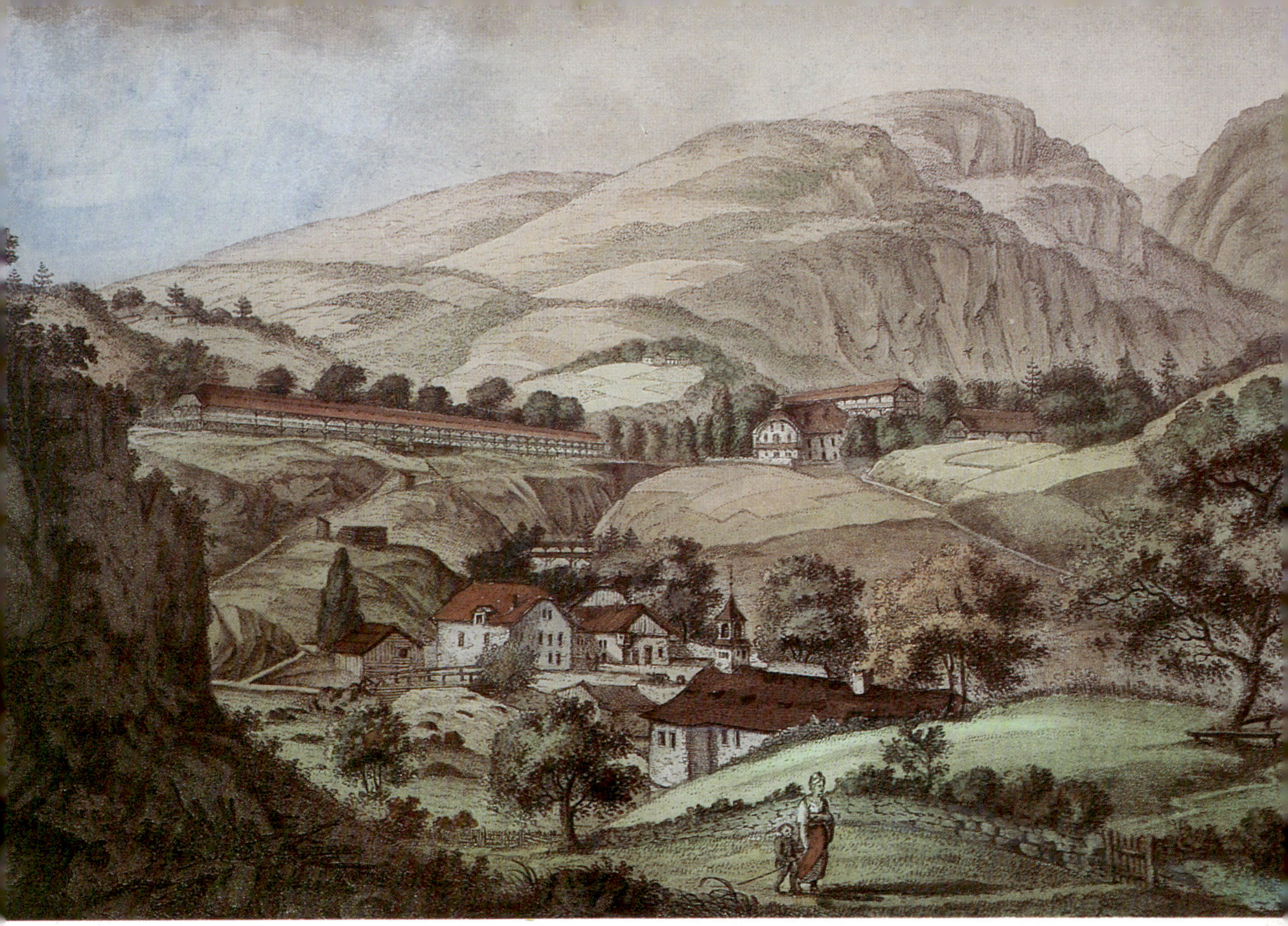

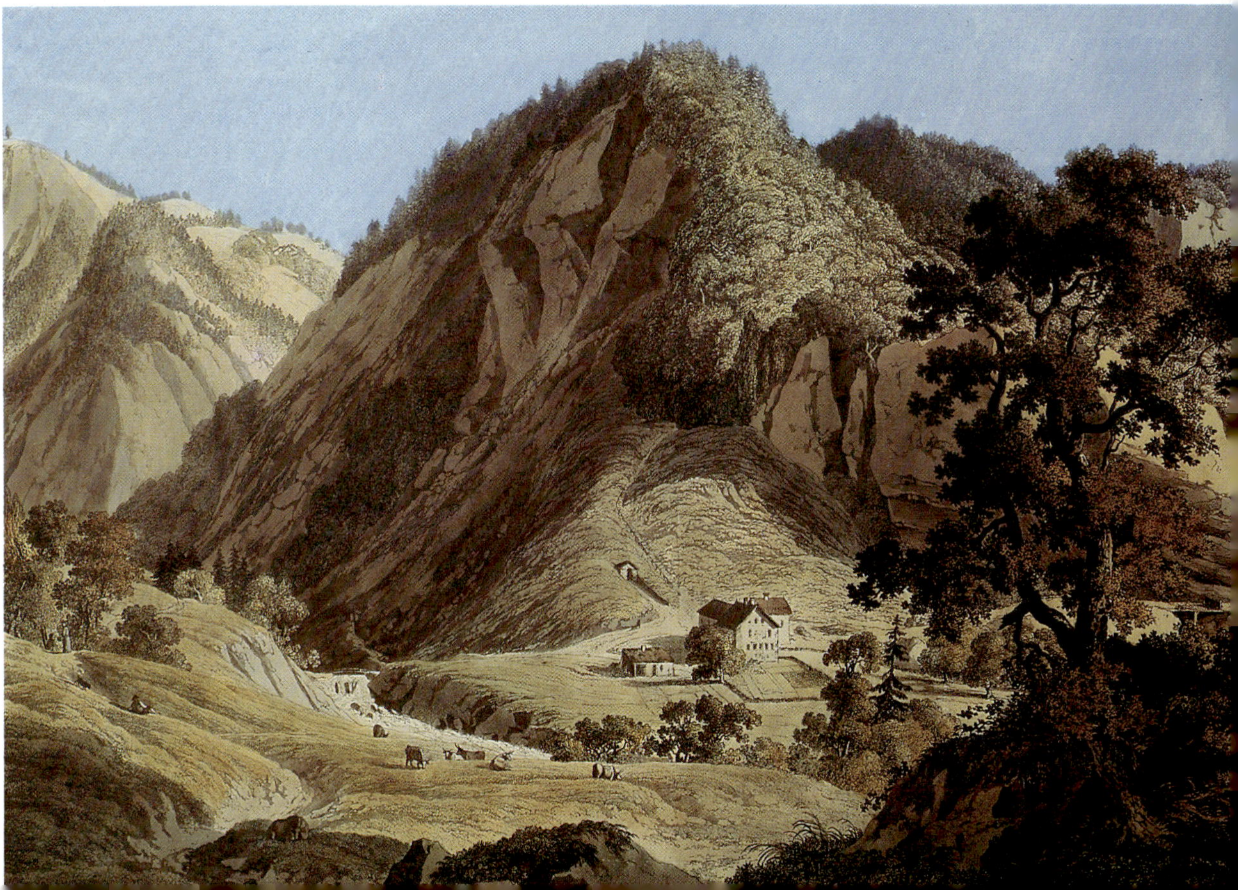

190. Verbindung zweier Holzrohre (Tüchel) mit einer Dichtung aus Lehm.
Salzbergwerk in Bex.

191. Bohrer mit unterschiedlich großen Köpfen zum Aushöhlen der Rohre.
Salzbergwerk in Bex.

192. Drehwerkzeug für konisches Ausreiben.
Schweizer Salzmuseum, Aigle.

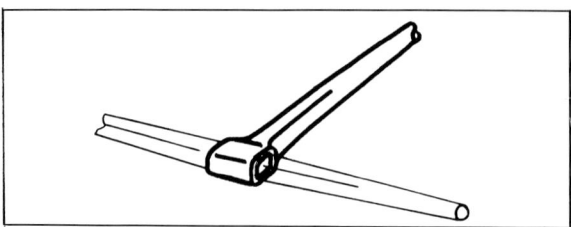

193. Halterung mit Griffstange für den Einmannbetrieb.

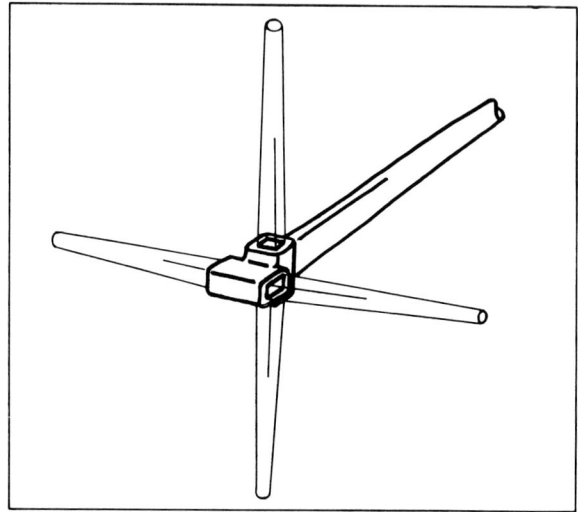

194. Halterung mit gekreuzten Griffstangen für den Zweimannbetrieb.

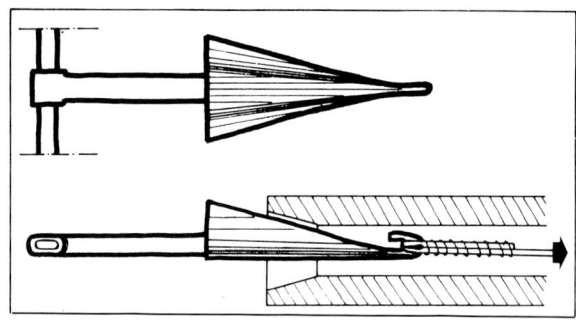

195. Drehwerkzeug für konisches Ausreiben. Ein zweiter Arbeiter zieht an einem durch die Durchflußbohrung verlegten Seil und unterstützt damit den Bohrvorschub seines Kollegen.

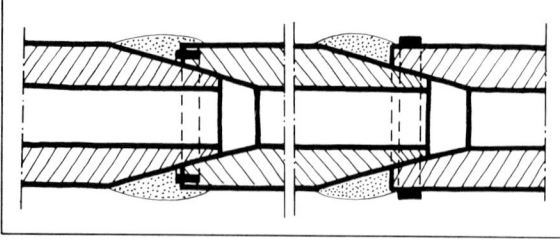

196. Verstärkung der Endstücke einer Rohrleitung; links: durch einen in die Rohrfront eingelassenen Metallring; rechts: durch ein die gesamte Verbindung ummäntelnden Metallring.

III
Die erstaunliche Geschichte der königlichen Saline von Arc-et-Senans

Auf der Strecke von Dôle nach Besançon, dem Hauptort des Departements Le Doubs (Freigrafschaft Burgund) taucht vor den Augen des überraschten Reisenden unverhofft inmitten gepflegter Felder und Wiesen ein außergewöhnlicher architektonischer Komplex auf. Er hebt sich deutlich gegen die nördlich gelegene waldreiche Ebene ab, die die Ortschaften Arc und Senans trennt.

Die hervorragend restaurierten, teilweise sogar wieder errichteten Baureste verleiten dazu, kurz einmal anzuhalten und sie sich anzusehen. Hier können jedoch nur einige wenige der vielen interessanten und charakteristischen Aspekte dieser Anlage genauer ins Auge gefaßt werden. Dennoch ergibt sich bereits dadurch ein erster Eindruck von den grundlegenden Problemen, die beim Aufbau und Betrieb der Salzproduktion im 18. und 19. Jahrhundert zu lösen waren.

Der geo-ökonomische Kontext

Paradoxerweise lagen die Ursprünge der Salzsiederei von Arc-et-Senans in Salins, einem Ort im benachbarten Departement Jura. Dort sprudelten nämlich drei Solequellen, deren Wasser schon seit Jahrhunderten künstlich verdampft wurde. Die lange Ausnützung dieser »Salzbrunnen« machte sich mit der Zeit im langsamen, aber unaufhaltsamen Rückgang ihres Salzgehalts bemerkbar.

Eine andere Folge dieser jahrhundertealten Ausbeutung war die überstrapazierte Regenerationskraft der umliegenden Wälder, so daß sich gegen 1750 der Teufelskreis schloß: Je weniger Kochsalz

ein Liter Sole erbrachte, desto höher stieg der Brennholzverbrauch. Zwar blieb die für die Transportfässer benötigte Holzmenge unverändert, aber das änderte nichts am grundlegenden Problem. Außerdem schlug sich die Steigerung des Brennholzverbrauchs auch in den wachsenden Transportkosten vom Ort des Holzeinschlags bis zur Siederei nieder. So kumulierte die Gefahr der Waldvernichtung in einer sinkenden Rentabilität der Salzsiedereien.

In dieser Situation war guter Rat teuer. Überlegungen zum Bau eines Gradierwerks wurden zwar angestellt, aber nach kurzer Zeit verworfen: Es hätte wegen der allgemeinen klimatischen Bedingungen in Burgund und besonders im Talgrund von Salins mindestens 500 m lang sein müssen. Das aber ließen die gegebenen Raumverhältnisse nicht zu. Auch die Schließung der Quellen wurde in Erwägung gezogen, aber aufgrund fehlender Ersatzmöglichkeiten mußte man doch an ihnen festhalten.

So präsentierte sich die Lage den Experten Ludwigs XV. einigermaßen verzwickt, als dieser mit Sorge zur Kenntnis nehmen mußte, daß der Salzverbrauch in Frankreich zwar wuchs, aber die Produktion in Salins stagnierte.

Der polit-ökonomische Kontext

Professor Bergier hat im Hauptteil dieses Buches bereits die Besonderheiten des französischen Salzmarkts vom 16. bis zum 18. Jahrhundert ausführlich beschrieben. Erinnern wir uns kurz: Das Königreich war unterteilt in Provinzen mit »uneingeschränkter« und »eingeschränkter« Salzsteuer, in

197. Wandteppich von Jean Sauvage. Brügge, frühes 16. Jahrhundert. Ein Ausschnitt zeigt, wie der Hl. Antonius, ein schottischer Mönch, und sein Gefolge die Salinen von Salins in der Freigrafschaft Burgund besichtigen.
Der Künstler vermittelt einen Einblick in die Mechanik, mit deren Hilfe Sole aus einem der dortigen Salzbrunnen geschöpft wurde. Pferdekraft und ein Getriebe aus Zahnrädern sorgten für die ständige Bewegung eines »Paternosters«, d. h. eines Treibriemens aus Leder mit vielen kleinen Holzgefäßen. Die aus dem Trog der im unteren Stockwerk sich befindenden Quellstube geschöpfte Sole wurde oben in ein Auffangbecken gekippt, das durch einen Kanal mit den Siedepfannen in einem anderen Gebäude verbunden war. Auf der rechten Bildseite die Wendeltreppe, die zur Quellstube hinunterführte. Etwas weiter im Hintergrund treibt ein weiteres Pferd die Schöpfanlage einer Süßwasserquelle an, die allzu nahe bei der Salzquelle sprudelte. Louvre, Paris.

Gebiete, deren Bewohner sich von der Gabelle losgekauft hatten (*pays rédimés*), und andere, wo der sog. *quart de sel* galt. Zu diesen geographischen Unterschieden kamen noch individuelle Ungleichheiten: Die *franc-salés* waren vollständig von allen Salzsteuern befreit. Dieses differenzierte System erforderte natürlich eine ständige und strikte Überwachung der Bürger durch spezielle Ordnungshüter (*gabelous*).

Aber auch die Salzbergwerke und Salinen, sozusagen die geo-physikalischen Zentren und Ausgangspunkte des ganzen Steuersystems, symbolisierten bis zum Ende des Ancien Régime die Allgegenwart der königlichen Macht. Und ihre Anlagen brachten diese Symbolfunktion oft genug auch bau-

lich zum Ausdruck: Sie ähnelten wahrhaftigen Festungen im Dienste der Souveränität der Monarchie, waren das Signum der königlichen Privilegien auf alle unterirdischen Ressourcen, aus denen sich früher einmal die alten Feudalrechte begründeten. Diese »befestigten« Salinen waren immer durch hohe Mauern umschlossen und manchmal zusätzlich durch tiefe Gräben. Sie hatten nur zwei Tore – mit festgelegten Zugangsrechten und Öffnungszeiten. All das ließ auch gewitzten Schmugglern wenig Chancen, selbst wenn deren Ansehen in demselben Maße stieg wie Steuern und Abgaben.

Das 18. Jahrhundert markiert jedoch auch den Beginn der Industrialisierung und damit der kapitalistischen Wirtschaftsform. Die wachsende Schicht des Industriebürgertums verfiel in ihrer Suche nach rasch realisierbaren und großen Gewinnen bald auch auf den König. Dem blieb wegen der chronischen Ebbe in seinen Kassen gar nichts anderes übrig, als die angebotenen Einlagen zu akzeptieren.

In diesem Sinne trat Ludwig XV. 1773 die Salzförderung über die Salinen an ein Unternehmerkon-

198. Stadt und Salzsiederei von Chaux, daneben die Dörfer Arc und Senans. Mit diesem nie realisierten Projekt sollte die vorherige Salzgewinnungsanlage auf das Doppelte vergrößert und zum Zentrum einer ganzen Stadt gestaltet werden. Aus: C.-N. Ledoux, *L'architecture considérée sous le rapport de l'art, des mœurs et de la législation*, Paris 1803.

232

sortium ab. Man hatte sich auf langfristige Pacht-
zahlungen geeinigt, die allerdings auf die Hälfte der
erzielbaren Gewinne beschränkt waren: ein Vorzei-
chen für das herannahende Ende der Monarchie,
20 Jahre vor der Hinrichtung des Königs.

Claude-Nicolas Ledoux und sein erster Entwurf

Claude-Nicolas Ledoux (1736–1806) kam in Dor-
mans (Departement Marne) zur Welt und studierte
von 1751 bis 1762 Architektur in Paris. In dieser
Zeit verfaßte er auch den Beitrag »Architektur« für
die *Encyclopédie* Diderots und d'Alemberts.

Bereits mit dreißig Jahren schuf er in Paris Ge-
bäude, die von seiner Kühnheit zeugten. Wenige
Jahre später (1771) wurde er auf Intervention der
Maitresse Ludwigs XV., Madame Du Barry, zum
Inspecteur général des Salines de Franche-Comté
ernannt, weil er ihre Gunst durch den Bau eines

Pavillon in Louveciennes (im heutigen Arrondisse-
ment Saint-Germain-en-Laye) errungen hatte. Im
September 1773 nahm ihn die Académie d'architecture als Mitglied auf. Dort erhielt der Siebenund-
dreißigjährige neben seiner Funktion als Inspecteur
général des Salines die Berufung zum Architekten
des Königs.

Ohne den besonderen Auftrag Ludwigs abzuwar-
ten, aber »um jederzeit bereit zu sein«, machte er
sich nach der Ernennung sofort an die Entwürfe für
eine neue Salzsiederei. Zunächst besichtigte er vergleichbare Anlagen in Lothringen, um deren Bau-
pläne und innere Aufteilung zu studieren. Ihm
schwebte ein ideales Projekt vor, bei dem er die
Besonderheiten des ja noch unbekannten Terrains
weiter nicht berücksichtigte. Im selben Jahr (1773)
aber verpachtete Ludwig XV., wie wir wissen, die
Salzförderung für 80 Jahre an eine Unternehmens-
gruppe unter der Führung Jean-Roux Monclars.

Ledoux unterbreitete seine Pläne also dem neuen
Herrn. Aber wer »Unternehmer« sagt, meint »Rentabilität« bzw. »Rationalisierung«: Monclar und

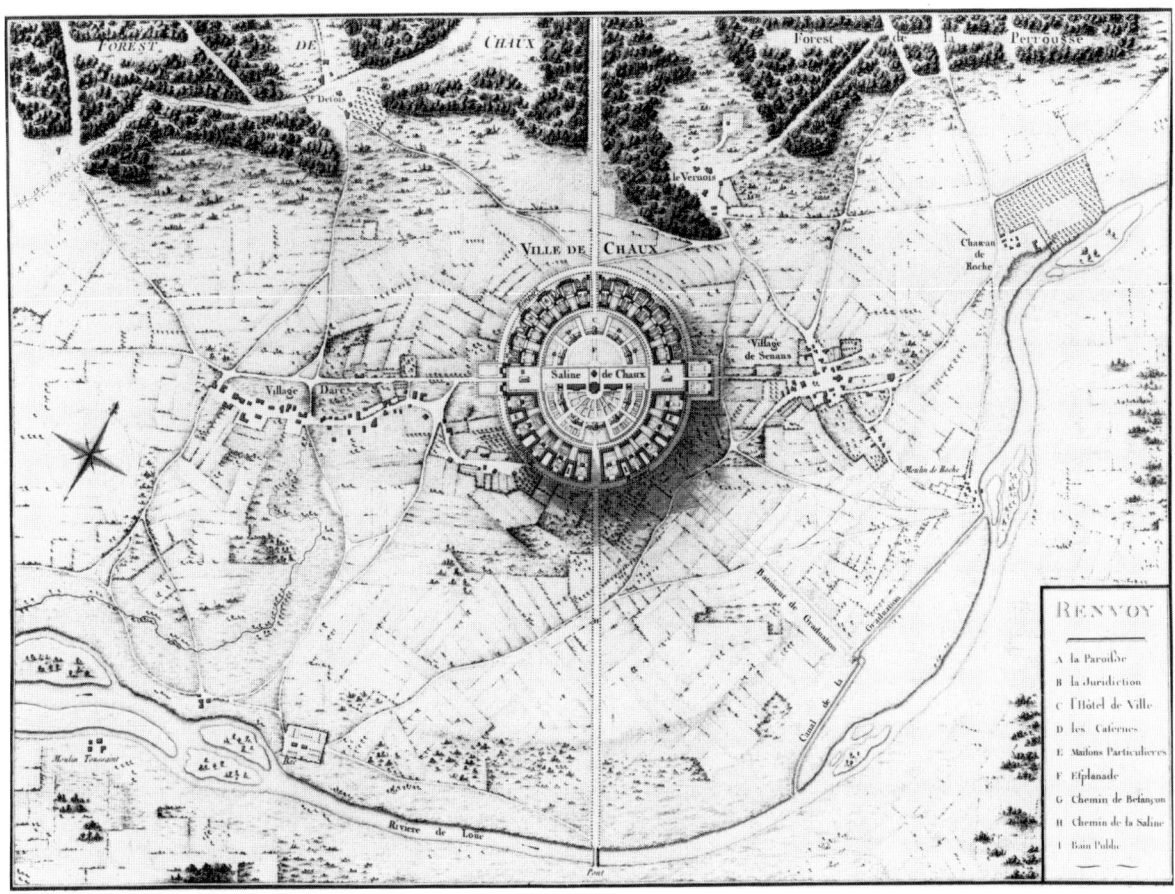

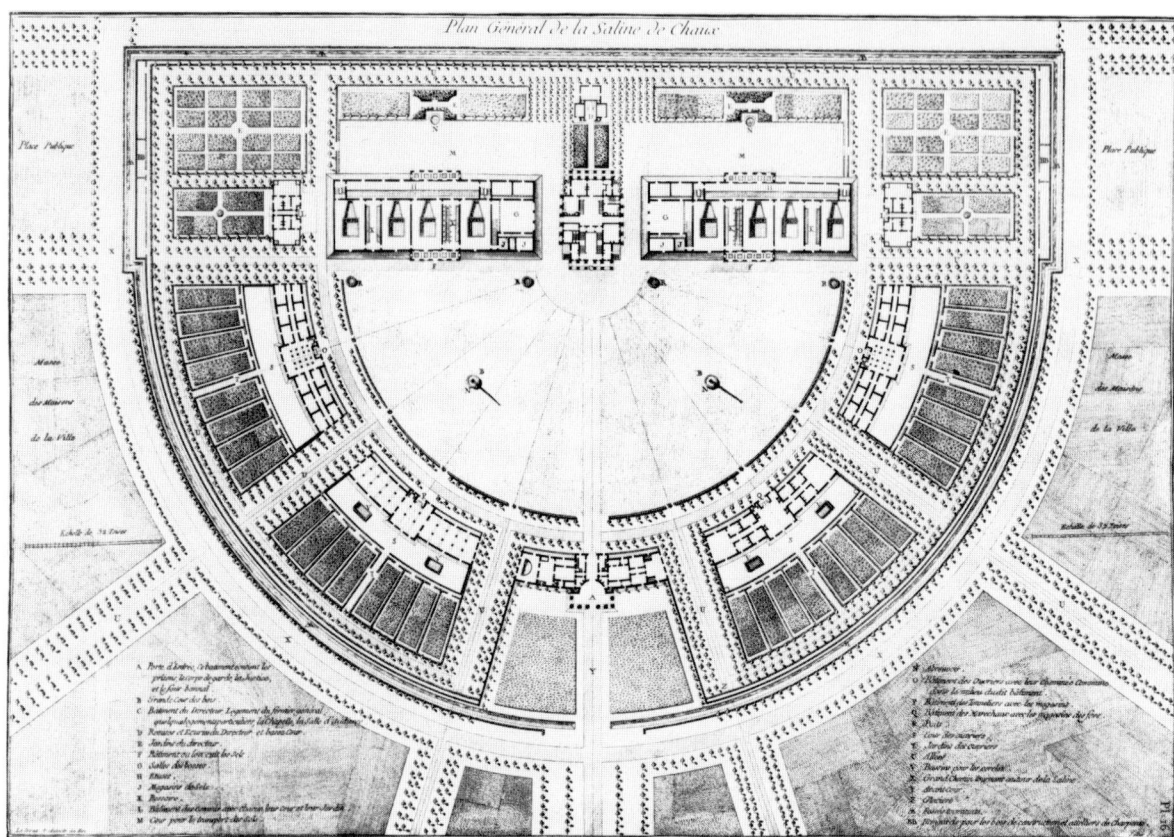

199.　Gesamtansicht der Saline von Chaux nach Claude-Nicolas Ledoux, ebd.

A　Eingangsportal (mit Gefängnis, Wachlokal, Gerichtssaal und öffentlicher Backstube)
B　Großer, als Brennholzlager dienender Hof
C　Direktorenpalais (Residenz des Generalpächters mit zusätzlichen Wohnungen für besondere Zwecke, einer Kapelle und dem Audienzsaal)
D　Pferdeställe und Remisen des Direktors sowie der Innenhof mit Kleintierhaltung
E　Garten des Direktors
F　Salzsiederei
G　Faß-(»Tonnen«-)lager
H　Trockenräume
J　Salzlagerstellen
K　Trockenräume für Bottiche mit noch frischfeuchtem Salz
L　Wohnungen der Angestellten (jede mit Hof und Garten)
M　Hof für den Abtransport der Salzbottiche und Säcke
N　Tränke
O　Arbeiterhaus mit einem in der Mitte plazierten Kamin
P　Böttcherhaus mit Magazinen
Q　Haus der Schmiede mit Eisenlager
R　Brunnen
S/T　Höfe und Gärten für die Arbeiter
U　Alleen
V　Reifenlager
X　Breite Straße rund um die gesamte Anlage
Y　Vorhof
Z　Eiskeller
AA　Schutzgräben
BB　Lagerhallen für Bauholz und Schreinerwerkstatt

seine Techniker kritisierten Ledoux' Projekt so nachdrücklich, daß er sich gezwungen sah, es total zu revidieren.

Standort und endgültiger Entwurf

Nachdem die Salzerzeugung in Salins aufgrund der bekannten Probleme nicht mehr zu steigern war, versuchte eine Expertengruppe im Auftrag des Königs sogar, die bisher noch ungenutzten »kleinen Quellen« gewinnbringend ausbeuten zu lassen – ein offensichtlich aussichtsloses Unterfangen, das dann auch durch einen Erlaß des königlichen Hofrates im April 1773 abgebrochen wurde. Gleichzeitig beschloß man den Bau einer ganz neuen Salzsiederei und legte ihren Standort zwischen Arc und Senans am Rande des »Königswaldes von les Chaux« fest. Was waren die Beweggründe dieser Ortswahl? Ein Gradierwerk von ausreichender Größe und Kapazität ließ sich, wie bereits gezeigt, im engen Tal der Furieuse nicht errichten. Nur eine offene Ebene mit viel Wind und Sonne, wie sie sich zwischen den Ortschaften Arc und Senans ausbreitete, bot diese

234

Möglichkeit. Zudem wurde der Holzreichtum des anschließenden Waldgebiets, das noch heute etwa 300 km² bedeckt, für ausreichend erachtet; sein ökologischer Zusammenbruch stand nicht zu befürchten. Die notwendige Holzmenge wurde auf der Basis einer angestrebten Produktion von 60 000 Zentnern Salz kalkuliert, wobei man den schwachen Salzgehalt der Sole (30 g/l) berücksichtigte. Um also die angestrebten 3000 t Salz pro Jahr zu erzeugen, mußte man jährlich etwa 100 000 t Wasser verdampfen.

Ledoux empfand den Ort der geplanten Ansiedlung zwischen Arc und Senans als ideal, weil er »zwischen zwei Flüssen, in der Nähe eines 40 000 Morgen großen Waldgebiets und im Zentrum des Kontinents liegt sowie mit dem Mittelmeer durch den Kanal von Dôle und mit der Nordsee durch den Rhein und den Hafen von Antwerpen verbunden ist«. Im übrigen gab er zu bedenken, daß »es leichter ist, Sole zu transportieren als – Stamm für Stamm – einen ganzen Wald«. Aber gerade das Transportproblem stellte sich später, wie wir noch sehen werden, als einer der wichtigsten Gründe dafür heraus, daß die tatsächliche Jahresproduktion kaum mehr als die Hälfte dessen erreichte, was Ludwig XV. ursprünglich gefordert hatte.

Im März 1774 wurde der »Vertrag über den Bau einer Saline in der Freigrafschaft Burgund« amtlich angezeigt und damit das Vorhaben endgültig verabschiedet. Die Ausführung wurde Jean-Roux Monclar übertragen, der in eigener Person das Vorhaben zu finanzieren hatte. Dafür erhielt er im Gegenzug die alleinige Betriebserlaubnis der Saline. Ludwig XV. behielt sich das Recht zur Prüfung aller Planungen vor. Ledoux wurde offiziell mit der gesamten baulichen Ausführung betraut. Von der Einführung der von Monclar verlangten, technischen Abänderungen profitierte Ledoux, um auch die architektonischen Strukturen weitgehend neu zu bearbeiten.

Sein erstes, von Monclar abgelehntes Projekt umfaßte 17, das zweite 25 Einzelpositionen. Der erste Entwurf der Saline sah eine quadratische Bauweise vor, denn das Werk sollte im Sinne der anderen Salzsiedereien jener Zeit das »göttliche Recht« des Monarchen ausdrücken. Der zweite Plan hingegen ordnete den gesamten Komplex offen, d. h. halbkreisförmig an (vgl. Abb. 199). In der ersten Version lagen die Wohnräume des Direktors – damals noch königlicher Beamter – in einem der Seitenflügel. In der endgültigen Fassung war keine

schlichte Wohnung mehr geplant, sondern ein prachtvoll ausgestattetes Direktorenhaus mitten im Zentrum des Halbkreises, direkt gegenüber dem Hauptportal, um sich den Blicken der Besucher eindrucksvoll darzubieten. Dieses Gebäude war der Ausdruck der den Betreibern vom König verliehenen Macht. Hier residierten der Generalpächter (also Monclar), der Direktor und dessen ganzer Verwaltungsstab. Selbst eine Kapelle hatte Ledoux nicht vergessen. An das Direktorenpalais schlossen sich beidseitig die wichtigsten Gebäude der Saline an, die eigentlichen Salzsiedereien. Auf deren Dächern suchte man vergeblich nach Kaminen; Ledoux hatte sie, einem einheitlichen, regionalen Erscheinungsbild zuliebe, durch zahlreiche Dachluken ersetzt.

Im Anschluß an diese Siedereigebäude befanden sich auf der linken Seite das Büro des Steuereinnehmers und auf der rechten die Wohnungen der Angestellten. Den Halbkreis bildeten die nebengeordneten Werkstätten, die ihrerseits durch die Wohnungen der Arbeiter flankiert wurden: Schreiner, Wagner, Zimmerleute, Huf- und andere Schmiede sowie Böttcher.

Im Scheitel des Halbkreises lag das prachtvolle Hauptportal mit Wachstuben, Arrestzellen – der Direktor besaß die niedere Gerichtsbarkeit über seine Beschäftigten – sowie die öffentliche Backstube. Das Peristyl aus acht Säulen öffnete sich gegen die sog. Grotte. An beiden Seiten des Portals standen Skulpturen; sie stellten zähflüssige Sole dar, die sich aus umgekippten Urnen ergoß. So wies bereits der Haupteingang auf die zweite architektonische Funktion dieser Anlage hin: ein wahrhaftiges Monument der Industrie darzustellen.

Zwischen den Gebäuden erstreckten sich drei mehr oder weniger weiträumige Höfe. Außerhalb des Halbkreises lagen nur noch die Gärten der Arbeiter. In dem riesigen Innenhof zwischen Portal und Direktorenpalais lagerte das Brennholz, das täglich in ungeheuren Mengen anrollte. Hinter den Verwaltungsgebäuden und der Salzsiederei befanden sich zusätzlich ein Pferdestall, Nutz- und Lustgärten und vor allem die Verladeanlagen für das abgehende Salz. Das gesamte Areal war natürlich von einer hohen Mauer und dem für damalige Festungen typischen Wassergraben umgeben.

In diesem »Industriekomplex« lebten 48 Arbeiterfamilien, zwei Wachsoldaten mit Frauen und Kindern, acht Angestelltenfamilien und schließlich die Familie des Direktors – alles in allem etwa 240

Personen, was zu jener Zeit einer durchschnittlichen Dorfbevölkerung entsprach. Sie lebten zwar zusammen, aber doch in sozialer Hierarchie; vereinigt auf einem genau begrenzten Raum mit jederzeit kontrollierbaren Durchgängen. Kein Arbeiter konnte seine Wohnung oder den Arbeitsplatz verlassen, ohne vom Haus des Direktors aus gesehen zu werden. Jeder Besucher, jeder Holztransport, jede Salzlieferung ließ sich auf einen Blick überwachen.

»Diese Pläne sind großartig«, befand Ludwig XV. nur wenige Wochen vor seinem Tod. Dennoch war es nicht möglich, zwei wichtige Einrichtungen innerhalb der 380 m breiten Umfriedung unterzubringen, die wie eine Krone das Direktorenpalais umrahmte: Es fehlte ein 900 000 l fassendes Becken für die Sole, die in zwei Rohrleitungen aus Salins herbeitransportiert wurde, dazu mangelte es auch an Platz für ein geeignetes Gradierwerk.

Dieses Werk lag außerhalb – eine wahrhaft gigantische Konstruktion von 496 m Länge, 10 m Breite und 7 m Höhe (vgl. Abb. 200). Es bestand vollständig aus Holz und war mit unzähligen Schlehdornbüscheln gefüllt. Alles in allem »verschlang« es 300 000 m³ Holz bzw. Strauchwerk.

Im Inneren verlief in 5 m Höhe ein Rohr über die gesamte Länge, aus dem durch Pumpendruck Sole in die Reisigbündel rieselte. Von dort tröpfelte sie langsam durch das Gezweig in das Auffangbecken am Fuße der Anlage. Wind und Sonne verdunsteten überschüssiges Wasser solange, bis sich die Restsole ihrem Sättigungsgrad annäherte. Das zähflüssige Zwischenprodukt wurde danach in die Salzsiederei gebracht, wo die Restflüssigkeit schließlich über der Feuersglut verdampfte.

Das auskristallisierte Salz wurde dann entweder lose und körnig ausgeliefert oder verpackt in Fässern aus Tannenholz (sog. »Tonnen«) mit einer Füllmenge von 560 Pfund oder als Salzlaiber. Diese Salzlaiber mit einer Größe von ca. 16 cm hatte man zuvor in holzgeschnitzten Formen erstarren lassen und verkaufte sie nun dutzendweise in geschnürten Körben aus Lindenrinde.

Bau, Entwicklung und Niedergang

Nach dem Regierungsantritt Ludwigs XVI. begann man im Frühjahr 1775 mit dem Bau dieser imposanten Anlage. Vier Jahre später wurde sie eingeweiht, aber sie genügte leider nie den in sie gesetzten Hoffnungen: Die Produktion überstieg kaum die

Hälfte der vorkalkulierten Menge. Dafür gab es mehrere Gründe. Zum ersten ging der Salzgehalt der Sole aus Salins weiterhin ständig zurück, bis er gerade noch 10 g/l betrug. Zum zweiten hielten die beiden über 21 km langen Rohrleitungen notorisch nicht dicht und verloren viel Sole – ein ewiges Problem. Und zum dritten waren der Wind in der Ebene zwischen Arc und Senans allzu sanft und das Klima des französischen Jura allzu rauh, um das riesige Gradierwerk optimal auslasten zu können.

Demgegenüber ist positiv zu werten, daß mit dieser Anlage Salz von ausgezeichneter Qualität erzeugt wurde. Die stets anspruchsvollen und in dieser Hinsicht verwöhnten Schweizer Kantone zählten zu den bedeutendsten Kunden – darunter auch Fribourg, dem in bezug auf Qualität und Größe der Salzlaiber das Beste gerade gut genug war. Nach der Schweiz belieferte Salins hauptsächlich Burgund.

Bereits 1785, also schon sechs Jahre nach Inbetriebnahme der neuen Saline, setzte ein häufiger Besitzerwechsel ein. Im Jahr 1806 ging sie in die Hände der Salines de l'Est über. Die Anlage wurde 1846 wieder abgestoßen, abermals häufig ge- und verkauft, schließlich von den Salines de l'Est zurückerworben und bis 1895 betrieben. Danach dienten die Gebäude nur noch als Depots. Nach vielen weiteren Schicksalsschlägen kaufte das Departement Le Doubs 1927 schließlich das gesamte Areal auf und begann 1930 mit der Restauration der Gebäude.

1940, mitten im Zweiten Weltkrieg, wurde den ehemals königlichen Salinen der Status »historische Monumente« zuerkannt. Seit 1970 siedelte sich dort in Würdigung ihres seiner Zeit weit vorauseilten Architekten ein internationales Zentrum für Futurologie an; gleichzeitig öffnete man die meisten Gebäude dem Publikum.

Nachzutragen bleibt noch, daß man in der Umgebung von Salins stets weiter nach Salz forschte und mit Hilfe einer ersten mechanischen Sonde im Juli 1830 auch tatsächlich ein Steinsalzflöz in 300 m Tiefe entdeckte. Es lieferte eine vielfach höher konzentrierte Sole als die bekannten Quellen, wodurch die Salzgradierung überflüssig wurde. Auch für das Brennholz fand sich seit 1850 im Erdöl ein Ersatz von wachsender Bedeutung. Dank dieser Innovationen erreichte Salins für einige Jahrzehnte wieder seine frühere Bedeutung. Dennoch war auf Dauer der allmähliche Niedergang unabweisbar. Er gipfelte in der vollständigen Einstellung der Salzerzeu-

200. Gradierwerk der Saline von Chaux, 496 m lang; aus: C.-N. Ledoux, ebd.

gung im Jahre 1962. Die Hauptquelle versorgt seitdem nur noch die Solebäder, denn seit 1855 bietet Salins auch Bade- und Trinkkuren an.

Was Claude-Nicolas Ledoux anbelangt, so blieb er bis zur Französischen Revolution als »Architekt des Königs« ein hochangesehener Mann. Er betreute noch zahlreiche Prunkbauten, ohne sich für den Entwurf eines profanen Salzspeichers in Compiègne zu schade zu sein. 1782 empfing er in seinem Atelier sogar den künftigen russischen Zaren Paul I.

Aber in dieser schon vorrevolutionären Zeit stachelten seine Bauwerke die Wut des Volkes an, ihrer Größe, ihrer Schönheit und ihrer Zweckbestimmung wegen, waren sie doch vornehmlich der Verwaltung oder den »Großen« des Königreichs vorbehalten. Im Jahre 1789, einen Monat vor Ausbruch der Revolution entband Finanzminister Necker Ledoux von seinen offiziellen Diensten für den König. Aber schon im Jahr darauf widmete sich der Archi-

tekt seinem Werk in Arc et Senans von neuem. Auf dem Reißbrett plante er nun, das bisher halbkreisförmige Salinenareal zu einer Ellipse zu vervollständigen (vgl. Abb. 198). Diesen Entwurf entwickelte er dann zu einer ganzen Stadt weiter, die er »die ideale Stadt von Chaux« taufte. Deren Infrastruktur sollte 28 öffentliche Gebäude umfassen: katholische und evangelische Kirchen, Märkte, Gebäude für sportliche und kulturelle Veranstaltungen und sogar reine Vergnügungsstätten. Das Ganze gruppierte sich locker um die vergrößerte Saline, wobei das Palais des Direktors nun den geometrischen Mittelpunkt der Stadt bildete. Aber genau diese Symbolik wurde natürlich durch die Revolution obsolet. Trotz seiner Utopie bleibt sein Projekt eines der seltenen Beispiele für einen integralen Urbanismus der Moderne.

Auch Ledoux fiel der Revolution zum Opfer und verbrachte über ein Jahr im Gefängnis. Am 18. November 1806 starb er in Paris als mittelloser Mann; ihm war nichts weiter geblieben als ein treuer Freund, seine zweite Tochter sowie einige Bücher und die Büste François-Marie Arouets, uns besser bekannt als Voltaire.

IV
Moderne Gewinnungs- und Verdampfungsmethoden

Schon seit Jahrhunderten werden die komplexen Steinsalzvorkommen in den Alpen nicht mehr bergmännisch abgebaut wie z. B. in Hallstatt, sondern mit Hilfe von Wasser. Sofern dabei keine natürlichen Solequellen zur Verfügung stehen, muß man auf technische Hilfsmittel zurückgreifen: durch Injektion von Süßwasser das Salz an Ort und Stelle auflösen und die gewonnene Sole hochpumpen. Selbst kompakte Salzflöze werden zunehmend auf diese Weise ausgebeutet. Diese Änderung der Fördertechnik ist natürlich überwiegend wirtschaftlich begründet, kommt aber zugleich den Arbeitsbedingungen der Bergarbeiter erheblich zugute.

Betrachten wir diese Methode einmal am Beispiel der waadtländischen Salinen von Bex. Die dortige Lagerstätte ist ebenso verzweigt wie arm an Salz (ca. 30%). Die oberflächennahen oder in mittleren Tiefen vorhandenen Flöze wurden schon durch frühere Generationen ausgebeutet. Diese haben dort ein dichtes, etwa 50 km langes Netz aus Gängen, Sälen, Treppen und Schächten hinterlassen. Wir werden jedoch sehen, daß dieses zwar kostenlos zu nutzende Erbe nicht nur Vorteile für die zu beschreibende Salzförderungstechnik bietet.

Die Auflösung des Salzes geschieht dabei im Prinzip in zwei aufeinanderfolgenden Phasen: Sondierungsbohrungen müssen zunächst die salzführenden Schichten lokalisieren und Aufschluß darüber geben, ob sich der Abbau wirtschaftlich lohnt; erst dann werden die gewählten Sondierbohrungen mit einem entsprechenden Förderrohrsystem ausgerüstet.

Diese *Prospektionsbohrungen* finden zweckmäßigerweise in den alten unterirdischen Kavernen statt. Ihre Ausrüstung setzt sich aus einer Bohrmaschine, dem Bohrgestänge, einem Bohrkopf und schließlich einer Bohrkernhülse zusammen.

201.   Prospektionsbohrung.

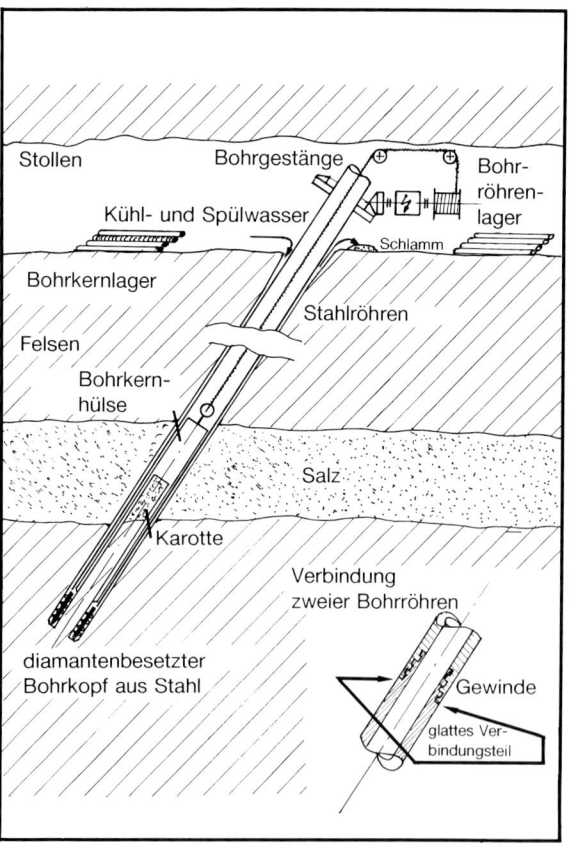

Das Bohrgestänge besteht aus einer Anzahl kürzerer oder längerer Stahlrohrabschnitte, die fest miteinander verschraubt werden können. Ihre Außen- und Innenwände sind selbst an den Verbindungsstutzen total glatt konzipiert. Der ebenfalls stählerne Bohrkopf ist mit Kunstdiamanten besetzt und ist, wie das Gestänge, dem er vorgeschraubt ist, hohl. Von der Antriebsmaschine in Umdrehungen versetzt, bohrt er zylindrische Felsstücke aus dem Gestein, die sogenannten Karotten oder Bohrkerne. Diese Stücke werden von dem Probennehmer geborgen und wie in einer Aufzugskabine nach oben gezogen. Eingespritztes Wasser kühlt den Bohrkopf und verhindert, daß er sich durch entstehende Hitze verformt. Außerdem bindet dieses Wasser den Bohrstaub, der sonst die verschiedenen Mechanismen blockieren könnte. Anschließend prüft man die Gesteinsproben nach ihrem Salzgehalt und inventarisiert sie in ihrer Abfolge innerhalb der Felsenschicht.

Eine Bohrung allein bietet jedoch noch kein hinreichend klares Bild; deshalb muß man rings um einen gegebenen Mittelpunkt noch weitere Bohrungen niederbringen. Erst wenn deren Proben vorliegen, ist der Geologe imstande, ein einigermaßen fundiertes Urteil abzugeben. Solche Bohrungen können mehrere hundert Meter Tiefe erreichen; allerdings setzen die Motorkraft der Bohrmaschine und die Härte des Felsens Grenzen.

Nach Beendigung der Sondierbohrungen muß das Bohrgerät beiseite geschafft werden, um dem *Förderrohrsystem* in den Bohrlöchern Platz zu machen. Das besteht aus drei Hauptelementen. Da gibt es zunächst das Außenrohr. Es setzt sich aus 3 m langen und miteinander verschraubten Teilstücken zusammen, von denen einige perforiert sind. Dieser Rohrstrang wird so in das Bohrloch eingeführt, daß die gelochten Rohrabschnitte in die verschiedenen Salztaschen zu liegen kommen. Nun wird ein zweites Rohr mit einem geringeren Durchmesser in das erste eingeführt. Dieses Innenrohr hat Öffnungen nur an den beiden Enden. Über beide Rohre wird ein sogenannter Förderkopf gestülpt. Er ist mit Ventilen und Stutzen für Meßgeräte ausgestattet, um die zur Auflösung des Steinsalzes notwendige Wassermenge genau kontrollieren zu können. Dieses Wasser wird entweder einem höherliegenden Bach oder dem öffentlichen Versorgungsnetz entnommen. Man benötigt also keine Pumpen, ein Umstand, der technische Pannen vermeiden hilft und Kosten senkt.

Durch den Förderkopf wird das Wasser in den Freiraum zwischen Außen- und Innenrohr geleitet und tritt durch die Perforationen im Mantelrohr in die umliegende Salzschicht aus (vgl. Abb. 202). Indem es sich mit Salz anreichert, steigt sein spezifisches Gewicht von 1 auf 1,1 g/cm^3. Dadurch sickert es solange abwärts, bis die Öffnung des Innenrohrs erreicht ist. Der vom oberen Ausgangspunkt des Förderrohrsystems ausgehende Wasserdruck bewirkt, daß die Sole durch das innere Rohr trotz des im Gestein erlittenen Druckverlusts wieder nach oben steigt.

Die Bergleute, die mit der Überwachung dieser Operation befaßt sind, müssen vor allem auf dreierlei achten.

1. Die Konzentration der geförderten Sole bedarf der ständigen Kontrolle, um die Menge des oben eingelassenen Süßwassers korrekt einstellen zu können. Enthält die Sole zuwenig Salz, ist später umso mehr Heizmaterial notwendig, um das überschüssige Wasser zu verdampfen.

202. Salzausbeute durch Auflösen an Ort und Stelle.

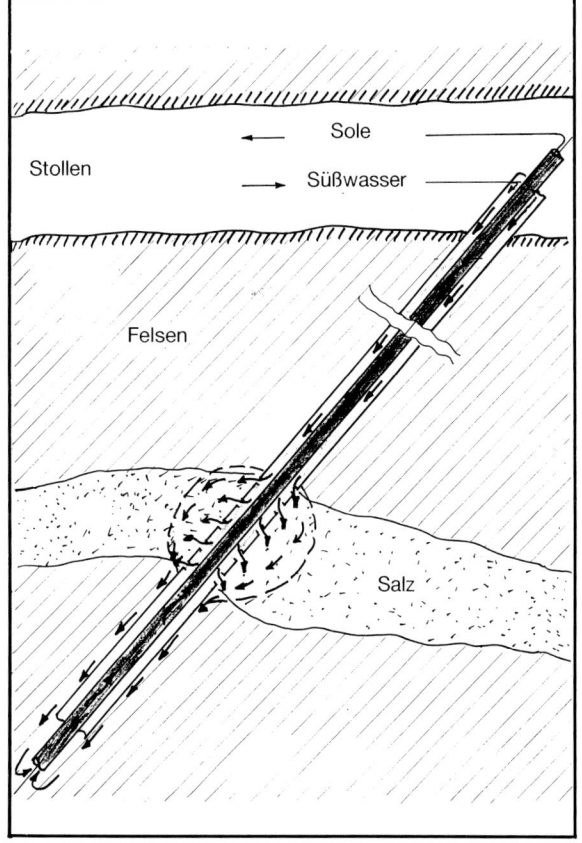

239

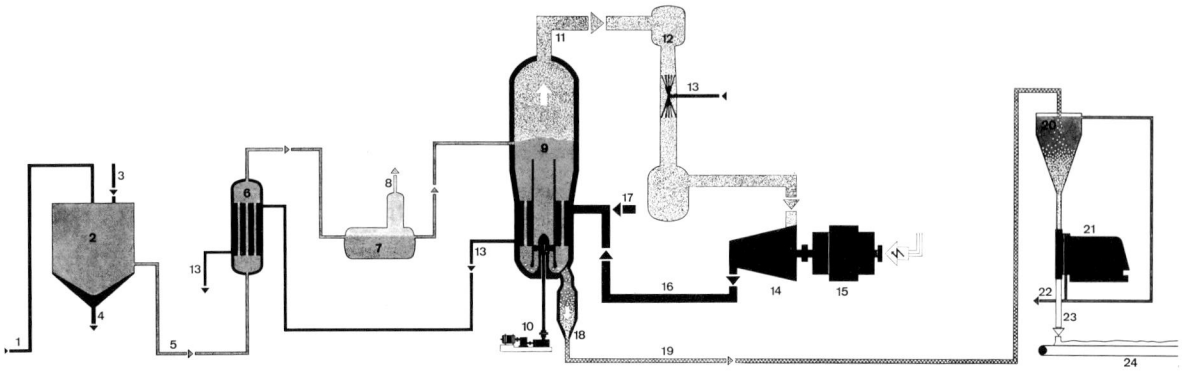

203.   Salzverarbeitung mittels Thermokompressionsanlage.

1 Natursole	13 Kondensat
2 Reinigung der Sole	14 Kompression des Dampfes
3 Chemische Zusätze	15 Motor des Dampfkompressors
4 Beseitigung der Kesselstein- ablagerungen	16 Heizdampf, 2,5 at., 140° C
5 Gereinigte Sole	17 Zuschußdampf
6 Vorlauferhitzer	18 Salzauswurf
7 Entgasung	19 »Salzbrei« (stark angereicher- te Salzmaische)
8 Sauerstoffabfuhr	20 Zyklonverdichter
9 Verdampfer	21 Zentrifuge
10 Rühranlage	22 Zurückfließende Sole
11 Abdampf, 0,5 at., 110° C	23 Zentrifugiertes Salz
12 Dampfwaschanlage	24 Förderband

Vereinigte schweizerische Rheinsalinen.

2. Das Auswaschen des Salzlagers kann dort bisher eingeschlossenes Methangas freisetzen. Die Gefahr einer Schlagwetterexplosion, die bei einer methanreichen Sole besteht, führt dann dazu, daß die betreffende Bohrung aufgegeben werden muß.

3. Da die Bohringenieure und Geologen den unterirdischen Verlauf der ausgewaschenen Kammern nicht genau genug kennen, ist jederzeit damit zu rechnen, daß scheinbar weit auseinanderliegende Hohlräume aufeinandertreffen und ein Ensemble »kommunizierender Gefäße« bilden, was zu gegenseitiger Störung ihrer hydraulischen Mechanismen führen würde. Das ist umso gefährlicher, wenn diese Kammern in unterschiedlicher Tiefe liegen, weil dann die höher gelegene die tiefere überschwemmen könnte.

Sondier- und Fördergestänge müssen durch oft lange und enge historische Stollen geschleppt werden. Folglich lassen sich ohne kostenintensive Erweiterung der alten Bergbauanlagen keine merklich größeren und leistungsfähigeren technischen Hilfsmittel einbringen.

Die aus dem Salzlager fließende Sole wird in die Saline geleitet. Dort trennt man aber nicht nur das Salz vom Wasser, sondern scheidet auch Kalzium und Magnesium aus. Zwar verringern beide Elemente, sofern in nur geringer Menge vertreten, die hygienische Qualität des Salzes nicht im geringsten – dennoch ist ihre Aussonderung aus technischen Gründen notwendig. Kalzium schlägt sich nämlich unter Wärmeeinfluß als Kesselstein in Rohren nieder, die hohen Temperaturen ausgesetzt sind. Wärmeisolierend würde es daher vermeidbaren Energieaufwand und damit höhere Produktionskosten verursachen. Magnesium macht Sole ätzend und beschleunigt dadurch den Oxydationsprozeß, also schließlich die Zerstörung der Einrichtungen. Deshalb werden Kalzium und Magnesium zunächst chemisch neutralisiert.

Die »gereinigte« Sole wird nun einer ersten Erhitzung unterzogen: In einem Wärmeaustauscher zirkuliert sie durch zahlreiche von Dampf umspülte Heizröhren (vgl. Abb. 203). Im sogenannten Verdampfer wird sie dann bis zum Siedepunkt erhitzt. Die Salzkristalle fallen durch die untenliegende, noch gesättigte Sole und sammeln sich im konischen Unterteil – dem »Sack« – des Verdampfers. Dort bildet sich eine Mischung aus auskristallisiertem und noch gelöstem Salz. Dieser Brei wird in einen Verdicker gepumpt und dort per Fliehkraftabscheider eingedickt. Die endgültige Trennung von Salz und Wasser geschieht in einer Zentrifuge, die nach dem Prinzip einer Wäschetrockenschleuder im Haushalt arbeitet – nur wesentlich stärker. Die verbleibende Sole fließt wieder zum Eingang des Verdampfers zurück.

Das feuchte Salz wird in Heißluft getrocknet, bevor man es durch verschiedene Zusätze veredelt; späteres Speisesalz erhält beispielsweise Fluor- und Jodbeigaben, um Karies und Schilddrüsenerkrankungen vorzubeugen. Nach Beendigung der diversen Zusatzbehandlungen kann das Salz entweder für Nahrungs- oder, was viel häufiger der Fall ist, für industrielle Zwecke verwendet werden.

Der aus dem Verdampfer abgezogene Dampf erfährt in einem interessanten Recyclingverfahren eine weitere Nutzung, denn die moderne Technik erlaubt im Gegensatz zu jahrhundertealten Verfahren die weitgehende Erhaltung der gespeicherten Hitze. Zunächst wird der Dampf »gewaschen«, d. h. mit feinsten Tröpfchen aus destilliertem Wasser besprüht. Sie ziehen auch die letzten, eventuell noch vorhandenen Mineralstoffe an. Sind alle diese Kristalle mit ihren Reibungsauswirkungen entfernt, leitet man den Dampf in einen schnelldrehenden Rotationskompressor. Dadurch wird die Dampftemperatur weiter erhöht. Von dort gelangt dieser wieder in den Verdampfer zurück, um die Sole aufzuheizen. Danach reicht die verbliebene Wärme des Dampfes immer noch, um die kalte, soeben gereinigte Sole im Wärmeaustauscher vorzuwärmen. Wenn damit der größte Teil der Kalorien verbraucht ist, leitet man das Dampfkondensat, also das wiederverflüssigte Wasser, in den Fluß zurück, aus dem man es einst entnommen hatte, um die unterirdischen Salzlager auszuwaschen. Auf diese Weise bleibt die Energie, die zum Betrieb dieses Thermokompressionssystems notwendig ist, zu einem bedeutenden Teil erhalten.

Diese technisch ausgefeilte Methode sichert sogar bei gering konzentrierten und schwer zugänglichen Salzvorkommen eine rationelle, sprich: wirtschaftliche Ausbeutung.

Postscriptum

Professor Bergier hat in mehreren Kapiteln gezeigt, wie sehr die Schweiz jahrhundertelang von der Angst bedrängt war, einmal an Salzmangel leiden zu müssen. Deshalb unternahmen die Kantone alles, um Salz in ausreichender Menge und Qualität sowie zu tragbaren Preisen zu bekommen. Auf der anderen Seite galt die Eidgenossenschaft für alle privaten oder staatlichen Lieferanten als attraktiver, ja begehrter Markt.

Diese jahrhundertelangen Spannungen in den Schweizer Kantonen, die doch zumindest solange anhielten, wie sie sich von der Zufuhr des ausländischen Salzes abhängig fühlten, bieten vielleicht die Rechtfertigung dafür, daß heutigentags in Aigle, in nächster Nähe einer noch betriebenen und dem Publikum zugänglichen Salzmine, ein Museum gegründet wurde, das sich der gesamten »Zivilisation des Salzes« widmet, also den unterschiedlichsten Aspekten dieses Minerals: seien es die natürlichen, geologischen, technischen, kommerziellen, politischen, religiösen oder auf das Brauchtum bezogene.

Könnten diese historischen Zusammenhänge zwischen den salzerzeugenden Ländern Europas und der Schweiz nicht auch eine Unterstützung aus dem Ausland begründen, um unserem Museum eine seinem kulturgeschichtlichen Interesse entsprechende Entwicklung zu gewähren?

Als Initiator und Konservator dieses Museums beglückwünsche ich den Autor dieses Buches, Herrn Prof. Jean-François Bergier, und den Verlag »Office du Livre« in Fribourg zur Initiative für diese erste zeitgenössische »Geschichte des Salzes«. Auch bin ich überzeugt, daß dieser ebenso interessante wie spannend geschriebene Text die hoffentlich zahlreichen Leser begeistern wird.

Ich nehme diese Gelegenheit auch wahr, Herrn Prof. Bergier wärmstens dafür zu danken, daß er unser Museum zur Mitwirkung an seinem Werk einlud, unser Unternehmen immer wieder unterstützt und es an seinem reichen Wissen teilhaben läßt.

A. H.

Literatur

Die Anzahl der Veröffentlichungen zum Thema Salz und seiner Geschichte ist beachtlich. Neben den nach Hunderten zählenden Buchtiteln, Artikeln und Einzelaufsätzen, die sich direkt damit beschäftigen, verbergen sich wichtige Informationen in historischen Darstellungen eher allgemeiner Art oder in solchen über Themen, in denen das Salz nur eine nebensächliche Rolle spielt.

Die folgenden Hinweise sind nicht willkürlich ausgewählt, sondern erlauben dem Leser eine weitere Vertiefung des Themas. Das Buch J. C. Hocquets, *Le sel et la fortune de Venise*, enthält ein sehr ausführliches Literaturverzeichnis; es umfaßt weit mehr Titel, als für die Betrachtung des Salzes in der Geschichte Venedigs notwendig sind.

Klassische und frühere Werke

Antike:

Herodot, *Historiae* (dt. Historien).

C. Plinius secundus d. Ä., *Historia naturalis* (dt. Naturkunde), 1973.

Strabo, *Georaphica* (dt. Erdbeschreibung), versch. Ausgaben.

Cassiodor, Werke, etc. vgl. H. Blümner, Art. »Salz«, in: Pauly-Wissowa, *Real-Encycl. der Class. Altertumswissenschaft*, neue Bearbeitung, Bd. 2, Stuttgart 1920.

Zu den bedeutenden Hinweisen arabischer Geographen vgl.:

A. Miquel, *La géographie humaine du monde musulman jusqu'au milieu du XIe siècle*, 2. Bd., Paris 1967–1975.

Mittelalter:

Isidor von Sevilla, *Etymologie* (VII. Jhdt.)

Alexander Neckam (1157–1217), *De Natura Rerum*.

Gossinus, *Imago Mundi* (13. Jhdt.).

Vincent de Beauvais, *Bibliotheca mundi, Speculum quadruplex* (um 1260).

Guy de Chauliac, *La grande chirurgie* (14. Jhdt.); *Le Mesnagier de Paris* (1392–1394).

Guillaume Tirel, gen. Taillevent, *Le Viandier* (1398).

16.–18. Jahrhundert:

Georg Bauer, gen. Agricola, *De re metallica* (1556).

Jean Bodin, *La Response ... à M. de Malestroit ...* (1568), et *La démonomanie des sorciers* (1581).

Bernard Palissy, *Discours admirables de la nature des eaux et fontaines, tant naturelles qu'artificielles, des métaux, des sels et salines, des pierres, des terres, du feu et des émaux* (1580), »Du sel commun« et »Des sels divers«.

Antoine de Montchrestien, *Traité d'économie politique* (1616).

J. Collins, *Salt and Fishery* (1662).

D. Diderot und J.-B. d'Alembert, *Encyclopédie* (1751–1772).

William Brownrigg, *The Art of Making Salt* (1748; dt. 1778).

T'ien-Kung K'ai-Wu [Der Stand der Technik in China während des 17. Jahrhunderts], von Sung Ying-Hsing. Der Band erschien 1637. Er enthielt zahlreiche Abbildungen, denen im 18. Jhdt. noch weitere, rsp. ausgefeiltere, aber weniger präzise Zeichnungen hinzugefügt wurden. Neuauflage 1959. Englische Übersetzung ersch. bei Pennsylvania State University Press 1966.

Die ersten Monographien zur Geschichte des Salzes:

Victor Hehn, *Das Salz. Eine kulturhistorische Studie*, Berlin 1873.

M. J. Schleiden, *Das Salz. Seine Geschichte, seine Symbolik und seine Bedeutung im Menschenleben*, Leipzig 1875.

Kongreßberichte, Kolloquien und Sammelbände

Actes du VIIe Congrès international d'Histoire des Sciences, Jérusalem, 4.–12. August 1953.

M. Mollat (Hrsg.), *Le rôle du sel dans l'histoire*, Paris 1968 (zit.: Rôle du sel ...).

Kulturhistoriskt medeltidslexikon för nordisk Medeltid, Bd. XIV, Malmö 1969 (Beiträge »Salt« und »Salthandel«).

Colloque sur le Sel. Comptes rendus du 99e Congrès national des Sociétés savantes, Besançon 1974. Section des Sciences, fasc. V (zit.: Colloque Besançon).

A. di Vittorio (Hrsg.), *Sale e Saline nell'Adriatico (secc. XV–XX)*, Neapel 1981.

G. Cabourdin (Hrsg.), *Le sel et son histoire. Actes du Colloque de l'Association interuniversitaire de l'Est, Nancy, 1.–3. Oktober 1979.* Nancy 1981 (zit.: Colloque Nancy).

J. C. Margolin et R. Sauzet (Hrsg.), *Pratiques et discours alimentaires à la Renaissance (Colloque de Tours 1978)*, Paris 1982.

J. C. Hocquet (Hrsg.), *Le roi, le marchand et le sel (Table ronde d'Arc-et-Senans, September 1986: L'impot du sel en Europe, XIIIe–XVIIIe siècles)*, Lille 1987.

Allgemein-historische Werke

A. Agats, *Der hansische Baienhandel*, Heidelberg 1904.

E. Ashtor, *A Social and Economic History of the Near East in the Middle Ages*, London 1976.

M. Bloch, »Sel et produits de remplacement«, in: *Pour une histoire de l'alimentation*, Paris 1970.

M. R. Bloch, »Zur Entwicklung der vom Salz abhängigen Technologien. Auswirkungen von postglazialen Veränderungen der Ozeanküsten«, in: *Saeculum*, 1 (1970).

M. R. Bloch, »Salt in Human History«, in: *Interdisciplinary Science Review*, 1 (1976).

F. Braudel, *La Méditerranée et le monde méditerranéen à l'époque de Philippe II*, Neuaufl., 2 Bde., Paris 1966.

F. Braudel, *Civilisation matérielle, économie et capitalisme, XVe–XVIIIe siècle. Bd. 1, Les structures du quotidien*, Paris 1979.

A. R. Bridbury, *England and the Salt Trade in the later Middle Ages*, Oxford 1955.

P. Chaunu, R. Gascon, *Histoire économique et sociale de la France*, Bd. I, 1, Paris 1977.

Commodity Year Book, New York, verschiedene Jahrgänge.

M. Daumas (Hrsg.), *Histoire générale des Techniques*, 3 Bde., Paris 1962–1968.

H. H. Emons und H. H. Walter, *Mit dem Salz durch die Jahrtausende. Geschichte des weißen Goldes von der Urzeit bis zur Gegenwart*, Leipzig 1984.

M. Flurl, J. L. Wolf, *Handelsstrategie und betriebswirtschaftliche Kalkulation im ausgehenden 18. Jahrhundert; der Süddeutsche Salzmarkt: Zeitgenössische quantitative Untersuchungen*, in: E. Schremmer (Hrsg.), Wiesbaden 1971.

R. J. Forbes, »The Salts of Preclassical Antiquity«, in: *Actes du VIIe Congrès international d'Histoire des Sciences – Jérusalem 1953*, Paris, o. D.

R. J. Forbes, *Studies in Ancient Technology*, 2. Aufl., Bd. 3, Leiden 1965.

J. A. Goris, *Etudes sur les colonies marchandes méridionales à Anvers de 1488 à 1567*, Leuven 1925.

H. Hauser, »Le sel dans l'histoire«, in: *Les origines historiques des problèmes économiques actuels*, Paris 1930.

J. C. Hocquet, *Le sel et la fortune de Venise. I. Production et monopole. II. Voiliers et commerce en Méditerranée, 1200–1650*, 2 Bde., Lille 1978–1979.

J. C. Hocquet, »Innovations techniques, climat, politique économique et fluctuations de la production du sel en Méditerranée«, in: *Colloque Besançon, 1974*.

J. C. Hocquet, *Le sel et le pouvoir, de l'an mil à la Révolution*, Paris 1984.

E. Hughes, »The English Monopoly of Salt in the years 1563–1571«, in: *English Historical Review*, 40 (1925).

E. Hughes, *Studies in Administration and Finance, 1558–1825, with special reference to the History of Salt Taxation in England*, Manchester 1934.

P. Jeannin, J. Le Goff, »Questionnaire pour une enquête sur le sel dans l'histoire au Moyen Age et aux Temps Modernes«, in: *Revue du Nord*, 38 (1956); sowie in: *Le rôle du Sel ...*, 1968.

S. J. Lefond, *Handbook of World Salt Resources*, New York 1969; ders.: »Salt«, in: *Industrial Minerals and Rocks*, New York 1975.

J. Le Goff, »Orientation de recherches sur la production et le commerce du sel en Méditerranée au Moyen Age«, in: *Bull. philolog. et histor. 1958* (1959).

F. Mauro, *Le Portugal et l'Atlantique au XVIIe siècle (1570–1670): Etude économique*, Paris 1960.

P. Meyer, *L'Homme et le Sel. Réflexions sur l'histoire humaine et l'évolution de la médecine*, Paris 1982.

E. Meynial, »Etudes sur la gabelle du sel avant le XVIIe siècle en France«, in: *Tijdschrift voor rechtgeschiedenis*, 3 (1922), 4 (1923).

M. Mollat, »Géographie du Sel«, in: *Géographie générale. Géographie humaine* (Encyclopédie de la Pleïade), Paris 1966.

M. Mollat, »Sel et Société. Discriminations et contradictions«, in: *Studi Romagnoli*, 22 (1971).

M. Montanari, *L'alimentazione contadina nell' alto Medio Evo*, Neapel 1979.

R. P. Multhauf, *Neptune's Gift. A History of Common Salt*, Baltimore–London 1978.

J. Nenkin, *Salt, a Study in Economic Prehistory*, Brügge 1961.

P. Piasecki, *Das deutsche Salinenwesen 1550–1650. Invention, Innovation, Diffusion*, Idstein 1987.

C. Singer, E. J. Holmyard, A. R. Hall, T. I. Williams, *A History of Technology*, 5 Bde., Oxford 1954–1958.

E. Schremmer, *Technischer Fortschritt an der Schwelle zur Industrialisierung. Ein innovativer Durchbruch mit Verfahrenstechnologie bei den alpenländischen Salinen*, München 1980.

H. R. von Srbik, *Studien zur Geschichte des österreichischen Salzwesens*, Innsbruck 1917.

R. Tannahill, *Food in History*, London 1973.

O. Volk, *Salzproduktion und Salzhandel mittelalterlicher Zisterzienserklöster*, Sigmaringen 1984.

Salzgewinnung im Mittelmeerraum und am Atlantik

E. Baratier, »Production et débouchés du sel de Provence ...«, in: *Rôle du sel ...*, 1968.

J. de Romefort, »Le sel en Provence du Xe siècle au milieu du XIVe siècle: production, exportation, fiscalité«, in: *Bull. philol. et hist. 1958* (1959).

J. Favier, *Philippe le Bel*, Paris 1978.

Y. Malartic, »Sel et salines dans le royaume de Valence (XIIIe–XVe siècles)«, in: *Colloque Nancy*, 1981.

J. Guiral, »Le sel d'Ibiza et La Mata à la fin du moyen âge«, in: *Colloque Nancy*, 1981.

V. Rau, *A exploraçaõ e o comercio do sal da Setúbal*, vol. I, Lissabon 1951.

P. L. Gouletquer, *Les briquetages armoricains. Technologie protohistorique du sel en Armorique*, Rennes 1970.

H. Touchard, »Le sel breton ...«, in: *Rôle du sel ...*, 1968.

Salzbergwerke

Italien

L. Bellini, *Le saline dell'antico Delta Padano*, Ferrara 1962.

P. Racine, »Le sel dans la plaine du Pô: Salsomaggiore entre les communes de Parme et de Plaisance«, in: *Colloque Nancy*, 1981.

Lüneburg

H. V. Gregersen, *Den Lüneburgske Saltoktroi*, København 1962 (Zusammenfassung in englischer Sprache).

U. Hennings, *Die Lüneburger Salzmonopole. Entwicklung und Niedergang*, Rheinfelden 1987.

C. Higounet, »Lünebourg, capitale du sel au Moyen Age«, in: *Information historique*, 1962.

H. Witthöft, »Struktur und Kapazität der Lüneburger Saline seit dem 12. Jahrhundert«, in: *Vierteljahresschr. f. Sozial- und Wirtschaftsgeschichte*, 63 (1976).

H. Witthöft, »Produktion, Handel, Energie, Transport und das Wachstum der Lüneburger Saline, 1200–1800. Methoden und Ergebnisse«, in: *Wirtschaftliches Wachstum, Energie und Verkehr vom Mittelalter bis ins 19. Jahrhundert*, Stuttgart, New York 1978.

Ostalpen und Süddeutschland

W. Carle, »Die Geschichte der altwürttembergischen Saline zu Sulz am Neckar, die Herkunft ihrer Solen und die Salinentechnik«, in: *Zeitschr. f. Württembergische Landeskunde*, 22 (1963).

L. Gehring, *Das Berchtesgadener Salzbergwerk, seine Geschichte, Anlage, Einrichtungen und sein Betrieb*, Berchtesgaden 1926.

H. Klein, »Zur älteren Geschichte der Salinen Hallein und Reichenhall«, in: *Vierteljahresschr. f. Sozial- und Wirtschaftsgeschichte*, 38 (1951).

Oberösterreichisches Landesmuseum – Stadtmuseum Linz, »Krieger und Salzherren. Hallstattkultur im Ostalpenraum«. Ausstellung des Naturhistorischen Museums Wien in der Neuen Galerie der Stadt Linz, 1971.

R. Palme, *Rechts-, Wirtschafts- und Sozialgeschichte der inneralpinen Salzwerke bis zu deren Monopolisierung*, Diss. Innsbruck 1980, Frankfurt–Bern.

F. Patocka, *Das österreichische Salzwesen. Eine Untersuchung zur historischen Terminologie*, Wien 1987.

E. Penninger, G. Stadler, *Hallein. Ursprung und Geschichte der Salinenstadt*, Salzburg 1970.

C. E. Peter, *Die Saline Tirolisch Hall im 17. Jahrhundert*, Zürich 1952.

C. Priesner, *Das deutsche Salinenwesen im frühen 17. Jahrhundert* (Deutsches Museum), München 1980.

O. Schauenberger, *Ein Rekonstruktionsversuch der prähistorischen Grubenbaue im Hallstätter Salzberg*, Wien 1960.

D. Straub, *Die Hallstatt-Kultur*, Linz 1980.

L. Süß, *Die frühmittelalterliche Saline von Bad Nauheim*, Frankfurt 1978.

K. Ulshöfer, H. Beutter (Hrsg.), *Hall und das Salz. Beiträge zur hällischen Stadt- und Salinengeschichte*, Sigmaringen 1982 (betrifft Schwäbisch Hall).

H. Wanderwitz, *Studien zum mittelalterlichen Salzwesen in Bayern*, München 1984.

Lothringen und Burgund

J. P. Berteaux, E. Colnat, D. Senn, *Lai Maison du Sel*, Marsal 1974.

C. Hiegel, »Les essais de réduction de la consommation de bois dans les salines lorraines (1572–1630), progrès

245

techniques ou chimères?«, *Actes du 103ᵉ Congrès national des Sociétés savantes, Nancy-Metz 1977*, Paris 1979.

P. Parisse, »Un pays du sel: le Saulnois en Lorraine (XIIᵉ–XIIIᵉ siècle)«, in: *Colloque Nancy*, 1981.

M.-Th. Allemand-Gay, »L'administration de la Grande-Saunerie de Salins, milieu XVᵉ – fin XVIᵉ siècles«, in: *Colloque Nancy*, 1981.

J. M. Augustin, »Administration et justice dans les salines de Salins sous les Habsbourg«, in: *Colloque Nancy*, 1981.

C. I. Brelot, R. Locatelli, *Les salines de Salins. Un millénaire d'exploitation du sel en Franche-Comté*, Besançon 1981.

H. Dubois, »L'activité de la saunerie de Salins au XVᵉ siècle d'après le compte de 1459«, in: *Le Moyen Age*, 75 (1963).

H. Dubois, »A Salins au XVᵉ siècle: problèmes humains et problèmes industriels d'une entreprise«, in: *Wirtschaftskräfte und Wirtschaftswege. Festschrift H. Kellenbenz*, Bd. I, Bamberg 1978.

H. Dubois, »Du XIIIᵉ siècle aux portes de la modernité. Une société pour l'exploitation du sel comtois: le Bourg-Dessous de Salins«, in: *Colloque Nancy*, 1981.

P. Lacroix, »La saline d'Arc-et-Senans et les techniques de canalisation en bois«, in: *Mémoires de la Société d'émulation du Jura*, 1965–1969.

Savoyen und die Schweiz

P. Baud, *Une industrie d'Etat sous l'Ancien Régime. L'exploitation des salines de Tarentaise*, Paris 1937.

K. Birkhäuser, L. Hauber, A. Jedelhauser, *150 Jahre Saline Schweizerhalle*, Liestal 1987.

M. Vernez, »Bref historique des mines et salines vaudoises«, in: *Minaria helvetica*, (1981).

E. Waldmeyer, *Die schweizerische Salz- und Sodaindustrie*, Weinfelden 1928.

Polen, Rumänien, Rußland

J. N. Hrdina, *Geschichte der Wieliczkaer Saline*, Wien 1842.

H. Burchard, A. Keckowa, L. Leciejewicz, »Die Salzgewinnung auf polnischem Boden im Altertum und im frühen Mittelalter«, in: *Kwartalnik Historii Kultury Materialnej*, 14 (1966).

A. Ilieş, »Données relatives à l'exploitation du sel en Valachie jusqu'au XVIIIᵉ siècle«, in: *Studi şi materiale de istorie medie*, Bucarest 1956 (Zusammenfassung in französischer Sprache).

N. V. Ustjugov, *L'industrie du sel à Solikamsk au XVIIᵉ siècle*, Moskau 1957 (russisch).

Afrika

Z. A. und J. M. Konczacki (Hrsg.), *Economic History of Tropical Africa*, Bd. I. *The Pre-colonial Period*, London 1977.

P. E. Lovejoy, *Salt of the Desert Sun. A History of Salt Production and Trade in the Central Sudan*, Cambridge 1986.

R. Mauny, *Tableau géographique de l'Ouest africain au moyen âge, d'après les sources écrites, la tradition et l'archéologie*, Ifan-Dakar 1961.

B. Nantet, »Les routes du sel«, in: *L'histoire*, September 1978.

H. Ritter, *Salzkarawanen in der Sahara*, Zürich/Freiburg im Br. 1980.

H. Ziegert, »Salzverhüttung in der Sahara«, in: *Wissenschaftsberichte aus der Universität Hamburg*, 8 (1975).

Mexiko

A. P. Andrews, *Maya Salt Production and Trade*, Tucson 1983.

R. Lozano Garcia, *Estudio tecnologico de la industria de la sal en Mexico*, Mexico 1946.

Handel, Politik und Steuern

Mittelmeerraum

F. Benoît, »Les abbayes du sel. L'héritage antique du delta [du Rhône] au moyen âge«, in: *Delta*, 3 (1961).

J. Billioud, »Le sel du Rhône: la ferme du tirage de l'Empire au XVIᵉ siècle«, in: *Bull. philol. et hist. 1958* (1959).

D. Bizzarri, »Il monopolio del sale a Grosseto«, in: *Boll. senese di storia patria*, (1920).

E. Fiumi, »Il computo della popolazione di Volterra … secondo il ›sal delle bocche‹«, in: *Archivio storico italiano*, 107 (1949).

D. Gioffrè, »Il commercio genovese del sale e il monopolio fiscale nel secolo XIV«, in: *Boll. ligustico*, 10 (1958).

J. C. Hocquet, »Ibiza, carrefour du commerce maritime et témoin d'une conjoncture méditerranéenne (1250–1650)«, in: *Studi in memoria di Federigo Melis*, Bd. I, Neapel 1978.

J. C. Hocquet, »La Camera apostolica e il sale di Cervia«, in: *Studi Romagnoli*, 22 (1971).

J. Le Goff, »La fiscalité du sel dans les finances des communes italiennes du Moyen Age«, in: *Actes du XIᵉ Congrès international des Sciences historiques*, Bd. 6, Stockholm 1960.

C. Manca, *Aspetti dell'espansione economica catalano-aragonese nel Mediterraneo occidentale. Il commercio internazionale del sale*, Mailand 1966.

M. Mollat, »Les spéculations de Jacques Coeur sur le sel du Languedoc«, in: *Bull. philol. et hist. 1958* (1959).

M. Mollat, *Jacques Cœur ou l'esprit d'entreprise au XVe siècle*, Paris 1988.

P. Moulinier, *Le »sel du Rhône« au Moyen Age*, 2 Bde. MS., Paris 1960.

R. Pastor de Togneri, »La Sal en Castilla y Leon. Un problema de la alimentacion y del trabajo y una politica fiscal (siglos X–XIII)«, *Cuadernos de historia de Espana*, XXXVII– XXXVIII (1963), S. 42–87.

C. Villain-Gandossi, *Comptes du sel (Libro di ragione e conto di sale) de Francesco di Marco Datini pour sa compagnie d'Avignon, 1376–1379*, Paris 1969.

Atlantikküste

M. Bouloiseau, »La fiscalité du sel dans la France du XVIIIe siècle«, in: *Rôle du sel . . .*, 1968.

M. Delafosse, C. Laveau, *Le commerce du sel de Brouage aux XVIIe et XVIIIe siècles*, Paris 1960.

R. Favreau, »Le port saunier de Cognac au Moyen Age«, in: *Colloque Besançon*, 1974.

M. Foisil, *La révolte des nu-pieds et les révoltes normandes de 1639*, Paris 1970.

P. Jeannin, »Le marché du sel marin dans l'Europe du nord«, in: *Rôle du sel . . .*, 1968.

O. Karmin, *La question du sel pendant la Révolution*, Paris 1912.

M. Mollat, *Le commerce maritime normand à la fin du moyen âge*, Paris 1952.

R. Mousnier, *Fureurs paysannes. Les paysans dans les révoltes du XVIIe siècle (France, Russie, Chine)*, Paris 1967.

Alpen

J. F. Bergier, »Port de Nice, sel de Savoie et foires de Genève, un ambitieux projet de la seconde moitié du XVe siècle«, in: *Le Moyen Age*, 75 (1963).

M. Blanchard, »Le sel de France en Savoie (XVIIe et XVIIIe siècles)«, in: *Annales d'hist. écon. et sociale*, 9 (1937).

M. Blanchard, »Sel et diplomatie en Savoie et dans les cantons suisses aux XVIIe et XVIIIe siècles«, in: *Annales ESC*, 15 (1960).

J. J. Bouquet, »Le problème du sel au Pays de Vaud jusqu'au début du XVIIe siècle«, in: *Revue suisse d'histoire*, 7 (1957).

A. Dubois, *Die Salzversorgung des Wallis, 1500–1610. Wirtschaft und Politik*, Winterthur 1965.

H. Dubois, »Le Téméraire, les Suisses et le sel«, *Revue historique*, 526 (1978), S. 309–333.

H. Dubois, *Les foires de Chalon et le commerce dans la vallée de la Saône à la fin du moyen âge*, Paris 1976.

B. Fritzsche, *Der Zürcher Salzhandel im 17. Jahrhundert*, Zürich 1964.

P. Gern, *Aspects des relations franco-suisses au temps de Louis XVI. Diplomatie, économie, finances*, Neuchâtel 1970.

Ph. Gern, »La vente du sel franc-comtois et lorrain aux cantons suisses au XVIIIe siècle«, in: *Colloque Nancy*, 1981.

P. Guggisberg, »Der bernische Salzhandel«, in: *Archiv des hist. Vereins des Kantons Bern*, 32 (1933).

M. Hauser-Kündig, *Das Salzwesen der Innerschweiz bis 1798*, Zug 1927.

Ch. Hiegel, »Vente du sel lorrain en Suisse du milieu du XVIe siècle à la guerre de Trente Ans«, in: *Colloque Nancy*, 1981.

P. Kölner, *Das Basler Salzwesen, seit dem dreizehnten Jahrhundert bis zur Neuzeit*, Basel 1920.

M. Koerner, *Solidarités financières suisses au XVIe siècle*, Lausanne 1980.

J. Le Goff, »Le sel dans la politique française à l'égard de la Maison de Savoie au XVe et au début du XVIe siècle«, in: *Bull. philol. et hist.* (1960).

G. Livet, »La Suisse, carrefour diplomatique des sels européens . . .«, in: *Colloque Nancy*, 1981.

F. Mathis, »Die Salzversorgung des Tiroler Unterlandes im 16. und 17. Jahrhundert«, in: *Erzeugung, Verkehr und Handel in der Geschichte der Alpenländer. Festschrift W. Hassinger*, Innsbruck 1977.

P. Pégeot, »Entre Lorraine, Alsace et Franche Comté: la concurrence des salins au XVe siècle. Le cas de Saulnot«, in: *Annales de l'Est* (1978).

A. M. Piuz, *Affaires et Politique. Recherches sur le commerce de Genève au XVIIe siècle*, Genf 1964.

E. Schremmer, »Saltmining and the Salt Trade: A State Monopoly in the XVIth–XVIIth Centuries. A Case Study in Public Enterprise and Development in Austria and the South German States«, in: *Journal of European Economic History*, 8 (1979).

H. Vietzen, *Der Münchner Salzhandel im Mittelalter (1158–1587), (Kultur und Geschichte, VIII)*, München 1936.

Skandinavien, Rußland, China

K. G. Hildebrand, »Salt and Cloth in Swedish Economic History«, in: *Scandinavian Economic History Review*, 2 (1954).

H. Yrwing, *Salt och Saltförsörjning i det medeltida Sverige*, Stockholm 1968.

W. Vodoff, »Les transports dans la vie économique des grands monastères de la Russie au XVe siècle«, in: *Annales de Bretagne et des pays de l'Ouest*, 85 (1978).

S. A. M. Adshead, *The Modernization of the Chinese Salt Administration, 1900–1920*, Cambridge (Mass.) 1970.

M. Cartier, »Commerce du sel et accumulation du capital en Chine. L'administration du sel dans les dernières années de l'Empire chinois«, in: *Annales ESC, 28* (1973).

Ping Ti Ho, »The Salt Merchants of Yang Chou: A Study of Commercial Capitalism in XVIIIth Century China«, in: *Harvard Journal of Asiatic Studies, 17* (1954).

Weitere Aspekte der Geschichte des Salzes

M. Baudot, »Le sel en toponymie«, in: *Colloque Besançon, 1974.*

B. Bougard, *Les emplois quotidiens du sel, du XIIIe au XVe siècle*, Paris 1978 (Habilitationsschrift der Universität Paris-Sorbonne, MS.).

L. Chatenay, *Vie de Jacques Esprinchard, Rochelais, et Journal de ses voyages au XVIe siècle*, Paris 1957.

F. de Dainville, »Cartes du sel«, in: *Rôle du sel . . .,* 1968.

M. Hau, »Le développement de l'industrie de la potasse et ses effets sur la croissance économique alsacienne«, in: *Colloque Nancy, 1981.*

J. C. Hocquet, »Métrologie du sel et histoire comparée en Méditerranée«, in: *Annales ESC, 29* (1974).

E. Jones, »The symbolic significance of salt in folklore and superstition«, *Essays in Applyed psychology*, 2e ed. Londres, 1951, S. 22–109.

C. de la Morandière, »Le sel et la pêche«, in: *Rôle du sel . . .,* 1968.

J. Palou, »Le sel et la sorcellerie«, in: *Rôle du sel . . .,* 1968.

M. Sadoun-Goupil, »Le sel dans l'histoire des doctrines chimiques«, in: *Colloque Besançon, 1974.*

B. Stoloff, *L'affaire Claude-Nicolas Ledoux*, Brüssel/Lüttich 1977.

J. Toussaert, »Le sel dans la liturgie«, in: *Rôle du sel . . .,* 1968.

Register der Eigennamen

Die *kursiven* Seitenangaben beziehen sich auf die Abbildungslegenden. Die Namen der Salzgärten und -bergwerke sind durch ein Sternchen gekennzeichnet. Die Namen der fünf Kontinente sind in das Register nicht aufgenommen worden.